Footprint of Partnership

UN and Korea, 1945-1973

유엔과 한국

1945-1973:
건국, 평화, 경제 성장의 파트너십

최동주 편저

이 책에 담긴 내용은
2016년 대한민국 교육부와 한국학중앙연구원(한국학진흥사업단)의
한국학 분야 토대연구 지원 사업의 지원을 받아
2019년까지 3년간 수행된 연구(AKS-2016-KFR-1230008) 입니다.

유엔과 한국

1945-1973:

건국, 평화, 경제 성장의 파트너십

UN and Korea, Footprint of Partnership from 1945 to 1973

<일러두기>

1. 이 책의 맞춤법과 띄어쓰기는 국립국어원의 표준국어대사전을 기준으로 하였으며, 외래어 표기는 원음에 가깝게 표기하는 것을 원칙으로 삼았다.
2. 단, 본문 중 문헌에서 직접 인용한 표와 그림, 결의안, 서신 등에 대해서는 맞춤법과 띄어쓰기를 수정 없이 원문 그대로 싣는 방향으로 하였다.
3. 본문 내용에 주요하게 등장하는 단체와 기관명은 띄어쓰기를 하지 않는 것을 원칙으로 하였다. (예; 유엔한국임시위원단, 유엔군사령부)
4. 표와 그림들을 제외하고, 인용한 글들의 출전은 모두 각주로 처리하였다.
5. 본문에서 정기 간행물, 신문, 잡지 등은 「」, 협정, 보고서, 법률은 『』, 단체와 기관명은 별도로 필요한 경우에만 <>로 표시하였다.

근심지무

根深枝茂

뿌리가 깊으면 가지가 무성하다

서문

숙명여대 글로벌거버넌스연구소가 '한국-유엔 관계 데이터베이스 구축' 프로젝트의 닻을 올린 때는 2016년 9월이었다. 지난 3년여간 우리 연구진은 원문 자료를 찾고 이를 해제하는 작업에 매진했으며, 그 과정에서 여러 차례 가슴 먹먹한 순간을 맞이했던 것을 기억한다. 특히 원문 자료에 담긴 현장의 생생한 장면과 마주할 때마다 감동과 설렘, 때로는 회한에 잠기기도 했다. 오늘의 대한민국이 유엔과 그토록 숙명적인 인연으로 맺어진 사이였다는 사실을 깨달은 것도 이를 통해서였다.

그리고 오늘, 유엔이 한반도 문제를 껴안은 지 70년의 세월이 흘렀지만, 처음과 달라진 것이 거의 없는 분단 현실과 마주하며 안타까움을 금할 수 없다. 그래도 위안이 되는 사실 하나는 한국과 유엔이 DNA를 공유하는 사이로 발전하여 세계 평화에 함께 기여하는 파트너로 발전했다는 사실이다. 분열된 민족 국가로 태동하여 세계 굴지의 국가 경쟁력을 지닌 국가로 성장한 지금도 우리가 초강대국 경쟁 체제하에서 생성된 왜곡된 이념 갈등이 잔존하는 국가라는 점을 상기한다면, 현대 국가 대한민국의 국가 성립과 평화 구축, 경제 발전의 중심에 세계 정부 유엔이 있었다는 사실을 확인하는 것만으로도 본 연구는 큰 의미를 지닌다.

본 프로젝트를 수행하며 우리가 지향했던 목표는 두 가지였다. 가장 뼈대가 되는 작업은 한국과 유엔 간의 관계를 증명하는 원문 자료 4만여 개를 포함하는 데이터베이스의 구축이었다. 자료 수집의 범위는 1945년부터 1973년까지의 공식적인 원문 자료들(official and original documents)로 설정했고, 해제 작업은 세계적으로 완성도가 높은 "McCune-Reischauer" 기술 규칙을 따랐다. 이 작업에는 교수와 연구원은 물론이고 학부생 및 대학원생을 포함해 약 50여 명의 연구 인력들이 3년간 투입되었다. 또한 해제된 원문 자료를 바탕으로 학술 연구를 수행하는 것 역시도 중요한 목표였다. 이를 위해 전문 학회와 공동으로 수차례의 세미나와 워크숍을 개최했고, 그 결과 총 4편의 연구 논문과 2권의 학술 서적을 출간하게 되었다. 이 책은 바로 이러한 연구의 성과물 중 하나이다.

그러나 한 권의 책에 해제된 4만여 개의 의미 있는 외교 문서 모두를 담아내는 것은 불가능하다. 이에 국가 성립, 한국 전쟁과 복구, 초기 경제 발전 과정에서의 핵심적 사실들을 위주로 문서를 분석한 결과를 이 책에 담았다. 해방 후 1973년까지 유엔이 어떤 과정을 거쳐 대한민국의 건국과 평화, 경제 발전을 지원했는가를 설명하는 내용을 중심

서문

으로 책을 구성한 것이다. 구체적으로는 유엔이 한반도 문제 해결을 위해 직접 결성한 특별 기관을 포함해 유엔 산하 기관들이 한국을 위해 어떤 활동을 전개했는지에 역점을 두어 기술했다. 이 책에서 다루지 못한 자료들 가운데 미시적이고 구체적인 연구가 필요한 과제들은 결론 부분에 정리하여 기술했고, 이를 바탕으로 연구진이 구축한 방대한 데이터베이스를 활용한 후속 연구가 지속될 수 있도록 배려하였다.

본 연구진은 이 책을 통해 우리 국민들이 알지 못했거나 잊었던 사실들이 다시금 조명되어 대한민국의 기틀이 다져지는 과정에서 유엔의 역할이 무엇이었는지를 인식하는 계기가 되길 소망한다. 또한 전쟁으로 인해 폐허가 된 이른바 '실패 국가'가 유엔과의 파트너십을 통해 성공적으로 재건을 이룩한 독특한 발전 모델로서 대한민국의 사례가 학계에 소개되어, 개발 도상의 과정에 있는 지구 사회의 많은 국가들 사이에서 세계정부 유엔의 기여와 역할이 참으로 중요하다는 인식이 확산되기를 고대한다.

끝으로 이번 프로젝트에 힘을 실어주고 지원을 아끼지 않은 한국학중앙연구원 한국학진흥사업단의 배려에 깊은 감사의 뜻을 전하고자 한다. 3년 동안 한국과 유엔의 역사를 추적하도록 시간과 재정적 지원을 허용해준 것은 우리 연구진에게 큰 행운이었다. 본 연구의 자료 수집과 분석을 총괄한 이한희 교수의 노고와 연구자 개개인의 역사적 통찰력을 바탕으로 집필 및 편집을 총괄한 이민룡 교수님의 열정이 없었다면 본 서적은 탄생하기 어려웠다는 점도 꼭 밝히고 싶다. 이 서적의 출간과 편집을 위해 큰 노력을 기울여준 도서출판 경계의 최재훈 대표에게도 고마움을 표하고자 한다. 연구진 모두의 마음을 담아, 유엔이 한반도 평화에 계속 기여하기를 바라고, 대한민국이 유엔의 이념과 공헌을 세계에 전파하는 선도 국가가 되기를 희망한다.

2020년 봄, 청파로에서

최 동 주

공저자 소개

김 병 조
- 국방대학교 안보정책학과 교수
- 국방대학교 부총장 역임
- 한국조사연구학회 회장 역임
- 서울대학교 문학박사(사회학)

양 세 일
- 성우 안보전략연구원 연구위원(예비역 육군 준장)
- 대구경북연구원 연구위원 역임
- 국군체육부대장 역임
- 육군 제6포병 여단장 역임

염 승 선
- 국방대학교 안보정책학 박사 과정 수료
- 국방대학교 안보정책학 석사

이 인 호
- (재) 미래정책연구소 소장
- 국가안보전략연구원 국제관계연구실장 역임
- 미국 펜실베이니아 주립대학교 정치학 박사
- 한국 국제정치학회 이사

이 민 룡 - 숙명여대 국제관계대학원 초빙교수
- 육군사관학교 교수부장 역임
- 미국 메릴랜드 대학교 정치학 박사
- 한국 국제정치학회 명예이사

이 한 희 - 경기대학교 행정사회복지대학원 특임교수
- 숙명여대 국제관계대학원 초빙교수 역임
- 경기도청 국제협력특별자문관, 세계은행 기획관 역임
- 킹스칼리지런던대학교 개발학 박사 수료
- 하버드대학교 공공정책학 석사

최 홍 석 - 청주대학교 군사학과 초빙교수
- 육군사관학교 사회학 교수 역임
- 고려대학교 사회학 박사
- 육군본부 정책실 군사외교정책 담당 역임

응우엔 티 하
Nguyen Thi Ha
- 숙명여대 동아시아지역학 박사 과정 수료
- 숙명여대 국제관계학 석사
- 하노이국립외국어대학교 한국학 및 경제학 학사

목차

I. 들어가며 14

II. 대한민국 정부 수립 과정에서의 유엔의 역할 40

1. 유엔 대표단의 한반도 상륙과 대한민국 정부 수립 42
2. 남북한 대치하에서의 유엔의 위기관리 56

III. 한국 전쟁과 유엔의 개입 74

1. 유엔군사령부의 전쟁 수행과 다국적 군사 협력 76

IV. 한국 전쟁 기간 유엔의 민간 구제 활동 134

1. 유엔군의 전시 민간인 구제 시스템과 활약상 136
2. 초창기 유엔 전문 기구의 피난민 구제 활동 191

V. 전쟁 폐허의 재건과 유엔 222
1. 한국 재건을 위한 유엔 전담 기구의 창설과 활동 224
2. 유엔의 한반도 통일 추진과 경제 복구 지원 255
3. 아동과 여성을 위한 유엔의 긴급 구호 사업 266
4. 유엔의 교육 재건 활동 내역 292
5. 유엔의 보건 위생 지원 활동 309

VI. 경제 성장 초기 유엔과 세계은행의 기여 326
1. 유엔의 한국 근대화 지원 프로젝트 328
2. 유엔의 경제 개발 견인 역할 348
3. 유엔의 원자력 기구 창설과 한국의 초기 핵정책 358

VII. 나가며 376
1. 연구의 의미 378
2. 추가적인 연구 과제 382

참고 문헌 392

유엔과 한국

1945-1973: 건국, 평화, 경제 성장의 파트너십

Footprint of Partnership

UN and Korea, 1945-1973

I.
들어가며

최동주

한국과 유엔은 같은 해인 1945년에 사실상 나란히 출범했다. 한국은 비록 그해 광복과 동시에 주권 국가를 출범시키지는 못했으나, 이때부터 유엔과 숙명적인 관계를 형성하며 DNA를 공유하는 사이가 되었다. 유엔 헌장과 마찬가지로 대한민국 헌법 전문에 민주 독립 국가, 인도주의, 인권, 국제 평화 같은 키워드가 포함된 것은 결코 우연이 아니었다. 한국은 유엔이 지향하는 가치와 규범을 적극 수용하며 주권 국가로서의 첫 걸음을 떼기 시작했던 것이다.

유엔이 한국의 출범과 성장, 발전, 그리고 평화에 끼친 영향은 글자 그대로 포괄적이며 전면적이었다. 유엔은 한국 전쟁으로 절체절명의 위기에 놓인 한국인들을 구제한 것은 물론이거니와 전후 복구에서도 공여자 역할에 매진했다. 그로부터 약 50년이 경과된 후, 한국은 개발 도상에 있던 수혜국에서 선진 공여국으로 탈바꿈해 2010년에는 OECD의 24번째 공여국으로 자리매김했다.[1] 그리고 그사이 2006년에는 한국인 최초로 반기문이 제8대 유엔 사무총장으로 선출되는 영예도 누리게 되었다.

정부 수립 이후 지금까지 한국과 유엔의 관계는 크게 원조 수혜국 시기와 공여국 시기로 구별된다. 우선 한국 전쟁과 전후 복구 시기는 대략 1970년대 초반까지로 구분된다. 그 이후의 국면은 한국이 자립 체제를 구축하면서 2000년에 공식적으로 수혜국 지위를 벗어나 공여국으로 탈바꿈하는 과정을 거쳐 오늘에까지 이어진다. 특히 전자의 시기는 '유엔의, 유엔에 의한' 국가 재건이 이루어진 기간이라 요약할 수 있겠다. 이 시기에 한국은 유엔으로부터 전면적이자 대규모의 원조를 수혜한 대표적인 국가였다.

그런 한국이 이제는 유엔이 지향하는 가치를 세계 전역에 전파하는 선도 국가로 변모했다. 유엔군의 조직과 깃발이 여전히 한국의 안보를 지탱하고 있는 가운데 약 600여 명의 한국군이 '유엔평화유지군Peace Keeping Forces'의 일원으로 세계 7개 지역에 파병돼 활동하고 있다.[2]

---

1 한국은 1991년에 외교부 산하 기관으로 한국국제협력단(KOICA)을 설립하면서 원조 공여 사업에 발을 들여놓기 시작했다. 그 뒤 2000년에 원조 수혜국에서 졸업했고, 2010년에는 OECD의 24번째 공여국으로 인정받았다. 2011년부터 배정된 약 13억 달러의 ODA 예산은 2019년에 그 규모가 약 3조 2,003억 원으로 증가했다.

2 2018년 9월 30일 현재 레바논 2곳, 수단 및 남수단 3곳, 서부 사하라, 인도-파키스탄 등 7개 지역에서 642명의 한국군이 평화유지군으로 활동하고 있다. 대한민국 국방부, "한국군 해외파병 현황", http://www.mnd.go.kr/ (검색일:

결국 한국과 유엔은 운명 공동체로서의 성격을 보다 심화시키는 방향으로 역사를 만들어가고 있는 셈인 것이다. 이런 맥락에서 볼 때 유엔의 사명과 역할은 한민족의 숙원인 한반도 통일의 그날까지 계속 이어질 것으로 보인다.

이 책은 1945년부터 1973년까지의 시기에 한국과 유엔 사이에 형성된 발자취를 발굴하여 그 기록을 데이터베이스화하는 사업의 일환으로 준비되었다. 과제의 조사 기간을 1973년까지로 설정한 것은 해방 이후부터 약 30년이 되는 이 기간 동안에 유엔의 한국 지원이 집중적으로 이뤄졌기 때문이었다. 게다가 1973년이라는 시점에는 유엔한국통일재건위원회United Nations Commission for the Unification and Rehabilitation of Korea, UNCURK가 공식 해체된 연도라는 상징적인 의미도 담겨 있었다. 물론 1945년부터 현재에 이르기까지 무려 70년이 넘는 역사 전체를 하나의 프로젝트에 담기는 무리라는 현실적인 판단도 시기를 한정하는 데 있어 한몫을 차지했음을 부인할 수는 없겠다.

1945년부터 1973년에 이르는 기간을 보다 더 세분화하면, △해방 공간(1945-1948), △한국 정부 수립 직후(1948-1950), △한국 전쟁(1950-1953), △전후 복구(1953-1961), △경제 성장과 발전(1961-1973) 등의 5개 국면으로 구분할 수 있다. 각 국면에서 유엔은 한국을 지원하기 위한 활동을 다각도로 펼쳤고, 이 과정에서 각종 유엔 산하 기관들이 동원되었다.

이번 과제를 수행한 연구팀에서는 해당 기간 동안 유엔 산하 기관들에 의해 이뤄진 지원 활동에 관한 원문 자료들을 획득하여 해제한 결과물을 데이터베이스로 구축하는 동시에 학술 연구에도 활용하는 두 가지 접근법을 택했다. 그 중 학술 연구의 측면에서는 논문 발표와 저술 작업에 특별히 주안점을 두었으며, 이 책은 그렇게 세상에 모습을 드러낸 두 번째 결과물에 해당한다.[3]

2018.12.10).

3 첫 번째 저술은 2018년 6월에 출간되었다; 최동주, 이민룡(편) 『한국-유엔 관계 연구의 길라잡이』, (서울: 숙명여대 글로벌거버넌스 연구소, 2018). 그 외의 논문 실적은 다음과 같다.

(1) 이한희, 최동주, "국제금융기구의 대북개발지원의 방향: 국제금융기구의 대북지원계획안 실증분석," 『국제지역연구』 제23권 (2)호 (2019), pp. 3-36.

(2) Young Ho Kim, "Revisiting the Truman Administration's Decision on Non-use of Nuclear Weapons during the Korean War," *Korean Journal of Security Affairs* 24-1 (2019), pp. 20-39.

1947년 10월 '미-소 공동위원회'가 결렬되면서 한반도 문제는 유엔이 주관하는 국면으로 전환되었다. 남북한 양쪽은 미국과 구소련이 주도하는 군정 체제에 의해 통치되고 있었으며, 완전한 독립 국가로의 꿈을 실현하기 위한 진통을 겪고 있었다. 결과적으로 해방 공간 시기의 3년은 2차 세계 대전을 승리로 이끈 주축 국가인 미국과 구소련의 주도권 다툼으로 얼룩졌다.

미국과 구소련의 주도권 다툼은 결국 한반도 문제를 유엔으로 이관시켰다. 이로써 1947년 11월 14일 2차 유엔 총회의 결정에 따라 결성된 유엔한국임시위원단United Nations Temporary Commission on Korea, UNTCOK이 한반도에 상륙할 첫 번째 유엔 기관이 되었다.[4] 유엔 총회는 이 기관을 대표하는 구성원으로 호주, 캐나다, 중국, 엘살바도르, 프랑스, 인도, 필리핀, 시리아, 우크라이나 등의 9개국을 지명했다. 이중에서 우크라이나는 참여를 거부하여 8개국 대표가 1948년 1월 7일 남한에 도착했다.

UNTCOK의 역할은 유엔 총회의 의결 과정에서부터 그 한계를 드러냈다. 구소련이 유엔 헌장 32조와 107조를 거론하며, 남북한 대표의 유엔 초청이 선행되어야 하고 전후 문제 해결에서 유엔의 권한을 인정할 수 없다는 논리를 제시하면서 불참했기 때문이다.[5] 이런 연유로 우크라이나가 UNTCOK 불참을 선언했고, 구소련도 북한 지역에서의 UNTCOK의 활동을 차단했던 것이다.

이처럼 UNTCOK에 의한 한반도 문제 해결은 시작부터 난관에 봉착했다. 실제로 한반도에 입국한 대표들 사이에서는 구소련의 반대로 인해 남한 지역에서의 단독 선거 실시 여부가 큰 쟁점이 되었고, 이 문제로 대표단 내부에서 갈등이 표출되었다. 정확하게 반으로 의견이 나뉜 대표단은 끝내 합의에 이르지 못하고, 유엔 총회에 자문을 구하

---

(3) 김수연, "Role of the United Nations in Educational Development of South Korea: The Case of the United Nations Korean Reconstruction Agency," 숙명여자대학교 국제관계대학원 석사 학위 논문 (2017.12)

(4) 박도영, "유네스코 소장 한국 관련 수집 기록물의 패싯 분류 체계 연구: 1950~1979년 기록을 중심으로," 숙명여자대학교 문헌정보학과 석사 학위 논문 (2020.2)

4 유엔 총회 결의안 112호는 한국의 독립 문제를 의결하면서 유엔이 주관하는 총선거 실시와 한반도에 주둔한 외국군의 철수, UNTCOK의 결성 등을 결정했다. UN, *Yearbook of the United Nations 1947-1948* (New York: United Nations, 1949), p. 81.

5 Martin Hart-Landsberg, *Korea: Division, Reunification, and U.S. Foreign Policy* (New York: Monthly Review Press, 1998), p. 85.

기로 결정했다.[6]

1948년 2월 유엔 소총회가 개최되었으나, 구소련을 포함한 공산 진영 국가들이 논의에 불참하고 11개국이 기권한 상태에서 31개국만이 찬성하여, 선거가 가능한 지역에서 UNTCOK가 감시 임무를 수행하도록 허용했다. 하지만 정작 UNTCOK 대표단 내부에서의 갈등은 가라앉지 않았고, 1948년 5월에 선거를 실시하는 방안을 놓고 표결한 결과 찬성 4, 반대 2, 기권 2로 가결되었다. 반대표를 던진 캐나다와 호주는 남한 내부에서 극우 단체를 제외한 모든 정당이 선거를 거부한다는 점을 반대의 이유로 내세웠다.

이렇게 볼 때 해방 공간에서 유엔의 역할은 크게는 미국과 구소련의 대립으로 인해 그 활동 범위가 제한되었고, 남한 내부에서의 정치적 갈등 또한 UNTCOK의 역할을 약화시키는 요인으로 작용했다. UNTCOK는 남한 지역에서의 단독 선거 시행을 감독하는 임무까지를 수행한 뒤, 1948년 12월 3차 유엔 총회가 채택한 결의안에 따라 유엔한국위원단United Nations Commission on Korea, UNCOK으로 대체되었다. 이 결의에서는 한국 정부의 승인과 함께 한반도에 주둔한 점령군의 철수를 촉구하는 내용도 포함됐다.[7]

UNCOK는 UNTCOK의 임무를 그대로 계승했으며, UNTCOK의 구성 국가들 중에서 캐나다를 제외한 7개국이 그 대표국 역할을 맡았다. 이후 대표 국가의 구성은 1949년 4차 유엔 총회 의결에 따라 호주, 중국, 엘살바도르, 프랑스, 인도, 필리핀 이외에 터키가 시리아의 제외된 빈 자리를 대신 채우게 되었다. 기본적으로 UNCOK는 분단으로 야기된 남북한 갈등 해소와 외국 점령군 철수를 감독하는 임무가 핵심이었다.

그중에서도 가장 중요한 임무는 38선 인근에서 벌어지는 남북한 간의 군사적 대립을 조사해서 보고하는 것이었으며, 특히 북한의 군사 위협이 고조되는 상황을 조사하는 일이 핵심이었다. 1949년 10월 21일의 4차 유엔 총회 결의에 따라 부여된 해당 임무는 군

---

6 중국, 필리핀, 엘살바도르, 프랑스 4개국은 남한 지역 단독 선거 실시에 찬성했고, 호주, 캐나다, 인도, 시리아 대표는 여기에 반대했다. UNTCOK, "UN Temporary Commission: Observations of South Korean Elections #2," Press Release No. 25 (6 February 1948), National Archives and Records Administration.

7 1948년 12월 12일 유엔 총회 결의안 195호에서 한국 정부의 수립은 공식적인 선언으로, 외국 점령군의 철수는 권고(recommend) 사항으로 채택됐다. 안건의 제목은 "The Problem of the Independence of Korea"였다. UN, "The problem of the independence of Korea," General Assembly resolution 195, A/RES/195(III) (12 December 1948), https://undocs.org/en/A/RES/195(III).

사적 갈등이 벌어지는 과정을 구체적으로 조사해 유엔 총회에 보고하도록 했다.[8]

한국 전쟁 직전에 38선 인근에서 벌어진 남북한 간의 군사적 충돌은 전쟁의 원인을 규명하는 데 있어 중요한 단서를 제공해준다. 1950년 6월 25일에 전쟁이 터지자, UNCOK는 북한의 군사 침략을 확인해 유엔 안보리에 이 사실을 보고했다. 당시에 유엔 안보리 결의안이 신속하게 채택될 수 있었던 것도 바로 그 때문이었다.

UNCOK의 전쟁 발발 최초 보고에서는 북한군이 옹진반도와 개성 북서쪽, 춘천 북쪽에서 모습을 드러낸 사실을 담았고, 동해안 지역 38선 이남에 북한군이 상륙했다는 사실도 확인해주었다. 또한 수도 서울의 외곽 지역에서 북한군 전투기의 기관총 공격이 감행되었다고 보고했다.[9]

한편 한국 정부가 출범 직후부터 유엔을 상대로 펼친 외교 활동은 한국의 국가 체제를 공식적으로 승인받는 것을 목표로 추진되었다. 그리고 3차 유엔 총회에서 한국 정부는 당시 제헌의원이었던 장면 전 총리를 단장으로 하는 대표단을 프랑스 파리에 파견하여 최종 승인을 이끌어냈다.[10] 이로써 한국은 유엔에서의 한반도 문제 논의에서 주도권을 잡을 수 있었고, 유엔의 지원을 이끌어내는 계기를 마련했다.

이후 한국은 유엔 회원국으로 가입하기 위한 외교를 전개했다. 1949년 1월 한국은 유엔 회원국 가입을 신청했으나, 안보리에서 구소련이 거부권을 행사하면서 부결되었다. 그때부터 한국은 유엔에서 회원국 자격을 획득하지 못하는 결정적 한계에 봉착했고, 냉전 체제가 지속되는 한 회원국으로 가입하기 어려운 구조적 취약점에서 벗어나지 못했다. 이 문제는 결국 한국 전쟁의 후유증이 오늘날에까지 고스란히 이어지는 문제점을 파생시켰다. 한국 전쟁을 해결하기 위해 유엔의 결정으로 결성된 유엔군의 지위 문제와

---

8 유엔 총회 결의안 293호에서 이와 관련된 임무는 "Observe and report any developments which might lead to or otherwise involve military conflict in Korea"로 표기되었다. UN, "The problem of the independence of Korea," General Assembly resolution 293, A/RES/293(IV) (21 October 1949), https://undocs.org/en/A/RES/293(IV).

9 BBC, "1950: UN condemns North Korean invasion," http://news.bbc.co.uk (검색일: 2018.12.12).

10 한국 정부를 공식 승인하는 내용을 다룬 유엔 총회 결의안 195(III)은 찬성 48개국, 반대 6개국, 기권 1개국으로 채택되었다. 반대한 국가들은 공산권 국가들인 구소련, 벨라루스, 체코슬로바키아, 폴란드, 우크라이나였으며, 스웨덴은 표결에 기권했다. UN, "The problem of the independence of Korea," General Assembly resolution 195.

한국 전쟁의 종전을 지연시키는 결과로 이어진 것이다.

한국은 유엔 회원국 가입에는 실패한 대신 옵저버 자격을 획득하고, 1949년 8월 1일부터 대표부를 설치했다.[11] 이를 발판으로 한국은 유엔 산하 기관에 가입하는 활동도 전개했다. 정치 문제에서 경제, 사회 분야 활동으로 외교 영역을 확대해 나간 것이다. 한국이 최초로 가입한 유엔 산하 기관은 세계보건기구World Health Organization, WHO였다. 미군정 시기부터 한국은 위생, 보건 분야에서 미국으로부터 지원을 받았으며, 한국 정부가 수립된 이후에는 1949년에 정부 중앙부처인 '보건부'를 설치한 바 있다.

한국이 WHO에 가입한 것은 1949년 8월 17일 2차 로마 총회에서였다. 그 자리에서 해당 기구의 65번째 정회원국으로 가입했고, 세계 6개 지역 위원회 중에서 서태평양 지역 위원회에 소속되었다. 특히 전염병 예방 활동 등의 국민 보건과 위생 증진을 목표로 삼는 WHO에 가입함으로써 한국은 예방 접종에 필요한 지원을 받을 수 있었다. 그리고 가입 당시만 하더라도 수혜국에 머물러 있던 한국은 2003년에 자국 출신의 이종욱을 제6대 사무총장으로 배출하는 진기록을 연출하기도 했다.

이어서 한국은 1949년 10월 유엔 산하의 아시아-태평양 경제사회이사회United Nations Economic and Social Commission for Asia and the Pacific, ESCAP에 준회원국으로 가입했다. 유엔에서 경제, 사회, 개발, 인권 등의 쟁점을 다루는 경제사회이사회Economic and Social Council, ECOSOC는 유엔 총회, 안전보장이사회와 더불어 유엔의 핵심 기관이다. 이 기관은 특히 유엔개발계획United Nations Development Program, UNDP, 유엔세계식량계획World Food Program, WFP, 유엔아동기금United Nations Children's Fund, UNICEF와 같은 유엔 산하 주요 기관들의 이사국 선출 권한을 보유하고 있다. 한국은 유엔 회원국으로 가입한 이듬해인 1992년이 돼서야 ECOSOC에 진출할 수 있었다. 따라서 1949년에 준회원국으로 가입한 뒤로 40여 년 만에 정회원 국가로 진출한 것이며, 그 이후 이사국으로 피선되는 등의 활약을 펼쳐오고 있다.

1949년 11월 한국은 유엔 식량농업기구Food and Agriculture Organization, FAO에도 가입했다. 1945년 10월에 발족된 FAO는 기아 퇴치와 식량 증산 등을 목표로 삼아 연구와 기술 원

---

11 유엔 옵저버 국가는 유엔이 회원국으로 가입하지 못한 나라들을 대상으로 유엔 총회에 초청 자격을 부여하는 나라를 의미한다. 옵저버 국가는 유엔 총회에서 발언권이 주어지지만, 표결에는 참여할 수 없다.

조 등을 시행해오고 있다. 한국은 최초 가입 후 1953년에 FAO와 기술 원조에 관한 기본 협정을 체결했다. 1951년에 개최된 6차 FAO 총회는 회원국 정부와 FAO 간의 연락 및 정보 교류를 위해 각 회원국에 <국가 위원회National FAO Committee>를 설치할 것을 권고했다. 하지만 한국은 전쟁으로 인해 위원회를 설치하지 못하고 있다가 1957년에 사단법인 형태로 <FAO 한국협회>를 설치하여 현재까지 운영 중이다.[12]

1950년 3월에 한국은 유엔아동기금UNICEF과도 기본 협정을 체결했다. 1946년 12월에 창설된 UNICEF는 어린이와 여성을 돕는 유엔 산하 기관이다. 이 기관은 이미 1948년부터 한국을 지원해왔으며, 1950년에 기본 협정을 체결함으로써 한국에서의 공식 활동의 닻을 올리게 되었다. 특히 한국 전쟁 중에는 대대적인 긴급 구호 활동을 시작했고, 1993년까지 총 2,300만 달러를 지원했다.[13] 따라서 초기부터 유엔 산하 기관에 가입하기 위해 총력을 기울인 한국 정부의 선택이 전쟁 기간 동안 대규모의 지원을 이끌어 낼 수 있었던 결과로 이어졌다고 평가할 수 있다.

한국 전쟁 발발 직전인 1950년 6월에 한국 정부는 유엔교육과학문화기구United Nations Educational, Scientific and Cultural Organization, UNESCO에도 가입했다. 1945년 11월에 설립된 UNESCO는 세계 각국의 교육 재건과 평화 실현을 목표로 활동하는 유엔 산하 기관이다. 구체적으로는 교육, 과학, 문화, 정보 커뮤니케이션 분야에서 국제 협력을 촉진하는 것을 임무로 한다. 한국은 1950년 6월 14일에 해당 기구에 가입하여 55번째 회원국이 되었다. UNESCO는 한국 전쟁이 발발하자 한국의 교육 재건을 위해 약 24만 달러를 지원하고, 연간 교과서 3,000만 부를 발간할 수 있는 규모의 대한문교서적 인쇄 공장 설립을 지원했다. 그리고 1954년에는 UNESCO 한국위원회를 창립했다.[14]

이와 같이 한국은 정부 수립 직후부터 거의 모든 역량을 결집하여 유엔과의 협력에 전력투구했음을 알 수 있다. 한국의 이러한 결정이 정치 지도자의 선택에 의한 것인지, 아니면 당시 대다수 한국민들의 정서에 따른 것인지는 더 규명해 봐야 한다. 그럼

12 FAO 한국협회, http://www.fao.or.kr (검색일: 2018.12.13).

13 UNICEF Korea, https://www.unicef.or.kr (검색일: 2018.12.13).

14 Korean National Commission for UNESCO, https://www.unesco.or.kr (검색일: 2018.12.13).

에도 불구하고 확연한 사실은 한국이 주권 국가로 공식 출범하는 과정에서부터 유엔과 DNA를 공유하는 사이가 되었고, 한국 정부도 출범 직후부터 유엔 산하 기관에 적극 가입하는 정책을 구사했다는 점이다. 한국 전쟁이 터지자 거의 모든 역량을 투입하며 한국 구하기에 나선 유엔의 선택도 이런 맥락에서 설명할 필요가 있을 것이다.

한국 전쟁이 발발하자, 유엔의 한국 지원은 군사 분야로 집중되었다. 해방 공간에서 유엔은 한국의 독립과 한반도 통일 문제 해결에 역점을 두었고, 한국 정부 수립 후에는 유엔 산하 기관을 중심으로 경제, 사회 분야 지원에 매진했다. 하지만 전쟁이 터지면서 유엔 안보리 결의로 탄생한 유엔군사령부United Nations Command, UNC는 유엔의 이름으로 지원되는 모든 프로그램의 블랙홀이 되었다.

그럼에도 전쟁의 와중에 유엔의 한국 지원이 인도주의, 경제, 사회 분야에서 확대되었다는 사실은 매우 인상적인 대목이다. 기존의 UNCOK는 1950년 10월에 유엔한국통일재건위원회UNCURK로 대체되었고, 이어서 12월에는 유엔한국재건단United Nations Korean Reconstruction Agency, UNKRA이 설치되었다. 이 기관들의 활동은 UNC 예하의 민간인 지원 부대로 창설된 유엔한국민사지원사령부United Nations Civil Assistance Command in Korea, UNCACK의 통제하에 놓이게 되었다.

UNCACK의 활동이 주로 유엔군 점령 지역에서의 피난민과 민간인 구제로 집중되면서, 인력을 파견하거나 예산을 지원하는 유엔 산하 기관들도 확대되었다. UNCACK 부대에는 유엔 산하 기관에서 파견된 인력들이 모여들었고, 현역 군인들과의 협업 체계가 구축되었다. IRO국제난민기구, WHO, UNESCO, UNICEF, ILO국제노동기구 등의 유엔 산하 기관들을 포함하여 국제적십자사와 국제단체들이 인력을 파견하거나 구호 물품을 지원하는 활동을 펼쳤다. 이와 관련해서는 한국 정부가 공식 출범하기 이전부터 유엔과의 협력을 강화한 것이 이처럼 대규모의 유엔 지원을 이끌어 낸 계기를 마련했다고 평가할 수 있다.

한편 1950년 7월 24일의 UNC 창설에는 유엔 안보리 결의안 83호가 법적 근거가 되었는데, 정치적으로는 당시 구소련의 불참 덕분에 UNC 창설이 가능했다는 평가도 있다. 구소련은 안보리 상임 이사국 지위 문제와 관련하여 중화민국지금의 대만이 아니라 중공으로 대체되어야 한다고 주장하며 안보리 참여를 거부했다. 그리고 그 덕분에 미국은 UNC를 창설하는 안보리 결의안을 이끌어낼 수 있었다. 이어서 안보리 결의안 84호가 채택되면서 유엔은 회원국 전체를 대상으로 한국을 지원하도록 권고했다.

UNC는 당시 일본에 주둔하던 미 극동군 사령부Far East Command, FECOM와 연합군 최고 사령부Supreme Commander for the Allied Powers, SCAP, 이 두 군사 조직이 모체였다.[15] 따라서 유엔 안보리 결의에 비교적 신속하게 부응해 UNC가 창설될 수 있었던 것은 한반도와 가까운 일본에 미국과 연합군의 군사 조직이 주둔하고 있었기 때문이었다. 그리고 이 과정에 SCAP 내부에서 어떤 합의가 이루어졌는지의 여부에도 관심이 쏠릴 수밖에 없다. 이 대목은 군사 비밀로 분류되기 때문에 그동안 기밀 해제된 자료들을 중심으로 추적하면 해답을 구할 수 있을 것으로 보인다. 당시는 이미 일본과의 전쟁이 종료된 상태에서 연합군 참여 국가들이 군대를 철수하는 시점이었으므로, 미국으로서는 UNC 부대 편성에 애로를 겪었을 것으로 추정된다. 실제로 SCAP는 1952년 4월에 해체되었다.[16]

UNC의 역할은 전투 수행과 관련된 내용이 대부분을 차지한다. 이 부분은 '전쟁사' 연구의 영역에 해당하며, '한국 전쟁' 또는 '6.25 전쟁'이라는 이름으로 많은 연구들이 축적되어 있다. 유엔이 이 임무를 미국에게 위임했으므로 미국 정부는 미군 지휘관을 유엔군 사령관에 보임시켜 전쟁을 수행했다. 다만 미국 정부는 전쟁 수행과 관련하여 안보리에 보고할 의무가 있었다.[17] 따라서 유엔군 사령관이 미 합동 참모부로 보고하고, 이 내용을 미국 정부 차원에서 유엔 안보리로 보고하는 체계가 유지되었다.

정전 협정이 체결된 이후에는 정전 임무를 관리하기 위한 기관으로 유엔군사령부 군사정전위원회United Nations Command Military Armistice Commission, UNCMAC와 중립국감독위원회

15 미 극동군 사령부(FECOM)는 미국 태평양 사령부 예하의 미군 부대였으며, 연합군 최고사령부(SCAP)는 2차 세계 대전을 수행하던 연합군 조직이었다.

16 SCAP는 1945년 10월 2일부터 『샌프란시스코 강화 조약 Treaty of San Francisco』이 발효된 1952년 4월 28일까지 6년여간 일본에 주둔했다.

17 이 부분은 안보리 결의안 84호에 포함되어 있다. UN, "Complaint of aggression upon the Republic of Korea," Security Council resolution 84, S/RES/84(1950) (7 July 1950), https://undocs.org/S/RES/84(1950).

Neutral Nations Supervisory Commission, NNSC, 이렇게 두 개의 조직이 만들어졌다. UNCMAC은 휴전 협정의 이행을 감독하고, 위반 사건을 처리하는 기관이었다. 이 위원회는 양측에서 장성급 3명, 대령급 2명씩을 파견해 총 10명으로 구성되며, 10개의 감시 소조를 운영하기로 정해져 있었다. NNSC는 UNCMAC 소속으로, 남북한 사이의 휴전 상태를 감시하는 것이 임무였다. 이는 총 4개국으로 구성되었는데, 유엔군 측에서는 스위스와 스웨덴, 중국-북한 측에서는 폴란드와 체코슬로바키아가 지명되었다.

이로써 휴전 이후부터는 이 두 기관을 중심으로 정전 체제 관리가 이루어지게 되었다. 유엔군사령부는 1950년 창설 때부터 일본 도쿄에 본부를 두었으나, 1957년에 서울로 옮겨졌다. 이는 UNC의 임무가 전투 수행에서 휴전 관리로 전환되었다는 의미가 된다. 하지만 정전 체제의 역할과 실효성 문제는 한반도의 위기 상황이 고조될 때마다 논란이 제기되어 왔고, 그로 인해 정전 체제의 기능이 상당 수준 약화되는 결과를 빚었다.

UNC 예하에는 실제로 전투를 수행하는 육해공군의 부대들이 소속되어 있었다. UNC 본부는 일본 도쿄에 있었고, 한반도에서 전투 임무를 수행한 야전 부대는 '주한미8군 사령부'였다. 1953년 7월 휴전이 결정되던 시점에 한반도에 주둔하고 있던 병력은 한국군 59만 명, 미군 30여만 명, 기타 참전 15개국 병력을 포함하여 총 93만2,964명이었다.

이들 부대 중에서 단연 주목을 끈 부대가 바로 유엔한국민사지원사령부UNCACK였다. 부대가 공식 창설된 시점은 1950년 12월 10일로, 그 임무는 유엔군이 점령한 지역에서 민간인 구제와 구호 활동을 전담하는 것이었다. UNCACK가 창설되기 전에 이 임무는 미국 정부의 경제협조처Economic Cooperation Administration, ECA와 유엔한국통일재건위원회UNCURK 두 기관을 중심으로 수행되고 있었으며, 그중에서도 ECA가 임무를 거의 전담하는 상황이었다. 그 이유는 UNCURK가 1950년 10월에 이르러서야 UNCOK의 뒤를 이어 창설되었기 때문이었다. ECA는 2차 세계 대전 직후 미국이 유럽을 부흥시키기 위해 추진한 '마샬 플랜'의 집행 기관이었으며, 한국도 이 범주에 포함되어 지원을 받고 있었다.

전쟁이 시작된 지 거의 6개월이 경과된 시점에 민간인 구제 활동을 전담하는 부대가 공식 창설된 이유는 UNC 차원에서 전투 임무가 너무 절박한 상황에 처해 있었을 뿐 아니라, 민간인 구제 임무를 전담할 조직이 미처 준비되어 있지 않았기 때문이었다. 당시 맥아더 사령관은 인천 상륙 작전에서 성공을 거둔 직후였던 1950년 9월 무렵 한국에서의 민간인 피해 상황과 치안 상태를 파악하기 위해 조사단을 파견했다. 약 70명으로 구성된 파견단에는 민간 전문가도 18명이 포함되어 있었다. 이 조직이 확대 개편되면서 주한 미8군 사령부 소속의 <유엔보건복지파견대>로 편성되었고, 이후 다시 UNCACK로 재편성된 것이다.[18]

그러던 1951년 7월 무렵 UNC는 한국에서 추진되는 민간인 구제와 구호 임무 활동에 있어 통합 체계를 구축하기 위한 조치를 마련했다. UNC는 주한 미8군 사령부로 하달한 공문을 통해 UNCACK가 중추 기관임을 명시하고, 유관 기관에 대한 성격을 규정했다. 이에 따라 ECA는 1951년 4월 1일부로 임무가 종료되고, 유엔한국재건단UNKRA은 한국 정부에 대한 기술적 자문과 전후 복구 임무를 수행하며, UNCURK는 유엔의 자문기관 역할로 임무가 한정된다는 점이 공식화되었다.[19]

UNCACK의 임무는 한국의 민간인들을 질병과 기아로부터 구제하고, 이들의 생활을 안정화시키는 데에 방점이 찍혔다. 이런 임무가 주어진 것은 전방 지역에서의 전투 수행을 뒷받침하는 차원에서 후방 지역 관리에도 힘써야 한다는 취지였지만, 유엔이 추구하는 인도주의적 가치를 실현하는 측면도 내포된 것이었다. 이런 관점에서 볼 때 UNCACK의 조직 편성과 임무 수행 방식은 새삼 주목을 끌 수밖에 없다. 유엔 깃발과 휘장을 부착한 유엔 상비군 조직에서 이런 임무를 수행한 첫 사례였기 때문이었다. 실제로 UNCACK는 현역 군인을 비롯해 유엔 산하 조직에서 파견된 인원과 기타 민간인 전문가들이 임무 수행에 포함된 그야말로 '민-군 융합' 체제였다.

1951년 후반 즈음 UNCACK의 구성원들을 보면, 현역 유엔군을 포함하여 유엔 회원국과 유엔 산하 기관, 국제단체에서 파견된 인원들을 합해 전체 인원이 350명에 달했

---

18 Roger E. Bradley, "Veteran's Memoirs: The Job of KCAC," http://www.koreanwar-educator.org (검색일: 2018. 12. 16).

19 Headquarters, Eighth United States Army Korea, "Information on Relief and Economic Aid Program" (27 July 1951), IG Files 1953, National Archives and Records Administration.

다. 이 중 국제기구에서 파견된 인원이 50명이었으며, 여기에는 국제난민기구IRO 14명, ILO 1명, 미국을 포함한 각국 적십자사 10명, 그리고 유엔 직원 3명이 포함되었다. 그중에서도 특히 덴마크에서는 14명의 의료진이 파견되었다.[20]

군사 분야를 제외한 유엔의 한국 지원은 UNCURK와 UNKRA, 이 두 조직이 중추였다. 유엔한국통일재건위원회UNCURK는 UNCOK의 뒤를 이어 1950년 10월 5차 유엔 총회의 결정에 따라 창설된 조직으로, 한반도의 재건과 구호, 통일 등을 촉진하는 것이 임무였다. 그들은 1973년 12월 28차 유엔 총회의 결의로 해체되기까지 계속 임무를 이어가긴 했으나, 출범 당시부터 북한 측의 반대에 부딪혀 그 활동 범위는 제한적이었다.

UNCURK의 구성은 호주, 칠레, 네덜란드, 파키스탄, 필리핀, 태국, 터키, 이렇게 7개국으로 이루어져 있었다.[21] 이 기관이 설립된 배경에는 유엔군이 인천 상륙 작전에서 성공을 거두고 북한 지역을 탈환한 상황적 국면이 자리하고 있었다. 즉 한반도 통일이 실현될 수 있는 시점과 여건에서 그를 준비하기 위한 체제 구축이 필요했고, 이런 차원에서 유엔이 주도하는 통일 추진 프레임으로 설립되었던 것이다.[22]

UNCURK가 한반도의 정치와 통일 문제에 주력하는 기구였다면, 유엔한국재건단UNKRA은 한국의 경제 및 사회 전반에 대한 구제와 구호 활동에 주력한 기관이었다. 이는 1950년 12월 1일 유엔 총회 결의안 410(V)에 의거해 설립되었으며, 한국의 부흥과 재건을 지원하는 것이 임무였다.[23] 따라서 이들의 임무는 UNC 예하의 UNCACK가 수행한 임무와 거의 동일하였으며, 그로 인해 태생적으로 UNCACK와 UNKRA는 현장에서 임무 중첩에 따른 갈등과 마찰을 빚게 될 공산이 컸다.

실제로도 현장에서의 UNKRA의 활동은 커다란 제약을 받았다. 전쟁 임무를 수행하

---

20 Headquarters, UNCACK, "Civilian employees from 12 countries of the United Nations are presently serving with UNCACK: Records" (May 1951), National Archives and Records Administration.

21 UN, "The problem of the independence of Korea," General Assembly resolution 376, A/RES/376(V) (7 October 1950), https://undocs.org/en/A/RES/376(V).

22 이러한 해석은 유엔 총회 결의안에 포함된 다음 결정 사항에 의거한다. "—(ii) represent the United Nations in bringing about the establishment of a unified, independent and democratic government of all Korea." 위의 자료, p. 9

23 UN, "Relief and rehabilitation of Korea," General Assembly resolution 410, A/RES/410(V) (1 December 1950), https://undocs.org/en/A/RES/410(V).

던 UNC와의 업무 협조도 문제였지만, 한국에서 이용 가능한 항구와 운송 시설이 부족했기 때문이었다. 따라서 제한된 범위에서 피난민 긴급 구호 활동에 나설 수밖에 없었고, 본격적인 활동은 1953년 휴전 이후가 되어서야 전개되었다. 그들은 1958년 7월 1일에 임무를 종료할 때까지 한국의 산업 인프라 복구와 민간인 구호, 교육 시설 개선 사업을 중점 지원했다. 이 기간 동안 총 260개의 지원 프로젝트를 통해 약 1억 2,000만 달러 현재 가치로 약 9억 2,000만 달러의 지원금이 UNKRA의 이름으로 한국 사회 재건에 투입되었다.[24]

이러한 유엔의 한국 민간 지원은 1950년 7월 31일의 유엔 안보리 결의안 85호에서 결정된 지침 사항이었다. 이에 따르면 UNC가 한국의 민간인 구제 활동을 수행하고, 유엔 산하 기구와 비정부 기구들이 UNC의 해당 임무를 지원하도록 되어 있었다.[25] 이에 부응하기 위한 프로그램이 바로 한국민간구호계획Civilian Relief in Korea, CRIK이었으며, 이 채널을 통해 수렴된 지원금의 대부분은 사실상 미국에서 건너온 것이었다. 한국 전쟁 기간에는 이 지원금이 주로 UNCACK에 의해 집행되었고, 전쟁 후에는 UNKRA가 집행기관이었다.

UNKRA를 설립할 당시에 유엔 사무총장은 자문 위원회를 구성하고, 여기에 캐나다, 인도, 영국, 북아일랜드, 미국, 우루과이 등 6개국을 지명했다.[26] 이들 국가는 UNKRA 대표에게 예산 확보 및 지출과 관련하여 자문 역할을 수행하도록 되어 있었다. 그리고 UNKRA가 존속했던 8년여 기간을 통틀어 UNKRA의 대표로 임명되어 활약한 사람은 미군 퇴역 장성이었던 쿨터John B. Coulter였다. 쿨터 장군은 한국 전쟁에서 9군단장으로 재직했으며, 퇴역 후 한국 재건에도 기여한 특이한 이력의 소유자였다.

한편 유엔 산하 기관들은 주로 UNCACK가 수행하는 활동에 인력과 예산, 물자를 지원했다. 1951년 UNCACK에서 작성한 보고서를 보면 1951년 8월까지 구호 물자를 지원한 나라와 국제단체들의 명단이 나와 있다. 지원에 동참한 국가들은 총 30개국이고,

24 United Nations in the Republic of Korea, "About the UN in the ROK", http://www.un-rok.org (검색일: 2018.12.15)

25 UN, "Complaint of aggression upon the Republic of Korea," Security Council resolution 85, S/RES/85(1950) (31 July 1950), https://undocs.org/S/RES/85(1950).

26 UN, "Relief and rehabilitation of Korea," General Assembly resolution 410.

국제단체들은 17개였다.[27] 특히 국제단체에는 국제난민기구IRO;현 UNHCR, 유엔아동기금UNICEF, 세계보건기구WHO, 유엔교육과학문화기구UNESCO 같은 유엔 산하 기구들을 비롯하여 케어Cooperative for Assistance and Relief Everywhere, CARE, 세이브더칠드런Save the Children Fund, SCF, 미국 적십자사 같이 미국과 영국 등에 소재를 둔 비정부 단체들이 포함돼 있었다.

휴전 후 한국은 정치, 군사적 안정과 전후 복구에 역량을 집중해야 했다. 이 과정에서 유엔이 기여한 역할은 크게 정전 체제 관리와 전후 복구로 대별된다. 먼저 정전 체제 관리에서는 북한의 대남 도발이 이어지며 정전 체제를 위협하는 상황에 대응하는 것이 목표였다. 특히 1958년 두 차례에 걸쳐 민간 항공기와 공군기를 납치한 도발이 대표적인 위기였다.[28]

정전 체제 관리와 관련된 근본적인 취약점은, 한국 정부가 협정 당사국이 아니었던 탓에 한국과 UNC 사이에 잠재할 수밖에 없었던 갈등이 문제였다. 정전 협정 체결을 위한 회담이 지속되는 동안 한국의 이승만 대통령이 회담 자체를 거부하고, '북진 통일'을 주장하거나 '반공 포로 석방' 등의 조치를 취하며 미국과 마찰을 빚은 것이 갈등을 잉태한 원인이었다. 한국과 미국 사이에는 정전 협정을 둘러싼 외교적 갈등이 팽배했으며, 미국은 유엔으로부터 위임받은 권한으로 정전 협정 체결과 휴전 이후 정전 체제 관리에 진력했다.

정전 체제를 위협하는 문제로서 중립국감독위원회NNSC의 역할에 있어서의 한계점이 부각된 것도 큰 문제였다. 이들의 가장 중요한 임무인 정전에 대한 감독, 감시, 시찰 및 조사 역할이 제대로 수행되지 않은 것이다. 결국 유엔군 측 감독 위원이었던 스위스와 스웨덴 대표가 임무 수행이 원활하게 수행되지 않는다는 불만을 제기하며 1954년 3월 유엔에 공식적으로 이의를 제기했고, 그 이후부터는 감시를 위한 노력이 아예 좌절되고 말았다. 이 사태는 1957년에 이르러 UNC 측에서도 한국군 감시 임무를 포기하겠다는

27 Headquarters, UNCACK, "Hq, UNCACK Statistical Report of CRIK Supplies Received" (1951), RG 554, National Archives and Records Administration.

28 1958년 2월 16일 북한의 무장 간첩에 의한 민간 항공기 납치가 일어났고, 같은 해 4월 10일 북한에 포섭된 간첩에 의해 공군 수송기 납치가 시도되었으나 실패에 그쳤다.

선언으로 이어졌다.[29]

정전 체제 관리와 관련된 유엔의 역할은 이처럼 UNC와 한국 정부 간의 협력 관계 구축, NNSC의 임무 수행 불가 사태에 대응하는 것으로 압축되었다. 특히 NNSC의 역할 축소와 관련하여 UNC가 유엔과 조율하는 업무에 나서야 했고, 이러한 사태는 결국 정전 체제의 실효성을 기저에서부터 위협하는 요인이 되었다.

한편 전쟁 종료 후 한국 정부의 유엔 외교 활동은 유엔 회원국 가입을 목표로 전개되었다. UNCURK의 연례 보고서를 중심으로 인구 비례에 의한 남북한 총선거 방안이 매년 유엔 총회에서 토의되었다. 그러다 한반도 문제의 평화적 해결을 위한 제네바 회담이 결렬되자, 이 문제는 유엔 총회로 이관되었다. 1956년 11차 유엔 총회에서는 한국의 유엔 가입을 요청하는 결의안이 채택되었으나, 안보리 표결에서 구소련의 거부권 행사로 부결되었다. 한국은 1958년까지 단독 가입을 계속 추진했지만, 같은 이유로 실패하고 말았다.

휴전 후 한국에게 놓인 또 다른 과제는 전쟁으로 인해 황폐화된 경제와 사회를 복구하는 것이었다. 이를 지원할 유엔의 실행 기구는 UNCURK와 UNKRA 두 기관이었다. 그중에서도 특히 UNKRA가 재건 임무를 전담하게 되었다. 이들은 전쟁 중에는 우선 시급한 민간인 구제 활동에 주력했고, UNKRA에 의한 산업 복구는 전후 시기부터 실행에 옮겨졌다.

UNKRA의 한국 지원은 1954년 5월에 체결된 『한국경제 원조계획에 관한 대한민국과 유엔재건단과의 협약Agreement for a Program of Economic Assistance to Korea』을 근간으로 하여 본격적으로 펼쳐졌다.[30] 지원 예산은 유엔 회원국들로부터 갹출한 7,000만 달러의 기금으로 출발하여 1960년까지 약 1억 2,000만 달러에 달했다. 그리고 이 지원금의 대부분은 구호 물자의 조달, 산업 인프라 복구, 주거와 교육 시설의 재건 등에 투입되었다. 특

29 U.S. Arms Control and Disarmament Agency, "The Neutral Nations Supervisory Commission in Korea (A Peacekeeping Operation)" (2 August 1970), National Archives and Records Administration.

30 협약의 주요 내용은 UNKRA의 목표가 한국의 재정 안정과 경제 자립을 돕는 것이며, 재건단의 자금 관리를 위해 한국은행에 특별 개정을 개설한다는 등의 사항을 포함한다. 국가기록원, 재정경제부 국고국 국유재산과, "한국경제 원조계획에 관한 한국과 국제연합한국재건단과의 협약[1954]," 1954년 5월 31일.

히 전쟁으로 인한 부상자 재활을 지원하는 차원에서 국립의료원의 건립을 돕기도 하였다.[31]

전체적으로 유엔은 한국의 전후 복구 지원과 관련하여 1953년부터 5개년에 걸친 재건 계획을 수립하고, 국민 총생산 40퍼센트 증가, 전력 공급 3배 수준 확대, 주택 재건 60만호 건설을 목표로 설정했다.[32]

UNCURK 역시 전후 복구를 지원한 유엔 기관이었다. 이들은 임무 자체가 정치적 역할에 방점을 두고 있었으므로 하나로 통일된 한국을 건설한다는 어젠다에 치중하긴 했지만, 민간 구호 활동에도 또한 관심을 기울였다. UNCURK가 이 분야에서도 활동을 전개한 이유는 유엔 총회 결의안에 따른 것으로, UNCURK에 부여된 5가지 임무 중 마지막 임무가 "한반도의 경제적 복구를 위한 모든 조치가 취해져야 할 것"으로 규정되어 있었기 때문이었다.[33] 이 결의안에서는 또한 경제사회이사회가 한국의 구호와 재건 계획을 마련할 것을 권고하기도 했다. UNCURK는 1951년부터 매년 유엔 총회에 한국 문제에 관한 보고서를 제출했으며, 이는 유엔 총회에서 한반도 문제를 검토하는 기준점이 되었다.

유엔 산하 기관들의 한국 지원 활동도 이 기간에 활발하게 전개되었다. 그중에서도 유엔아동기금UNICEF과 유엔교육과학문화기구UNESCO의 활동이 가장 두드러졌다. UNICEF는 한국 정부 수립 직후부터 어린이들에 대한 지원 소요를 파악하는 등 가장 먼저 지원 활동에 나섰다. 이런 배경으로 전쟁 기간 중에는 아동과 여성을 대상으로 긴급 구호 사업을 전개했고, 피난민 거주 지역에서 구호 활동을 펼치기도 했다. UNICEF가 창설된 시점이 1946년 12월이라는 점을 고려하면 한국은 이 기관의 창설 초기부터 지원 대상에 포함된 것이다.

한국은 전쟁 발발 직전인 1950년 3월 25일에 UNICEF와 기본 협정을 체결했고, 이를 계기로 UNICEF의 공식 활동이 시작되었다. UNICEF는 한국 전쟁 시기에 식량과 의약

---

31 국가기록원, "한국과 유엔: 전쟁복구와 경제원조," http://theme.archives.go.kr (검색일: 2018.12.16).

32 위의 자료.

33 유엔 총회 결의안 376호의 내용을 의미한다. 국사편찬위원회, "유엔한국통일부흥위원단 설치에 관한 1950년 10월 7일 유엔총회 결의안 376(V)," http://db.history.go.kr (검색일: 2018. 12. 16).

품, 교재 등을 지원했다고도 알려져 있다.[34] 한국 전쟁과 전후 복구 시기에 UNICEF의 지원 활동이 어떻게 전개되었는지에 대해서는 자료를 통해 좀더 조사할 필요가 있다.

한편 한국은 전쟁 발발 직전인 1950년 6월 14일에 UNESCO에 가입하여 55번째 회원국이 되었다. UNESCO는 한국 전쟁 기간에 UNKRA와 협력 체제를 구축해 약 24만 달러에 달하는 원조를 시행했으며, 주로 교육 활동 지원에 앞장섰다.[35]

1952년 9월에는 UNESCO의 공동 사절단이 한국에 파견되어 『한국의 교육 재건 Rebuilding Education in the Republic of Korea』이라는 보고서를 발간하기도 했다. 뒤이어 1954년에 한국은 UNESCO 한국위원회를 창립했으며, 이들은 전후 복구 시기에 그 활동 범위를 확대하여 지방 여러 곳에 직업 고등학교를 설립하는 등 한국의 교육 재건을 위해 힘을 기울였다. 특히 1954-1956년 사이에 한국에서는 UNESCO 학생건설대의 활동이 전개되었고, 1957년 5월 『유네스코 한국총람』이 발간되기도 했다.[36]

유엔 식량농업기구FAO 또한 유엔 산하 기관으로서 한국에 대한 지원에 참여했다. 1945년 10월에 창설된 FAO는 <식량과 농업에 관한 유엔 컨퍼런스United Nations Conference on Food and Agriculture>에서 마련한 초안을 헌장으로 채택했다. 그리고 5차 FAO 총회가 개최된 1949년에 한국은 그 회원국으로 가입했다.

전후 복구 기간에 한국은 유엔과 미국으로부터의 원조에 절대적으로 의존한 수혜국이었다. 이런 국면은 1961년부터 급격히 변화되었다. 국내적으로는 군사 정부가 들어서면서 자립 경제 구축을 목표로 설정한 것이 그 원인이었다. 군사 정부는 '계획 경제' 모델을 수립하면서 수출을 통한 경제 성장에 시동을 걸었으며, 국제 경제를 이끌어가는 국제기구에도 적극 가담했다.

---

34 이 사실은 반기문 전 유엔 사무총장의 증언으로도 확인된다. 황정우, "반기문, 나도 한때 피란민…한국전쟁때 유엔은 희망의 상징," 「연합뉴스」 (2016.2.06).

35 2018년 10월 문재인 대통령은 UNESCO 본부를 방문한 자리에서 1950년대와 60년대 학창 시절에 UNESCO의 지원으로 발간된 교과서로 공부하며 민주주의와 인권, 정의를 배웠다고 회고한 바 있다. 이는 UNESCO가 1954년에 UNKRA와 공동으로 서울에 교과서 인쇄 공장을 설립한 사실을 일깨운 것이다. 주 유네스코 대한민국 대표부, "문재인 대통령 유네스코 사무총장 오드레 아줄레 면담," http://overseas.mofa.go.kr/unesco-ko (검색일: 2018. 12. 28).

36 유네스코 한국위원회, 『유네스코 한국총람』, 1957.

실제로 자립 경제 구축을 위한 한국 정부의 노력은 1960년대를 이끌어간 원동력이었다. 이런 움직임은 대략 1970년대 초반까지 이어졌고, 소위 '유신 체제'가 들어서는 시기까지 지속되었다. 그리고 상징적이긴 하나 1973년에 UNCURK가 해체되면서 한국의 자립 경제 목표는 기반을 닦은 것처럼 보였다. UNCURK가 한반도 통일과 경제 부흥을 지원하는 유엔의 실행 기구였기에, 이 기구의 해체는 한국이 주권 국가로서 국제사회에서 자립할 수 있다는 의미를 던져주었다.

한편 정치와 통일 분야에 있어서의 유엔의 한국 지원은 1973년에 UNCURK가 해체될 때까지 계속되었다. 한국과 서방 측은 유엔 감시하에 인구 비례에 의한 남북한 총선거 방안을 관철하려 했지만, 공산 진영 측에서는 주한 미군 철수와 UNCURK 해체, UNC 해체를 주장하며 그에 맞섰다.

이렇게 되자 유엔 총회는 1968년 12월 20일에 결의문 2466(XXIII)호를 채택하여 한반도 문제를 매년 자동 상정하는 방식을 포기하고, UNCURK가 필요에 따라 사무총장에게 보고하도록 수정했다.[37] 유엔에서 한반도 문제의 해결이 이처럼 지연된 데는 남북한 관계의 급속한 변화가 그 원인이었다. 1972년 남북한이 합의하여 '7.4 남북 공동 성명'이 발표되었고, 여기에서는 통일이 이루어질 때까지 잠정적으로 남북한의 유엔 동시 가입에 반대하지 않는다고 천명했다.[38]

군사 분야에서 유엔의 역할은 UNC 예하 유엔군사정전위원회UNCMAC의 정전 체제 유지 업무로 계속 유지되었다. 특히 북한에 의한 정전 협정 위반 사례가 증가하면서 판문점에서의 정전 회담도 빈번해졌다. 이 시기 대표적인 한반도 위기였던 1968년 1월의 '청와대 기습 사건'과 미국 정보함 '푸에블로호Pueblo號' 납북 사건이 연이어 터지면서 한반도에는 전쟁 기운이 고조되었다. 더불어 미국이 한국을 제외한 채 단독으로 판문점에서 북한과의 정전 회담을 비공개로 개최하여 한국으로부터 불만이 제기되는 등 불협화

---

37 UN, "The Korean question," General Assembly resolution 2466, A/RES/2466(XXIII) (20 December 1968), https://undocs.org/en/A/RES/2466(XXIII).

38 1971년 9월 26일 유엔 총회에서 한국은 한반도 문제에 관한 토의의 연기를 제안하여 통과시켰다. 1973년 28차 유엔 총회에서 남북한은 유엔 동시 가입 의사를 천명했으며, 1973년 5월 북한이 WHO에 가입한 것을 계기로 그해 7월 뉴욕에 '주유엔 북한 대표부'가 설치됐다. 국가기록원, "한국과 유엔; 남북 대결외교와 유엔," 1971년 9월 26일.

음도 빚어졌다.

정치 및 군사 분야에서 유엔의 역할이 한반도 위기 관리에 집중되는 동안 한국 정부의 유엔 산하 기관들에 대한 접근은 더 활발해졌다. 1961년 5월 한국은 유엔 전문 기구인 국제개발협회International Development Association, IDA에 가입했다. 1960년에 창설된 이 기구는 국제부흥개발은행International Bank for Reconstruction and Development, IBRD의 자매 기구로서 제2의 세계은행으로 불리기도 한다.[39] 주로 1인당 국민 소득 835달러 이하의 저소득 국가에 대한 경제 지원 역할을 수행하며, 한국은 기구 창설 직후부터 여기에 가입하여 1962년 8월에 철도 객차 도입을 위한 차관을 유도하기 위해 1,400만 달러 지원 조인식을 체결한 것을 필두로 1974년까지 IDA로부터 총 1억 2,000만 달러를 지원받았다.[40]

이어서 한국은 1962년 4월에 유엔 전문 기구인 국제해사기구International Maritime Organization, IMO에도 가입했다. 국제 해운에 영향을 미치는 모든 기술적 문제를 다루기 위해 1959년 1월에 창설된 이 기구는 특히 해상 안전, 항해의 효율, 선박 오염 방지 등을 규정하는 역할을 중점적으로 수행한다. 한국은 여기에 50번째 회원국으로 가입했고, 1991년 5월에는 국내에 대표부를 설치했다. 수출 위주의 경제 성장 전략을 선택한 한국으로서는 IMO와의 협력에 적극 나서야 할 입장이었던 것이다.

한국의 유엔개발계획UNDP 가입은 1963년 1월 UNDP의 전신인 유엔기술원조국UN Technical Assistance Board, UNTAB에 가입하면서 시작되었다. 1964년 4월에는 또 다른 UNDP 전신 기구인 유엔특별기금United Nations Special Fund, UNSF과도 원조 협정을 체결했다. 이는 1966년 UNDP가 공식 출범하기 이전부터 한국이 농수산과 교육, 과학 기술 분야에서 다양한 지원을 이끌어 내기 위해 노력했음을 말해준다.

1960년대에 펼쳐진 UNDP 사업은 주로 농림수산 분야의 생산성 제고와 보건 및 교육 관련 사업에 중점을 두었으며, 1966년부터 시작된 '낙동강 유역 개발 조사', 1967년부터 시행된 '산지 개발 및 수역 관리 사업', 1964년의 '원양 어업 훈련소 사업' 등 다양

39 이에 앞서 한국은 1955년 국제부흥개발은행(IBRD)에 가입하여 1966년부터 차관을 도입하는 데 유리한 여건을 조성하였다.

40 한국은 1973년에 이 기구로부터 졸업했으며, 1978년부터 공여국으로 변신해 2017년 현재 IDA의 52개 기부 국가에 포함되어 있다. IDA, http://ida.worldbank.org (검색일: 2018.12.16).

한 프로젝트 형태로 추진되었다. 그 이후 1970년대부터는 산업 개발에 주로 역점을 두었다.[41/42]

한국은 1965년 1월에 유엔무역개발회의United Nations Conference on Trade and Development, UNCTAD에도 창설 멤버로 가입했다. UNCTAD는 개발 도상국의 경제 발전을 촉진하고, 국제 무역의 확대를 추진하기 위한 목적으로 설립된 유엔 산하 회의체 기관이다. 가입 당시 한국은 개발 도상국의 입장에 있으면서 선진국과도 협력하는 이중적 스탠스를 취해야 했다. 개발 도상국과 선진국 사이에서 중재와 조정 역할에 주력하는 '준주변semi-periphery 국가'의 위치에 서야만 했던 것이다.

그 외에도 1966년 세계식량계획WFP, 1967년 유엔공업개발기구United Nations Industrial Development Organization, UNIDO에 가입했고, 1971년에는 UNDP와 국제노동기구ILO 등의 공동 지원으로 <중앙직업훈련원>을 개원했다. 이렇듯 한국은 유엔 산하 기구가 창설되는 즉시 가입을 추진하면서 유엔이 제공하는 지원 사업을 적극 유치하기 위해 노력해왔다.

---

41 국가기록원, "한국과 유엔: 전쟁복구와 경제원조," http://theme.archives.go.kr (검색일: 2018.12.16); 우정열, "UNDP 한국서 임무 끝났다 … 서울사무소 철수," 「동아일보」 (2009.12.29).

42 2009년까지 UNDP 주관 사업은 UNDP 직접 지원이 7,800만 달러, 한국 정부 출자액이 2,800만 달러로써 총 1억 달러 규모의 사업들이 시행되었다. UNDP 지원 사업은 2009년에 종결되었고, 서울에 설치된 UNDP 사무소가 폐지되면서 한국은 공여국의 위치로 전환했다. 「동아일보」, "교육과학기술부: 한국-UNDP 국가사업 종결 및 UNDP 서울 사무소 청산," 2009.12.29.

〈표 1〉 한국 지원을 목적으로 설립된 유엔 산하 기구 (1945-1973)

창설	해체	기관	성격	임무/역할
1947.11	1948.12	유엔한국임시위원단 (UNTCOK)	한시적 조직	한국에서의 선거 시행 및 감시, 중앙정부 수립, 점령군 철수 등 한국의 국가 독립 재설정
1948.12	1950.9	유엔한국위원단 (UNCOK)	한시적 조직	군사분쟁 감시, 통일 중재, 선거 감시, 점령군 철수 감시
1950.7	유지	유엔군사령부 (UNC)	안보리 결의 조직	창설 당시: 한국을 침략군으로부터 보호, 한국에 파견된 유엔 회원국의 군대 지휘·통제 1953년 휴전 이후: 정전 체제 및 정전 협정의 이행 관리·감독, 군사작전 통제권 행사
1950.10	1973.12	유엔한국통일재건위원회 (UNCURK)	한시적 조직	한국의 경제 부흥과 피난민 구호, 북한의 실태 조사, 한반도의 시급한 문제 조사 및 유엔총회(사무총장)에 보고
1950.12	1953	유엔한국민사지원사령부 (UNCACK)	UNC 예하 조직	창설 당시: 질병과 기아, 공포로부터 민간인을 구제 1951년 중반 이후: 공중 보건과 위생, 공공복지, 경제 원조, 구호 및 구제품 보급 등 역할 확대
1950.12	1958.6	유엔한국재건단 (UNKRA)	한시적 조직	창설 당시: 유엔군사령부(UNC)의 부수적 역할 1953년 휴전 이후: 전후 한국 재건 전담
1953.7	1998.2월부터 장성급 회담으로 대체	유엔군사정전위원회 (UNCMAC)	UNC 예하 조직	정전 협정의 이행 및 감독, 유엔군과 북한군 간의 정전협정 위반 사건에 대한 협의 및 해결
1953.7	유지	중립국감독위원회 (NNSC)	UNC 예하 조직	한반도에서 군사 인원, 작전 장비와 물자를 감독 및 시찰; 비무장지대 이외 지역에서의 정전협정 위반 사항 조사 수행

〈표 2〉 한국 지원에 참여한 유엔 산하 기구

창설	한국의 가입	기관	성격	임무/역할	비고
1944.7	1955.8	국제부흥개발은행 (IBRD)	유엔 전문기구	전후 경제 재건 지원, 개발도상국을 위한 장기 개발자본 융자	1970년 대표이사 선임
1945.10	1949.11	유엔식량농업기구 (FAO)	유엔 전문기구	식량 생산 및 분배 효율성 개선, 농촌 주민의 생활수준 향상, 영양, 식량 및 농업에 관한 연구	1957년 12월 〈FAO 한국협회〉 설립
1945.11	1950.6	유엔교육과학문화기구 (UNESCO)	유엔 전문기구	교육, 과학, 문화, 정보 커뮤니케이션 분야에서 국제협력을 촉진하여 세계 평화와 지속가능한 발전에 기여	1954년 1월 〈UNESCO 한국위원회〉 설립
1946.12	1950.3	유엔아동기금 (UNICEF)	유엔 사업 기금	아동 긴급구호, 아동의 영양·보건·교육 권리 보호, 아동과 모성을 위한 백신사업 전개	1993년 12월 〈UNICEF 한국위원회〉 설립
1947.3	1949.10	유엔경제사회이사회 (ECOSOC)	유엔 상설 기관	세계 경제, 사회, 문화, 교육, 보건 및 관련 사항에 대한 연구, 보고 및 권고 또는 발의, 권한내 국제회의 소집, 전문기구와의 협의	준회원 가입 1992년 정회원
1948.3	1962.4	국제해사기구 (IMO)	유엔 전문기구	해상의 안전과 항해의 능률을 위해 해운에 영향을 미치는 각종 기술적 사항 해결, 선박에 의한 해양오염방지, 국제해운과 관련된 법적문제 해결	1991년 5월 한국대표부 설립 1991-2009년간 이사국 9회 연임
1948.4	1949.8	세계보건기구 (WHO)	유엔 전문기구	전염병과 풍토병 및 기타 질병 퇴치 활동, 보건 단체간의 협력관계 증진	1965년 한국사무소 개설
1949.11	1963.1	유엔기술원조국 (UNTAB)	유엔 사업 조직	기술원조에 대한 논의, 기술원조 지원에 대한 보고서 작성, 유엔경제사회이사회에 보고	
1950.3	1956.2	세계기상기구 (WMO)	유엔 전문기구	기상 관측을 위한 세계 협력, 기상정보의 신속한 교환조직 확립, 기상관측 표준화, 일상활동에 대한 기상학 연구, 응용 등	2007년 집행이사 진출
1957.7	1957.8	국제원자력기구 (IAEA)	유엔 산하 기관	원자력의 세계평화, 안보 및 번영에 대한 기여 촉진, 원자력에 대한 국제적인 공동관리	1974년 북한 가입
1960.9	1961.5	국제개발협회 (IDA)	유엔 전문기구	개발도상국의 경제개발을 위한 융자, 원조 지원	IBRD와 함께 세계은행의 축
1961.12	1966.10	세계식량계획 (WFP)	유엔 사업 조직	식량원조를 통해 개발도상국의 기아 해방, 긴급 재난 상황시 식량 지원 등	1984년까지 23개 사업 수원
1964.12	1964.12	유엔무역개발회의 (UNCTAD)	유엔 산하 전문상설기구	무역을 통한 개발도상국의 경제개발 촉진, 선진국과의 협력 도모, 남북 간 경제 격차 시정	
1965.11	1963년부터 한국 지원 프로그램 시작	유엔개발계획 (UNDP)	유엔 사업 조직	개도국의 경제적.정치적 자립과 경제, 사회발전 달성을 목표로 체계적이고 지속적인 원조 제공, 수원국의 능력배양을 위한 기술협력제공	1963년 UNDP의 전신인 UNEPTA 주한 사무소 설치 1993년 한국은 공여국으로 전환

〈그림 1〉 한국과 유엔: 시기별 전개와 특성

구분	유엔의 원조			유엔 가입과 공여		
	정부수립과 유엔	한국전쟁과 유엔	전후복구와 경제원조	남북대결외교와 유엔	유엔 가입외교	원조국에서 공여국으로
주요내용	· 한국문제 유엔상정 · 유엔임시위원단 활동 · 정부수립 · 유엔한국위원단 설치	· 한국전쟁의 발발 · 안보리 참전 결의 · 유엔군의 창설 · 전쟁의 경과와 휴전협정	· 긴급구호기구의 활동 · 유엔산하기구의 활동 · 개발원조와 외자도입	· 유엔총회와 남북대결 외교 · 80년대 한반도 문제 안보리 논의	· 북방외교 · 유엔동시가입	· 유엔평화유지 활동 · 안보리 이사국 진출 · 56차 유엔총회 의장국 활동 · 제8대 유엔 사무총장 취임
주요기록물	· 유엔승인 소식을 듣고 정부각료들 축배('48) · 대한민국의 세계보건기구 가입의 의의	· 유엔기념일을 당하야('50) · 국제연합 한국위원단 보고서(1951~53년)('65)	· 한국경제원조 계획에 관한 대한민국과 국제연합 한국재건단과의 협약('54) · 콜터 운크라 단장 인천 판유리공장 준공식 참석 연설('57)	· 제22차 UN총회 대표단 종합보고('68) · 유엔 정치위원회 외무부 장관 연설 전문 및 요지('73)	· 국제연합 헌장 수락 및 공포('91) · UN연설('91) · 이것이 한국이다('72, 영상)	· 유엔환경개발회의 의제21 국가실천계획('96) · 유엔 개황('08)

출처: 국가기록원, "한국과 유엔: 한눈으로 보는 한국과 유엔," http://theme.archives.go.kr (검색일: 2018.12.16).

〈그림 2〉 한국과 유엔의 발전 국면 (1945-1973)

해방시기 (1945-1948)	정부수립시기 (1948-1950)	한국전쟁시기 (1950-1953)	전후복구시기 (1953-1961)	경제성장시기 (1961-1973)
· UNTCOK	· UNCOK · WHO · ECOSOC · FAO · UNICEF · UNESCO	· UNCURK · UNC · UNCACK · UNKRA · UNCMAC · NNSC	· IMF · WMO · IAEA	· IBRD · IDA · IMO · UNTAB · UNSF · UNDP · UNCTAD · WFP · UNIDO

유엔과 한국

1945-1973: 건국, 평화, 경제 성장의 파트너십

Footprint of Partnership

UN and Korea, 1945-1973

Ⅱ.
대한민국 정부 수립 과정에서의 유엔의 역할

1. 유엔 대표단의 한반도 상륙과 대한민국 정부 수립 / 이인호
2. 남북한 대치하에서의 유엔의 위기관리 / 이인호

01 유엔 대표단의 한반도 상륙과 대한민국 정부 수립

2차 세계 대전 직후 미국과 구소련 간의 한반도 관리 방안에 대한 협의가 실패로 돌아가자, 미국이 한반도 문제를 유엔으로 상정하면서 그 결과물로 탄생한 것이 바로 유엔한국임시위원단United Nations Temporary Commission on Korea, UNTCOK이었다. UNTCOK는 1947년 11월 14일 2차 유엔 총회의 결의에 따라 1948년 5·10 총선거의 공정한 감시 및 관리와 민주적 정부 수립을 위해 설치된 기구로서, 1947년부터 1948년까지 활동했다. 이후 UNTCOK는 1948년 유엔한국위원단UNCOK으로 그 명칭이 변경되기까지 정부 수립과 한국 전쟁, 전후 복구 시기 등 대한민국 건설 과정에서 유엔의 역할을 이끄는 원동력을 제공했다.

1) UNTCOK의 설립 배경과 과정

1946년부터 개최된 '미-소 공동위원회'가 성과 없이 공전을 거듭하자, 미국은 한반도 문제를 유엔으로 넘겼다. 이때가 1947년 9월이었고, 미국은 독자적으로 한국의 독립 문제를 2차 유엔 총회 안건으로 제출했다. 그러자 구소련의 반대에도 불구하고 유엔 총회 운영위원회General Committee와 유엔 총회는 이 안건에 대한 논의를 시작했다.[1]

구소련은 미국이 유엔 총회에서 한국 문제를 논의하는 것 자체가 '미-소 공동위원회' 합의에 위배되는 것이라 주장하며, 미국에 제동을 걸었다. 그럼에도 미국은 1947년 10월 17일 유엔 총회 정치위원회에 UNTCOK의 설립을 제안하는 내용이 담긴 수정 초안을 제시했다. 이에 맞서 구소련은 '미-소 공동위원회'에서 제안했던 외국군 철수에 관한 결의안을 제출했다. 이 대결에서 미국은 구소련을 제압했다. 유엔 총회 정치위원회는 10월 30일 91차 회의에서 미국의 수정안을 통과시키고, 구소련의 남북한 대표 초청안

1 UNTCOK, "Report of the United States Delegation 1947," Joint Commission Decision No. 12 (7 June 1947), Folder 6 of 6, National Archives and Records Administration.

을 부결시켰다.

미국과 구소련이 주도하는 동서 진영 간의 대결이 첨예하게 전개되는 가운데 유엔은 1947년 11월 14일에 2차 총회를 개최하고, 유엔 감시하의 남북한 총선거 문제에 대한 결의안 표결에 들어갔다. 이 회의에서 구소련은 불참을 결정했고, 유엔 총회는 정치위원회 결의에 기초하여 미국의 제안을 찬성 43, 반대 0, 기권 6으로 받아들여 총회 결의안 112호를 채택했다.[2]

1947년 11월 14일 결의 (제112호) (한국총선거에 관한 결의문)

A 총회가 당면하고 있는 한국문제는 근본적으로 한국 국민 자체의 문제이며 그 자유와 독립에 관련되는 것이며, 또한 본 문제는 당해 지역 주민의 대표가 참가하지 않고는 공명정대히 해결될 수 없음을 인정하는 까닭에, 총회는 1. 본 문제 심의에 있어 선거에 의한 한국국민의 대표가 참여하도록 초청할 것을 결의하며, 2. 나아가서 이러한 참여를 용이케 하고 촉진시키기 위하며 또한 한국 대표가 단지 한국의 군정당국에 의하여 지명된 자가 아니라 한국국민에 의하여 사실상 정당히 선거된 자라는 것을 감시하기 위하여 조속히 UN한국임시위원단을 설치하여 한국에 부임케 하고 이 위원단에게 전 한국을 통하여 여행, 감시, 협의할 수 있는 권한을 부여할 것을 결의한다.

B 총회는, 한국국민의 독립에 대한 요청이 긴급 정당함을 인정하고 한국의 국가 독립이 재설정되어야 하며, 전 점령군은 그 후 가능한 최단기간 내에 철수되어야 할 것을 확신하고, 한국국민의 자유와 독립은 한국국민의 대표의 참여 없이는 공명정대히 해결될 수 없다는 전술의 결론과 또 선거에 의한 한국국민의 대표의 참여를 용이케 하며, 촉진시킬 목적으로 UN한국임시위원단(이하 위원단이라 칭한다)을 설치한다는 결의를 상기하며,

1. 위원단은 호주, 캐나다, 중국, 「엘살바도르」, 프랑스, 인도, 필리핀, 「시리아」, 「우크라이나」 소비에트사회주의공화국의 대표로써 구성할 것을 결정한다.
2. 한국국민의 자유와 독립의 조속한 달성에 관하여 동 위원회와 협의할 수 있는 대표자들을 선출하기 위하여, 1948년 3월 31일 이내에 성년자선거권 원칙과 비밀투표에 의한 선거를 시행하고, 이 대표자들로 하여금 국회를 구성케 하고 한국의 중앙 정부를 수립할 것을 권고하며 각 투표 지구 또는 지역에서 선출될 대표자수는 위원단 감시 하에 시행되어야한다.

---

2 이 결의안에는 UNTCOK의 설치, 1948년 3월 31일 이전에 인구 비례에 따른 선거 실시, 제헌 의회와 국회의 구성 및 헌법 제정, 점령국들과 90일 이내에 철군 문제 협의 등이 포함되었다.

3. 다시 선거후 가급적 조속히 국회가 소집되어 중앙 정부를 수립해야 하며 그 수립을 위원단에 통고하여야 할 것을 권고한다.
4. 다시 중앙 정부 수립 직후에 정부는 위원단과 협의하여 아래의 사항을 실시한다.
   (a) 보안군을 구성하고 이에 포함되지 않는 모든 군사단체와 유사군사단체를 해산할 것.
   (b) 남북한이 군사령관과 민정당국으로부터 정부 여러 기능을 이양 받을 것. 또한,
   (c) 가급적 조속히 가능하다면 90일 이내에 점령군이 한국으로부터 완전 철수하도록 점령 양국과 절차를 작정할 것.
5. 위원단은 한국 내에서 감시와 협의한 바를 참작하여 한국의 국가독립과 점령군 철퇴를 달성시킬 전기 방침 수행을 용이케 하고 또 촉진시켜야 할 것을 결의한다. 위원단은 그 얻은 바 결론을 첨가하여 총회에 보고하여야 하며 사태의 진전에 비추어 본 결의의 적용에 관하여 중간위원회(이하 소총회라 역함) (만일 설치된다면)와 협의할 수 있다.
6. 위원단이 그 책임을 수행함에 있어 모든 원조와 편의를 이에 제공하도록 관계 각 가맹국에게 요청한다.
7. 한국 독립 완성에 이르는 준비적 과도기간 중에는 총회 결정을 수행하는 경우를 제외하고 한국 국민의 여러 문제에 간섭함을 삼갈 것과 또한 한국의 독립과 주권을 침해하는 모든 행위를 철저히 삼갈 것을 모든 유엔 회원국에게 요청한다.[3]

이 결의안에 따라 9개국으로 구성된 UNTCOK가 설치되었다. UNTCOK는 선거 감시를 포함하여 선거에 의해 선출된 대표들에게 조언하거나 여러 가지 실무적 협조를 제공하는 역할을 위임받았다.

특히 UNTCOK는 선거에서 선출된 한국 국민의 대표들이 장차 총회가 한국 문제를 토의할 때 참석할 수 있도록 하고, 한국 측에 정부 수립에 필요한 보편적인 기준을 제시하는 임무를 총회로부터 위임받았다.

UNTCOK의 구성 국가는 호주, 캐나다, 중국, 엘살바도르, 프랑스, 인도, 필리핀, 시리아, 우크라이나였으나, 소비에트 연방을 구성하는 공화국들 가운데 하나인 우크라이나는 여기에 불참했다.[4]

3 국제신문사출판부역, 『UN朝鮮委員團報告書』(국제신문사출판부, 1949), pp. 16-22; 외무부 정무국, "국제 연합 총회에서 채택된 남북한 총선거 결의안 제112호," 1947년 11월 14일, 국제 연합한국관계 결의문집: 1954, 우리역사넷.

4 UNTCOK, "Observation of Elections in South Korea 1947-1948 (1 of 7)," Press Release No. 12 (16 January 1948), National Archives and Records Administration.

2) UNTCOK의 조직

남북한 총선거 시행을 결정한 유엔 총회 결의안이 통과되자, 미국은 UNTCOK 대표단의 파견 준비에 들어갔다. 당시 한국은 미군에 의한 군정이 실시되고 있었고, 구소련은 표결 과정에 불참했기 때문에 UNTCOK 대표단을 맞을 준비는 미국이 주도해야 할 입장이었다. 미군정은 이 준비를 유엔 결의안이 통과되기 전부터 시작했다. 1947년 11월 7일자로 작성된 미군정 비망록을 보면 UNTCOK 대표단을 30명에서 최대 60명으로 판단했고, 유엔 결의안이 통과된 당일에는 이들이 거주할 장소를 검토하는 보고서를 작성했다.[5]

8개국 대표로 구성된 UNTCOK 대표단 60여 명은 임무수행을 위해 1948년 1월 8일부터 29일 사이에 국가별로 김포 공항에 도착했다.[6] 그리고 엘살바도르와 우크라이나 공화국 대표들이 불참한 가운데 1월 12일 덕수궁에서 1차 회의가 개최되었다. 여기에서 인도 측 대표인 크리쉬나 메논K.P.S. Krishna Menon이 만장일치로 임시 의장에 선출되었다.[7]

각국에서 파견된 UNTCOK 위원들은 30대에서 60대 중반에 이르는 연령상의 편차를 보이고 있었고, 직업과 경력 또한 매우 다양했다. <표 1>에서 보는 바와 같이 외교관, 교수, 공무원, 법률가, 변호사, 회계사, 언론 편집인 등 다양한 경력과 직업을 보유한 인사들이었다. 일부 예외가 있긴 하지만, 대부분의 구성원들은 미국에서 출생하거나 유학 또는 미국과 관련된 외교 활동을 경험한 사람들이 많아서 미국과 직간접적으로 인연을 맺고 있었다는 특징을 보여준다.

---

5 UNTCOK, "Correspondence Memoranda 1947-48 (UN Temporary Commission on Korea)" (November 1947), National Archives and Records Administration.

6 1948년 1월 8일 군용 비행장인 김포공항에 처음 도착한 대표는 인도, 호주, 시리아 등 3개국 대표였으며, 공항에 모여든 환영 인파가 25만여 명에 달했다고 한다. 「서울신문」, 1995.5.1

7 UNTCOK, "Arrival of the UN Commission in Seoul," Press Realease No. 3 (9 January 1948), Folder 1 of 2, National Archives and Records Administration.

〈표 1〉 유엔한국임시위원단 참가국 대표 구성

국가	성명	지위	직업
호주	S. H. Jackson	대표	장관
캐나다	G. S. Patterson	대표	외교관
	Mabel McFarlane	비서	
중국	Liu Yu-Wan(劉馭萬)	대표	재서울총영사
	Wang Gung-Hsing(王恭行)	교체대표	외교관
	Ssutu T.(司徒德)	교체대표	공무원
엘살바도르	Miguel Angel Pena Valle	대표	외교관
	Hugo Lindo	교체대표	외교관
프랑스	Jean Paul-Boncour	대표	외교관
	Olivier Manet	교체대표	외교관
	Henry Costilhes	보좌관	
	Marcel Barthelemy	비서관	
	Irene Michauz	비서관	
	Charles Martel	비서관	
인도	K. P. S. Menon	대표, 단장	외교관
	K. G. Nair	부대표	공무원
	I. J. Bahadur Singh	교체대표	법률가
필리핀	Melecio Arranz	대표	상원의원
	Rufino Luna	교체대표	대학교수
	Custodio A. Villalva	비서	
	Vincente Barranco	언론담당관	
	Abelardo Arranz	비서	
	Generoso S. Ondoy	행정원	
	Nieves T. Luna	속기사	
시리아	Zeki Djabi	대표	외교관
	Yasin Mughir	교체대표	외교관

출처: 국회도서관 입법조사국, "1948년도 국제연합한국임시위원단 보고서," pp. 16-17; 최요섭, "1947~1948년 유엔한국임시위원단의 성립과 활동," (2005), p. 41의 도표를 조합해 정리함.

UNTCOK의 조직은 의장실, 위원실, 3개의 분과 위원회 및 감시단으로 구성되었다.[8] UNTCOK 1차 본회의에서 임시 의장으로 선출된 메논은 1948년 2월 4일 8차 본회의에서 상임 의장으로 선출되었다. 또한 8차 회의에서는 의장 부재 시에 각국의 위원단 대표가 15일 기한으로 의장직을 순번제로 대행하고, 그 순서는 대표들의 결정에 일임할

8 국회도서관 입법조사국, 『1948년도 국제연합한국임시위원단 보고서』 (서울: 국회도서관, 1965), pp. 16-20; 국제신문사출판부(편), 『UN朝鮮委員團報告書』 (서울: 국제신문사출판부, 1949), pp. 27-34.

것을 결의하였다.

그 뒤 26차 회의에서는 상임 의장인 메논이 출국하게 된 것을 계기로 해서 최초의 의장에 취임할 위원의 국명은 추첨으로 정하고, 그 후의 순서는 국명의 영어 알파벳 순으로 15일 임기의 순번 의장직을 맡도록 규정했다. 그리하여 프랑스 국명이 추첨되어 쟝 폴-봉쿨Jean Paul-Boncour이 1948년 3월 17일 의장에 취임하였다. 그리고 각 위원이 다음과 같은 순번에 의하여 15일간 의장직을 맡도록 했다.[9]

I. J. Bahadur Singh(인도): 1948. 4. 1 ~ 15

Rufino Luna(필리핀): 4. 16 ~ 30

Yasin Mughir(시리아): 5. 1 ~ 15

S. H. Jackson(호주): 5. 16 ~ 30

G. S. Patterson(캐나다): 5. 31 ~ 6. 14

Liu Yu-Wan(劉馭萬, 중국): 6. 15 ~ 29

Miguel Angel Pena Valle(엘살바도르): 6. 30 ~ 7. 14

Jean Paul-Boncour(프랑스): 7. 15 ~ 29

UNTCOK는 기본 사업을 위한 분과 위원회와 감찰반도 설치하였다. 분과 위원회는 1, 2, 3분과 위원회와 특별 분과 위원회, 그리고 기본 위원회로 구성되었다. 각 분과 위원회는 각각의 독립된 목적을 가지고 설립되었는데, 1분과 위원회는 선거에서의 자유로운 분위기 확보, 2분과 위원회는 한국 측으로부터 접수할 문서의 검토와 한국 인사들의 진술 획득, 3분과 위원회는 남북한의 선거법 검토와 한국, 구소련, 미국의 관리 및 전문가들의 견해 참작 등의 임무가 부여되었다. 특별 분과 위원회는 선거 시행 방법을 강구하기 위한 목적으로 설립되었다. 기본 위원회는 3개 분과 위원회의 기존 직능을 인수하고, 위원단이 채택한 선거 감시에 필요한 계획 실행 사무를 수행하기 위한 목적으로

9 국회도서관 입법조사국, 『1948년도 국제연합한국임시위원단 보고서』 (서울: 국회도서관, 1965), pp. 16-17; 국제신문사출판부(편), 『UN朝鮮委員團報告書』 (서울: 국제신문사출판부, 1949), pp. 28-29.

설립되었다. 또한 위원단은 각 도에 9개의 감시반을 조직해서 선거 계획의 진행 상황과 선거 당일의 상황을 감시하는 역할을 부여했다.

3) 주요 활동

UNTCOK의 활동은 유엔 소총회 결정을 기점으로 삼아 두 국면으로 구분해 볼 수 있다. 첫째는 위원단이 한국에 도착한 시점부터 유엔 소총회 결정에 이르기까지의 시기이며, 둘째는 유엔 소총회의 남한 단독 선거 결정에서부터 5·10 선거까지의 시기이다.[10]

(1) 남북한 총선거 추진 시기의 활동

UNTCOK는 업무 개시 한 달 만에 한반도의 독립과 통일 문제를 그들 자신의 힘으로는 해결할 수 없다는 결론을 내렸다. 그 이유는 구소련의 반대로 북한 지역에 대한 접근이 불가했고,[11] 남한 지역에서도 이승만 진영을 제외하고 대다수 정치 세력들이 점령군 주둔하의 단독 선거를 원치 않았기 때문이다. 이렇게 되자 유엔 총회가 결의한 한반도 전역에서의 총선거는 무산되었고, 위원단에서는 남한 지역에 한정하여 선거를 실시하는 방안에 대해 논의했지만 의견이 엇갈렸다. 중국, 필리핀, 엘살바도르, 프랑스는 단독 선거라도 실시하자고 주장했고, 호주, 캐나다, 인도, 시리아 대표는 그에 반대했다. 반대 논리는 한국에서도 단독 선거에 반대하는 의견들이 많을 뿐 아니라 북한 지역을 제외하는 경우 유엔 결의안의 명분이 약해진다는 것이었다.[12]

UNTCOK 내부에서 벌어졌던 분란은 UNTCOK의 권위와 활동을 제약하는 요인이

---

10 하용운, "UN 한국임시위원단(UNTCOK) 연구: 5.10 선거기의 역할과 성격을 중심으로," 『한성사학』 7권 (1994), pp. 121-205.

11 미군정에서 1948년 2월 2일자로 작성한 공문을 보면 북한 측에서 UNTCOK 활동을 수락할 가능성은 희박한 것으로 판단하고 있다. 이 내용에 대해서는 다음 자료를 참조. John Weckerling, "Memorandum for General Hodge," American Delegation U.S.-USSR Joint Commission (2 February 1948), National Archives and Records Administration.

12 특히 북한지역에 대한 접근이 구소련에 의해 거부될 경우 유엔 결의안의 명분이 퇴색된다는 주장은 UNTCOK이 한국에 파견되기 이전부터 캐나다에 의해 제기된 바 있다. 캐나다는 대표단이 한국에 도착하기 이전부터 이런 이유로 UNTCOK에서 탈퇴하겠다는 소견을 피력해 파장이 일기도 했다. 이 부분에 대해서는 다음 자료를 참조. Robert A. Lovett, "Canada's Decision to Withdraw from the UN Korean Commission," 501.BB Korea/1-348 (3 January 1948), Office of the Historian, Foreign Service Institute.

되었다. 구조적으로 볼 때 UNTCOK는 미국이 유엔에서 구소련을 밀어내고 얻은 성과물이었다. 따라서 북한 지역을 통치하고 있던 구소련이 UNTCOK의 권위를 인정할 가능성은 처음부터 없었다.

이런 상황에서 UNTCOK가 한국에 도착해서 활동한 초기의 1개월은 정치적 명분을 얻기 위한 통과 의례에 불과했다. 즉 미국은 처음부터 한국 지역만의 단독 선거를 염두에 두고, 이를 실천에 옮기고 있었다는 것이다. 미국의 이 같은 일방적 행동에 대해 호주와 캐나다는 처음부터 제동을 걸었고, UNTCOK 자체의 내부 결정 과정에서 대립 구도를 형성하게 만들었다.

UNTCOK의 활동을 제약했던 또 다른 걸림돌은 유엔 내부에서 은밀하게 벌어졌던 좌익 세력들의 훼방 공작이었다. 이런 사실은 UNTCOK 프랑스 대표에 의해 언론에 공개되기도 했다. 프랑스 대표 마네Olivier Manet는 1948년 2월 27일자 인터뷰를 통해 UNTCOK 사무국 직원 중에서 일부 좌익 직원들이 회의록 내용을 고의적으로 조작하여 유엔 본부에 보고하고 있다고 폭로했다. 그는 2명의 직원 이름까지 공개하며 이들이 특히 자신의 발언 내용을 고의적으로 삭제하는 일을 빈번하게 자행했다고 언급했으며, 그렇게 조작된 보고를 당시 유엔 사무총장 예하의 사무처장으로 있던 구소련인 소베로프Arkady Sobelov에게 보고해왔다고 말했다.[13]

결국 UNTCOK는 유엔 총회의 위임 사항을 실행에 옮기는 것이 불가능하다는 판단을 내리고, 1948년 2월 6일 유엔 소총회에 남한 단독 선거를 건의하기로 했다. 그리고 당일 유엔 소총회는 격론 끝에 UNTCOK로 하여금 접근이 가능한 지역, 즉 남한에서의 총선거를 실시하라는 결정을 내렸다.[14]

---

13 이런 사실은 당시 미군정에서 작성한 비망록에서 확인되었다. UNTCOK, "Memorandum for General Hodge: Leftist Tendencies in UNTCOK Secretariat," Inclosure No.27 (28 February 1948), National Archives and Records Administration.

14 표결에서는 소련 등 공산 진영 11개국이 불참하고 11개국이 기권한 가운데 31개국(캐나다와 호주 제외)의 찬성으로 남한 지역 단독 선거를 결정했다.

1948년 2월 26일 소총회결의(제583호의 A)

(한국 가능지역 총선거에 관한 결의문)

소총회(小總會)는, 국제 연합한국임시위원단(國際聯合韓國臨時委員團) 의장이 표명한 여러 의견을 명심하며, 1947년 11월 14일 총회 결의에서 설정된 계획이 실시될 것과 또 이에 필요한 조치로서 국제 연합한국임시위원단이 한국 전역 선거의 감시를 진행시킬 것과 만일 그것이 불가능하다면 위원단이 접근할 수 있는 한의 한국 내 지역의 선거 감시를 진행시킬 것이 필요하다고 간주하며, 또한 한국 인민의 자유와 독립이 조속히 달성되도록 국제 연합한국임시위원단과 더불어 상의할 수 있을 한국 인민의 대표를 선출하고, 그 한국 인민의 대표가 국회를 구성하여 한국의 중앙 정부를 수립할 수 있도록 선거를 시행함이 긴요하다고 사료하므로, 소총회의 의견으로는 1947년 11월 14일 총회 의결 여러 조항에 따라 또한 그 일자 이후 한국 관계 사태의 진전에 비추어 국제 연합한국임시위원단이 접근할 수 있는 지역에서 결의문 제2호에 기술된 계획을 시행함이 동 위원단에 부과된 임무임을 결의한다.[15]

(2) 남한 단독 선거 시기의 활동

소총회가 결의를 채택한 후인 2월 28일, UNTCOK는 비공식 회의를 개최하여 위원단이 접근할 수 있는 남한 지역에서 1948년 5월 10일 이전에 선거를 참관할 것이라는 성명서를 3월 1일에 발표하기로 하였다.[16] 하지만 위원단 내부에서도 5월 선거 시행 여부에 대해 찬반 논란이 일었다. 표결에 들어간 결과 찬성 4, 반대 2 (호주, 캐나다), 기권 2 (인도, 프랑스)로 남한 단독 선거가 결정되었다. 호주와 캐나다는 일부 극우 단체를 제외하고 한국 내의 모든 정당이 선거를 거부했다는 이유로 선거안을 반대했다. 그러나 결국 남한 지역에서의 선거는 5월 10일에 실행에 옮겨졌다.

UNTCOK는 선거 준비 기간과 선거 당일에 중요 지역에서 선거 진행 상황에 대한 광범위한 감시를 실시했다. 구체적으로는 선거인 등록과 입후보자 등록, 선거 상황 등을 주도면밀하게 감시했다.[17] UNTCOK는 같은 해 7월 21일에 남한에서의 총선거가 합

15 외무부 정무국, “국제연합 총회에서 채택된 남북한 총선거 결의안(1948. 2. 26),” 『국제연합 한국관계 결의문집』 (서울: 외무부, 1954), p. 112.

16 UNTCOK, “Verbatim Report of the Eleventh Meeting,” A/AC.19/SC.1/PV.1 (3 March 1948), National Archives and Records Administration.

17 국회도서관 입법조사국, 『1948년도 국제연합한국임시위원단 보고서』 (서울: 국회도서관, 1965), pp .105-15; 국제신문사출판부(편), 『UN朝鮮委員團報告書』 (서울: 국제신문사출판부, 1949), pp. 165-181.

법적으로 이루어졌음을 보고했다. 이 보고서는 12월 12일 3차 유엔 총회에서 한국이 합법 정부라는 사실을 승인하는 근거가 되었다.[18] 동시에 해당 결의안은 UNTCOK를 UNCOK로 개편, 존속하기로 하고, UNCOK의 책임을 규정했다. 그에 따라 UNTCOK의 임무는 UNCOK에 승계되었다.

유엔 총회 결의안 제195호(III)

1948년 12월 12일

총회는,
한국 독립 문제에 관한 1947년 11월 14일자 총회 결의 제112호(II)를 고려하며,
유엔 임시 한국위원단(이하'임시위원단'이라고 칭함)의 보고서 및 임시위원단과의 협의에 관한 소총회의 보고서를 참작하고,
임시위원단의 보고서에서 언급된 모든 난점으로 인하여 1947년 11월 14일자 총회 결의에 규정된 목표가 완전히 달성되지 않았고 특히 한국 통일이 아직 성취되지 않았다는 사실에 유의하여,

1. 임시위원단 보고서의 모든 결론을 승인하고,
2. 임시위원단이 감시와 협의를 할 수 있었으며 한국 국민의 절대 다수가 거주하고 있는 한국 지역에 대한 유효한 지배권과 관할권을 가진 합법 정부(한국 정부)가 수립되었다는 것과 동 정부는 동 지역 선거인들의 자유 의지의 정당한 표현이고 임시위원단에 의하여 감시된 선거에 기초를 둔 것이라는 것과 또한 한국 정부는 한국 내의 유일한 정부임을 선언하며,
3. 점령국들은 가능한 한 조기에 한국으로부터 그들의 점령군을 철수해야 함을 권고하고,
4. 1947년 11월 14일자 총회 결의에 명시된 목표를 완전히 달성하는 방법으로 호주, 중국, 엘살바도르, 프랑스, 인도, 필리핀 및 시리아로 구성되는 한국위원단을 설치하여 임시위원단의 사업을 계속하고, 본 결의에서 명시된 한국정부의 지위에 유의하여 본 결의의 모든 규정을 수행케 할 것을 결의하며, 특히 다음 사항을 결의한다.
   a. 1947년 11월 14일자 결의에서 총회가 설정한 제 원칙에 의거하여 한국의 통일과 전 한국 안보병력의 통합을 실현하도록 주선하며,
   b. 한국의 분단으로 인하여 발생한 경제적, 사회적 및 기타의 우호적 교류에 대한 장해의

18 UNTCOK가 유엔 총회에 제출한 보고서는 5.10 선거를 전후로 하여 크게 1,2부로 나뉜다. 1부는 1948년 1월 12일부터 5월 24일까지의 활동 내용에 관한 기록(First part of the report of the United Nations Temporary Commission on Korea, Vol.1~3)이고, 2부는 5월 25일부터 10월 14일까지 한국 정부 수립 후의 활동 요약(Second part of the report of the United Nations Temporary Commission on Korea, Vol.1~2)이다. 자세한 내용은 다음 연구를 참조하였다. 경희대학교 한국현대사연구원, 『유엔 한국임시위원단 제2분과위원회보고서』 (서울: 경인문화사, 2018).

제거가 용이하도록 모색하며,

c. 국민의 자유로이 표현된 의사에 기초한 대의정치가 금후 가일층 발전하도록 함에 있어 감시와 협의로 임할 것이며,

d. 점령국의 실제 철수를 감시하고 철수가 이행되었을 때 동 철수의 사실을 확인하며, 그리고 이 목적을 위하여 필요하다면 양 점령국 전문가의 협조를 요청한다.

5. 동 한국위원단은,

a. 본 결의가 채택된 날로부터 30일 이내에 한국으로 向發하여 그 본부를 설치할 것이며,

b. 1947년 11월 14일 결의에 의하여 설치된 임시위원단을 대치한 것으로 간주되며,

c. 한국 전역을 여행하며 협의하고 감시할 권한이 있으며,

d. 자체의 사무 절차를 정하며,

e. 사태의 진전에 따라 또한 본 결의 조항의 범위 내에서 동 위원단 임무 수행에 관하여 소총회와 협의할 수 있으며,

f. 차기 정기총회 및 본 결의의 주제를 토의하기 위하여 정기총회 이전에 소집될지도 모르는 특별총회에 보고서를 제출하며, 또한 필요하다고 생각되는 경우에는 회원국에 배포할 목적으로 사무총장에게 중간보고서를 제출할 것이며,

6. 필요한 기술고문을 포함한 적절한 직원과 제반 편의를 제공할 것을 사무총장에게 요청하고, 위원단의 각 회원국 대표 1명과 교체대표 1명에게 경비와 수당을 지급할 권한을 사무총장에게 부여하며,

7. 관계 회원국, 한국 정부 및 전 한국 국민에게 동 위원단의 책임완수에 필요한 모든 원조와 편의를 제공할 것을 요청하며,

8. 한국의 완전한 독립과 통일을 실현하는 데 있어서 유엔이 달성하였거나 앞으로 달성할 모든 결과를 훼손하는 여하한 행동도 삼갈 것을 회원 제국에 요청하며,

9. 각 회원국과 그 밖의 국가는 한국 정부와의 관계를 수립함에 있어 본 결의 제2항에 표시된 모든 사실을 고려할 것을 권고한다.

Resolution 195(III) Adopted by the General Assembly

on 12 December 1948

The General Assembly,

Having regard to its resolution 112 (II) of 14 November 1947 concerning the problem of the independence of Korea,

Having considered the report 1] of the United Nations Temporary Commission on Korea(hereinafter referred to as the "Temporary Commission"), and the report 2] of the Interim Committee of the General Assembly regarding its consultation with the

Temporary Commission,

Mindful of the fact that, due to difficulties referred to in the report of the Temporary Commission, the objectives set forth in the resolution of 14 November 1947 have not been fully accomplished, and in particular the unification of Korea has not yet been achieved,

1. Approves the conclusions of the reports of the Temporary Commission;
2. Declares that there has been established a lawful government(The Government of the Republic of Korea) having effective control and jurisdiction over that part of Korea where the Temporary Commission was able to observe and consult and in which the great majority of the people of all Korea reside; that this Government is based on elections which were a valid expression of the free will of the electorate of that part of Korea and which were observed by the Temporary Commission; and that this is the only such Government in Korea;
3. Recommends that the occupying Powers should withdraw their occupation forces from Korea as early as practicable;
4. Resolves that, as a means to the full accomplishment of the objectives set forth in the resolution of 14 November 1947, a Commission on Korea consisting of Australia, China, El Salvador, France, India, the Philippines and Syria, shall be established to continue the work of the Temporary Commission and carry out the provisions of the present resolution, having in mind the status of the Government of Korea as herein defined, and in particular to;
   (a) Lend its good offices to bring about the unification of Korea and the integration of all Korean security forces in accordance with the principles laid down by the General Assembly in the resolution of 14 November 1947;
   (b) Seek to facilitate the removal of barriers to economic, social and other friendly intercourse caused by the division of Korea;
   (c) Be available for observation and consultation in the further development of representative government based on the freely expressed will of the people;
   (d) Observe the actual withdrawal of the occupying forces and verify the fact of withdrawal when such has occurred; and for this purpose, if it so desires, request the assistance of military experts of the two occupying Powers;
5. Decides that the Commission;
   (a) Shall, within thirty days of the adoption of the present resolution, proceed to Korea, where it shall maintain its seat;
   (b) Shall be regarded as having superseded the Temporary Commission established by the resolution of 14 November 1947;

(c) Is authorized to travel, consult and observe throughout Korea;
(d) Shall determine its own procedures;
(e) May consult with the Interim Committee with respect to the discharge of its duties in the light of developments, and within the terms of the present resolution;
(f) Shall render a report to the next regular session of the General Assembly and to any prior special session which might be called to consider the subject-matter of the present resolution, and shall render such interim reports as it may deem appropriate to the Secretary-General for distribution to Members;

6. Requests that the Secretary-General shall provide the Commission with adequate staff and facilities, including technical advisers as required; and authorizes the Secretary-General to pay the expenses and per diem of a representative and an alternate from each of the States members of the Commission;
7. Calls upon the Member States concerned, the Government of the Republic of Korea, and all Koreans to afford every assistance and facility to the Commission in the fulfillment of its responsibilities;
8. Calls upon Member States to refrain from any acts derogatory to the results achieved and to be achieved by the United Nations in bringing about the complete independence and unity of Korea;
9. Recommends that Member States and other nations, in establishing their relations with the Government of the Republic of Korea, take into consideration the facts set out in paragraph 2 of the present resolution.

Adopted at 186th Plenary Meeting,
12 December 1948[19]

4) 결과 및 평가

1947년 11월 14일 유엔에서 결성된 UNTCOK는 구소련의 비협조로 인해 북한 지역에서는 효과적인 활동을 벌이지 못했지만, 남한 지역에서는 1948년 2월 26일 유엔 소총회의 결정을 계기로 조직을 정비하여 본격적인 활동에 들어갔다.

UNTCOK는 남북한 총선거 추진 기간 중 총회의 위임 사항을 수행하는 과정에서 독

19 외교통상부, 『한국외교 60년 1948-2008』 (서울: 외교통상부, 2009), pp. 368-370.

자적이고 능동적인 활동을 수행한 것으로 보인다. 이 기간에 UNTCOK는 총선거를 실시하기 위해 남북 주둔군 사령관에 협조를 요청했고, 분과 위원회와 감시반을 설치하는 등 선거를 주관하는 기관으로서 적극적인 역할을 하였다. 또한 통일 방안을 모색하기 위해 김구와 김규식 등 남북한 정치 지도자들의 회담 개최를 지원하였으나, 5.10 선거 강행으로 성과를 내지는 못했다.

결국 UNTCOK는 애초 계획했던 남북한 전역의 선거는 구소련의 반대로 인해 실시하지 못했으나, 한국 정부 수립의 산파역을 담당했을 뿐만 아니라 1948년 12월 유엔 총회에서 한국이 한반도 내 유일한 합법 정부로 승인 받는 데에 기여했다. 한국을 한반도 내 유일 합법 정부로 승인한 1948년 12월의 유엔 총회는 한반도의 통일을 돕고 점령군 철수를 관할하는 상설 기관으로서 유엔한국위원단UNCOK을 창설키로 결의했다.

02 남북한 대치하에서의 유엔의 위기관리

한국 정부의 수립으로 UNTCOK의 임무는 종결되고, 이제 유엔한국위원단United Nations Commission on Korea, UNCOK이 그 뒤를 이어 받게 되었다. 이로써 한반도 문제에 관한 유엔의 임무는 한국 정부를 합법 정부로 인정하고, 한반도에 주둔한 외국군의 철수를 감시하는 것으로 한정되었다. UNCOK는 한반도에서 전쟁이 발발하기 전까지 약 22개월 동안 남북한 갈등과 대치 국면을 관리하는 유엔의 위기관리 체제로서의 역할을 수행했다. 이 기간 동안 UNCOK 자체의 조직적 한계를 기술하고, 그들이 남북한 정부를 상대로 어떤 역할을 수행했는지를 살펴 보기로 한다.

1) UNCOK의 설립 과정

새롭게 수립된 한국 정부는 유엔의 승인을 바탕으로 국제 사회에서 공식적인 인정을 받기 위해 나섰다. 한국 문제는 1948년 12월 6일부터 파리에서 개최된 3차 유엔 총회 제1위원회에서 UNTCOK의 보고서와 함께 토의되기 시작하였다. 미국 대표단은 한국 정부가 '한반도에서 유일한 합법 정부'로 공식 인정받도록 각 회원국들을 상대로 영향력을 행사했다. 그 결과 12월 12일에 개최된 3차 유엔 총회에서 이뤄진 투표 결과 찬성 48, 반대 6, 기권 1로 유엔의 승인을 골자로 한 결의안 195호가 채택되었다.

유엔 총회 결의안 195호는 한국 정부를 승인하는 결의안으로서 전문과 총 9장으로 구분되어 있는데, 1장은 UNTCOK의 보고를 승인, 2장은 한국 정부가 한반도에서 유일한 합법 정부라는 사실, 3장은 외국 군대가 가능한 빠른 시간 안에 철수, 4장은 총회 결의안 112호를 달성하기 위해 유엔한국위원단UNCOK을 새롭게 만든다는 내용을 골자로 한다.[20]

---

20 UN, "The problem of the independence of Korea," General Assembly resolution 195, A/RES/195(III) (12 December 1948), https://undocs.org/en/A/RES/195(III).

2) UNCOK의 조직

(1) 대표단의 구성과 특징

유엔한국위원단UNCOK은 위원단을 구성하는 각국이 임명한 대표단과 유엔 사무국이 직접 임명한 스태프로 구성된 사무국으로 조직을 구성했다. UNCOK는 형식적으로는 총회의 관할하에 있었지만, 실제로는 각국의 중앙 정부가 대표들을 지휘했고 유엔 사무국이 사무국을 통솔했다.[21]

호주, 중국, 엘살바도르, 프랑스, 인도, 필리핀, 시리아후반기에는 터키로 교체, 이렇게 총 7개국이 참여한 UNCOK는 각국에서 파견한 상임 대표와 교체 대표로 구성된 대표단과 대표단의 행정·운영을 담당하는 유엔 사무국으로 구성되었다.[22] 대표단은 위원단 임무를 수행하는 한 명의 상임 대표와 상임 대표의 일을 돕거나 상임 대표 부재 시 그를 대리하는 한 명, 혹은 여러 명의 교체 대표로 이루어졌다. 실제로 상임 대표가 본국의 일로 인해, 또는 미리 완료하지 못한 직업상의 이유로 이한한 경우에는 교체 대표가 상임 대표를 대신해 위원단 업무를 수행했다.[23]

UNCOK는 각 총회마다 설치되는 한시적 기구여서 그 활동 기간이 1년 이내로 짧았다. UNCOK의 대표단 구성은 3차, 4차 유엔 총회를 기준으로 하여 2개의 시기로 나누어 볼 수 있다. 1차 위원단은 약 9개월(1948년 12월~1949년 8월), 2차 위원회는 약 1년간(1949년 10월~1950년 9월) 활동했는데, 설립 초기의 조직 구성 및 정비 관련 활동과 후기에 종합 보고서를 만드는 데 걸린 시간을 제외하면 실제 활동 기간은 그보다 더 짧았다.

국가별 대표들의 이름과 주요 경력, 그리고 한국 정부에 대한 입장은 다음의 <표 2>와 같다.

---

21 신승욱, "1·2차 유엔한국위원단의 평화통일 중재 활동과 그 귀결(1948~1950년)," 서울대학교 대학원 국사학과 석사 학위 논문 (2013. 2), p. 22.

22 John J. Muccio, "The Ambassador in Korea (Muccio) to the Secretary of State," 501.BB Korea/8-2049 (20 August 1949), Office of the Historian, Foreign Service Institute.

23 김보람, "1948~1950년 유엔신한국위원단의 성립과 활동," 이화여자대학교 대학원 사학과 석사 학위 논문 (2015), p. 17.

〈표 2〉 1, 2차 UNCOK 대표 명단

<table>
<tr><th rowspan="2">국가</th><th colspan="2">이름</th><th rowspan="2">직위</th><th rowspan="2">이력</th><th rowspan="2">한국 정부에 대한 입장</th></tr>
<tr><th>1차</th><th>2차</th></tr>
<tr><td rowspan="2">호주</td><td>쇼
(Patrick Shaw)</td><td></td><td>상임대표</td><td>주일본
호주사절단장</td><td>비판적</td></tr>
<tr><td colspan="2">제이미슨
(A. B. Jamieson)</td><td>교체대표</td><td>언론인</td><td>비판적</td></tr>
<tr><td rowspan="2">중국</td><td colspan="2">리우위완
(Liu Yu-Wan, 劉馭萬)</td><td>상임대표</td><td>주한중국총영사</td><td>우호적</td></tr>
<tr><td colspan="2">시시더(T. T. Ssutu, 司徒德)</td><td>교체대표</td><td>정부관리</td><td>우호적</td></tr>
<tr><td rowspan="3">엘살바도르</td><td>마가나
(Miguel A. Magana)</td><td></td><td>상임대표</td><td>외교관</td><td>우호적</td></tr>
<tr><td></td><td>고체스
(Angel Gochez Marin)</td><td>상임대표</td><td>외교관</td><td>우호적</td></tr>
<tr><td colspan="2">산체스
(Fidel Sanchez Hernandez)</td><td>교체대표</td><td>군인(대위)</td><td>우호적</td></tr>
<tr><td rowspan="2">프랑스</td><td colspan="2">코스티유
(Henri Costilhes)</td><td>임시대표</td><td>주한프랑스
대리공사(겸임)</td><td>우호적</td></tr>
<tr><td></td><td>브리옹발
(Henri Brionval)</td><td>상임대표</td><td>외교관(중견급)</td><td>우호적</td></tr>
<tr><td rowspan="3">인도</td><td colspan="2">씽
(Anup Singh)</td><td>상임대표</td><td>외교관</td><td>비판적</td></tr>
<tr><td></td><td>콘다피
(Chenchal Kondapi)</td><td>교체대표</td><td>외교관</td><td>비판적</td></tr>
<tr><td></td><td>나야르
(M. K. Unni Nayar)</td><td>교체대표</td><td>불명</td><td>불명</td></tr>
<tr><td rowspan="3">필리핀</td><td>루나
(Rufino Luna)</td><td></td><td>상임대표</td><td>법률가, 외교관</td><td>우호적</td></tr>
<tr><td></td><td>아프리카
(Bernabe Africa)</td><td>상임대표</td><td>주일본필리핀공사</td><td>우호적</td></tr>
<tr><td></td><td>부에노
(Maximino G. Bueno)</td><td>교체대표</td><td>외교관</td><td></td></tr>
<tr><td>시리아</td><td>무길
(Yasin Mughir)</td><td></td><td>상임대표</td><td>초급 외교관</td><td>비판적</td></tr>
<tr><td rowspan="2">터키</td><td></td><td>굴렉
(Kasim Gulek)</td><td>상임대표</td><td>외교부장관</td><td>우호적</td></tr>
<tr><td></td><td>이딜
(Kamil Idil)</td><td>교체대표</td><td>공중보건의</td><td>불명</td></tr>
</table>

출처 : 국회도서관 입법조사국, “국제연합한국위원단 보고서: 1949, 1950,” 『입법조사자료』, 제35호(국회도서관, 1965), p. 19; 김보람, “1948~1950년 유엔신한국위원단의 성립과 활동,” pp. 17-18를 참조 및 조합해 정리함.

UNCOK는 UNTCOK를 구성했던 국가 중 캐나다와 우크라이나를 제외한 모든 국가가 그대로 유지되어 출범했으므로, UNTCOK의 대표가 UNCOK의 대표로도 임명되는 경우가 생겨났다. 중국의 리우위완Liu Yu-Wan,劉馭萬 대표와 필리핀의 루피노 루나Rufino Luna 대표, 시리아의 야신 무길Yasin Mughir 대표가 바로 그런 경우에 해당했다. 리우위완은 줄곧 상임 대표로서 위원회의 업무를 수행했고, 이에 비해 루피노 루나와 야신 무길은 이전 대표를 교체하는 대표로서의 임무를 수행했다.

한편 UNCOK 대표단에는 몇 가지 특징이 있었다. 첫째는 대표들이 이한과 내한을 반복하는 경우가 많았다는 것이다. 그 이유는 이들 대표들이 본국의 일을 처리하기 위해서거나 UNCOK의 활동에 회의감을 느끼고 있었기 때문이었다. 대표들의 이한과 내한의 유동성이 잦은 것은 그만큼 위원단 일에 대한 집중도가 떨어졌음을 방증한다고 볼 수 있다. 본국의 국회 의원 선거를 앞두고 귀국한 터키의 카심 굴렉Kasim Gulek 대표를 제외하고 시리아의 무길Yasin Mughir, 호주의 패트릭 쇼Patrick Shaw, 엘살바도르의 미구엘 마가나Miguel A. Magana 대표 등은 위원단 활동에 대한 회의감 때문에 이한했다.[24] 그 가운데 시리아의 무길 대표는 한국으로 부임한 지 두 달여 만에 건강상의 이유로 이한한 경우였다. 하지만 그는 그전에 한국 정부를 비판하고 한반도의 통일에 대한 부정적인 의견을 피력하는 연설을 해서 논란을 일으키기도 하였다.[25]

둘째로는 UNCOK 대표단이 UNTCOK 대표단과 비교해 볼 때 보다 더 다양한 배경을 갖고 있는 인물들로 채워졌다는 점이다. UNTCOK 대표단은 정무적 감각과 외교 활동의 경험이 많고 유능한 정치인 출신이거나 국가 관리들로 구성되었다. 반면 UNCOK 대표단은 대사 또는 공사로서의 외교 업무를 직접 해보았던 정부 관료에서부터 외교 활동 경험은 없지만 언론 활동의 경험이 많았던 언론인, 나아가 군 출신까지 다양한 인물들로 구성되었다. UNCOK 대표 중에서 호주의 쇼, 중국의 리우위완, 인도의 앤업 씽Anup Singh, 터키의 굴렉, 후반기 위원단의 프랑스 대표였던 앙리 브리옹발Henri Brionval 정도

---

24 Far East Command Adjutant General's Office, "Telegram from AMEMB Seoul Korea to DA WASH DC" (1 April 1950), National Archives and Records Administration.

25 John. P. Gardiner, "UNCOK Operations," American Embassy in Seoul, Memorandum of Converstiona No. 25 (1 April 1949), National Archives and Records Administration.

가 학식이 있고 외교나 정치적 경험이 풍부한 고위급 인사에 속했다.

셋째, 1,2차를 통틀어 UNCOK 상임 대표는 한결같이 정부 관료였거나 전직 외교관들로 구성되었다. 하지만 교체 대표의 경우 외교 업무를 보기에는 경륜이나 경력 등을 기준으로 볼 때 상당히 아쉬운 부분이 많은 인물들이 대다수였다.

넷째, 일부 국가들, 특히 엘살바도르, 프랑스, 인도, 시리아의 정부는 국내 정세 등의 여러 이유들로 인하여 UNCOK와 관련해서 대표단에 거의 지침을 주지 않았다.

따라서 UNCOK는 고위급 출신 대표나 적극적으로 활동하는 일부 대표, 그리고 정부로부터 지침을 받아 적극적으로 활동하는 대표들에 의해 주도되었다.[26]

(2) 조직과 임무

① 의장

1차 위원단은 호주와 엘살바도르 대표의 불참으로 인하여 위원단이 향후 상임 의장 제도를 결정할 때까지 임시 의장을 참가국 명칭의 알파벳 순으로 15일씩 교대로 선출하기로 결정하였다. 그래서 우선 리우위완Liu Yu-Wan이 임시 의장으로 선출되었다. 이후 위원단은 6차 회의에서 정식으로 의장직의 윤번제를 채택하였고, 위원단 참가국명의 알파벳 순으로 30일씩 교대로 의장을 선출키로 하고 의장은 선출 즉시 취임하여야 한다고 결정하였다. 이 결정에 따라 쇼Patrick Shaw가 위원단의 초대 의장이 되었으며, 이후 나머지 대표들이 각각 30일간 의장직에 취임하였다.[27]

② 사무국

1차 UNCOK 사무국은 17명의 국제 공무원과 현지에서 채용한 10명의 직원을 합쳐 모두 27명으로 구성되었다. 사무국장 에곤 베르트하이머Egon Ranshofen Wertheimer, 사무부국장 샌포드 슈워츠Sanford Schwarz, 사무차장 및 비서 그래엄 루카스Graham Lucas, 아르센 샤바

26 John. P. Gardiner, "UN Military Observer Proposal," American Embassy in Seoul, Memorandum of Conversation No. 55 (28 May 1949), National Archives and Records Administration.

27 국회도서관 입법조사국, 『국제연합 한국위원단 보고서: 1949, 1950』 (서울: 국회도서관, 1965), p. 19.

즈Arsen Shahbaz, 추홍티Chu Hung Ti, 朱鴻題 외 행정관, 행정 보좌관, 속기사, 타이피스트, 통역관이 그들이었다. 앞서 언급한 바와 같이 UNCOK는 각국 정부가 파견한 인물들로 구성된 대표단과 유엔 소속의 국제 공무원들이 참여한 사무국으로 구성되었다. 대표들은 기본적으로 유엔의 지침을 따라야 했음에도 실제로는 본국의 현실 또는 정치적인 이해관계에 따라 주로 활동했던 반면에 UNCOK 사무국의 국제 공무원들은 자신의 임무에 맞게 자율적으로 활동했다.

대표단과 사무국은 임무를 수행하기 위해서 서로 협의하고 함께 보고서를 작성하는 등의 상호 협력적 관계를 구축했다. 동시에 대표단은 주로 결의안에 명시되어 있는 임무를 수행하였고, 사무국 직원들은 위원단의 행정적 업무를 보거나 재정 관리 등의 업무를 주로 도맡았다. 본국의 훈령에 따라 업무를 수행하는 대표단과는 다르게 유엔 사무국 산하 위원단 사무국의 직원들은 총회의 결정 사안을 최우선적으로 처리해야 했다.[28]

〈표 3〉 1차 위원단 사무국 임원 명단

직위	이름	국적	이승만 정부에 대한 태도
사무국장	베르트하이머(Egon Ranshofen Wertheimer)	오스트리아	비판
사무부국장	슈워츠(Sanford Schwarz)	미국	비판
사무차장	루카스(Graham Lucas)	미국	비판
	샤바즈(Arsen Shahbaz)	스위스	비판
	주홍티(Chu Hung Ti, 朱鴻題)	중화민국	불명

출처 : 신승욱, 『1·2차 유엔한국위원단의 평화통일 중재 활동과 그 귀결(1948~1950년)』, p. 27.

1949년 10월 말, 후반기 UNCOK가 조직 구성을 새롭게 함에 따라 그 과정에서 사무국도 개편되었다. 그 결과 사무국은 총 16명의 유엔 소속 국제 공무원으로 구성되었고, 사무국장 렌보르그Bertil A. Renborg를 포함해 모든 사무국원이 교체되었다.[29]

28 위의 〈표 3〉을 살펴보면 알 수 있듯이 사무국의 주요 직원들은 위원단 활동에 직접 참여하지 않은 미국, 스위스, 오스트리아 출신의 인물들이었기 때문에 위원단에 참여하고 있었던 특정 국가의 이해를 대변하지 않는 중립적인 역할을 할 수 있었다.

29 위의 자료, p. 28.

〈표 4〉 2차 위원단 사무국 임원 명단

직위	이름	국적	비고
사무국장	렌보르그(Bertil A. Renborg)	스웨덴	통일 중재 임무에 적극적, 이승만 정부에 비판적
사무부국장	코츠(Charles L. Coates)	영국	
선임 사무차장 (사무부국장보)	게일라드(John P. Gaillard)	미국	군사 감시반 업무를 위해 발칸위원단 사무국에서 전출
사무차장	타오킴하이(Andre Tao-Kim Hai)	프랑스(베트남인)	
	바카이(Irshad Baqai)	파키스탄	

출처 : 신승욱, 『1·2차 유엔한국위원단의 평화통일 중재 활동과 그 귀결(1948~1950년)』, p. 27.

③ 분과 위원회

UNCOK 1차 위원단은 3차 유엔 총회 결의에서 제시된 발족 근거 및 기능, 즉 평화통일의 촉진, 대의 정치 발전에 관한 협의와 감시, 점령군 철수 감시 등의 총 3가지 임무를 수행하기 위하여 각각에 해당하는 상임 분과 위원회를 설치했다. 그리고 임무 수행 과정에 따라 임시로 설치 운영되는 특별 분과 위원회가 있었다.

3개의 상임 분과 위원회 가운데 1분과 위원회는 한반도의 분할로 인한 경제적, 사회적 장애물의 성질과 그 정도를 연구하여 남북한 간의 경제적, 사회적 협조와 정치적 통일을 촉진할 목적으로 호주, 인도, 시리아 등의 대표로 구성되었으며, 1949년 2월 9일에 개최된 5차 위원단 회의에서 채택된 결의에 의거하여 설치되었다.

2분과 위원회는 대의 정치의 발전 문제를 연구하고, 전문가 및 단체로부터 대의 정치 문제에 관한 견해와 의견을 수집하며, 그 문제에 관한 정부 당국의 자문에 응하기 위하여 중국, 프랑스 및 필리핀 등의 대표로 구성되었으며, 역시 5차 위원단 회의에서 채택된 결의에 의거하여 수립되었다.

3분과 위원회는 호주, 중국, 엘살바도르, 인도 등의 대표로 구성되었으며, 1949년 6월 10일 34차 위원단 회의에서 채택된 결의에 의거하여 한국으로부터의 점령군 철수를 실제로 감시하고 확증하는 임무를 수행하기 위해 설치되었다.[30]

30 John. P. Gardiner, "UNCOK Approach to USSR Re Troop Withdrawal," American Embassy in Seoul, No. 419 (7 July 1949), National Archives and Records Administration.

그리고 특별 분과 위원회는 임무 수행 과정에 따라 임시로 설치되는 조직으로, 총 두 차례 설치되었다.[31]

1949년 9월 말부터 활동을 재개한 UNCOK 2차 위원단은 1분과 위원회와 전체 위원회로 구성되었다. 1분과 위원회의 기본 과업은 기존과 같았지만, 한반도 통일과 관련된 활동에 있어서는 "적절한 시기가 도래했을 때 그것(통일 관련 활동)을 알선하고 지원할 것"이라고 규정함으로써 북한과 직접 접촉해 활동하려고 했던 기존의 분과 위원회와는 다른 모습을 보였다. 구체적으로 1분과 위원회는 첫째, 경제적·사회적·기타 우호적 교류 활동에 대한 장애물 제거와 통일 문제에 대한 한국의 지도자급 인사들의 의견 청취, 둘째, 방송을 통해 남과 북에 있는 모든 국민들에게 통일 문제에 집중하고 있는 위원단의 활동을 알리는 것을 목표로 했다.

한편 1차 위원단은 세 개의 하부 분과 위원회를 별도로 설치하고, 각 분과 위원회별로 임무를 부여했다. 그에 비해 2차 위원단은 분과 위원회를 별도로 마련하지 않고, 전체 위원회를 중심으로 통일 문제를 제외한 나머지 포괄적인 문제를 전부 일임했다. 그 이유는 남북 간의 충돌 방지와 관련된 이슈가 훨씬 중요했기 때문이었다.[32]

3) 주요 활동

UNCOK는 1948년 12월부터 1950년 9월까지 활동했는데, 3차와 4차 유엔 총회 결의안에 따라 한국의 평화 통일 중재, 점령군 철수, 군사 감시반 활동 등 다양한 활동을 전개했다.

3차 유엔 총회 결의안에서는 UNCOK 1차 위원단의 임무를 크게 3가지로 규정했다. 첫째는 한반도의 통일과 남과 북의 군대 통합을 중재하고 나아가 분단으로 인해 발생하는 남북 간 교류 및 협력의 걸림돌을 없애는 활동을 지원하는 것이었고, 둘째는 대의정치의 발전을 감시하고 협의하는 일이었으며, 셋째는 점령군 철수의 제반 과정을 관리

---

31 국회도서관 입법조사국 (1965: 19-20).

32 김보람 (2015: 33-34).

감독하는 일이었다.[33]

그와 비교해 4차 유엔 총회 결의안에서는 UNCOK 2차 위원단의 임무를 4가지로 규정했다. 첫째는 군사 분쟁을 감시하고 보고하는 일, 둘째는 통일 중재, 셋째는 '국가 단위의 선거elections of national scope'를 포함해 대의 정치와 관련된 제반 활동을 관리, 감독하고 협의하는 일, 넷째는 소련군 철수를 감시하고 확인하는 일이었다.[34]

유엔 제4차 총회 결의안 제293호(IV)

1949년 10월 21일

총회는,

한국 독립 문제를 다룬 1947년 11월 14일 결의안 112(II)호와 1948년 12월 12일 결의안 195(III)를 고려하고,

유엔한국위원단(이하 위원단) 보고서를 고려하고, 또한 동 보고서의 결론에 주목하고,

위원단 보고서에서 언급된 난점들로 인하여 전기前記한 결의안들이 규정한 목표들이 완전히 달성되지 않았고, 특히 한국 통일과 아울러 한국의 분단으로 인한 경제적, 사회적, 그 밖의 우호적 교류의 장애 제거가 아직 달성되지 않았다는 사실에 유의하고,

위원단이 미국 점령군의 철수는 감시하고 확인했으나 이미 발표된 바 있는 소련점령군의 철수를 감시하고 확인할 기회는 갖지 못했다는 점에 주목하고,

임시위가 감시 및 협의할 수 있었고 한국인의 대다수가 거주하는 지역을 효과적으로 통치하고 관할하는 합법 정부(한국 정부)가 수립되었고, 또한 이 정부가 임시위가 감시했으며 이 지역 유권자들이 정당하게 자유의사를 표현한 선거에 기초했고, 또한 이 정부가 한국 내에서 이와 같은 유일한 정부라는 1948년 12월 12일 결의안의 선언을 상기하고,

위원단이 보고서에서 서술한 상황이 한국과 한국인들의 안녕과 안전을 위협하고 한국 내에서 공공연한 군사 분쟁을 야기할 수 있다는 것을 우려하면서,

1. 호주, 중국, 엘살바도르, 프랑스, 인도, 필리핀, 터키로 구성되는 위원단을 존속시킬 것을 결의하고, 또한 위원단은 1947년 11월 14일 결의안 및 1948년 12월 12일 결의안이 설정한 목표들과 후자 결의안이 규정한 한국 정부의 지위를 유념하면서,

---

33 UN, "The problem of the independence of Korea," General Assembly resolution 293, A/RES/293(IV) (21 October 1949), https://undocs.org/en/A/RES/293(IV).

34 신승욱 (2013: 21).

(a) 한국 내 군사 분쟁을 야기할 수 있거나 혹은 이에 관련되는 어떠한 사태라도 감시하고 보고할 것,

(b) 한국의 분단으로 인한 경제적, 사회적, 그 밖의 우호적 교류의 장애를 제거하는 데 노력하고, 총회가 1947년 11월 14일 결의안에서 수립한 원칙들에 따라 한국 통일을 실현하는 데 좋은 기회가 왔다고 판단했을 때 언제든지 지원할 수 있도록 준비를 갖추고 중재를 가능하게 할 것,

(c) 본 절 (a) 및 (b)항이 규정한 목표를 달성할 수 있도록 감시원들을 임명할 재량권을 가지고, 또한 위원단의 대표 여부와 상관없이 한 명 혹은 그 이상의 조력과 중재를 활용할 권한을 가질 것,

(d) 전국 범위의 선거를 포함하여 국민이 자유롭게 표현한 의사에 기초한 대의정치를 계속 발전시키는 데 전 한국을 아우르는 감시와 협의를 가능하게 할 것,

(e) 사정이 허락하는 한 소련 점령군의 철수를 확인할 것을 결의하고,

2. 위원단은,

(a) 본 결의안을 채택한 날로부터 30일 이내에 한국에서 회합할 것,

(b) 계속하여 한국에 머물 것,

(c) 전 한국을 아울러 여행하고 협의하고 감시할 권한을 가질 것,

(d) 계속하여 운영 절차를 스스로 결정할 것,

(e) 사태 전개에 따라 본 결의안의 규정 내에서 위원단의 임무 이행을 소총회만약 존속한다면와 협의할 수 있을 것,

(f) 차기 정기회기 및 그 이전에 본 결의안의 문제를 토의하기 위해 소집될 수 있는 특별회기에 보고서를 제출하고, 또한 필요하다고 여길 경우 사무총장이 회원국들에게 배부할 수 있도록 중간 보고서를 제출할 것,

(g) 총회가 새로운 결정을 내릴 때까지 존속할 것을 결정하고,

3. 위원단이 임무를 완수할 수 있도록 모든 지원과 편의를 제공해줄 것을 관계회원국, 한국 정부, 모든 한국인들에게 요청하고, 또한 본 결의안의 목표를 훼손하는 어떠한 행동도 삼갈 것을 요청하고,

4. 사무총장이 위원단에게 필요한 기술 고문과 감시원을 포함하여 충분한 직원과 편의를 제공해줄 것을 요청하고, 또한 위원단 경비와 위원단 참가국 상임대표 및 교체대표, 본 결의안 1절 (c)항에 따라 임명될 수 있는 인원의 수당을 지불할 권한을 사무총장에게 부여한다.

Resolution 293(IV) Adopted by the General Assembly

21 October 1949

The General Assembly,

Having regard to its resolutions 112 (II) of 14 November 1947 and 195 (III) of 12 December 1948 concerning the problem of the independence of Korea,
Having considered the report of the United Nations Commission on Korea, and having taken note of the conclusions reached therein,
Mindful of the fact that, due to difficulties referred to in the report of the Commission, the objectives set forth in the resolutions referred to have not been fully accomplished, and in particular that the unification of Korea and the removal of the barriers to economic, social and other friendly intercourse caused by the division of Korea have not yet been achieved,
Having noted that the Commission has observed and verified the withdrawal of United States occupation forces, but that it has not been accorded the opportunity to observe or verify the reported withdrawal of Soviet occupation forces,
Recalling its declaration of 12 December 1948 that there has been established a lawful government (the Government of the Republic of Korea) having effective control and jurisdiction over that part of Korea where the United Nations Temporary Commission on Korea was able to observe and consult and in which the great majority of the people of Korea reside; that this Government is based on elections which were a valid expression of the free will of the electorate of that part of Korea and which were observed by the Temporary Commission; and that this is the only such Government in Korea,
Concerned lest the situation described by the Commission in its report menace the safety and well-being of the Republic of Korea and of the people of Korea and lead to open military conflict in Korea,

1. Resolves that the United Nations Commission on Korea shall continue in being with the following membership: Australia, China, El Salvador, France, India, Philippines and Turkey and, having in mind the objectives set forth in the General Assembly resolutions of 14 November 1947 and 12 December 1948 and also the status of the Government of the Republic of Korea as defined in the latter resolution, shall:
   (a) Observe and report any developments which might lead to or otherwise involve military conflict in Korea;
   (b) Seek to facilitate the removal of barriers to economic, social and other friendly intercourse caused by the division of Korea; and make available its good offices and be prepared to assist, whenever in its judgement a favourable opportunity arises, in bringing about the unification of Korea in accordance with the principles about the unification of Korea in accordance with the principles laid down by the General Assembly in the resolution of 14 November 1947;
   (c) Have authority, in order to accomplish the aims defined under sub-

paragraphs (a) and (b) of the present paragraph, in its discretion to appoint observers, and to utilize the services and good offices of one or more persons whether or not representatives on the Commission;

(d) Be available for observation and consultation throughout Korea in the continuing development of representative government based on the freely-expressed will of the people, including elections of national scope;

(e) Verify the withdrawal of Soviet occupation forces in so far as it is a position to do so;

2. Decides that the Commission:

(a) Shall meet in Korea within thirty days from the date of the present resolution;

(b) Shall continue to maintain its seat in Korea;

(c) Is authorized to travel, consult and observe throughout Korea;

(d) Shall continue to determine its own procedures;

(e) May consult with the Interim Committee of the General Assembly (if it be continued) with respect to the discharge of its duties in the light of developments and within the terms of the present resolution;

(f) Shall render a report to the next regular session of the General Assembly and to any prior special which might be called to consider the subject-matter of the present resolution, and shall render such interim reports as it may deem appropriate to the Secretary-General for transmission to Members;

(g) Shall remain in existence pending a new decision by the General Assembly;

3. Calls upon Member States, the Government of the Republic of Korea, and all Koreans to afford every assistance and facility to the Commission in the fulfillment of its responsibilities, and to refrain from any acts derogatory to the purpose of the present resolution;

4. Requests the Secretary-General to provide the Commission with adequate staff and facilities, including technical advisers and observers as required; and authorizes the Secretary-General to pay the expenses and per diem of a representative and an alternate from each of the States members of the Commission and of such persons as may be appointed in accordance with paragraph 1 (c) of the present resolution.

Adopted at 233rd plenary meeting,
21 October 1949.[35]

35 중앙정보부, 『한국문제에 관한 UN 결의집: 1947 - 1975』 (서울: 중앙정보부, 1977), pp. 24-27.

UNTCOK에 참여한 국가들의 대부분은 UNCOK에도 참여했다. 그러나 참여국 대부분은 예전과는 달리 위원단 활동에 있어서 열정적이지 않았다는 것이 대체적인 평가다. 그럼에도 불구하고 평화 통일 중재 활동, 군사 분쟁 감시 활동 등에 대해서는 비교적 평가할 만한 것으로 보인다.

(1) 평화 통일 중재 활동

UNCOK는 3차 유엔 총회 결의 195호(III)의 4항에 기술된 임무를 수행하기 위해 1949년 2월 9일에 1, 2분과 위원회를 설치하고, 1분과 위원회에게 다음과 같은 사항을 지시하였다.

(a) 한반도 통일을 촉진하기 위해 신문, 라디오, 공공 대회 및 대인 접촉 등 가능한 모든 수단을 사용할 것.

(b) 남북 간 교류의 걸림돌을 없애기 위해 정부 또는 민간인을 대상으로 정보를 수집하고 향후 발전 방안을 건의할 것.

(c) 전체 한국민들의 사회적, 문화적 교류 활동을 증진시킬 수 있는 방안을 모색할 것.

(d) 위원단의 방북문제를 협의하기 위해 북한과 즉시 접촉할 것.[36]

위원단의 1분과 위원회가 담당했던 소임들은 크게 한반도 통일의 방안을 모색하는 것과 통일 문제를 북측과 협의하기 위해 북한을 방문하는 것이었다.

통일 방안 모색과 관련해서는 당시 민족주의 진영의 평화 통일론을 반영해서 보고서 내에 평화 통일을 중재하는 권고안을 마련했다. 권고안은 두 가지로, 하나는 총회를 대상으로 한 권고안이고, 또 다른 하나는 한국민들을 대상으로 한 권고였다. 전자의 경우는 첫째, 통일에 대한 기대를 키우기 위해 한국 정부가 국민들의 전폭적인 지지를 얻어야 한다는 것, 둘째, 미국과 구소련이 유엔 총회로 하여금 한반도 통일을 촉진하기 위해 노력을 다해야 한다는 점을 주지시켜야 한다는 것이었다. 후자의 경우는 첫째, 위원

---

36 UN, "The problem of the independence of Korea," General Assembly resolution 195.

단이 남북한 대표자 간의 회합을 지원할 것, 둘째, 위원단이 합법적인 틀 내에서 남북한 간의 통상을 재개하도록 지원할 것, 셋째, 위원단이 통일에 대한 전망을 불투명하게 만드는 남북한 상호 간 비방 등 부정적인 선전 활동의 중단을 요청할 것 등이었다.[37]

1950년 1월 말에 활동을 개시했던 2차 위원단은 1차 위원단이 했던 것과 같이 남북한 간 통일을 중재하는 임무를 담당할 1분과 위원회를 설치하고, 중화민국, 호주, 인도의 대표를 분과 위원으로 임명했다. 1분과 위원회가 맡은 임무를 살펴보면 첫째, 남북한 간 교류와 통일 방안을 마련하는 문제와 관련해서 한국의 지도자급 인사들의 의견을 청취하고, 둘째, 방송을 통해 남과 북에 거주하는 주민들에게 위원단이 하고 있는 통일 중재에 대한 의지를 널리 알리는 데 힘을 기울이는 것이었다.

그런데 1분과 위원회는 한국 측과의 협의에 있어서 정부 관료나 민국당 소속 인물들만 접촉했을 뿐, 민족주의 진영의 인사들은 단 한 명도 만나지 못했다. 이는 당시 민족주의 진영이 상당히 위축된 상태에서 대외 활동을 활발히 하지 못했고, 나아가 한국 정부의 견제로 2차 위원단이 적극적으로 민족주의 진영 인사들을 접촉하지 못한 것이 그 이유였다.[38] 그 결과 1분과 위원회는 한반도의 평화 통일에 대한 국민적 여론을 올바로 청취하지 못했고, 이후 전쟁까지 겪으면서 통일 중재 권고안 자체를 작성하지 못했다.[39]

1분과 위원회는 두 번째 임무인 여러 가지 대북 접촉 활동도 시도했다. 1차 위원단은 구소련 측으로의 서한 발송과 대북 방송의 정례화를 시도했으나, 이승만 정부와의 갈등으로 실현되지 못한 바 있다. 마찬가지로 2차 위원단도 대북 접촉을 시도하여 사무국 직원들이 북측 대표들을 만난 적도 있었지만, 더 이상 진전시키지는 못했다.[40]

---

37 신승욱 (2013: 37-38).

38 G. Henderson, "Discussion between Dr. Har Kyung Duk and Three Members of UNCOK," American Mission in Korea (27 March 1949), National Archives and Records Administration.

39 신승욱 (2013: 42-43).

40 American Mission in Korea, "Telegram: The Chargé of the American Mission in Korea (Drumright) to the Secretary of State," 12 February 1949, 501.BB Korea/2-1249, Office of the Historian, Foreign Service Institute.

(2) 군사 분쟁 감시 활동

1949년 4차 유엔 총회 결의안에는 군사 분쟁과 관련한 감시 임무가 부여되었다. 하지만 군사 감시반의 설치가 논의되기 시작한 시점은 1949년 초 1차 위원단이 본격적인 활동을 시작한 이후부터였다. 그리고 차후 군사 감시반의 실제 효용에 주목해 유엔 총회 결의안에 관련 규정을 만들고 한국 현지에 감시반을 설치하는 과정 전체를 주도한 나라는 미국이었다. 그러나 사실 감시반 설치의 필요성을 먼저 제기하고 미국의 관심을 끌어낸 건 1차 위원단의 사무국장인 호주의 베르트하이머Egon Ranshofen Wertheimer였다. 베르트하이머는 한국에 귀임한 직후 미국에게 다가가 선제적으로 군사 감시반의 설치를 제안했다.[41] 그는 추후 유엔의 한반도 문제 처리 방향이 정치적인 타협을 바탕으로 하는 평화 통일 중재에서 군사적인 개입을 매개로 한 전쟁 관리로 그 성격이 바뀔 수 있었기 때문에 대단히 신중하게 이 문제에 접근했다.

그 결과 미국은 베르트하이머의 의견에 공감하고, 군사 감시반 설치에 찬성했다. 하지만 이러한 노력에도 불구하고 1차 위원단 내에서 군사 감시반의 설치 문제는 진전을 보지 못했다. 성향을 불문하고 거의 모든 대표들이 군사 감시반 설치에 미온적이기 때문이었다. 그중에서도 군사 감시반 설치를 앞장서 반대한 대표는 코스티유Cousteau로, 그 이유는 다름아닌 프랑스의 감군 정책 때문이었다. 프랑스는 당시 베트남에 상당한 정도의 군사력을 투입하고 있었고, 이에 더 이상 아시아 지역에 군사적으로 추가 개입하길 꺼렸던 것이다.

이렇듯 대표단 가운데 강대국에 속했던 프랑스와 호주, 인도 대표가 반대하는 상황에서 군사 감시반을 당장 설치하기는 어려웠다. 결국 1차 위원단은 1949년 6월 초 군사 감시반 설치에 관한 논의를 중단하기로 했다. 미국은 이른 시일 내에 군사 감시반을 설치하려고 했던 기존 방침을 포기하고, 4차 유엔 총회 결의안에 군사 분쟁에 대한 감시 임무를 정식으로 포함시키기로 정책을 전환했다.[42]

---

41 John. P. Gardiner, "Views of UN Secretariat on the Subject of UN Military Observer Teams," American Embassy in Seoul, Memorandum of Conversation No. 38 (6 May 1949), National Archives and Records Administration.

42 John. P. Gardiner, "UNCOK Operations: Observation and Verification of Troop Withdrawal," American Embassy

4차 유엔 총회 결의안에 결의된 군사 감시반은 그 내용만 두고 보면 군사 분쟁에 대한 감시 임무뿐만 아니라 통일 중재에 대한 임무도 병행해서 수행하도록 되어 있었다. 이에 2차 위원단은 1950년 3월 2일 군사 감시반 설치를 공식적으로 결정하게 되었다. 설치안을 살펴보면, 위원단에 참가하는 국가들이 감시반을 구성하고 운영비도 이들 참가국이 직접 부담하도록 했다. 감시반은 총 8명으로 구성되고 점차 증원하도록 했다. 그런데 실제로는 많은 참가국들이 감시단원 파견에 미온적인 태도를 취했고, 특히 터키, 프랑스, 인도는 군사 감시반에 참여조차 하지 않았다. 한국 전쟁 발발 이전에 감시단원을 임명, 파견한 국가는 호주, 엘살바도르뿐이었다. 1950년 6월 25일 한국 전쟁 발발 소식을 알게 된 2차 위원단은 회의를 소집해서 관련 대응책을 모색하였고, 그 결과 남북한 군대 모두에게 정전을 호소하는 방송을 했다.

2차 위원단의 군사 감시반은 1950년 7월 말에 캐나다, 엘살바도르, 필리핀의 감시단원들이 참가함으로써 대표 없이 총 7명으로 구성된 상태에서 공식적으로 출범했다. 이들은 전쟁 포로에 대한 대우, 민간인 학살, 피난민 구호 문제 등 주로 인권과 관련된 문제들을 조사하는 임무를 추가로 부여받았는데, 실제로는 한국 정부와 유엔군, 위원단 참가국들의 무관심 속에 많은 활동을 하지는 못했다. 특히 감시단원들의 전문성도 결여되어 있는 등 자체 역량도 보잘 것 없었다. 결국 군사 감시반은 예상치 못한 한국 전쟁의 발발로 군사 분쟁의 감시라는 본연의 임무를 실행에 옮겨 보지도 못한 채 임기 종료와 함께 해산되었다.

4) 결과 및 평가

1948년 12월 3차 유엔 총회에서 성립된 UNCOK는 한국의 독립과 평화 통일을 목표로 활동했다. 1948년 12월부터 1950년 9월까지 약 22개월간 존속했으며, 한국의 독립과 통일을 위해 다양한 가능성을 모색하였다.

UNTCOK에 참여한 국가들이 그대로 UNCOK에도 참여하였으나, 참가국 대부분은

---

in Seoul, Memerandum of Conversation No. 61 (4 June 1940), National Archives and Records Administration.

위원단 활동에 열의를 보이지 않았다. 고위급 인사가 주축이 되어서 운영되었던 UNTCOK 대표단과는 달리 UNCOK 대표단은 다양한 배경과 이력을 소유한 인물들로 구성되었으며, 특히 그들 중에는 외교 업무를 담당하기에는 경험이 일천한 대표마저 있었다. 더욱이 일부 대표들은 다양한 이유를 들어서 임지였던 한국을 자주 벗어났다. 이러한 UNCOK 대표단의 특징은 근본적으로 기구의 활동 및 그 성과의 한계로 작용할 수밖에 없는 배경이 되었다.

그럼에도 1948년부터 1950년까지 이뤄진 UNCOK의 활동은 한국 전쟁이 발발하기 이전에 국제적인 차원에서 한반도의 평화 통일 잠재력을 모색해 보았던 최초의 시도였다는 점에서 그 의의가 크다. 유엔이 부여한 UNCOK의 세 가지 임무는 크게 한국의 평화적인 통일 촉진, 대의 정치의 발전 연구, 점령군 철수 감시 및 군사 감시반 활동이었다. 그 중에서도 '한국의 평화 통일 촉진' 활동은 UNCOK의 성립 이유이자 목표였으며, 최우선 임무였다. 하지만 인도를 비롯한 일부 대표들의 평화 통일 중재와 군사 분쟁 감시 활동이 별다른 성과를 거두지 못하고, 참여국들의 열의 부족과 한국 내의 정치적 혼란이 중첩된 가운데 급기야 한국 전쟁까지 발발하면서 결국 UNCOK는 목적한 성과를 이루지 못한 채 해산되고 말았다. 이후 UNCOK의 임무는 한국 전쟁이 한창이던 1950년 10월 5차 유엔 총회에서 한반도의 재건과 구호, 통일, 민주 정부 수립 등을 목표로 설치가 결정된 유엔한국통일재건위원회UNCURK가 물려받게 되었다.

유엔과 한국

1945-1973: 건국, 평화, 경제 성장의 파트너십

Footprint of Partnership

UN and Korea, 1945-1973

Ⅲ. 한국 전쟁과 유엔의 개입

1. 유엔군사령부의 전쟁 수행과 다국적 군사 협력 / 양세일

01 유엔군사령부의 전쟁 수행과 다국적 군사 협력

유엔군사령부United Nations Command, UNC는 역사적으로 한국과 유엔 간의 관계를 가장 잘 대변해주는 실체로 기억된다. 그들은 한국 전쟁이라는 절체절명의 위기에서 한국을 구했을 뿐 아니라 전후 과정에서도 존폐의 위기를 극복해오며 오늘에까지 이르렀다. 이러한 사실만으로도 UNC는 한국의 명운과 결부되어온 실체라는 것이 충분히 증명되고도 남는다. 더구나 유엔의 역사에서 UNC가 유일무이한 유엔 상비군이라는 사실을 떠올려보면, 한반도 문제가 유엔과 얼마나 깊이 연관되어 있는지를 실감하게 된다.

UNC가 이토록 소중한 존재임에도 정작 학술 연구에서는 그다지 큰 관심을 끌지 못했다는 사실은 아이러니가 아닐 수 없다. 여기에는 나름의 이유가 있었겠지만, 아마도 UNC가 군사 기구이기 때문에 자료 접근의 허용 범위가 제한되어 있다는 점이 주된 요인으로 작용했을 것이다. 뿐만 아니라 유엔에서의 강대국들 간의 권력 투쟁 구도가 UNC에 대한 학술적 접근에 제동을 걸었을 수도 있다. 아무래도 UNC가 미국 주도의 산물이기에 정치적 쟁패 논리가 우선하지 않았을까 하는 것이다.

이 글에서는 UNC가 창설되는 배경에서부터 조직과 임무에 이르기까지 사실에 입각하여 상세히 기술하고자 한다. 그 과정에서 UNC의 태생적 문제점을 지적하는 주장과 논리도 함께 다뤄볼 생각이다. 그리고 마지막 부분에서는 UNC의 활동 사례들 중에서 당시 한국의 정치와 사회 실상을 조명할 수 있는 특이한 사례도 발굴하여 포함시킬 것이다.

1) UNC의 창설 배경과 과정

(1) 한국 전쟁의 발발과 유엔의 개입

북한의 선제 공격으로 한국 전쟁이 발발하자, 트뤼그베 리Trygve Lie 유엔 사무총장은 뉴욕 현지 시각으로 오후 2시에 473차 안전보장이사회를 개최했다. 당시 안보리 회의에서는 북한의 공격을 유엔 헌장 7조의 위반으로 간주하고, 미국이 제안한 초안을 바탕으로 수정을 거쳐 결의안 82호를 채택했다.[1] 해당 결의안에서는 북한을 향해 즉각 적대 행위를 중지할 것과 38선 이북으로 군대를 철수할 것을 요구했고, 회원국들에게는 유엔의 결정을 적극 지지할 것과 북한에 대한 지원을 금지할 것도 요청했다.

당시 유엔 사무총장이 안보리 회의 소집을 결정한 것은 어니스트 그로스Ernest A. Gross 주유엔 미국 대사의 요청 때문이었다. 그로스 대사는 6월 25일 오전 3시에 리 사무총장에게 전화를 걸어 존 조셉 무초John Joseph Muccio 주한 미국 대사가 미 국방성으로 보고한 내용을 그대로 읽어 주며 유엔 안보리 소집을 요청했다.

> The American Ambassador to the Republic of Korea has informed the Department of State that North Korean forces invaded the territory of the Republic of Korea at several points in the early morning hours of June 25Korean time. Pyongyang Radio under the control of the North Korean regime, it is reported, has broadcast a declaration of war against the Republic of Korea effective 9 p.m. EDT June 24. An attack of the forces of the North Korean regime under the circumstances referred to above constitutes a breach of the peace and an act of aggression. Upon the urgent request of my Government, I ask you to call an immediate meeting of the Security Council of the United Nations.[2]

이 보고 내용에서 무초 대사는 북한군이 한국을 상대로 영토 침략을 감행했음을 알리고, 북한 당국이 평양의 공영 라디오를 통해 미국 동부 시각으로 6월 24일 오후 9시(한국 시각 6월 25일 오전 10시)를 기해 전쟁을 공식 선포했음을 확인했다. 즉 실제 공

1 표결 결과 찬성이 9개국, 기권이 1개국이었고, 반대한 나라는 없었다. 기권한 나라는 유고슬라비아로, 토의 과정에서 북한 대표의 참여가 필요하다고 주장했으나 북한이 유엔 회원국이 아니기에 대표권이 없다는 이유로 기각되었다. 찬성한 나라는 미국, 영국, 중화민국(지금의 대만), 프랑스, 쿠바, 에콰도르, 이집트, 노르웨이, 인도였다.

2 John J. Muccio, "Editorial Note: Outbreak of Hostilities" (30 June 1950), National Archives and Records Administration.

격을 시작한 지 약 6시간 후에 북한 당국이 전쟁을 선포한 것이다. 또한 북한의 선제공격이 이뤄진 지 불과 하루 만에 유엔 안보리 결의안이 나온 것은 당시 미국 정부가 얼마나 기민하게 움직였는지를 보여준다.[3]

안보리 결의안 82호가 채택되자, 미국의 트루먼 대통령은 합동 참모 본부를 통해 당시 극동군 사령관으로 있던 더글러스 맥아더Douglas MacArthur[4] 장군과 접촉할 것을 지시했다. 이 지시를 통해 트루먼 대통령은 당시 한국에 거주하던 미국 시민들을 철수시킬 함선을 준비하고, 한국을 지원하기 위한 군사 물자를 부산항으로 수송할 것을 명령했다. 또한 한반도 정세를 파악하고, 한반도에의 군사 개입을 위한 해군력 동원도 준비할 것을 지시했다.

안보리 결의안 82호를 채택한 지 이틀 후인 6월 27일 유엔은 다시 안전보장이사회를 개최하고, 안보리 결의안 83호를 채택했다. 유엔 회원국들이 합심하여 한반도에 군사 개입할 것을 요청한 이 결의안은 유엔군이 결성되는 국제법적 기반이 되었으며, 그 핵심 내용은 아래와 같다.

> … Having noted the appeal from the Republic of Korea to the United Nations for immediate and effective steps to secure peace and security. Recommends that the Members of the United Nations furnish such assistance to the Republic of Korea as may be necessary to repel the armed attack and to restore international peace and security in the area.[5]

---

3 그에 앞서 무초 대사는 한국 시각으로 6월 25일 오전 9시 30분쯤(미국 시각 24일 오후 8시 30분) 애치슨(Dean Acheson) 미 국무장관에게 북한군의 침공 사실을 처음 보고했다. 본래 무초 대사는 이보다 1~2시간 전에 한국의 전방 지역에서 군사적 충돌이 발생했음을 보고받았다. 그러나 북한과 한국 사이에 단순 국지전이 빈번히 발생하던 시기였으므로 여러 정보를 취합해 전면전임을 판단한 뒤에야 미 국무성에 보고했다. "다큐멘터리 한국전쟁 3년: 가장 길었던 3일(10)," 「중앙일보」(1970.4.22).

4 더글러스 맥아더(1880~1964)는 미국 웨스트포인트 출신의 고위급 장성으로, 1차와 2차 세계 대전 중 미군과 연합군의 지휘관으로 활동했다. 한국 전쟁 초기에 유엔군 사령관으로 부임하여 9개월간 참전했다. 1950년 9월 맥아더 장군은 인천 상륙 작전을 진두지휘하여 38도선 이남을 모두 회복하고, 북한군을 압록강 국경선까지 밀어내는 데 성공했다.

5 UN, "Complaint of aggression upon the Republic of Korea," Security Council resolution 83, S/RES/83(1950) (27 June 1950), https://undocs.org/S/RES/83(1950).

안보리 결의안 83호가 채택되면서 여러 유엔 회원국들로부터 전투기와 함선이 동원되는 등 한반도에 대한 유엔의 개입이 본격화되었다. 그중 미군 24사단 예하 21연대 선발대가 7월 5일 주둔지 일본에서 공군 수송기로 오산 일대에 도착했으나, 수적 열세로 인해 증원군이 도착할 때까지 지연 작전을 수행하는 데 그쳤다.[6]

안보리 결의안 83호에 따라 한국군의 전투 활동을 지원하는 데 맨 앞장 선 나라는 의외로 호주와 뉴질랜드였다. 호주 공군 77편대는 7월 2일에 일본 이와쿠니로 기지에서 출발하여 호위 및 초계 활동을 전개하면서 폭격 임무도 수행했다. 그에 앞서 6월 29일 뉴질랜드 정부는 자국의 구축함 두 척에게 한국 영해로 출발할 것을 명령했으며, 이들은 7월 3일 뉴질랜드를 출발하여 8월 2일 일본에 도착했다.

1950년 7월 7일 유엔 안보리는 결의안 84호를 채택하여 유엔 회원국들이 한국을 구하기 위한 지원에 나설 것을 요청했다. 보다 구체적으로는 유엔 회원국들에게 한국 정부를 상대로 군사적, 비군사적 지원에 나설 것과 미국이 주도하는 '통합군Unified Command'을 도울 것을 권고했다. 또한 유엔은 미국 정부에게 통합군 지휘관을 임명하는 권한을 위임하고, 유엔군 깃발을 사용하는 것을 허가했다. 마지막으로 유엔군의 활동에 대해 안보리에 보고할 것도 주문했다.[7]

미국의 트루먼 대통령은 7월 8일자로 맥아더 당시 극동군 사령관을 유엔군 사령관으로 임명했다. 트루먼 대통령의 결정은 합동 참모 본부의 7월 10일자 공식 명령으로 맥아더 사령관에게 하달되었다.[8] 당시 극동군 사령관이었던 맥아더 장군은 이에 따라 1950년 7월 24일 유엔군사령부 일반 명령 1호를 발표하면서 일본 도쿄에서 유엔기 게양과 함께 유엔군사령부UNC를 공식 창설했다.[9]

---

6 United States Forces Korea, "United Nations Command," http://www.usfk.mil (검색일: 2018.11.5).

7 표결 결과 찬성한 국가는 영국, 중국, 쿠바, 에콰도로, 프랑스, 노르웨이, 미국, 이집트, 인도였고, 유고슬라비아는 기권했다. 거부권을 보유한 구소련은 불참했다. 구소련은 1950년 1월부터 안전보장이사회 상임이사국으로 당시의 중공이 대표권을 행사해야 한다는 주장을 펼치며 안보리 불참을 선언했다.

8 Harry S. Truman, *Public Papers of the President of the United States: Containing the Public Messages, Speeches, and Statements of the President January 1 to December 31, 1950* (Washington D.C.: U. S. Government Printing Office, 1965), p. 250.

9 최초의 '통합군 사령부' 개념에서 '유엔군사령부'로 변환되는 과정에 대해서는 다음 연구에서 상세히 기술되어 있다. 이시우, 『UNC 유엔군사령부』 (서울: 들녘, 2013), pp. 659-665.

UNC가 공식 창설되기 약 일주일 전인 1950년 7월 15일, 한국의 이승만 대통령은 한국 육해공군에 대한 작전 통제권을 맥아더 유엔군 사령관에게 위임했다. 서한을 통해 취해진 이러한 조치에는 "현재의 전쟁 상황이 계속되는 기간 동안"이라는 단서가 제시되었다.

The Korean President Syngman Rhee to the American Embassy

(July 15, 1950)

July 14, 1950
Pusan, Korea

Dear General MacArthur:

In view of the common military effort of the United Nations on behalf of the Republic of Korea, in which all military forces, land, sea and air, of all the United Nations fighting in or near Korea have been placed under your operational command, and in which you have been designated Supreme Commander United Nations Forces, I am happy to assign to you command authority over all land, sea and air forces of the Republic of Korea during the period of the continuation of the present state of hostilities, such command to be exercised either by you personally or by such military commander or commanders to whom you may delegate the exercise of this authority within Korea or in adjacent seas.

The Korean Army will be proud to serve under your command, and the Korean people and Government will be equally proud and encouraged to have the overall direction of our combined combat effort in the hands of so famous and distinguished a soldier who also in his person possesses the delegated military authority of all the United Nations who have joined together to resist this infamous communist assault on the independence and integrity of our beloved land.

With continued highest and warmest feelings of personal regard,

Sincerely yours, Syngman Rhee[10]

---

10 이승만, "The Korean President Syngman Rhee to the American Embassy (14 July 1950)," 국방부 군사편찬위원회(편), 『국방조약집』 (서울: 국방부, 1981).

미군 이외에 전투 부대를 파병한 첫 번째 나라는 영국이었다. 1950년 8월 29일, 영국군 27여단이 유엔군에 합류하기 위해 부산에 도착하여 대구 서쪽 지방의 낙동강 전선으로 이동했다. 이어서 호주, 벨기에, 캐나다, 콜롬비아, 에티오피아, 프랑스, 그리스, 룩셈부르크, 네덜란드, 뉴질랜드, 필리핀, 태국, 터키 등이 파병했다. 남아프리카 공화국은 비행단을 파병했고, 덴마크, 인도, 노르웨이, 스웨덴 등은 의료진을 파병했다. 당시엔 유엔 회원국이 아니었던 이탈리아는 병원 시설을 제공했다.[11] 이렇게 해서 1950년 9월 1일자로 한국에 진주한 유엔군은 한국군 약 9만 명을 포함하여 18만 명에 이르렀다.

1950년 7월 31일에는 안보리 결의안 85호가 채택되었다. 결의안의 핵심 내용은 유엔군사령부에서 한국의 민간인들을 지원하기 위한 활동을 전개할 것과 유엔 산하 기구와 비정부 기구들이 민간인 구호와 구제 활동을 전개하는 유엔군사령부를 지원할 것을 권고하는 것이었다. 이로써 구소련이 안보리 참여를 보이콧하는 동안 한국 전쟁과 관련하여 총 4개의 결의안이 채택되었다. 그중 결의안 85호는 구체적으로 모두 4가지 사항을 권고하였다.

1. Requests the Unified Command to exercise responsibility for determining the requirements for the relief and support of the civilian population of Korea and for establishing in the field the procedures for providing such relief and support;
2. Requests the Secretary-General to transmit all offers of assistance for relief and support to the Unified Command;
3. Requests the Unified Command to provide the Security Council with reports, as appropriate on it's relief activities;
4. Requests the Secretary-General the Economic and Social Council in accordance with Article 65 of the Charter of the United Nations, other appropriate United Nations principal and subsidiary organs, the specialized agencies in accordance

11 United States Forces Korea, "United Nations Command," http://www.usfk.mil (검색일: 2018.11.5).

with the terms of their respective agreements with the United Nations, and appropriate non-governmental organizations to provide such assistance as the Unified Command may request for the relief and support of the civilian population of Korea, and as appropriate in connexion with the responsibilities being carried out

by the United Command on behalf of the Security Council.[12]

한국에 대한 유엔 안보리의 군사적 지원을 결정하는 과정에서 구소련이 불참한 것은 한국으로서는 행운이 아닐 수 없었다. 구소련은 중화민국지금의 대만이 아니라 당시의 중공이 안보리 상임 이사국 지위를 보유해야 한다고 주장하며 안보리 불참을 선언했고, 그 덕분에 안보리 결의안 82호, 83호, 84, 85호가 무난히 채택될 수 있었다. 그 뒤 구소련은 1950년 8월 1일자로 안보리에 복귀해야 했는데, 그날부터 안보리 의장국 역할을 수행해야 했기 때문이었다.

물론 당시 구소련 정부가 그런 태도를 보인 건 상임 이사국 지위를 둘러싼 논란 때문이었지만, 실은 한국 전쟁을 남북한 간의 내전으로 바라본 스탈린의 인식 때문이라는 주장도 제기되어 왔다. 즉 한국 전쟁을 내란으로 보았기 때문에 국내 문제에 대해서 유엔이 개입해서는 안된다는 입장을 견지했다는 것이다.[13]

아무튼 구소련이 안보리에 복귀한 이후 그들이 안보리 결의안 토의에서 적극적으로 거부권을 행사할 여지가 커졌다. 이를 우려한 미국 정부는 이른바 '평화를 위한 단결Uniting for Peace'이라는 제목의 결의안을 유엔 총회에 제안했다. 이 결의안의 핵심 골자는 안전보장이사회에서 상임 이사국 5개국의 만장일치가 이루어지지 않아 국제 평화와 안보가 위험에 처할 경우에는 유엔 총회에서 이 문제를 검토하여 결의안을 채택할 수 있다는 것이었다. 이 제안은 14일간의 토의 끝에 표결을 거쳐 1950년 11월 3일에 유

12 UN, "Complaint of aggression upon the Republic of Korea," Security Council resolution 85, S/RES/85(1950) (31 July 1950), https://undocs.org/S/RES/85(1950).

13 이러한 주장에 대해서는 다음 연구를 참조. 이시우, 『UNC 유엔군사령부』 (서울: 들녘, 2013), pp. 466-480.

엔 총회 결의안 377호로 채택되었다. 여기에는 총회가 회기 중이 아닐 때에는 비상 특별 회의가 소집될 수 있도록 허용하는 내용도 포함되었다.[14]

결국 유엔이 창설된 직후 국제 평화와 안보에 관한 결정권을 보유한 안전보장이사회에서의 미국과 구소련 간의 세력 다툼으로 인해 탄생한 것이 유엔 총회 결의안 377호였다. 특히 한국 전쟁과 관련하여 미국이 유엔의 영향력을 적극 활용하려 한 것과는 대조적으로 구소련은 안보리에서의 힘의 열세를 만회하기 위한 외교에 치중하는 모습을 보였다. 여하튼 구소련이 안보리 보이콧을 행사하던 기간에 한국에 파견될 유엔군 결성에 필요한 안보리 결의안을 잇달아 채택함으로써 미국은 유엔군을 이끄는 선도적 위치를 점유할 수 있었다.

유엔군의 지위와 관련해 논란이 계속되어 온 큰 쟁점은 국제법적 근거에 대한 해석과 관련된다. 예컨대 유엔은 유엔군에 대해 직접적인 권한을 가지고 있지 않다는 주장으로, 단지 유엔군에게 유엔 깃발을 사용하도록 허용한 것이 전부라는 것이다. 이 대목에 대해 1994년 당시 유엔 사무총장이었던 부트로스 갈리Boutros Boutros-Ghali는 북한 외무상에게 보내는 서한에서 "유엔 안보리는 유엔군을 유엔의 하부 조직으로 설립한 것이 아니라, 단지 유엔군사령부를 설립하고 그 지휘권을 미국 정부에게 위임한 것이 전부다. 따라서 유엔군 해체는 전적으로 미국 정부의 권한에 따라 결정될 문제"라고 말했다.

UN Secretary General Boutros Boutros Ghali noted in his letter to the Foreign Minister of the DPRK, dated 24 June 1994: I do not believe, though, that any principal organ of the United Nations, including the Secretary General, can be the proper instance to decide on the continued existence or the dissolution of the United Nations Command. However, allow me to recall that the Security Council, in operative paragraph 3 of resolution 84(1950) of 7 July 1950, limited itself to recommending that all members providing military forces and other assistance to

14 UN, "Uniting for peace," General Assembly resolution 377, A/RES/377(V) (3 November 1950), https://undocs.org/en/A/RES/377(V).

the Republic of Korea 'make such forces and other assistance available to a unified command under the United States of America'. It follows, accordingly, that the Security Council did not establish the unified command as a subsidiary organ under its control, but merely recommended the creation of such a command, specifying that it be under the authority of the United States. Therefore the dissolution of the unified command does not fall within the responsibility of any United Nations organ but is a matter within the competence of the Government of the United States.[15]

(2) 휴전 이후의 유엔군

1953년 7월 27일 유엔군과 중국, 북한의 3자간 휴전 협정이 체결되었고, 휴전 상태를 감시할 군사정전위원회Military Armistice Commission, MAC가 결성되었다. 또한 휴전 상태를 객관적으로 감시하기 위해 중립국감독위원회Neutral Nations Supervisory Commission, NNSC도 설치되었다.

휴전 후 유엔군으로 참전했던 대부분의 국가들의 병력은 미군을 제외하고 철수했다. 정전 협정 60조에서는 "모든 외국 군대의 철수와 한반도 통일 문제를 논의할 회담을 3개월 이내에 개최한다"고 규정했고, 이에 근거하여 제네바 회담이 개최되었지만 성과를 거두지 못함에 따라 UNC 체제는 계속 유지되었다.[16] 그럼에도 불구하고 미국을 제외한 국가들이 철수를 강행한 이유는 전쟁이 종결되었다는 당위성 때문이었다. 따라서 이후에는 참전국이 돌아가면서 명목상의 연락 장교들을 한국에 파견하는 형태로 UNC 체제가 존속되고 있다.

15 Pak Chol Gu, "Replacement of the Korean Armistice Agreement: Prerequisite to a lasting peace in the Korean Peninsula," http://oldsite.nautilus.org (검색일: 2018.11.6).

16 제네바 회담은 1954년 4월 26일부터 7월 20일까지 개최되었다. 안건은 한국 전쟁의 공식 종전과 평화 협정 체결, 그리고 베트남 분단 협약이었다. 하지만 한반도 안건에 대해서는 미국이 논의 자체를 거부함에 따라 아무런 성과를 거두지 못하고 결렬되었다. Humphrey Trevelyan, "Letter from Humphrey Trevelyan to Zhou Enlai" (21 March 1955), PRC FMA 110-00034-01, 20-21, History and Public Policy Program Digital Archive.

1957년 7월 1일, 일본 도쿄에 위치했던 유엔군사령부가 서울로 이동했다. 여기에는 미국의 군사력 재편이 주된 요인으로 작용했다. 미 극동군 사령부가 폐지되고, 태평양 사령부 예하에 주일 미군과 주한 미군으로 재편된 것이다. 이로써 유엔군사령부가 일본에 주둔할 명분이 없어졌고, 주한 미군 사령관이 미8군 사령관과 유엔군 사령관 직책을 겸직하게 되었다. 그리고 이들 3개의 직책은 모두 미국 태평양 사령관의 지휘 통제를 받게 되었다.

휴전 후에도 UNC는 북한 측의 외교적 공격 대상이었다. 1974년 8월 16일 북한은 유엔군의 자격으로 한국에 주둔하고 있는 모든 외국군의 철수를 요구하는 유엔 총회 결의안을 제출했다. 이 결의안은 1974년 12월 9일 유엔 총회 정치위원회에서 표결에 부쳐졌으며, 최종적으로 미국을 포함한 서방 측의 수정안이 통과되면서 북한의 제안은 거부되었다. 하지만 그 다음 해인 1975년 10월 29일 유엔 정치위원회는 같은 문제를 다시 표결에 부친 끝에 서방 측과 공산 측 제안이 동시에 통과되는 결과를 빚었다. 결국 UNC 존속의 적법성과 해체 명분이 동시에 인정되는 이중성이 노출된 것이다.[17] 이런 상황은 한국으로 하여금 새로운 안보 체제를 모색해야 한다는 절박한 위기 의식에 젖도록 만들었다. 한국의 안보를 UNC 체제에 맡겨서는 위험하다는 우려가 현실이 된 것이다.

이런 상황에서 UNC의 지위에 큰 변화가 일어났다. 1978년 11월 7일 한미 연합 사령부Combined Forces Command, CFA가 창설되면서 한국군에 대한 작전 통제권이 유엔군사령부에서 한미 연합 사령부로 이관된 것이다. 이로써 한국의 군사 안보 책임은 UNC에서 한미 연합 사령부로 전환되었고, UNC는 정전 협정과 관련된 임무만 수행하게 되었다. 구체적으로 UNC는 군사 정전 위원회의 가동, 중립국 감독위원회 운영, 판문점 공동 경비구역JSA 관할 경비 부대의 파견 및 운영, 비무장 지대 내 경계 초소 운영, 북한과의 장성급 회담 등을 전담하는 역할을 수행하게 되었다.

---

17 1974-1975년 기간의 UNC 해체와 관련된 각국의 외교 활동에 관해서는 다음 연구에서 상세히 분석된다. 한석표, "한미 군사지휘체계의 변동, 1971-1978: 유엔군사령부 유지와 한미연합군사령부 창설," 서울대학교 박사 학위 논문 (2013.1), pp. 73-120.

1994년에는 한국군에 대한 평시 작전 통제권이 한국으로 전환되었다. 이전까지는 대간첩 작전에서만 한국이 작전 통제권을 행사하였는데, 이를 더 확대하여 평시의 모든 작전 활동에서 한국이 통제권을 행사하게 된 것이다. 반면 전시 작전 통제권은 한미 연합 사령부에서 계속 보유해 전시 대비 계획과 훈련에 대한 임무를 수행하게 되었다.

2) 활동 내역

(1) 조직과 편성

휴전이 결정되던 1953년 7월 즈음 유엔군 병력은 그 규모가 최대에 달했으며, 정확히 932,964명의 유엔군 병력이 한반도에 주둔했다.[18]

한국 590,911명	콜롬비아 1,068명	미합중국 302,483명
벨기에 900명	영국 14,198명	남아프리카 공화국 826명
캐나다 6,146명	네덜란드 819명	터키 5,453명
룩셈부르크 44명	호주 2,282명	필리핀 1,496명
뉴질랜드 1,385명	태국 1,204명	에티오피아 1,271명
그리스 1,263명	프랑스 1,119명	

그에 비해 1950년 12월의 유엔군 병력 현황은 한국군 236,063명, 해외 참전국 232,331명으로써 도합 47만여 명이었다.[19] 병력만으로 볼 때 유엔군은 축차적으로 증원이 이루어져 휴전 시점에는 그 수가 두 배로 늘어났다. 그에 비해 공산군 측의 최대 병력 규모는 유엔군의 약 2배에 달했다. 즉 전쟁 수행의 구도로 볼 때 세계 정부 성격의 유엔군과 공산군이 대결한 형국이었던 것이다. 그리고 유엔군이 결성되는 과정은 미국의 동아시아 군사력 구조와 맞물려 있다. 트루먼 대통령이 맥아더 장군을 유엔군 사

18 United States Forces Korea, "United Nations Command", http://www.usfk.mil (검색일: 2018.11.5).

19 Far East Command Eighth Army "Periodic Logistic Report No. 171," 30 December 1950, National Archives and Records Administration.

령관으로 임명하는 시점에 맥아더 장군은 일본 점령 시기의 연합군 최고 사령관Supreme Commander for the Allied Powers, SCAP의 직책을 맡고 있었고, 미 극동군 사령관Far East Command, FECOM 직책도 겸하고 있었다. 따라서 미 극동군 사령관이 연합군과 유엔군을 사실상 통제, 관할하는 입장이었다.

UNC 창설 당시 일본에는 SCAP과 FECOM, 두 개의 군사 조직이 있었다. 이 중에서 먼저 창설된 조직은 SCAP이었다. 일본군을 패망시킨 직후인 1945년 8월 미국은 일본에 대한 점령 통치를 시행하기 위해 일본 요코하마에 연합군 최고 사령부를 설치했다.[20] 처음에는 미국이 단독으로 군사 통치에 나섰으나, 1946년 2월 26일 11개국으로 구성된 극동위원회[21]가 발족된 이후부터는 연합국 명의로 통치가 이루어졌다. 그 뒤 SCAP 조직은 1952년 4월 28일 샌프란시스코 강화 조약Treaty of San Francisco이 발효되면서 해체되고, 일본에 대한 군사 통치가 종식되었다.

SCAP이 해체됨에 따라 미국은 SCAP의 주력군이었던 주일 미군에 대한 자체 조직을 편성해야 할 입장에 처했다. SCAP은 일본에 대한 군사 통치 임무를 수행하는 시한부 군사 조직이었으므로, 그 이후의 일본 주둔의 명분과 임무를 수행하기 위해서는 미군 자체의 군사 조직이 필요했던 것이다. 그래서 만들어진 조직이 다름 아닌 FECOM이었다.

일본에 주둔했던 미군 조직이 SCAP에서 FECOM으로 체제를 변경해가는 동안 사실상의 변화는 거의 없었다고 봐도 무방하다. 단지 미군 조직의 임무가 변경되었을 뿐, 군사 조직의 구조나 기능 측면에서는 동일했던 것이다. 따라서 UNC의 뿌리와 구조적 특성을 이해하기 위해서는 당시의 FECOM 조직을 정확히 파악할 필요가 있다. 개념적으로 볼 때 UNC는 FECOM의 구조와 중첩되거나, 아니면 FECOM의 하부 구조로 편성되었을 것이기 때문이다.

---

20 미국 트루먼 대통령은 1945년 8월 14일자로 맥아더 장군을 SCAP 사령관으로 임명하여 일본에 대한 군사 통치에 나서도록 조치했다.

21 극동위원회는 일본에 대한 통치 문제를 협의하기 위한 회의체였으며, 애초 미국, 영국, 소련이 '모스크바 삼상회의'를 주최하며 주도권을 행사했으나 중국, 프랑스, 네덜란드, 캐나다, 호주, 뉴질랜드, 인도, 필리핀이 추가되어 11개국으로 늘어났다. 1949년 11월에는 미얀마와 파키스탄이 추가되어 총 13개국이 공동 주도권을 행사했다.

FECOM은 미국이 2차 세계 대전 기간에 아시아 지역 전쟁을 수행하는 과정과 전후 처리의 과정에서 탄생한 군사 조직이었다. 일본과의 전쟁을 수행하는 과정에서 미국의 군사 조직은 서남 태평양 지역을 총괄하던 맥아더 장군과 태평양 해양 작전을 수행하던 니미츠 제독Admiral Chester W. Nimitz으로 이원화되어 있었다. 전쟁 후 트루먼 대통령은 미국의 군사 조직을 개편하면서 아시아 지역에 3개의 전구급[22] 사령부를 창설했다. 이것이 태평양 사령부, 극동군 사령부, 알래스카 사령부의 시효였다.[23]

이렇게 볼 때 FECOM은 일본에 대한 군사 통치와 한반도에서의 전쟁 수행을 주요 임무로 도맡았을 뿐 아니라 오늘날의 미 태평양 사령부의 주축을 담당했던 군사 조직이었다. 그리고 실제로 전투 임무를 수행했던 조직이었고, 아시아 전역을 포괄하는 작전을 수행하도록 전력을 확보한 실질적인 군사 조직이었다. 이러한 조직을 모체로 삼아 창설된 부대가 UNC였기에 그들이 한국 전쟁 당시 신속하게 전장에 전력을 투입할 수 있었던 것이다.

당시 FECOM의 특성을 구체적으로 들여다보면 첫째, FECOM은 아시아 지역에 투입된 미국의 육해공군을 통합한 전투 사령부로서의 통합군 조직으로 편성되어 전투 임무를 효율적으로 수행할 수 있게 만들어진 조직이었다. 육해공군 사령부가 별도로 조직되어 있는 상태에서 전투의 효율성을 높이기 위해 이를 통합하는 사령부를 별도로 설치한 것이다. 이를 한국의 군사 조직과 비교하면 합동 참모부 조직과 유사하다.

22 전구(戰區, theater of war)라 함은 전쟁을 수행하는 지리적 구역이라는 뜻을 내포하며, 해당 구역 내에서 각군 병종을 모두 포괄하는 지휘 통제 개념이다.

23 오늘날 미국은 세계 전역을 포괄하는 6개의 사령부를 편성하고 있고 태평양 사령부(Pacific Command, PACOM)도 그 중 하나로 포함되지만, 2차 세계 대전 후의 편성에서는 오늘의 태평양 사령부가 3개의 전구급 사령부 중 하나로 편성되었던 것이다. 그러다가 한국 전쟁이 종결된 후 미국은 다시 군사 조직 개편을 단행하여 1957년 7월부로 극동군 사령부를 태평양 사령부로 통합시켰다.

〈그림 1〉 미 극동군 사령부의 조직 편성 (1947년 12월 기준)

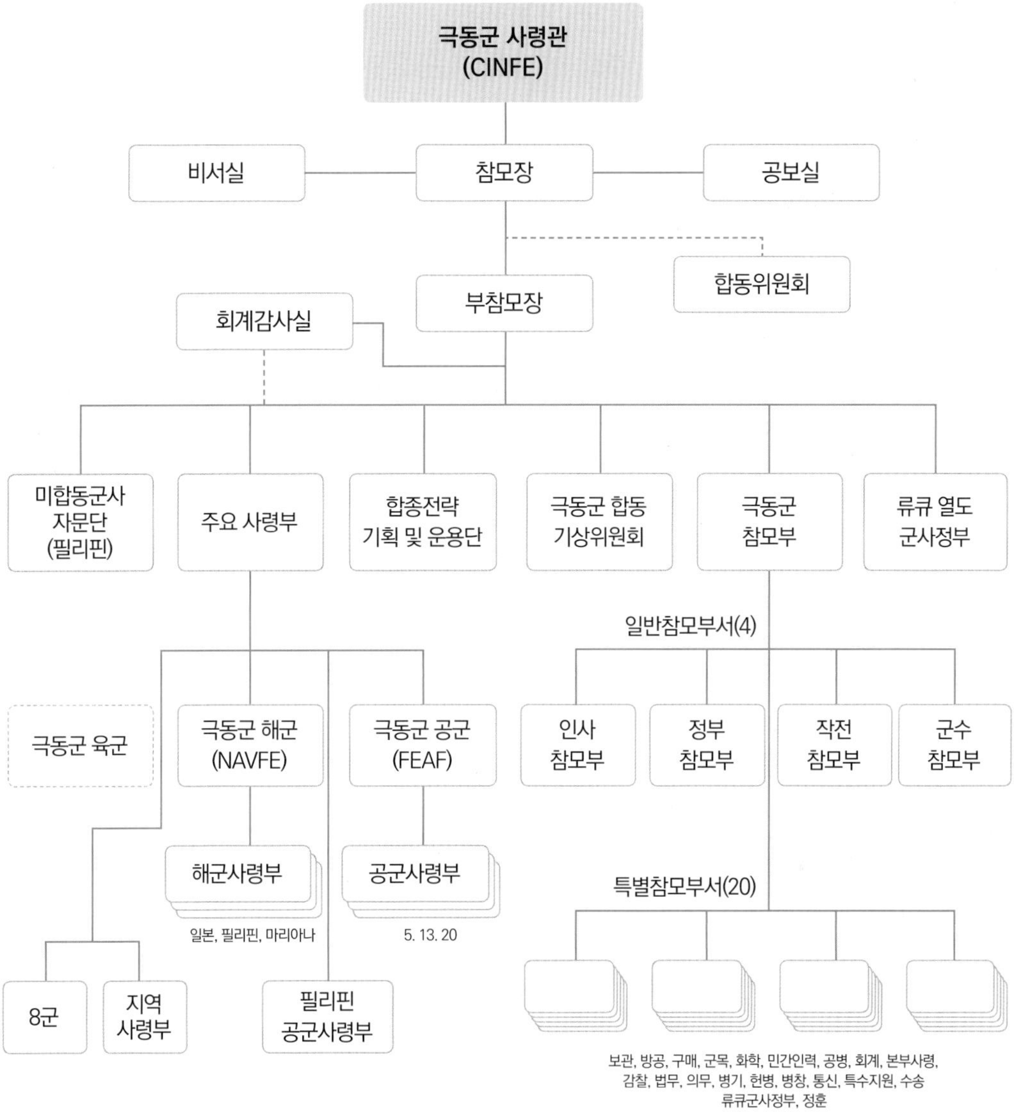

CINCFE: Commander in Chief Far East Command.

출처 : 다음의 자료에 기초하여 요약, 압축하여 재구성하였음. US Army Center of Military History, "Report of General MacArthur," January 1994, Catalog Card No. 66-60005, Library of Congress.

앞서 이미 언급한 것처럼 2차 세계 대전을 수행하면서 미국은 아시아 전장에서 육군과 해군으로 분리된 두 개의 사령부로 전쟁을 수행했다. 당시에 통합군 사령부를 설치하지 못했던 것은 육군과 해군의 주도권 경쟁이 큰 요인을 차지했던 것으로 알려져 있다. 그리고 한국에서도 각 군의 이해 관계 때문에 통합군 조직에 실패해왔던 것을 생각해 볼 때, 당시의 FECOM은 각 군의 이해 관계를 초월하여 전투 임무의 효율성을 중시하면서 창설된 조직이라 할 수 있다. 미군이 인천 상륙 작전과 같은 프로젝트를 성공시킨 이면에는 FECOM의 이런 특성이 장점으로 작동했다고 평가할 수 있다.

둘째, FECOM은 전구급 사령부의 성격을 지니고 있었으므로 아시아 전역을 포괄하는 글로벌 사령부의 체제로 편성된 조직이었다. 임무와 기능 측면에서 FECOM은 일본, 한반도, 필리핀, 마리아나 제도, 보닌 제도 등을 목표 지역으로 관리하고, 군정military government, 군사 작전, 연합 작전 등 다양한 임무를 수행하던 초특급 군사 조직이었다. 이런 상시 조직이 편성되어 있었기 때문에 한반도 전쟁에서 미군이 전력 투입은 물론이거니와 후방 지역에서의 민사 작전에도 원활하게 대처할 수 있었다고 풀이된다. 특히 FECOM이 국제연합군 조직이었던 SCAP의 조직과 중첩된 성격을 유지하고 있었으므로 한반도에 투입된 파병 국가들의 관리에서도 효율성을 기할 수 있었다고 평가된다.

셋째, FECOM의 사령부 편성을 보면 글자 그대로 '실전적 군사 조직'이었다. 즉 육해공 3군 전력을 통합하는 군사 조직의 성격을 넘어 언제든 전장에 뛰어들어 작전을 펼칠 수 있는 실질적 전투 조직이었던 것이다. 대부분의 국가들이 군대를 보유하고 있지만, 이 중에서 실전적 전투 조직을 갖춘 군대는 사실상 많지 않다. 형식만 군사 조직이지, 실제로는 전투 임무를 수행하기 어려운 '행정 부대', 또는 '프레토리안'[24] 군사 조직에 그치는 경우가 많기 때문이다. 그런데 미 극동군 사령부의 조직 편성을 보면, 기상을 체크하는 기능에서부터 법 질서, 의료, 종교 분야의 기능까지를 유기적으로 포괄하는 방대한 조직을 이루고 있었다. 그야말로 전투 임무를 수행하는 하나의 작은 '사회'라고 말할 수 있는 것이다. 당시 중공군과 북한군 역시 전투 임무를 효율적으로 수행하는 군

24 'praetorian guard(근위병)'로 불리는 이런 군대는 원래 로마 시기의 황제를 경호하는 근위병 조직을 의미한다.

사 조직이었지만, 미군 조직과 비교해볼 때 공산군 측은 '정규전'을 수행할 역량을 갖추지 못한 '비정규전' 수행 조직이었다. 다시 말해 공산군이 유엔군을 상대로 승리를 거두기는 애초부터 어려웠고, 방어전이나 지구전으로 승부해야 할 처지였다는 것이다. 이는 유엔군의 모태가 되었던 미군 조직이 당시로서는 세계를 압도할 첨단 역량을 갖추고 있었던 때문이다.

맥아더 사령관이 UNC를 공식 창설한 것은 1950년 7월 24일의 일이었다. UNC의 지휘 계선은 맥아더 사령관에서부터 미 합동 참모 의장, 미 국방 장관을 거쳐 미국 대통령의 통수권으로까지 이어져 있었고, 미 육군성은 지휘 계선상에 있지는 않았으나 UNC의 행정적 대리인 역할을 수행했다. UNC는 유엔 안보리의 결의에 따라 창설되었지만, 계선상으로는 유엔과 직접 연결되는 것이 아니라 미 합참이나 국방성을 통해 유엔에 보고하는 형식이었다. 유엔이 미국에게 유엔군 결성과 지휘권을 위임해주었기 때문이다.

맥아더 장군은 UNC의 임무를 수행하기 위해 미 극동군 사령부의 전력을 활용했다. 극동군 사령부의 참모들을 UNC 참모로 보임하는 것은 물론이거니와 극동군 사령부의 지휘관 3명 가운데 2명을 UNC 지휘관으로 임명했던 것이다. 또한 미8군 사령관을 UNC의 한국 주둔 사령관으로 임명하고, 일본의 병참 사령부도 UNC에 포함시켰으며, 1950년 9월 16일에는 유엔 참전국 대표들을 관리하기 위한 '연락반Liaison Section'도 설치했다.[25]

25 Shawn P. Creamer, "The United Nations Command and the Sending States," *International Journal of Korean Studies* 21-2 (2017), p. 4-7.

〈그림 2〉 한국 전쟁 초기의 UNC 조직 편성 (1950년 8월 31일 기준)

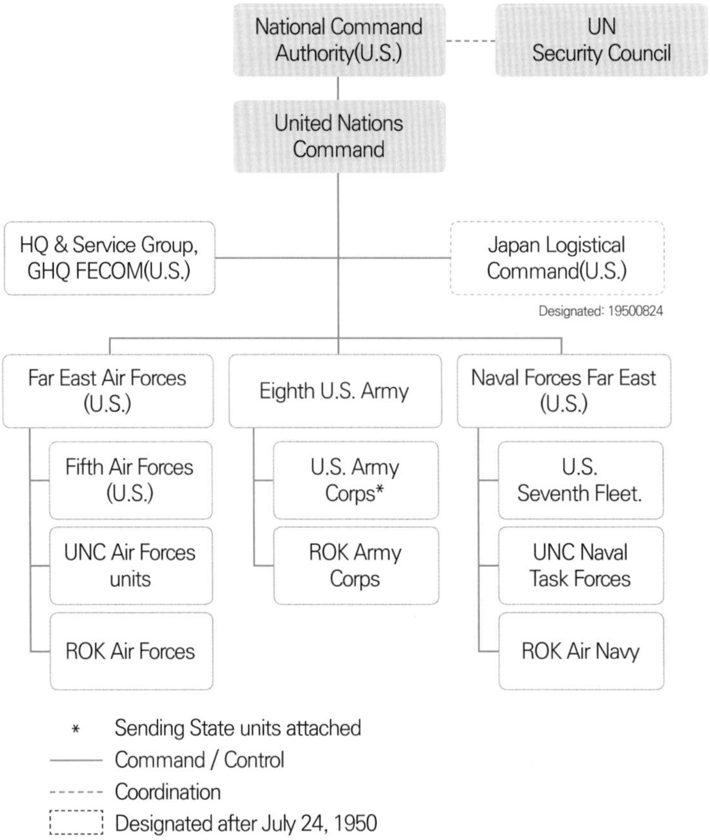

출처 : 각주 25의 자료, p. 5.

이러한 지휘 체계는 1952년에 연합군 사령부SCAP가 해체될 때까지 지속되었다. 즉 SCAP이 해체되기 전에 유엔군 사령관은 미 극동군 사령부와 기존의 연합군 사령부 체제를 그대로 활용했던 것이다. 그러다가 1952년 여름 영국군 장군이 UNC 부사령관으로 임명되면서 그때까지 미군에 의해 참모 직책이 수행되던 틀이 깨지게 되었다. 그리고 1953년 1월에는 UNC 사령부에 해군과 공군 장교들도 포함되었다. 하지만 UNC 사령부 조직에는 여전히 미 육군 장교들이 주류를 이루었다.

UNC 창설이 이처럼 신속하게 이루어진 것은 앞에서도 언급한 것처럼 당시 일본에 주둔하던 미 극동군 사령부 체제가 있었기 때문이었다. 군 사령부급 부대가 창설되려면 우선 편제가 갖추어져야 하고, 여기에 합당한 병력 충원은 물론 장비와 군수 지원 체제가 구축되어야 한다. 정상적이라면 이런 조건을 충족하는 데 적어도 6개월, 많게는 1년여의 기간이 필요하다. 하지만 당시 미국은 이런 규모의 부대 편제와 병력을 일본에 주둔한 극동군 사령부를 통해 충족하고 있었다. 즉 미 극동군 사령부 편제와 전력을 그대로 활용할 수 있었던 것이다. 따라서 UNC는 개념적으로만 다른 사령부일 뿐 사실상 미 극동군 사령부 조직에다 파병 외국군들을 추가한 것이나 마찬가지였다.

〈그림 3〉 UNC 본부 조직도 (1950년 9월 15일 기준)

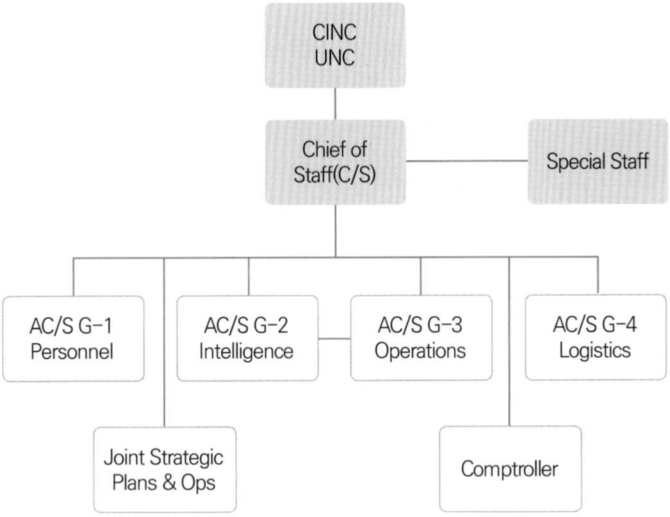

Special Staff

- Adjutant General Section
- Anti-Aircraft Section
- Chaplain Section
- Chemical Section
- Engineer Section
- Inspector General Section
- Judge Advocate Section
- Medical Section
- Headquarters Commandant
- Ordnance Section
- Provost Marshall Section
- Signal Section
- Special Services Section
- Transportation Section
- Liaison Section*

* Established : 19500916

출처 : 각주 25의 자료, p. 6.

UNC 본부는 앞서 그림에서 보는 것처럼 인사, 정보, 작전, 군수병참의 전형적인 일반 참모부 체제로 편성되었으며,[26] 여기에 추가로 합동전략기획 참모부와 감찰 참모부가 편성되었다. 유엔군 사령관 직속으로는 총 15개의 특별 참모부가 편성되었다. 여기에는 부관, 의무, 통신, 수송 등 4성 장군이 지휘하는 군 사령부급에서 편성되는 특수 분야 참모 기능을 모두 포괄하는 형태가 갖춰졌다. 즉 한반도에서 실제로 전투 임무를 수행하는 미8군 사령부에 대한 지휘와 지원 임무를 수행하기 위한 시스템으로 편성되었던 것이다.

그리고 UNC 본부 역시도 미 극동군 사령부 편제를 그대로 활용하고, 일반 참모부와 특별 참모부 또한 같은 인원으로 채워졌을 가능성이 크다. UNC는 유엔 안보리 결의안에 따라 창설된 군대 조직이므로 미 극동군 사령부 조직과 동일할 수는 없었다. 미 극동군 사령부는 미국의 군사 조직이기에 UNC가 별도로 조직될 필요가 있었던 것이다. 하지만 UNC의 주축이 미군이었고, 앞에서 언급한 것처럼 군 사령부 수준의 미군 조직이 편성되어 있었기 때문에 UNC 본부 역시 미 극동군 사령부의 본부 조직과 거의 일치하는 수준에서 편성되었다고 볼 수 있다.

한편 한국 전쟁이 종결된 뒤에도 UNC는 여전히 한국의 군사 안보를 전담하는 임무를 수행했다. 그리고 UNC의 주축을 이루던 미군의 한국 주둔도 계속되었다. 이를 가능하게 만든 것이 한미 동맹의 출범이었다.

구체적으로 보면 휴전 협정이 체결된 지 정확히 66일 후에 한국과 미국은 상호 방위 조약Mutual Defense Treaty을 체결했다. 한미 두 나라 의회는 1954년 1월 15일자로 상호 방위 조약을 비준함으로써 주한 미군의 주둔을 법적으로 정당화시켰다. 곧이어 1954년 7월 한국과 미국은 상호 방위 조약에서 쟁점이 되는 부분에 대해 합의하고, 특히 한국군에 대한 작전 통제권을 UNC 소관으로 두도록 결정하는 합의 의사록을 1954년 11월 17일부로 발효시켰다.

---

26 출처인 Shawn P. Creamer의 논문에서는 1950년 10월 11일자 UNC 일반 명령 14호에 의거하여 이 조직도를 작성했다고 밝히고 있어 신뢰도가 높다고 여겨진다. 당시의 미군 원문 자료를 추적했지만 직접 확인할 수 있는 문서는 획득하지 못했다.

It is the intention and policy of the Republic of Korea to:

1. Cooperate with the United States in its efforts to unify Korea, including possible efforts through the United Nations to secure this objective;
2. Retain Republic of Korea forces under the operational control of the United Nations Command while that Command has responsibilities for the defense of the Republic of Korea, unless after consultation it is agreed that our mutual and individual interests would best be served by a change;[27]

휴전 후 UNC의 산하 기관으로는 군사정전위원회Military Armistice Commission, MAC, 중립국감독위원회Neutral Nations Supervisory Commission, NNSC, 공동 경비 구역JSA을 관리하는 경비대대, UNC 의장대, 유엔사 회원국 연락 장교단UNC Member States Liaison Officers Corps, LNOC, 그리고 일본에 위치한 UNC 후방 사령부UNC-Rear가 있었다.[28]

군사정전위원회MAC는 정전 협정의 이행 및 감독을 위해 유엔군과 북한군 간의 정전 협정 위반 사건에 대한 협의와 해결을 주임무로 한다. 이 기구는 양측 어느 일방의 요구에 의해 언제든지 소집될 수 있다. 하지만 1991년에 유엔 측 수석 대표로 한국군 장성이 임명되자 북한이 군사정전위원회 체제를 거부한 뒤로는 정상적으로 운용되지 못했다. 1998년 2월 북한은 이를 대체할 체제로 '유엔사-북한 판문점 대표부' 장성급 회담General Officers Meeting을 제안하면서 기존의 정전 관련 업무를 이 틀에서 협의해 왔다.

중립국감독위원회NNSC는 한반도에서 정전 당사자들이 국외로부터 유입하는 군사 인원, 작전 장비와 물자를 감독 및 시찰하고, 비무장 지대 이외 지역에서의 정전 협정 위반 사항을 조사하는 임무를 수행한다. 1953년 정전 협정에 의거하여 유엔군 측에서 임명한 스위스, 스웨덴과 공산군 측에서 임명한 체코슬로바키아와 폴란드, 이 4개국 위원들로 구성되었다. 하지만 북한은 정전 체제 무력화 전략을 구사하며 1993년에 공산군

27 Smith, "Deliver following letter Robertson to Prime Minister Pyun," Telegram 795.00/9-1154 (11 September 1954), Office of the Historian, Foreign Service Institute.

28 UNC 산하 기구에 대한 기술은 다음 연구 내용에 기초하여 재편집하였다. 정철호, "전시 작통권 전환 이후 유엔군사령부의 위상과 역할," 『세종정책연구』 제6권 (2)호 (2010), pp. 203-205.

측 위원들을 축출시켰다. 이에 반해 유엔군 측 위원들은 남북한이 정전 협정을 위반할 시에 현지 조사를 벌이고, UNC를 통해 NNSC의 활동을 유엔 안보리에 매년 정기적으로 보고하고 있다.

판문점 공동 경비 구역을 관할하는 경비대대는 군사정전위원회 회담, 장성급 회담 등에 대한 경비 업무를 담당하고, 방문객에 대한 안전 임무와 더불어 대성동 마을에 대한 군정 임무를 수행하고 있다. UNC는 미군 병력을 감축하고, 한국군에게 공동 경비 구역 임무의 대부분을 위임하고 있다.

UNC 의장대는 의장 행사, 포로 및 유해 송환 시 호송 임무와 사령부 본청 경비 임무를 수행하며, 미국을 비롯한 태국, 필리핀 등의 현역 군인들로 구성되어 있다. UNC 회원국 연락 장교단은 회원국의 주한 국방 무관이 겸직하며, UNC와 자국 정부 간의 업무를 조율하는 연락 임무를 수행한다. UNC의 정전 협정 임무와 관련된 참모 조직은 연합사 참모가 겸임하는 시스템으로 구성된다. 즉 연합사와 UNC가 동일 체제로 구축되어 있는데, 이 부분은 UNC의 강점이 될 수도 있지만 약점으로도 작용한다. 연합사가 지속되는 한 UNC 역시도 강한 힘을 발휘할 수 있는 반면, 그 반대의 경우에는 UNC의 존립이 결정적 위기에 봉착할 수 있기 때문이다.

2019년을 기준으로 한 UNC의 편성은 다음의 그림에서 보는 바와 같다. 유엔군 사령관은 주한 미군 사령관과 연합 사령관을 겸직한다. 부사령관 역시 미군 지휘관으로 보임되며, 참모장은 미8군 사령관이 겸직한다. 군사정전위원회는 한국, 미국, 영국 대표로 구성된다. UNC 참모 조직은 인사, 정보, 작전, 기획, 군수, 통신전자 등 6개 참모부로 구성된다.

〈그림 4〉 UNC 조직 편성 (2019년 현재)

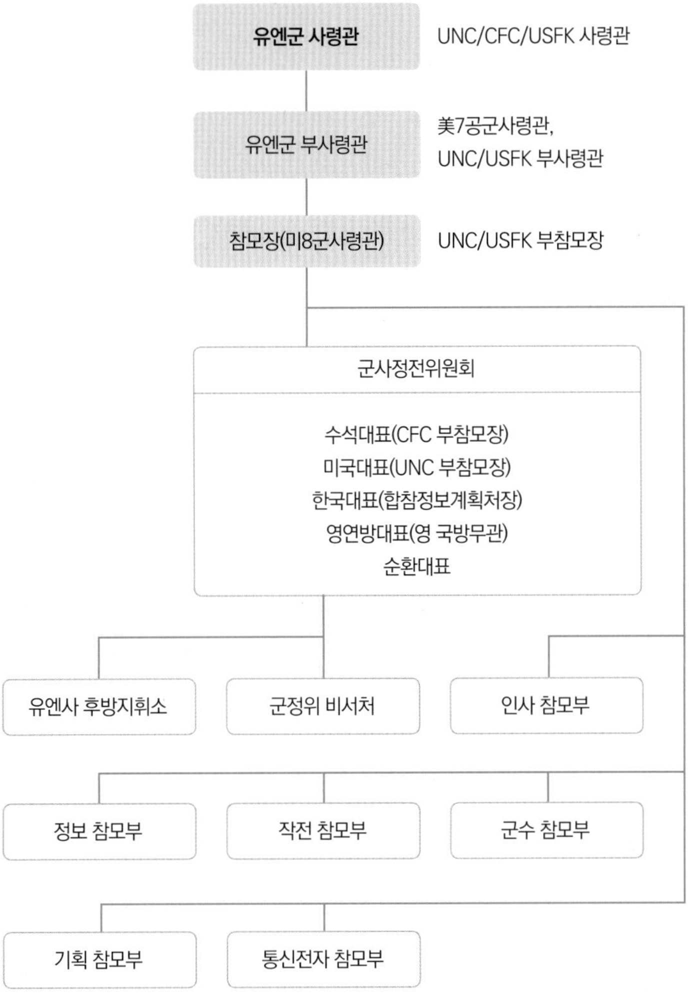

출처 : 대한민국 국방부, "유엔사 현황," http://www.mnd.go.kr (검색일: 2018.11.6).

한편 1957년에 UNC가 일본에서 서울로 옮긴 후 일본에는 UNC 후방 사령부UNC-Rear 라는 명칭의 기지가 잔류하게 되었다. 이 기지는 유사시 한국에 병참 지원과 유엔군 병력의 주둔을 보장하기 위한 임무를 수행한다.[29] UNC 후방 사령부 기지는 자마, 요코다, 요코스카, 사세보, 카데나, 화이트 비치, 푸텐마 등 총 7곳에 있으며, 이곳에는 유엔군 깃

29 United States Forces Korea, "The United Nations Command (Rear) Change of Command," http://www.usfk.mil (검색일: 2018.11.5).

발이 게양되고 있다. 사령관과 부사령관은 후방 사령부에 참여하고 있는 8개국이 순환 보직으로 맡고 있다. 여기에 참여하는 나라로는 유엔군사령부에서 파견된 호주, 캐나다, 프랑스, 뉴질랜드, 필리핀, 태국, 터키, 영국 등이 있다.

(2) 임무 및 활동

UNC가 창설될 당시의 임무는 한국을 침략군으로부터 보호하기 위해 파견된 유엔 회원국들의 군대를 지휘, 통제하는 것이었다. 이후 1951년 7월부터는 북한과 중국 측을 상대하여 휴전 회담에 임하는 임무가 추가되었다.

그런 다음 휴전이 되면서 UNC의 임무는 정전 체제와 부합하는 방식으로 변경되었다. 정전 협정의 이행 상태를 관리 및 감독하고, 북한이 다시 침략하는 경우 한국 전쟁 참전국들과 공조하여 침략을 격퇴하는 국제 군사 기구로 그 임무가 전환된 것이다. 유엔 안보리 결의안 82호, 83호, 84호에 근거를 둔 이러한 임무들을 정리해보면 다음과 같다.[30]

① 한국 전쟁 발발과 함께 채택된 유엔 안보리 결의안에 근거하여 북한의 군사적 침략을 격퇴하고, 한반도 지역의 평화와 안전을 회복하기 위한 조치를 제공한다. 한국 전쟁이 휴전으로 종식되었으므로, 전쟁이 완전 종결될 때까지 이 임무는 그대로 지속된다. UNC는 휴전 상태를 전반적으로 관리해 전쟁을 억제하고, 전쟁이 재발되는 경우 유엔 회원국들에 호소하여 참전하는 국가들 전체를 지휘할 권한을 보유하고 있다. 한미 연합 사령부는 주한 미군과 한국군을 지휘하지만, 유엔군 사령관은 참전 회원국들에 대한 지휘 통제권을 행사할 수 있다.[31]

② 1953년 7월 27일 체결된 정전 협정의 이행 상태를 감독하며, 비무장 지대에 대한 통제권을 행사한다. 다시 말해 전쟁을 종식하는 평화 협정이 체결될 때까지

30 요약 내용은 다음의 자료를 참조하여 재정리하였다. 정철호 (2010: 199-202).

31 Joe Hyunkwon, "United Nations Command Armistice Roles on the Korean Peninsula: Is December 2015 the End?" Master's thesis, U.S. Army Command and General Staff College (2013), pp. 11-19.

휴전 상태를 관리, 감독하는 임무를 수행한다. 이를 수행하는 기관이 바로 군사정전위원회MAC, 군정위다. 군정위는 5명의 대표로 구성되며, 각 1명의 서기를 서울과 개성에 주둔시켜 왔고, 판문점에 부대표들을 임명해왔다. 군정위의 역할에는 정전 협정 위반 행위에 대한 공동 조사가 포함되지만, 양측은 이에 응하지 않고 각자 별도로 조사를 벌여왔다. 그리고 중립국감독위원회NNSC가 또 다른 조사 활동을 수행한다.

③ 대한민국 영토에서 활동하는 유엔군 부대는 일본 정부로부터 군사 지원을 받고, 일본에 주둔하는 유엔군 후방 사령부 소속 7개 기지에 대한 통제권을 행사한다.

④ 한반도에서 전쟁이 재발하는 경우 한국 전쟁에 참전했던 16개국의 재참전 부대에 대한 통제권을 행사한다. 휴전 협정의 체결 당일에 채택된 '참전 16개국 선언문'에서 참전국들은 또 다른 전쟁이 발발하는 경우에 다시 단합하여 참전할 용의가 있음을 밝힌 바 있다.[32]

정전 협정이 체결된 이후에도 한국군에 대한 작전 통제권은 여전히 UNC에 위임된 상태로 지속되었다. 1954년 11월 17일 한미 상호 방위 조약과 함께 한미 합의 의사록이 체결되었는데, 이 의사록 2조의 내용이 그 근거였다.

> 대한민국은 상호협의에 의하여 그렇게 하는 것이 상호 이익에 가장 유리하기 때문에 변경하는 경우가 아니면, 유엔군 사령부가 한국의 방위를 책임지는 한, 그 군대를 유엔군 사령부의 작전통제권(the operational control)하에 둔다.[33]

그 뒤로 1970년 이전까지 UNC의 임무와 관련하여 세 차례의 변화가 있었다.[34] 첫 번

32 참전국 선언은 1954년 7월 15일 '제네바 정치 회담'에서도 이어졌다. 당시의 선언은 한반도 문제를 유엔에 회부해야 한다는 내용이었다. 이 내용은 다음 연구를 참조하였다. James E. Hoare, *Historical Dictionary of the Republic of Korea* (London: Rowan and Littlefield, 2015), p. 442.

33 한석표 (2013:31).

34 위의 자료, pp. 31-35.

째는 1961년 5.16 군사 쿠데타가 일어나면서 한국군 일부가 유엔군 사령관의 작전 통제권을 이탈한 행위가 발생한 것이었다. 그러자 1961년 5월 26일 한국과 미국은 국가재건최고회의와 UNC 공동 명의로 성명을 발표하고, 작전 통제권을 다시 유엔군 사령관에게 복귀시키기로 합의했다. 그 대신 한국군의 일부 부대는 한국의 작전 통제하에 두도록 하는 조치가 이루어졌다.

> (1) 국가재건회의는 유엔군 사령관에게 모든 한국군의 작전통제권이 복귀되었음을 밝히는 바이며 유엔군 사령관은 공산침략으로부터 한국을 방어함에 있어서만 그 작전통제권을 행사한다.
>
> (2) 유엔군 사령관은 현재 서울에 근무 중인 제1해병여단 및 제6군단 포병부대의 원대복귀를 지시한다. 이는 전에 수행하던 전방 방어의 군사력으로 복귀시키기 위함이다.
>
> (3) 유엔군 사령관은 제3965부대(제30예비사단), 제5918부대(제33예비사단), 제5200부대(1공수특전대) 그리고 전방으로부터 추가적인 5개 헌병 중대를 국가재건회의의 통제하에 둔다.[35]

두 번째 변화는 한국이 베트남에 전투 병력을 파병하면서 발생했다. 1965년 9월 6일 한국과 미국 사이에 약정서가 체결되면서 베트남에 파병된 한국군에 대해 유엔군 사령관의 작전 통제권에서 벗어나 베트남 주둔 한국군 사령관이 직접 작전 통제권을 행사하도록 조치한 것이다.

세 번째 변화는 1968년 1월 12일 북한 특수 부대가 청와대를 기습하고, 이어서 1월 23일 미국의 푸에블로 함정이 북한에 의해 나포된 사건이 일어나면서 발생하였다. 이 두 사건을 해결하는 과정에서 미국은 북한에 대해 유화적인 태도를 견지했고, 이것이 한국 정부로 하여금 자주 국방의 필요성을 각인시켰다. 이에 따라 미국은 한국 정부에

---

35 C. B. Magruder, "Telegram From the Commander in Chief, United Nations Command (Magruder) to the Chairman of the Joint Chiefs of Staff (Lemnitzer), in Paris," (25 May 1961), Document 223, Office of the Historian, Foreign Service Institute.

대한 군사 지원을 강화하는 한편, 1968년 한미 정상 회담에서 매년 국방 장관 회담을 개최하기로 합의했다. 이것이 후일 한미연례안보협의회Security Consultative Meeting, SCM의 효시가 되었다.

이처럼 한국군의 작전 통제권 행사 역량이 부분적, 점진적으로 강화되는 가운데 UNC에 대한 미국의 정책에도 수정이 이루어졌다. 이는 소위 '닉슨 독트린'에 의거한 주한 미군 7사단의 철수에 따른 변화였다. 1970년 10월 26일 워싱턴에서 한국과 미국은 주한 미군의 부분 감축으로 인해 발생한 문제들에 대해 검토한 결과를 발표했는데, UNC와 관련된 합의 내용은 다음과 같았다.

> 첫째, 한미 양국은 유엔군의 주력인 미군의 지속적인 주둔이 한반도 안보에 기여할 뿐만 아니라 한국에서의 적대행위 재발에 대한 효과적인 억지력을 제공하고,
> 둘째, 미국은 한국에 있는 유엔의 원칙과 목표 및 통합적·독립적·민주적인 한국의 설립을 달성하려는 유엔의 노력을 지속적으로 지원할 것이며,
> 셋째, 한국 전쟁 당시 한국에 병력을 제공한 16개국에 의한 1953년 7월 27일 합동선언의 준수를 재확인하였고,
> 넷째, 한국은 '유엔한국통일재건위원회(UNCURK)'와 UNC의 지속적인 주둔의 필요성을 강조하는 데 합의하였다."[36]

요약하면, 주한 미군 7사단의 철수에 따른 한국의 불안감을 해소하기 위해 한국과 미국 두 나라는 미국의 대한 방위 공약을 철저히 이행할 뿐 아니라 UNC의 필요성과 명분을 그대로 유지한다는 데 합의한 것이다.

시간이 흘러 2007년 11월, 한국과 미국 두 나라는 39차 한미안보협의회SCM에서 그동안 UNC가 담당해 온 정전 협정 유지의 관련 임무 대부분을 한국군에게 이양하기로 합

36 합의 사항은 총 8가지였으며, 이 중에서 UNC와 관련된 사항을 4가지로 요약했다. Rogers, "Telegram From the Department of State to the Embassy in Korea" (26 October 1970), Document 74, Office of the Historian, Foreign Service Institute.

의하였다. 그리고 이양 시기를 2012년 4월로 정하고, 이때부터 한국군이 비무장 지대 출입 승인과 전반적인 관리 임무를 수행하기로 했다. 다만 유엔 안보리에 한반도 상황을 정기적으로 보고하는 임무는 UNC에서 계속 수행하며, 행정 업무의 대부분은 한국군이 수행하는 일종의 분담 시스템이었다.

그에 앞서 2004년 11월, 한국과 미국은 JSA 경비 임무를 한국군이 수행하는 데에도 합의했다. 이 임무를 수행하기 위해 한국군은 경비대대 병력을 100명 이상 늘려 총 700명 규모로 창설했다. 그리고 미군 40여 명은 UNC 예하의 캠프 보니파스에서 잔류하며, 행정과 연락 임무를 수행하도록 조정했다.

3) 한국 전쟁의 정치경제

(1) 한국 전쟁에서 핵무기의 전술적 사용에 대한 군사적 검토

한국 전쟁에서 미국은 핵무기를 전술적으로 사용하는 문제를 검토했다. 작전명 '허드슨 하버Operation Hudson Harbor'라는 계획이 그것이었으며, 유사시 북한 지역과 중국, 구소련을 핵무기로 공격하는 계획도 세웠다. 이 사실은 이미 여러 경로를 통해서 확인된 사실이다. 하지만 결과적으로 미국은 핵무기를 사용하지 않았고, 그 이유에 대해서 연구한 자료들도 상당수 존재한다. 그 과정에서 트루먼 대통령과 맥아더 사령관 사이의 마찰도 있었는데, 군사적으로는 핵무기 옵션이 필요하다는 견해가 더 우세했다고 알려진다. 다만 최종 결정권은 대통령인 트루먼에게 있었으며, 그의 결정에 따라 핵무기 옵션은 실행에 옮겨지지 않았다.

이 대목에서 우리가 눈여겨봐야 할 사항은 당시 미국의 극동군 사령부에서 그에 관해 어떤 견해를 표명했는지의 여부다. 그 무렵 핵무기의 전술적 사용에 대해 검토한 쪽은 워싱턴의 미 육군성Department of Army이었다. 육군성에서 작성한 보고서의 제목은 『Tactical Employment of the Atomic Bomb in Korea』였고, 작성한 부서는 육군성의 군사 작전 연구실DA Office of Research Operations Group이었다. 1948년에 설립된 이 부서는 군인과 민간 전문가들이 참여하는 민군 융합 연구진으로 구성되었다. 육군성에서 주관한 해

당 보고서는 1951년 11월에 발간되었다.[37]

그러나 육군성이 핵무기의 전술적 사용에 관심을 가지고 연구를 시작한 때는 그보다 1년 전인 1950년 11월이었다. 시기적으로 볼 때 중공군이 압록강을 넘어서 본격적으로 참전한 것이 연구의 촉발 요인이었던 것으로 보인다. 워싱턴에서는 이를 기점으로 핵무기 사용 문제가 쟁점으로 부각되었다.[38] 육군성은 1950년 12월 13일 미 극동군 사령부로 발송하는 공문을 통해 극동군 사령부의 ORO^Office of Research Operations^에서 검토할 주제를 하달했다. 당시 검토 주제의 명칭은 'Emergency Use of Atomic Bomb in Close Support of Ground Forces in Korea'였다. 이에 대해 극동군 사령부의 ORO 책임자는 1950년 12월 19일까지 검토 보고서 작성을 완료하겠다고 응답했다.

GENERAL HEADQUARTERS

FAR EAST COMMAND

G-3 Section 13 December 1950

MEMORANDUM FOR : Chief of Staff

SUBJECT : ORO Study on "Emergency use of Atomic Bomb in Close Support of Ground Forces in Korea"

1. On 29 November Chief of Staff approval was granted for Operation Research Office^ORO^ FEC to make a study of the above subject. The director of ORO has advised G-3 that the study will be completed by 19 December 1950.[39]

---

37 G. C. Reinhardt, *Nuclear Weapons and Limited Warfare: A Sketchbook History* (Santa Monica: Rand Corporation, 1964), p. 5.

38 Roger Dingman, "Atomic Diplomacy during the Korean War," *International Security* 13-Winter (1988-1989), pp. 65-66.

39 General Headquarters, Far East Command, "ORO Study on Emergency Use of Atomic Bomb in Close Support of Ground Forces in Korea" (13 December 1950), National Archives and Records Administration.

극동군 사령부에서는 이 검토 보고서를 『ORO Study on the Tactical Use of the Atomic Bomb in Close Support of Ground Forces in Korea』라 불렀고, 줄여서 'ORO Study'라고 부르기도 했다. Research Operations는 연구 기법의 하나로서, 미 육군에서 이 기법을 광범위하게 적용한 것으로 알려졌다.

미 극동군 사령부에서는 ORO 검토 보고서가 나오면 이를 예하 각 참모부에 회람하여 코멘트를 받고, 다시 그것을 작전 참모부에서 종합하여 육군성으로 보낸다는 계획을 수립했다. 보고서에 대한 소견을 제시할 대상 참모부는 총 12개 부서였다.

극동군 사령부의 ORO팀에서 이 주제를 분석함에 있어 검토해야 할 사항으로는 작전적 측면에서 ① 핵무기 사용으로 한반도 전세에 결정타가 가해지는지, ② 핵무기 공격이 기술적으로 가능한지, ③ 핵무기의 필요 소요와 병참 조달이 가능한지, ④ 구체적인 계획을 어떻게 설정할 것인지의 여부 등이 제시됐다. 핵무기 공격 결정에 필요한 검토 사항으로는 ① 전세를 뒤집을 정도의 공격 용도, ② 적군의 공격을 저지하고 전선을 안정화시킬 정도의 방어 용도, ③ 유엔군의 완전 철수를 가정한 용도, ④ 적군을 괴멸시키는 용도 등 4가지가 제시됐다.[40]

그 후 극동군 사령부에서 작성한 검토 보고서가 육군성으로 발송되고, 육군성에서는 이를 반영하여 초안을 작성한 뒤 다시 극동군 사령부로 보낸 것으로 확인된다. 그리고 이 초안이 극동군 사령부로 발송된 것은 1950년 12월 정도로 추정된다. 극동군 사령부에서는 육군성에서 작성된 이 초안을 사령부 예하 각 참모부에 보내 코멘트를 제시하라는 지시를 하달하는데, 이 공문을 하달한 시점이 1950년 12월 23일경이었다. 소견 제시의 시한은 1951년 1월 2일로 한정했다.

이 지시를 받은 각 참모부와 예하 사령부에서는 보고서에 대한 소견을 제시하는 공문을 사령부로 발송한다. 그 시한이 1951년 1월 2일로 한정돼 있었으므로, 각 참모부에서 작성한 소견서는 대부분 이날자에 사령부로 발송되었다.

그렇다면 먼저 극동군 사령부 정보 참모부에서의 검토 소견부터 요약, 분석하기로

40 General Headquarters, Far East Command, "Emergency Use of Atomic Bomb in Close Support of Ground Forces in Korea" (29 November 1950), National Archives and Records Administration.

한다. 그들은 전체적으로 미국 육군성에서 검토한 핵무기의 전술적 사용에 대한 보고서 내용이 정보 분야에서 고려해야 할 사항들을 전혀 반영하지 않았다고 평가한다. 단지 핵무기 사용으로 얻게 될 효과에만 초점을 맞춘 채 전쟁 현장에서 작동하는 변수들에 대한 검토는 이루어지지 않았다는 것이다. 보다 구체적으로는 다음과 같은 문제점들을 지적하고 있다.[41]

… 전장 환경에서 적군의 위치와 수적 규모를 정확하게 파악할 수 있다고 가정하는 것은 가능하지도 않고, 합리적이지도 않다. 그런데 보고서에서는 이것이 전적으로 가능하다는 전제하에서 작전을 구상하므로 문제가 있다. 핵무기를 사용하려면 적어도 많은 규모의 적군이 포진되어 있는 정확한 위치가 파악되어야 한다는 뜻이다.

… 핵무기 공격의 타깃은 언제든 가변성이 있다. 현재의 정보 수집 역량을 최대한 가동하여 타깃을 확인한다 해도 이들 타깃은 언제든 바뀔 수 있다는 것을 감안해야 한다.

… 핵무기의 실제 사용에 필요한 준비 시간을 11시간으로 가정하는 것은 무리가 있다. 실제에서는 더 복잡한 과정이 작동하며, 시간적으로 더 많은 준비 시간을 필요로 한다.

… 전투 정보 역시도 정확성 측면에서 문제가 많다. 특히 소부대급의 부대 규모와 위치 파악은 불확실성이 더 많다고 봐야 한다.

다음은 1951년 1월 2일자로 작성된 미 극동군 사령부 소속 합동전략기획단Joint Strategic Planning and Operations Group, JSPOG의 소견서다. 이 부서에서는 결론과 권고 사항에 대해서만 소견을 제시한다는 전제하에서 다음과 같은 문제점들을 지적하고 있다.[42]

---

41 General Headquarters, Far East Command, "G-2 Comments on ORO Study: Tactical Employment of Atomic Bombing in Korea," (December 1950), National Archives and Records Administration.

42 R.C. Heflebower, "ORO Study on the Tactical Use of the Atomic Bomb" (2 January 1951), General Headquarters, Far East Command, National Archives and Records Administration.

…보고서의 내용은 핵무기의 효용성과 비용 문제에만 초점을 맞추고 있다. 핵무기를 전술적으로 사용하는 문제에 대한 경험적 자료가 부족하므로, 특히 한반도 상황에서 핵무기를 사용했을 때 어떤 효과가 예상되는지를 예단하기 위해서는 좀더 포괄적인 범위에서의 분석이 필요하다.

…합동전략기획단은 미국이 동원 가능한 핵무기의 규모를 알지 못한다. 이런 상황에서 군이 극동군 사령부에서 핵무기의 전술적 배치 소요를 제기한다면, 대략 120개 정도의 핵무기가 필요하다고 볼 수 있다. 하지만 전장 상황에서의 불확실성은 더 많은 핵무기가 동원될 수 있다는 것을 가정해야 한다. ORO 보고서는 이 측면을 고려하지 못하고 있다.[43]

…ORO 보고서에서도 전제한 것처럼 전장 상황에 대한 정확한 정보는 핵무기 사용 검토에 있어서 필수적인 선결 요건이다. 이 요건의 충족 상태를 먼저 확인하는 것이 급선무다.

…극동군 사령부 지역의 오키나와, 요코타에 핵무기 120개를 배치한다면 적군에게 공격 타깃이 될 가능성이 있다. 적군에게 아군의 핵무기 위치를 노출하는 것은 결코 좋은 선택이 아니다.[44]

JSPOG의 소견은 결론적으로 육군성의 검토 보고서에 대해 비관적이었다. 이 보고서에서 나오는 어떤 선택도 당장 시행해서는 안 된다는 소견을 낸 것이다. 그리고 그들은 보고서를 미래의 전략적 선택으로 고려할 수 있는 용도로 제한해야 한다는 소견도 덧붙였다.

한편 극동군 사령부 예하 화학 참모부도 다음과 같은 소견을 피력했다.

…미국의 화생 무기 전담 부대는 방어 용도의 전투에만 주력하게 되어 있다. 육군성의 핵무기 전술적 사용 보고서는 공격 용도의 전투를 상정하고 있으므로 원래의 주어진 임무와 배치된다. 또한 적군이 핵무기를 사용했을 때의 방어용 전투 상황을 가정해야 하는데, 보고

43 위의 자료.
44 위의 자료.

서는 이 상황을 배제하고 있다는 게 문제다.[45]

…핵무기를 투하했을 때 피해를 입을 위험 지역의 산정이 너무 최소 수준으로 잡혀 있다. 핵무기 폭발이 예정된 타깃에서 벗어날 위험성도 고려해야 하므로 폭발 지역에서 최대 6,500야드 정도를 위험 지역으로 산정해야 한다. 검토 보고서는 이 기준을 심각하게 고려하지 않고 있다.

…유엔군의 조직과 훈련, 장비 등의 측면에서 핵무기 폭발에 따른 방어 조치가 전혀 마련되지 않고 있다. 이와 관련하여 유엔군에 방사능 탐지 장비 등이 확대 보급되어야 한다. 보급되어야 할 보호 장비 소요는 약 7,000개 정도로 집계된다.

그에 비해 공병 참모부의 소견은 전반적으로 핵무기의 전술적 사용에 대해 긍정적이다. 재래식 무기보다 훨씬 큰 피해를 적군에게 가할 수 있다는 점에서는 동의하지만, 수반되는 위험 요인과 공병 분야 소요가 증가한다는 점에 유의할 필요가 있다는 소견을 제시한다. 구체적인 소견은 다음과 같다.

…방어 목적 이외의 공격 목적으로 핵무기를 사용하는 경우에 대비한 아군의 훈련과 준비 태세가 부족하다.

…핵탄두의 소형화와 포병 사격으로 핵무기 투발이 가능한 기술 개발이 진척되어야 한다.

…한강 다리를 폭파시키는 용도의 공격에서는 핵무기의 유용성이 확인된다. 이를 위해서는 핵폭탄의 관통력이 필수적으로 확보되어야 한다.

…전체적으로 핵무기 공격을 시행하는 경우 공병 분야에서 많은 소요가 제기될 것으로 보인다. 예상 위험 지역으로부터의 철수 및 피해 복구 과정에서의 소요가 증가할 것이기 때문이다.

다음은 의무 참모부의 소견이다. 의무팀의 소견도 대체로 긍정적이다. 다만 핵무기 공격으로 인한 민간인 피해가 예상되므로 공중보건과 복지 분야Public Health and Welfare

45 Colonel King, "ORO Study on Tactical Use of the Atomic Bomb," (31 December 1950), National Archives and Records Administration.

Section 참모부에 검토 보고서를 회람하여 소견을 들어야 한다고 권고하고 있다.

…핵무기 공격이 수반하는 문제점에는 공중보건 문제가 포함되어야 하는데, 검토 보고서가 이 분야 참모부에는 회람되지 않았다. 이것은 문제라고 본다. 특히 민간인 피해가 예상되므로 더욱 더 중요하게 반영되어야 한다.

…의무팀의 시각에서 보면 핵무기 공격으로 아군, 특히 미군의 희생자가 줄어들 것은 확실시된다. 이 측면에서 핵무기는 전술적으로나 전략적으로 이점이 있는 것은 사실이다.[46]

다음은 병참부대 소견으로, 그들은 우선 핵폭탄이 조달되어야 한다는 점을 강조한다. 이 말은 극동군 사령부에 전술적으로 사용할 핵폭탄이 아직 비축되어 있지 않다는 것을 의미한다. 또한 핵무기의 전략적 효과에 대해 강조하는 대목이 눈길을 끈다. 어차피 핵폭탄을 사용하면 그 효과는 재래식 무기보다 훨씬 크기 때문에, 그런 효과를 극대화하기 위해서는 전술적 용도보다 전략적 용도와 반드시 연계하는 것이 좋다는 견해다. 이 견해는 병참부대 참모진에서 제기할 수 있는 수준 이상의 전문적 소견이다. 정치, 외교, 전략 등 거시적 수준에서의 목표와 연계하여 사용하는 것이 좋다는 견해를 피력한 것이다.

…먼저 핵폭탄이 전술적으로 사용되도록 비축되어야 한다.

…육군성 검토 보고서에서는 핵폭탄 투발이 포병이 보유한 핵미사일을 수단으로 시행된다는 것을 전제로 하는데, 이를 위해서는 그것을 가능하게 하는 포병 미사일 혁신이 우선적으로 추진되어야 한다.

…핵무기 공격의 효과를 극대화하기 위해서는 미국이 추구하는 전략적 목적과 연계하여 이행될 필요가 있다. 너무 성급하게 핵무기를 사용하는 경우에는 효과 극대화에 지장이 초래될 가능성이 있다. 핵무기 효과는 전술적 목적 그 이상의 전략적 효과를 수반한다는 점에

---

46 Major Behrens, "ORO Study on Tactical Use of the Atomic Bomb," General Headquarters, Far East Command (30 December 1950), National Archives and Records Administration.

유의해야 한다.

또 다음은 극동군 사령부 작전 참모부 계획부서G-3; Plans Division에서 제시한 소견이다. 요약하면 그들은 전투 현장에서 핵폭탄을 투하하는 문제에 대하여 회의적인 시각을 드러낸다. 전투 현장에서 폭탄을 투하하기 위한 준비 태세 측면에서 불확실성이 존재하고, 핵폭탄을 투하한 이후 특히 핵무기와 화생 무기를 동원한 구소련의 보복 역량을 간과해서는 안된다는 논리다.

…핵무기 공격에 필요한 준비 시간을 11시간으로 상정한 부분에 대해 이의를 제기한다. 군이 11시간의 준비 시간을 상정해야 하는 이유가 분명치 않다. 이것이 설득력을 가지려면 재래식 폭탄 투하에도 같은 준비 시간이 필요해야 하는데, 실제로는 그렇지 않다. 핵폭탄 투하에만 유독 11시간의 준비 시간을 상정한 특별한 이유가 석연치 않다.

…소련의 보복 공격 역량에 대한 검토가 이루어지지 않았다. 소련의 핵무기와 화생 무기 보복 역량에 대한 검토가 필수적이다.[47]

작전 참모부 작전부서G-3; Operations Division의 소견은 구체적이면서도 전문적이다. 핵무기 공격 여부를 책임있게 검토해야 할 주무 부서이기 때문이다. 핵무기가 왜 필요한지, 필요하다면 어떻게 적용해야 하는지, 만일 핵무기 공격을 감행한다면 그 후속 조치는 어떠해야 하는지 등 매우 긴요한 사항에 대해 비교적 상세하게 소견을 제시하고 있다.

…핵무기를 전술적인 용도로 한반도 전쟁에서 사용한다면 혹시 발생할지도 모를 전략적 위협에 대한 대응에 문제가 발생할 수도 있다. 육군성의 검토 보고서는 이 부분에 대한 분석 내용이 빠져 있다.

---

47 Devere Armstrong, "Comments on ORO Report: Tactical Employment of the Atomic Bomb in Korea," General Headquarters, Far East Command G-3 Plans Division (28 December 1950), National Archives and Records Administration.

…전투 현장에서 적군의 전술적 행태가 핵무기 사용에 유리한 조건을 부여하지 않는 것 같다. 실제 전투 현장에서는 소련군의 병력 집중 전술이 나타나지 않으므로 핵폭탄의 유효성이 떨어진다. 주간에 적군이 주민들과 섞여 있는 행태 역시 핵폭탄 투하에 유리한 조건이 아니라고 본다.

…항공기를 이용한 핵폭탄 투하 역시 문제점으로 지목된다. 정보 분야에서 공격 목표를 정확히 분별한다고 해도 현재의 항공기 역량으로 볼 때 정확성을 담보하기 어렵고, 이렇게 되면 아군의 피해도 상당 수준 감내해야 한다.

…적군의 보복 역량 역시 고려해야 한다. 핵무기와 화생 무기를 통한 보복이 이루어지는 것에 대한 검토가 반드시 포함되어야 한다.

…한반도는 핵무기를 투하해야 할 전략적 지역이 아니다. 핵무기를 여기에 소진한다면, 아시아 지역에서의 소련과의 전략적 충돌에서 미국이 우세를 장담하기 어렵게 된다.

…한국은 핵무기의 전술적 사용 가능성을 시험할 수 있는 좋은 조건을 형성한다. 하지만 그런 시도는 어디까지나 실험적 용도로 그쳐야지, 전세를 바꿀 수 있을 정도의 결정타로 활용되어서는 안 된다. 전술적으로 중요한 한두 개 정도의 타깃에 대한 선별적 타격으로 제한되어야 한다는 뜻이다.

…육군성 검토 보고서에서는 핵무기 공격으로 인한 예상 피해 규모를 평지를 기준으로 산출하고 있다. 하지만 한반도의 지형은 평지가 아니라 산악 지형이 대부분이다. 그러므로 가정 자체가 잘못되어 있다.[48]

…보고서에서는 극동군 사령부의 정보 참모부에서 매일 평균 두 개 혹은 그 이상의 공격 타깃을 파악하고 있으며, 이들 타깃은 2,000명 이상의 적군이 운집해 있는 곳이라고 한다. 이들 타깃이 핵무기로 공격 가능할 정도로 정확도가 높은지 의문이다.

…보고서는 핵무기 공격의 필요성을 결정적인 행동이 필요한 상황으로 가정한다. 이 말은 한반도 전쟁의 전세를 뒤바꿀 정도의 파괴력을 의미하는 것인지, 또는 핵무기 공격으로 유엔군이 공세적 주도권을 확보한다는 의미인지 불분명하다.

---

48 T. A. Seely, "Memorandum for Operations Division, G-3," General Headquarters, Far East Command G-3 Training (1 January 1951), National Archives and Records Administration.

…미국이 핵무기를 사용하는 경우 중국과 소련의 대응 행동에 대한 검토가 이루어지지 않았다. 중국의 핵무기 운용 여부는 어떻게 되는 것인지, 소련이 한반도 전쟁에 본격 개입할 가능성은 어떻게 되는지와 같은 문제들에 대한 검토가 없다.

다음으로는 주한 미8군 사령부에서의 검토 소견이다. 여기엔 전투 현장을 책임지고 있는 부대의 입장에서는 핵무기 공격이 필요하다는 적극적인 자세가 드러난다. 특히 수적으로 우세한 중공군을 꺾기 위해서는 핵무기 공격이 인정된다는 소견을 피력하고 있다. 특이한 대목은 군단급 규모의 부대인 미8군 사령부 입장에서는 자신들이 재래식 전투에 주력하고 있는 상황에서 정작 전략적 판단이 필요한 핵무기 사용 여부에 대해 검토할 위치에 있지 않다는 점을 앞세우고 있다는 사실이다. 말하자면 극동군 사령부나 육군성, 국방부 정도의 수준에서 이 문제를 검토해야 한다는 전제를 내세우고 있는 것이다.

하지만 내면적으로는 한반도 전투에서의 피로도가 증가한 상태이므로 핵무기를 사용해서라도 전세를 역전시키고, 전쟁을 종식시키는 것이 급선무라는 인식이 깔려 있다. 특히 중공군으로부터의 위협이 매우 강하다는 인식도 드러난다. 중공군에 대항하기 위해서라면 핵무기 사용도 기꺼이 수용하겠다는 자세가 역력히 드러나 있는 것이다.

…우리 사령부는 핵무기의 전술적 사용 문제와 관련해 핵무기의 유용성이나 핵무기 가용 여부, 실제로 운반 가능한지 여부에 대해서는 소견을 제시할 입장에 있지 못하다.
…하지만 사령부 차원에서의 판단으로는 핵무기가 사용되면 전방 지역 방어선에서의 병력의 수적 열세를 만회할 수 있다고 본다. 또한 핵무기가 대규모로 동원되면, 특히 중공군의 전투 의지를 꺾을 수 있는 계기를 부여할 것이다.[49]

그 다음은 극동군 사령부 예하 10군단의 소견이다. 그들은 한반도 전투를 이끌고 있는 전방 부대의 입장에서 핵무기의 전술적 운용에 찬성하는 입장이었다. 다만 중국 본

---

49 C. A. Barnes, "ORO Study on Tactical Employment of the Atomic Bomb," Headquarters, Eighth U.S. Army Korea (22 December 1950), AG 471.6 KGO, National Archives and Records Administration.

토와 만주 지역에서 더이상 병력이 증원되는 것을 방지하기 위한 목적, 전투 지역에서 적군을 퇴각시키기 위한 목적에서 볼 때 핵무기 투입은 필요하다는 소견이다.

…핵무기를 사용한다면 전적으로 적군 지역으로 한정되어야 한다. 특히 중국과 만주 지역에서 한반도로 투입되는 병력을 최소화하는 목적이어야 한다.

…핵무기 공격에 필요한 병참 측면의 지원과 전투 병력 동원은 충분하다고 본다. 특히 아군이 공세로 돌아서서 적군을 퇴각시키고 전쟁을 종식시키기 위해서는 핵무기 투입이 필요하다고 판단된다.

다음은 극동군 공군 사령부의 소견이다. 공군에서는 핵무기 투입이 이루어질 경우 항공기를 활용할 것에 대비한 준비가 진척되고 있음을 암시하고 있다. 다만 핵무기 투입에 필요한 과정상의 요건들을 충족하기 위한 준비가 별도로 필요하다는 입장을 제시하는 한편, 핵무기 투입을 용이하게 만들기 위한 군사 조직과 지휘 구조상의 개편은 불필요하다는 입장을 제시한다. 한마디로 현재의 군사 조직 구조하에서도 핵무기의 전술적 운용은 가능하며, 다만 성공 가능성을 높이고 효과를 극대화하기 위한 과정상의 조치들은 별도의 준비를 통해 충족할 수 있다는 소견을 피력한 것이다.

…육군성의 보고서는 전체적으로 유용하다. 특히 핵무기의 운용에 관해서 충실한 분석이 이루어졌다고 본다.

…핵무기를 전장에서 운용하는 문제는 재래식 무기와는 다른 관점에서 검토되어야 한다. 실제로 그것을 사용하는 경우에는 기술적, 운용적 요건들이 충족되어야 한다. 특히 정확한 타깃의 식별과 공격의 신속성이 매우 중요하다. 한반도의 전장 환경에서는 이 요건들의 불확실성이 비교적 높다.[50]

…보고서는 핵무기 투입에 필요한 과정상의 시간을 줄이기 위해 조직 편성과 지휘 구조의 개

---

50 E. E. Toro, "ORO Study on Tactical Employment of the Atomic Bomb," Headquarters, Far East Air Forces (1 January 1951), OP-PL, National Archives and Records Administration.

편이 필요하다고 본다. 이 부분은 매우 중요하고, 더 상세한 연구가 필요하다. 하지만 한반도에서 핵무기를 전술적으로 사용하는 경우에는 현재의 조직과 지휘 구조가 그대로 유지되는 것이 타당하다. 현재 극동군 공군은 적군의 타깃을 식별함에 있어서 지상군과 긴밀한 협조 체제가 구축되어 있다. 만일 이 체제를 개편한다면 혼란이 유발될 수도 있다.

…현재 공군성 대표단이 이러한 전략적 과제들을 검토하기 위해 극동군 공군 사령부에 파견되어 있다. 이들에게도 육군성의 검토 보고서를 회람해줄 것을 건의한다.

극동군 사령부에서는 이와 같은 예하 참모 부서와 전방 부대의 소견을 집약하여 육군성으로 발송했다. 1951년 1월 23일에 소견들을 집약한 부서는 극동군 사령부의 ORO 팀이었다. 전체적으로 보면 핵무기 투입을 결정하기 전에 기술적 문제들이 해소되어야 한다는 점, 그리고 정치 및 전략적 목적에 대해서는 극동군 사령부 이상의 수준에서 검토되어야 한다는 전제를 달았다. 특히 핵무기 가용 수준이 어느 정도인지에 대한 정보는 극동군 차원에서 획득되지 못하고 있다는 단서도 함께 추가했다.[51]

이로써 당시 극동군 사령부에서는 미국이 보유한 핵무기 총량이 얼마인지, 전술적 용도로 사용할 핵폭탄이 실제로 가용한지 여부에 대해서는 인지하지 못하고 있음이 드러난다. 이는 핵무기가 군사적 차원 이상의 수준에서 관리되고 있었다는 것을 증명한다. 즉 국방부나 대통령의 통치 차원에서 관리되고 있었다는 뜻이다. 국방부는 문민 통제라는 개념에서 군사 조직의 일부라기보다는 문민 대통령의 참모 조직이므로, 이는 또한 정치와 군사가 완전 분리되고 있음을 보여준다. 핵무기는 정치적 수단이지, 군사적 수단이 아니라고 말할 수 있는 대목인 것이다. 다만 핵무기 투입이 필요하다고 통치권 차원에서 인식한다면, 먼저 군사 조직에 실행 가능성을 검토하라고 주문하고, 실행에 따른 변수들과 조건들이 충족되도록 여건을 허용한 후, 통치권 차원에서 최종 결심하는 그런 과정을 거치게 된다는 것을 보여준다.

당시 극동군 사령부 차원에서는 핵무기의 성능과 수량을 알지 못한 채 실행 가능성

51 Doyle O. Hickey, "Tactical Employment of the Atomic Bomb in Korea," General Headquarters, Far East Command (23 January 1951), AG 471.6 GC-0, National Archives and Records Administration.

을 검토했으므로, “만일 미국이 보유한 핵무기가 전술적으로 사용 가능하다면”이라는 전제에서 소견을 제시했다. 문제는 이 보고서를 작성한 육군성의 연구팀, 다시 말해 ORO 팀에서는 미국이 보유한 핵무기의 성능과 수량을 정확히 인지했느냐의 여부다. 추정컨대 이 연구팀에서는 그러한 정보를 인지했다고 본다. 미국이 보유한 핵탄두가 일정 수준 소형화에 성공했다고 추정되는 것이다. 일본에 투하된 핵무기가 전략적 목적으로 사용되었다면 한반도에 투입될 핵무기는 그와는 달라야 한다는 점에 비춰볼 때, 이는 불과 5-6년 사이에 미국의 핵폭탄이 상당 수준 개량화에 성공했다는 뜻이 된다. 이 문제는 다른 증거 자료를 통해 확실히 규명되어야 할 것으로 보인다.

아무튼 극동군 사령부에서 소견을 집약하여 육군성으로 발송한 문서의 내용은 다음과 같다.

…핵무기를 공격용으로 투입하기 위해서는 이를 주도하는 전투 병력이 필요하다. 그래야 효과를 극대화할 수 있다. 너무 성급하게 실행하는 경우에는 기습 효과가 반감될 가능성이 있다. 또한 육군성의 보고서는 핵무기를 평지에 투입하는 상황을 가정하고 있는데, 한반도의 지형적 조건은 산악과 구릉 지역이 대부분이다.[52]

…핵무기로 공격 가능한 타깃의 정확성이 담보되어야 하지만, 현재의 정보 역량으로는 이 요건의 충족을 보장하기 어렵다.

…검토 보고서는 핵무기의 실제 투하에 필요한 시간을 11시간으로 잡고 있으나, 이 정도의 시간으로는 불가하다. 11시간으로 가능하다는 판단은 검증되지 않은 초안에 불과하다.

…검토 보고서에서 제시한 핵무기 공격 타깃은 정보 측면에서 불확실성을 지니고 있으며, 보고서 내용은 이런 타깃들이 파괴된다는 것을 전제로 삼으면서 효과 극대화에만 초점을 맞추고 있다.[53]

…핵무기 투하는 재래식 폭탄보다 훨씬 많은 고려 사항들에 대한 검토가 필요하다. 미군의

---

52 General Headquarters, Far East Command, “Problems involved in the tactical employment of the atomic bomb in Korea” (January 1951), National Archives and Records Administration.

53 위의 자료.

전략 공군과 공군 사령부는 이런 검토 사항들에 대해 준비하고 있으며, 장애 요소들을 최소화하는 데 주력하고 있다.

…적군의 핵무기 피해자 처치와 철수 대책, 민간인 피해자에 대한 보호 대책을 유엔군 책임하에 수행할 준비가 필요하다.

…방사능 탐지 및 보호 장비 확보가 필요하다. 한국 전장에 투입된 유엔군 조직은 이 요건을 갖추지 못하고 있다. 핵무기 투하 이전에 이 요건이 충족되어야 한다.[54]

이상이 극동군 사령부에서 육군성으로 발송한 공문에 포함된 소견서의 내용이다. 그런데 극동군 사령부에서는 예하 참모부에 지시하여 소견을 접수한 내용 중에서 공병 분야의 소견은 제외시킨 것으로 보인다. 당초 공병 분야의 소견에는 핵무기 공격 후 적군의 보복 공격이 이루어지는 경우 공병 분야에서 복구 작업에 많은 소요가 제기될 것을 감안해야 한다는 의견을 피력했다. 하지만 극동군 사령부 ORO 팀에서는 이 소견이 다른 소견에 비해 비중이 낮다고 판단한 것으로 보인다.

아무튼 결과적으로 이 계획은 실행에 옮겨지지 않았다. 그 이유와 배경에 대해서는 별도의 연구가 필요하고, 이 문제를 분석한 연구 결과물들이 나와 있다. 어쨌든 당시 대통령과 국방부, 안보 전문가들, 정치권 등에서 조율된 최종 결정은 핵무기를 투입하지 않는다는 것이었다.

당시의 정책 결정 과정에 관해 우리에게 알려진 사실은, 극동군 사령관 맥아더 장군은 핵무기 투입을 원한 반면 트루먼 대통령은 이에 반대했다는 것이다. 이러한 사실은 사료 분석을 통해 어느 정도 검증된 것으로 알려져 있다.

그런데 이번의 문서 조사를 통해서는 다음과 같은 새로운 사실들을 확인할 수 있었다.

우선 극동군 사령부 예하 참모 부서의 소견을 보면 전반적인 맥락이 핵무기 투입에 신중해야 한다는 쪽으로 기울어진다. 특히 정보 분야에서의 부정적인 소견이 가장 압도적인데, 공격 타깃 식별의 부정확성을 제일 큰 이유로 내세우고 있다. 자칫 오폭의 위험

---

54 위의 자료.

성과 효과 측면에서의 문제점을 지적한 것이다. 또한 육군성 보고서의 가정과 전제에서의 오류를 지적하는 대목도 눈길을 끈다. 검토 보고서는 평지에서의 효과 극대화를 전제로 삼고 있으나 한반도 지형은 산악이 대부분이라는 점, 그리고 일본과는 달리 한반도에서는 핵무기의 전술적 운용을 전제로 삼고 있으나 이는 실험적 측면이 강하므로 그 피해 규모가 얼마나 발생하게 될 지 예단하기 어렵다는 점이 문제라고 지적한다. 또한 미군과 유엔군이 핵무기 공격에 대비한 준비가 전혀 되어 있지 않다는 점도 큰 문제점으로 부각되고 있다. 예컨대 방사능 탐지나 보호 장비 등이 구비되어 있지 않기에 핵무기 공격을 서둘러서는 안 된다고 지적한 것이다.

한반도에 투입된 전투 부대의 소견은 대체로 핵무기 투입이 필요하다면 찬성한다는 소견이 지배적이었다. 특히 중국과 만주 지역에 투하한다면 유엔군의 병력 열세 문제가 해결되고, 중공군의 전투 의지가 꺾일 가능성이 있다고 판단했다. 이를 통해서 당시 유엔군 전투 부대가 중공군의 수적 우세에 얼마나 위협을 느끼고 있었는지를 알 수 있다.

중국과 구소련에 의한 보복 공격의 위험성을 지적한 소견 역시 주목을 끈다. 특히 구소련이 핵실험을 통해 핵무기 개발에 성공했다고 알려져 있었기에 그들의 지원을 받는 핵무기 보복 공격의 위험성도 감안해야 한다는 소견이 피력됐다. 중국과 구소련이 보복 공격을 가할 경우 비단 핵무기뿐만 아니라 화생 무기 공격의 위험까지도 감안해야 되는 상황이었으므로, 미국이 핵폭탄을 투하한다면 그에 상응한 물리적 보복의 위험도 우려해야 한다는 지적은 지극히 타당해 보인다.결론적으로 극동군 사령부 참모 부서들의 소견을 집약하면, 미국의 핵무기 공격은 이루어지기 어렵다는 느낌을 받게 된다. 물론 정치, 안보적 측면에서도 부정적 소견이 지배적이었다고 알려져 있지만, 정작 극동군 사령부 차원에서도 참모 소견은 부정적인 견해가 지배적이었다는 사실이 확인된다. 그러나 만일 극동군 사령부 차원에서의 소견이 핵무기 투입에 적극적이었다면, 과연 어떤 상황이 전개되었을까? 이는 여전히 의문이 남는 대목이 아닐 수 없다.

(2) 북한의 선전 선동 전술

북한이 선전 선동에 능숙하다는 점은 익히 알려진 사실이다. 그리고 굳이 그 이유를 말한다면 공산주의 이데올로기에서 그 뿌리를 찾아야 할 것이다. 그것은 초기 자본주의 체제나 전근대적 왕조 체제를 무너뜨리기 위해 만들어진 이데올로기였기에 사람들을 계몽시켜 체제 전복의 원동력으로 삼을 필요가 있었던 것이다.

하지만 공산주의 혁명은 러시아와 중국, 북한에서 성공을 거뒀지만, 혁명 이후의 사회주의 체제 구축에서 정권 교체의 딜레마에 빠졌다. 그리고 그 후유증으로 공산당 독재, 장기 집권, 권력 투쟁, 숙청, 정치범 수용소 같은 산물들이 남았다. 이 대목에서 우리는 이데올로기의 허상을 본다. 어떤 정치 이데올로기든 간에 공통적인 지향점으로 삼는 것이 민주주의, 인권, 복지 같은 소위 '사람 사는 세상'이란 구호다. 하지만 구호는 구호일 뿐 현실에서는 기득권 세력의 형성과 그들의 대물림이 계속된다. 어떤 이데올로기, 어떤 정치 체제든 이 현상을 피해가기란 어렵다. 이런 이유 때문에 이데올로기의 시대는 끝났다는 주장이 나오고, 그 자리를 국가와 민족, 복지 국가, 세계화 등의 구호가 메우는 형국이 되었다.

이제 지구상에서 사회주의 국가를 지향하는 나라는 중국, 베트남, 북한 정도로 줄었다. 그나마 중국과 베트남은 정치와 경제를 분리하는 변이적 사회주의 국가 체제로 돌아섰고, 유일하게 북한만이 구호상의 '사회주의' 국가를 지향할 뿐이다. 그러나 말이 사회주의지, 북한의 실상은 전근대적 봉건 체제보다 더 폭압적인 왕조 국가로 퇴행했다. 정치학적으로도 북한의 국가 체제를 명명하기 어려운 변종 국가로 분류해야 할 정도다.

문제는 이런 북한이 한반도에서 국가 체제를 유지하고, 더 나아가 한반도 통일의 주체가 되어야 한다고 주장하는 당위성의 근거를 어디서 찾고 있느냐 하는 점이다. 북한이 변종 국가 혹은 '실패한 국가'로 전락한 마당에도 한국과 세계를 향해 투쟁 의지를 불사르는 행위가 어떻게 계속되고 있느냐 하는 점은 여전히 의문점이다. 그들이 원래 지향하던 공산주의 이념은 이미 사라진 지 오래다. 북한은 그 자리를 주체 사상으로 대치했고, 일인 독재를 '백두 혈통' 정권으로 메웠다. 전통적인 사회주의 우방들도 거의 사라졌다. 그런데도 국가를 유지하고 체제 생존을 이어가는 비법은 어디서 나오는 걸까?

그 해답은 바로 '자주'와 '통일'이라는 구호에 있다. 한반도에서 외세를 배격하고 자주적으로 통일을 실현해야 한다는 주장이 바로 변종 국가 체제를 구축하고 유지하는 비법이다. 이는 오늘의 북한이 내외적으로 전략과 정책을 추진하는 데 바탕이 되는 노선이기도 하다. 그리고 이 노선을 굳건히 다지기 위한 전술이 바로 '선전 선동'이다. 그런데 놀라운 사실은 북한의 선전 선동 전술이 혁명 이후부터 지금까지 하나도 바뀌지 않았다는 것이다. 과거에도 그랬지만 지금도 외세를 배격하고 통일을 이루어나가야 한다는 주장에는 변화가 없다. 사회주의 노선을 지향하던 초기의 북한이나 변종 국가로 전락한 오늘의 북한에서도 '자주'와 '통일'은 일관된 선전 선동 구호로 지속되고 있다.

물론 사회주의 국가 건설 초기의 북한에서 '자주'와 '통일'이 선전 선동 구호였다는 사실을 증명해주는 자료도 존재한다. 한국 전쟁이 한창이던 1951년 2월 1일 주한 미8군 사령부에서 발간한 『한국에 대한 북한의 선전North Korean Propaganda to South Koreans; Civilian and Military』이라는 보고서가 바로 그것이다. 이 보고서의 작성자는 바튼Fred H. Barton이란 학자로, 존스 홉킨스 대학 교수였던 걸로 추정된다. 그는 미국 육군성의 요청에 따라 한국 전쟁 현장을 방문하고, 관련 자료를 수집하여 해당 보고서를 작성한 것으로 보인다.[55]

285페이지 분량의 이 보고서를 읽다 보면, 자연스레 한 가지 의문이 생겨난다. 한반도에서 전쟁이 터진 지 불과 7개월이 지난 시점에서 미국이 북한의 선전 선동 전술에 대해 이토록 정확하게 파악할 수 있었던 비결이 무엇이었을까 하는 것이다. 그에 관해서는 물론 미국의 정보 역량에도 찬사를 보내야 하겠지만, 그보다는 당시 북한이 얼마나 집요하게 선전 선동에 매달렸는가를 여실히 보여주는 대목이라 평가해야 할 것 같다. 다른 전쟁에서와는 달리 한반도에서 북한이 통일 전쟁에 주력할 당시에 심리적으로 미국과 한국을 얼마나 괴롭혔는지를 체감할 수 있는 것이다. 아마도 미국은 북한이 펼치는 심리전이 아주 특별하다고 파악했을 것이고, 그래서 민간 전문가에게 이 부분에 관한 분석을 맡겨 대응해야겠다고 판단했을 것이다.

이와 같이 미군 수뇌부는 전쟁을 수행하면서도 외부의 민간 전문가를 적극 활용하는 모습을 보여준다. 포로 수용소에서 포로 교육을 시행할 때 민간 전문가를 초치하여 교

55 Fred H. Barton, "North Korean Propaganda to South Koreans (Civilian and Military)," Operations Research Office Far East Command, Technical Memorandum ORO-T-10 (EUSAK) (1 February 1951), National Archives and Records Administration.

육을 맡기는가 하면, 전쟁 수행에서 특별한 대목이 관찰될 경우 이를 분석하는 일을 민간 전문가에게 의뢰하기도 한다. 북한의 선전 선동 전술을 분석하기 위해 민간 전문가에게 과제를 위촉한 것도 그 같은 맥락에서였다.

그렇다면 지금부터는 요약 부분에 초점을 맞추어 해당 보고서의 내용을 정리해보기로 한다. 우선 보고서에서는 적군을 북한군으로 한정했다고 밝히고 있다. 중국군은 분석 대상에서 제외했다는 것이다. 그 이유는 구체적으로 밝히지 않고 있지만, 선전 선동 전술은 대체로 북한군이 주도했기 때문이라고 추정되는 대목이다.

다음으로 조사팀에서 확인한 사실들을 정리하면 아래와 같다.

- 북한군은 때와 장소를 막론하고 선전 선동에 주력하며, 그 대상은 한국군과 주민들이다.
- 북한군에는 일상적으로 수행하는 심리전 이외에 전문적으로 선전 선동을 펼치는 부대가 따로 있다. 이들은 한국 영토 내에서 활동하는 게릴라 부대들이다.
- 북한군은 한국군을 상대로 할 때 유엔군과는 분리된 전술을 구사한다. 유엔군에게는 공산주의 선전 선동 전술을 적용하지만, 한국군에게는 다른 전술로 접근한다.
- 북한군의 선전 콘텐츠에서는 유엔군에 참전하는 나라들이 소수라는 사실을 상기시키고, 한국을 지원하는 유엔의 노선에 대한 정당성을 퇴색시키며, 참전하지 않는 나라들의 영향력을 고려하여 참전국만을 대상으로 선전 선동 전술을 국한시키는 특성을 보인다. 특히 유엔군 중에서도 미국이 주요 공격 타깃이다.

그리고 다음은 보고서에서 분석한 결과와 검토가 필요한 대목을 제시한 내용이다.

… 북한이 한국을 대상으로 펼치는 선전 선동 구호의 핵심 메시지는 민족주의, 다시 말해서 '조국 통일'이다. 그러므로 외세는 누구를 막론하고 걸림돌이다.

이 대목은 북한의 치밀함이 엿보이는 부분이다. 공산주의나 사회주의 이데올로기를 부각시키는 것이 아니라 자주적 통일을 노선으로 지향한다는 점이 그렇다. 당시의 상황에 미루어 볼 때 남북한 주민들은 이데올로기의 실체에 대해서도 잘 인지하지 못하고 있었기 때문에 오로지 통일의 당위성을 앞세우는 구호를 전면에 내세운 것이다. 사회주의 국가 건설에 실패한 오늘의 북한 체제가 한국민들을 상대로 선전 선동 전술을 구사하는 이유도 바로 그런 것이다. 외세를 배격한 상태에서의 자주 통일을 내세우는 한, 한국민들이 그에 동조할 가능성이 있다고 믿기 때문이다. 자주 통일이 그 어떤 가치나 이념보다 우선한다는 신념을 가지고 체제도 유지하면서 한국보다 우월하다는 믿음을 버리지 않는 것이다.

…이승만 정권에 대한 국민의 지지도는 대체로 낮은 편이다. 경찰 국가로서의 특성이 강하고, 주민들에 대한 신뢰도 상실한 상태다.

…한국 국민들은 전쟁으로 고통스러워하며, 두려움에 처해 있다. 그러므로 북한의 선전 선동 전술에 매우 취약한 상태로 노출되어 있다. 동맹국들이 도와주기 위해 와 있지만, 이들 주민들의 마음을 얻기 위한 방책들이 강구되지 못하고 있다. 한국의 지방 정부들 역시 국민들의 신뢰를 얻지 못하고 있다.

…북한의 선전 선동 전술은 미국의 군사 정책에 심각한 걸림돌로 부각되고 있다. 유엔군과 한국 주민들을 패닉 상태로 몰아넣고 있기 때문이다.

실제로 당시 미군은 북한의 선전 선동 전술에 큰 충격을 받은 것으로 보인다. 이런 전술은 사실상 처음 접하는 것이었므로, 단순한 심리전의 수준을 뛰어넘는 북한의 정치 전략을 큰 위협으로 인식했던 것이다.

그와 같은 인식을 바탕으로 보고서가 내린 결론은 다음과 같았다.

우선 북한군의 선전 선동 전술이 특히 한국의 주민들에게 파급 효과가 크다는 사실을 강조한다. 이는 북한의 전술이 은밀하게 추진되는 데다 북한군이 선동과 유언비어 확산, 게릴라 전법 등에 능하기 때문이었다. 하지만 한국군을 상대로 추진하는 북한군의 심리전은 대체로 실패한 것으로 평가하고 있다.

또한 보고서는 북한군의 선전 기법이 추상적이거나 황당한 사건을 퍼뜨리는 것이 아니라, 좀 더 사실적인 사건을 부각시키는 데 주력한다는 점을 지적한다. 예컨대 수도 서울의 점령이나 만주 지역으로부터의 북한군의 역공 등 사실적인 사건을 크게 부각시키는 식이다. 그리고 유엔군의 행위를 부각시키면서 "미국에 의한 한국의 해방이 결국 무고한 한국 주민들을 죽음으로 몰아넣었다"고 주장하며, 유엔군의 폭격으로 빚어진 절망적 피해를 그 예로 지목한다. 그와 연관돼 북한군은 유엔군의 참전을 인정하지 않고, 이것은 단지 미국이 주도하는 전쟁이라고 선전한다. 또한 미국의 강요에 의해 참전한 나라들을 미국의 위성국으로 간주한다. 마찬가지로 북한군이 한국을 상대로 선전 선동 전술을 구사할 때는 한국군이나 한국 주민들을 절대로 비난하지 않고, 오로지 이승만 대통령과 그 부역자들을 미국의 앞잡이라고 집중 공격한다. 한국 주민들을 포섭 대상으로 간주하므로 그들에 대해서는 대체로 양해와 포용의 입장을 취하는 것이다.

다음으로 보고서는 북한군의 선전 선동 전술이 소련의 전술을 그대로 수용하지 않는다고 분석한다. 그들은 추상적인 공산주의 이념에 집착하지 않고, 한반도 환경에 맞도록 변형시킨다. 그리고 민족주의 구호를 주로 강조한다. 통일이라는 구호에 집착하며, 이성적인 호소가 아니라 감성적 호소, 즉 상대방을 중상하거나 근거가 없는 사실을 퍼뜨리는 전술을 구사한다는 것이다.

북한군이 은밀하게 선전 선동 전술을 펼치는 주된 공간은 한국에서도 주로 후방 지역이 그 대상이었다. 이승만 정부가 후방 지역에 잠복한 북한의 행동 세력들을 몰아낼 역량이 부족하기 때문에 이들의 활동은 더욱 효과를 발휘한다는 게 보고서의 판단이었다. 특히 북한군은 이승만 정부에 실망한 민심을 집중적으로 공략했다. 서울을 탈환한 이후 이승만 정부에게는 민심을 얻을 수 있는 절호의 기회가 주어졌지만, 선전 역량이 뒤떨어진 탓에 정부에 대한 불신과 우려가 오히려 더 커지는 역효과만 나타나고 있는 상황을 간파한 것이다. 이 틈새를 활용하여 북한군은 한국민들에게 어필할 수 있는 '통일된 국가'라는 선전에 주력한 것으로 드러났다. 더구나 북한이나 한국 둘 다 독재 정치 체제를 구축하고 있었으므로, 단지 북한이 공산주의를 신봉한다는 이유로 한국민들이 북한을 배척할 이유가 없는 상황이었다. 이와 관련해 보고서는 공산주의에 대한 당시 한국 국민들의 인식에 뚜렷한 특징이 하나 있다고 분석한다. 한국으로 도망 나온 피난민들과의 인터뷰를 통해 이들이 공산주의에 대한 염증보다는 북한 정권의 착취와 야만 행위 때문에 피난길에 올랐다고 대답하는 경향이 드러났다는 것이다. 반면 한국에서 체포된 북한 공산주의 세력들은 하나같이 공산주의에 대한 의식이 강했다고 보고서는 전한다.

북한의 선전 선동은 구소련의 선전 선동을 모방한 성격이 강했다. 조직 구조에서부터 선전 교리들까지 포스터와 전단지를 제외하고는 구소련의 기재를 그대로 모방하고 있으며, 거기에다가 중국을 모방한 사례들을 덧붙이는 식이었다. 실제로 북한이 선전 선동에 활용한 인쇄물 가운데 40퍼센트 정도가 구소련의 발간물들을 그대로 번역한 것들이었다. 이는 김일성이나 김두봉 같은 북한의 지도층 인사들이 구소련에서 교육을 받은 경험이 있다는 사실이 크게 작용한 것으로 보고서는 판단한다.

북한의 선전 선동 간행물에는 민족주의 성향 저자들의 작품만 활용되는 것이 아니라 국제적인 저작물과 문화 예술인들의 작품, 이들의 복제물이 모두 포함돼 있었다. 이런 작품들은 모든 공산주의 국가들의 언어로 번역된, 그야말로 국제적인 모습을 드러낸다. 반면 북한의 선전 콘텐츠에는 의외의 내용이 포함되기도 하는데, 때로는 한국 국민과 군대가 미국 국민과 군대의 동맹이라는 사실을 강조하기도 한다. 이는 미국의 다른 동맹 국가들에 대한 심리적 이완을 이끌어 내기 위함으로, 그들이 한국과 미국의 전쟁에 뛰어드는 것이 무모하다는 사실을 주지시키는 것이다. 이에 덧붙여 보고서는 북한이 선동 목적으로 루머를 능숙하게 활용하는 데 비해 유엔군이나 한국군은 그러한 역량이 부족하다는 점을 환기시킨다.

마지막으로 보고서는 아래의 권고 사항들을 제안하는 것으로 끝을 맺는다.

첫째, 미국의 심리전 전법은 북한의 선전 선동 전술에 맞대응하는 시스템을 갖추지 못하고 있다. 또한 북한은 은밀하게 선전하는 데 비해 미국은 너무 정직하게 임무를 수행한다. 더구나 한국민과 미군 사이의 유대감이 약한 상황에서는 북한의 선전이 파고들 여지가 많다. 따라서 북한의 선전 선동 공격에 맞서려면 적어도 같은 수준의 무기가 동원되어야 한다. 공격자가 피스톨이나 대검으로 공격하는데 단검으로 맞설 수는 없는 노릇과 같은 이치인 것이다. 북한이 반미주의를 내세우며 선동에 나서면 같은 수준으로 맞대응해야 한다. 그래도 효과가 없다면 강도를 높여 다른 방책을 구사해야 한다.

둘째, 전쟁 지역 내에서 한국 주민들과의 관계 개선이 요구된다. 한국 주민들에게 미군은 동맹군으로 인지되지만, 현장에서는 동맹군이라는 이미지를 심어줄 특별한 관계가 형성되지 않고 있다. 이런 임무를 수행할 미국 기관으로는 미국공보원USIS이 있지만, 실효성이 별로 없다. 이 문제를 개선하기 위해서는 세계정세를 실시간으로 현장감 있게 제공하고, 미국이 진정으로 한국인들을 동정 또는 지원하며, 미국의 정책과 이상을 재구성하는 등 선전 콘텐츠를 바꿔야 한다.

셋째, 북한의 선전 선동 전술이 어떻게 효과를 발휘하는지에 관한 정확한 조사를 시행해야 한다. 특히 한국의 지방 주민들과 피난민들을 대상으로 한 실태 조사가 이루어져야 한다. 그리고 조사는 미군들이 직접 주도해야 한다.

넷째, 선전 전쟁Propaganda Warfare이라는 주제를 보다 심층적으로 연구할 필요가 있다. 이는 특히 북한에 의해 수행되는 특이하고도 새로운 주제다.

다섯째, 선전 전쟁이라는 주제는 앞으로 미군이 발전시켜야 할 과제다. 특히 미군과 동맹국 주민들 사이의 관계를 협조적으로 발전시키는 게 숙제다. 전쟁에서 선전 임무를 수행하는 당사자는 바로 미군들이다. 이들로 하여금 민주주의 가치를 전파하고, 미국이 지향하는 목표를 실현하는 전위대 역할을 수행하도록 해야 한다.

이상이 보고서의 핵심 요지를 정리한 내용이다. 이에 덧붙여 보고서가 내포하는 함의를 정리하면 다음과 같다.

첫째, 한반도에서 전쟁을 수행하는 과정에서 미군은 북한군의 선전 선동 전술에 큰 충격을 받았음이 드러난다. 이제까지의 전쟁에서는 경험하지 못했던 새로운 현상에 봉착하면서 이것이 전쟁의 승패를 가르는 주요 변수로 작용한다는 사실을 깨달은 것이다. 그래서 보고서를 의뢰받은 외부 전문가는 선전 선동 전술의 특성을 전통적인 심리전과는 분리하여 새로운 영역으로 분석할 필요성을 인정했고, 미군도 이 영역에 대한 대비가 이루어져야 한다고 권고하고 있다.

둘째, 한국 전쟁 시기부터 북한은 공산주의 이념을 그대로 수용하는 것이 아니라 한반도 상황에 부합하도록 변형시켜야 한다는 사실을 깨달았고, 그때부터 한국민들의 마음을 사로잡기 위해 이념보다는 '통일'의 당위성을 선전 선동 콘텐츠로 담아내기 시작했다. 통일 노선을 지고의 가치로 내세운 것이 북한 체제를 지금까지 지속시켜 온 원동력이 되었다는 것이다. 그들이 북한 체제에서 드러난 그 어떤 모순과 변이 현상도 모두 덮을 수 있었던 건 바로 이 때문이었다. 한반도 통일을 위해서는 그 어떤 모순과 취약점도 지탱하고 이겨나가야 하는 동시에 그 어떤 난관과 모순도 묻어두고 갈 수 있다는 노선으로 버텨온 것이다. 이 명제는 지금도 유효하다고 평가된다.

셋째, 북한의 선전 선동의 주 타깃은 한국 주민들이다. 미국과 미국을 추종하는 한국 정권은 타도 대상이므로 한국 주민들을 이들과 분리시키고자 한다. 특히 한국의 친미 정권이 국민들의 지지를 상실하는 경우를 최상의 조건으로 여긴다. 그 틈을 파고들어 선전 선동 전술을 구사하기 위해 후방 지역에 전담 세력을 잠입시킨다.

북한이 펼치는 선전 선동 전술의 프레임 자체는 과거 공산주의 세력이 만들어낸 작품에서 유래하는 것으로, 구소련의 볼셰비키나 중국 모택동의 전술에서 전수한 것이 사실이다. 서구식 자유 민주주의를 추구하는 국가들이 전쟁을 수행할 때는 이같은 비정규적 전술보다는 대체로 정공법을 따르는 예가 많다. 예컨대 전쟁 이론의 대가였던 클라우제비츠도 전쟁에서는 기만 전술이 효과를 발휘한다고 인정은 하지만, 그보다는 정공법으로 한판 승부를 벌이는 것이 더 효과적이라고 설파한다. 기만 전술과 같은 비정규적 전술에 의존하다 보면 병사들의 피로도가 높아지고, 핵심 역량을 집중하는 효과가 떨어지기 때문이라는 것이다.

그런데 정공법을 피하면서 지구전으로 힘이 강한 세력을 무력화시키는 전법에 의존하는 것이 바로 공산주의 세력이다. 비단 공산주의 세력이 아니더라도 힘이 약한 쪽에서는 정공법을 선택하기 어렵다. 한국 전쟁에서도 북한은 유엔군을 상대로 힘의 우세를 확보하기 어려웠다. 병력 측면에서는 중국군의 참전으로 우세를 유지했지만, 무기나 장비 측면에서는 유엔군에 맞설 수 없었다. 따라서 북한군이 선전 선동 전술에 의존했던 이유는 충분히 설명되고도 남는다.

문제는 이런 군사 이론으로만 설명하기 어려운 또 다른 측면이 있다는 점이다. 비록 북한군이 군사 역량에서는 열세였지만, 그 반대의 경우, 다시 말해서 북한군의 역량이 우세했다면 선전 선동 전술을 포기했을까 하는 점이다. 그 대답은 "아니다"라는 것이 확실하다. 왜냐하면 당시에도 북한은 한반도 전쟁이 통일 전쟁이고, 체제 대결을 통해 생사를 갈라야 통일이 이루어질 것임을 분명히 인지하고 있었기 때문이다. 그리고 이 신념은 지금까지도 변하지 않고 있음이 분명하다. 체제 대결을 통해 한국을 붕괴시켜 "한반도 통일을 완성한다", 이 메시지는 북한 체제가 지금까지 어떻게 연명해왔는가, 총체적 난관 앞에서도 왜 무너지지 않는가, 국제 사회 전체가 압박하는데도 왜 핵무기 개발에 집착하는가, 이런 질문들에 대한 해답을 제시하기에 충분하다고 본다.

(3) 한국 전쟁과 일본 특수

일본이 한국 전쟁을 경제 도약의 기회로 삼았다는 것은 이미 널리 알려진 사실이다. 관련 증거로는 거시적인 차원에서의 경제 성장 지표에서부터 이런저런 다양한 사례들이 동원될 수 있을 텐데, 그 모두를 압축해서 보여주는 증거 하나가 있다. 바로 미국 극동군 사령부와 유엔군 사령부의 공동 명의로 작성된 1952년 5월 7일자 문서로, 참모 보고서 형식으로 작성된 이 문건은 유엔군 사령부의 비밀 보존 문서비망록로 분류되어 있다.

해당 문서의 내용은 이렇게 시작한다. "한국에서 나돌고 있는 리포트에 따르면 일본의 기업인들, 언론인들, 정치와 경제 분야 전문가들이 선박 승무원으로 위장하여 부산에 들어오고 있는데, 이들은 한국의 정치 상황을 포함하여 사회 전반의 동태를 파악할 목적으로 입국한다고 한다."

> A report circulating in South Korea says that Japanese businessman, reporters, and political and economic experts are currently in Pusan, disguised as members of ships crews, to gather information on political and other developments.[56]

---

56 General Headquarters, Far East Command, "Korea: Korean conern about Japanese entry," (8 May 1952), National Archives and Records Administration.

또한 문서는 미국 대사관 측에서의 관심 사항도 언급한다. "부산에 있는 주한 미국 대사관에서는 유엔군과 계약을 맺고 입국하는 일본인들의 수가 늘어나는 것에 대해 한국인들이 우려하고 있다고 지적하며, 일본 기업인들보다는 가급적 한국인들에게 그런 기회를 부여할 필요가 있다고 제안한다."

> The American Embassy, Pusan, state that Koreans are also concerned about the increasing number of Japanese entering the country under contract with the UN Forces, and suggests that native Koreans be given preference when capable often doing the work required.[57]

다시 말해 문서는 한국인들이 가지고 있는 반일 정서, 즉 일본의 침략으로 빚어진 그런 정서를 고려할 때 유엔군과 계약 관계를 맺고 있는 일본인들의 수를 줄여 나갈 필요가 있다고 제안하고 있다.

어쨌든 이 문서를 보면 한국 전쟁이 발발했을 때 기업인들을 포함하여 관련된 수많은 일본인들이 전쟁을 통해 돈을 벌기 위해 얼마나 애를 썼는지를 알 수 있다. 유엔군 측에서 굳이 이들의 규모를 숫자로 표기하지 않은 것도 한국인들의 반일 정서를 감안했기 때문이라고 추정할 수 있다.

더구나 일본은 전쟁도 겪어 보고 다른 나라를 침략해 본 나라이기 때문에 전쟁터에서 어떤 물자가 필요하며 어떻게 보급되는지에 대해 정통했을 것이다. 유엔군은 전쟁 물자를 조달하기 위해서는 미국이나 유럽에서부터 수송해 와야 하는 지리적 취약점이 있었으므로, 일본을 전쟁 물자 조달을 위한 최적지로 삼았다.

이 문서에서는 한국 전쟁에서 돈을 번 기업인들의 형태가 두 가지로 분류된다는 점을 암시한다. 유엔군과 정식으로 계약을 체결하여 물자를 조달한 기업인들이 있었던 반

---

57 위의 자료.

면, 은밀하게 한반도로 들어와서 현지에서 긴요하게 필요로 하는 물자를 조달한 장사꾼도 많았다는 것이다. 이는 여하튼 한반도가 정치적으로는 해방되었지만, 경제 사회적으로는 여전히 일본이 영향력을 행사할 수 있는 유리한 위치를 점유하고 있었다는 것을 말해준다.

여기서 언급한 문서에서도 유엔군을 이끌었던 미국이 한국과 일본 사이에서 미묘한 입장을 취할 수밖에 없었던 딜레마가 읽힌다. 한국인들이 일본에 대해 증오하거나 두려움을 가지고 있다는 것을 헤아리면서도 현실적으로 일본에서 전쟁 물자를 조달해야 했던 미국의 입장이 그대로 나타난다. 그리고 한국 전쟁에서 돈을 벌기 위해 혈안이 되어 있는 일본인들의 수를 줄일 필요가 있다는 제안을 하는 것도 한국인들의 반일 정서를 고려했기 때문이었다.

또 다른 자료에는 한국 전쟁 기간에 일본인 기술자들이 한국에서 활동했다는 기록도 남아 있다. 미국 극동군 사령부에서 1952년 9월 19일에 작성한 문건을 보면, 당시 총 20건의 계약 사업에 고용되어 활동했던 일본인 기술자는 1,955명이었다. 이들은 주로 현장 감독이거나 기술자들이었다.[58]

구체적으로 분야별 일본인 고용 현황을 보면, 통신 분야 사업 2건에 24명, 기계 분야 사업 5건에 191명, 수송 분야 사업 13건에 1,719명으로, 특히나 수송 분야에서 많은 일본인이 활동했다는 것을 알 수 있다. 아무래도 전쟁 중이었기에 군수 물자 보급에서 수송 분야가 매우 중요했기 때문일 것이다.

2. There are now 20 contracts operative in Korea which Involve the services of approximately 1,955 Japanese supervisors and technicians. The breakdown of these contracts by technical service is as follows : Signal two(2) contracts utilizing 24 Japanese; Engineer - five(5) contracts utilizing 191 Japanese; and Transportation -13 contracts utilizing 1,719 Japanese. These contracts fall generally into two

58 General Headquarters, Far East Command, Inclosure 1, "Report of War Crime" (24 July 1950), 230 #1, FEC 1952 Secret, National Archives and Records Administration.

categories : (1) those requiring the use of skilled technicians to supervise the installation of various types of equipment unfamiliar to the Koreans or to supervise construction of a type with which the Koreans are inexperienced; (2) those involving the use of Japanese contractors, supervisory end operations, technicians for equipment owned and furnished by the contractor.[59]

일본인 기술자들이 활동했던 배경은 크게 두 가지로 설명된다. 한국인 기술자들이 부족했기 때문과 계약 자체에서 일본인들이 주도하는 사업들이 많았기 때문이라는 것이다. 이는 비록 해방은 됐지만 여전히 경제적, 사회적 인프라가 취약한 한국에서 전쟁을 치러야 하는 미국이 어쩔 수 없이 일본인 기술자들에게 의존할 수밖에 없었다는 의미가 된다. 또한 한국 전쟁에서 일본이 경제적으로 도약할 수 있는 기회를 마련했다는 얘기도 성립된다.

한편 해당 문건에서는 분야별로 일본인 기술자들의 활동 실태와 한국의 여건도 상세하게 분석해 설명한다.

…(통신 분야) 한국인 기술자들이 총동원되고 있지만, 새로운 통신 장비 구축이 요구됨에 따라 일본 기업인 후지Fuji Communication Apparatus Manufacturing Company가 전화 사업을 따냈고, 5명의 일본인 기술자가 이 사업을 주도하고 있다. 또 다른 일본 기업인 오끼Oki Electric Company는 28개 지역에서 교환대 설치 사업을 맡고 있다.

…(기계 분야) 전력 발전에서 한국인 기술자가 많이 투입되긴 했으나, 특히 제주 지역의 발전소 건설은 한국 기술진의 역량만으로는 역부족이었다. 이 사업에는 5명의 일본인 기술진이 요구되고, 향후 2명이 더 요구된다. 부산 지역 발전소 복구에도 5명의 일본인 기술자가 참여했다.[60]

---

59 Price, "Check Sheet: Utilization of Japanese Technicians in Korea," General Headquarters, Far East Command, G-4 (19 September 1952), National Archives and Records Administration.

60 위의 자료.

…(수송 분야) 총 13개 사업이 추진되고 있다. 전쟁 목적과 특히 직결되는 수송 분야 사업 중에서도 해상에서의 지뢰 제거 사업에는 일본 기술진이 절대적으로 필요하며, 실제로 68명이 참여하고 있다. 총 8개 사업이 진행 중인 오일 탱커 운반 작업에서도 245명의 일본 기술진이 참여하고 있고, 해상 화물 수송에서도 1,156명의 일본인 기술자들이 활동하고 있다. 선박 수리 분야에서는 250명의 기술자를 필요로 한다.[61]

* 괄호 부분은 필자의 추가

결론적으로 이 문건에서는 한국인 기술자들이 이미 필요한 사업들에 최대한으로 동원되고 있으며, 현재 진행되는 사업들이 중단될 경우 미국 측이 심대한 비용 부담을 안게 될 것이라 말하고 있다. 그중에서도 일본과 계약을 체결하여 추진되고 있는 사업은 특히나 중단되어서는 안되며, 이 사업들에서 한국인 기술자가 투입될 여지가 있는지에 대해서는 일본 기업 측과 논의를 진행할 필요가 있다고도 말한다.

이 문서의 내용으로 미루어 볼 때 아마도 한국 정부 측에서 미군을 향해 일본 기술자들이 한국에 들어와서 활동하는 것에 대한 재검토 요구가 있었던 듯하다. 미국 극동군 사령부에서 이 문제를 검토하게 된 배경도 그런 요청에서 시작된 것으로 보이는데, 당시 한국의 반일 감정이 극도에 달한 상황에서 한국인 기술자들을 도외시하고 일본 기술진에게 의존하려 했던 미군의 정책에 한국 정부가 동의했을 리 만무했다.

그래서 미군 사령부가 검토한 바에 따르면 대체로 한국 기술진의 역량과 숫자가 부족하고, 새로 추진되는 사업이나 기간 시설 복구 작업에서는 일본 기술진의 도움이 절대적이라는 것이었다. 당시 한국의 실정을 고려해볼 때 미군 측의 이러한 검토 내용이 허위라고 비판할 근거를 찾기는 어렵다고 본다. 다른 문서에서도 확인된 것처럼 일제 강점기에 일본인 기술자가 한국인에게 기술을 전수한 효과가 매우 적었다는 평가가 엄연히 존재하기 때문이다. 따라서 전쟁을 수행해야 했던 미국으로서는 전쟁 지원 업무에 있어 지리적으로 가까운 일본을 통해 필요한 사업을 추진할 수 밖에 없었을 것이다.

61 위의 자료.

그럼에도 1952년 9월 14일자로 작성된 내부 회람용 공문을 보면 이승만 대통령이 미군을 상대로 일본인 기술자 고용을 금지해달라고 요청한 내용이 나온다. 미국 극동군 사령부 참모부에서 작성한 문건은 9월 15일 참모 회의 개최를 공지하는 내용으로서, 미군이 일본인 기술자를 고용하는 문제에 대해 이승만 대통령이 이견을 제시한 것을 놓고 토의를 계획한 문서다. 당시 참석 예정으로 공지된 인물은 군수 참모를 포함하여 모두 6명이었다. 해당 공지문에는 9월 9일에 클라크Mark Wayne Clark 유엔군 사령관이 이승만 대통령에게 이 문제와 관련하여 서한을 보냈고, 이어서 참모부에 부산 지역으로 내려가 이승만 대통령과 함께 회의를 개최하라는 지시를 내렸다는 내용이 담겼다.

2. The C/S read messages G 8337 KSG and AX 70363 CZCG and discussed then in the light of General Clark's 9 September letter to President Rhee. He expressed the opinion that it might very well be that Mr. Rhee's stand is not one of defiance but rather based on his interpretation of the CinC's letter.

3. He directed the following actions

a. DC/S: Make arrangements to go to Pusan on 15 Sep to discuss with Ganeral Herren and appropriate ROK officials probably including President Rhee, the solution of the problem of clearing our Japanese employees in Korea for continued employment and for shore leaves. He should telephone General Herren today to alert him and should take with him tomorrow copies of two radios and the letter.[62]

이 회의에 앞서 미군 사령부에서는 각 참모부에 지시를 하달하여 분야별로 일본 기업과 계약을 체결한 현황과 일본 기술진에 대한 명단 파악을 끝냈다. 이 내역은 앞서 기술한 내용과 일치한다. 특히 수송 분야에서 일본 기업과 계약을 체결한 사업들과 여기

62 General Headquarters, Far East Command, "C/S Conference" (14 September 1952), 230 #1, FEC 1952 Secret, National Archives and Records Administration.

에 참여한 일본 기술자의 수는 다른 문건에도 상세한 기록이 첨부되어 있다.[63]

이승만 대통령이 이 문제에 대해서 취한 조치는 또 다른 문건에서 확인된다. 1952년 9월 20일자로 극동군 사령부 법무 참모가 작성한 비망록을 보면, 이승만 대통령이 정부 관계 기관에 명령을 하달하여 한국 연안 지역에서 일본인을 발견한 즉시 체포하라고 지시했는데, 이들이 한국 정부의 입국 허가를 받지 않은 불법 입국자라는 게 그 이유였다.

2. It is understood that the inquiry is provoked by the allegation that instructions, attributed to President Rhee, have been issued to Republic of Korea agencies to arrest any Japanese, found ashore in territory of the Republic of Korea, who has not been authorized entry by the Republic of Korea Government. It is further understood that the alleged instructions present a problem to the United Nations Command because of the circumstances that (a) Japanese masters and crews of barges are currently employed by the armed forces to conduct lighterage operations in ono or more Korean ports, and (b) the United Nations Command desires to bring into Korea for certain onshore projectse.g., rehabilitation of power plants a number of Japanese skilled technicians"[64]

이렇게 되자 법무관은 즉시 문제를 검토하기 시작해 한국 정부의 조치가 당연히 합법적이라는 소견을 제시했다. 일본인이 한국 영토에 들어오기 위해서는 한국 정부의 입국 허가를 받아야 한다는 것이었다.

그러나 법무관은 1950년 9월 28일에 체결된 한국 정부와 유엔군 사이의 협정을 거론

---

63 General Headquarters, Far East Command, "Japanese Support of TC Operations in Korea," (September 1952), 230 #1, FEC 1952 Secret, National Archives and Records Administration.

64 E. W. Sargent, "Status of Japanese Nationals Employed by United Nations Armed Forces in Korea," Headquarters, Far East Command, Office of the Command Staff Judge Advocate (20 September 1952), National Archives and Records Administration.

하며 동시에 예외를 주장했다. 당시 협정에 따라 유엔군에 소속되어 활동하는 모든 민간 인력은 유엔군의 명령으로 승인된 것임을 한국 정부가 양해했다는 것이었다. 그런데 문제는 이 협정문이 문서로 남아 있지 않다는 점이었다. 이에 대해 법무관은 극동군 사령부 참모부의 문서를 보면 그런 사항이 근거로 남아 있다는 주장을 펼쳤다.[65]

당시 법무관은 위의 근거에 따라 한국에 입국한 일본인 기술자들을 처리해야 하며, 만약 한국 정부가 일본 기술자들을 체포하거나 구금하면 유엔군사령부는 위 협정에 근거하여 항의해야 한다고 덧붙였다.

사실 이 문제는 생각보다 훨씬 복잡한 검토 사항을 내포하고 있었다. 유엔군에서의 일본의 입지가 무엇이며, 한국 전쟁과 관련하여 일본의 위치가 무엇인지가 매우 불분명했기 때문이었다. 어떤 형태로든 일본의 여력을 동원하여 전쟁을 지원하도록 유도한 부분에 대해 한국 정부가 극도의 반일 감정을 앞세워 공식적으로 항의까지 한 마당에 미국이 이 문제를 어떻게 처리해야 하는지에 관해서는 검토할 문제가 한두 가지가 아니었다.

따라서 법무관은 국제법과 미국이 체결한 여러 협정 등을 거론하며 이 문제를 심층 검토하고 있다. 그리고 결론적으로 이 문제는 쉬운 해결점을 찾기 어려운 문제이기에 일본 기술자들을 합법적이라고 주장하고 나서는 것도, 그렇다고 그 반대의 입장을 취하는 것도 모두 갈등을 불러올 소지가 있다고 말하고 있다. 한 마디로 애매하다는 입장인 것이다.[66]

이와 관련해서는 한국 정부의 공식 소견도 다른 문건에서 확인된다. 1950년 9월 28일에 한국 대통령실에서 작성한 문건으로, 워싱턴, 일본, 대만, 파리 등에 위치한 한국 외교 기관들 앞으로 발송된 비망록이었다. 문건의 내용은 이랬다. 한국과 유엔군사령부 사이에 체결된 협정은 전쟁 지원을 위해 한국에 입국하는 군인들에 대해 승인하는 것이었고, 그에 따라 도쿄에 해당 임무를 수행하는 기관을 설치하였다. 한국에 입국하는 외국 민간인에 대해서는 유엔군사령부의 승인으로 입국이 허용된다. 통상적인 입국에

65 위의 자료.
66 위의 자료.

는 비자와 여권이 필요하지만, 유엔군사령부의 필요에 의해 입국하는 경우는 예외가 인정된다. 하지만 도쿄에 주재한 한국의 담당 기관은 이와 관련된 행정 절차상의 문제에 대해 준비해야 한다는 것이다.[67]

이 문건이 미국 극동군 사령부 파일에 보존된 이유는 앞서 언급한 미국 법무관의 소견을 뒷받침하는 근거 자료로 활용될 수 있기 때문인 것으로 보인다. 한국 정부와 유엔군사령부 사이에 체결되었다고 이야기되는 협약은 실제 문건으로는 남아 있지는 않지만, 한국 정부가 외국 주재 한국 기관들에 발송한 이 문건으로 보아 일정 정도 근거로 활용될 수 있는 자료라 여겨진다.

하지만 이 자료가 미군의 일본인 기술자 고용을 정확하게 뒷받침할 수 있는 근거로 동원되기에는 어딘가 부족해 보인다. 그래서인지 미군 사령부에서는 예하 참모부에 지시를 하달하여 일본인 기술자가 몇 명인지를 정확하게 파악했고, 가급적 한국 정부와 갈등을 빚지 않기 위해 노력한 흔적을 드러낸다.

한국 전쟁 기간 중에 일본인들이 여러 경로를 통해 한반도에서 경제적 이익을 취하기 위해 애썼고, 이 과정에서 미군과 한국 정부 사이에 마찰이 빚어진 것은 어쩌면 당연한 것이었다. 미국이 한국과 일본 사이에서 어정쩡한 스탠스를 취할 수 밖에 없었던 사정도 엿보인다. 당시 미국의 입장이 지금도 그대로 지속되는 현실을 보면, 그때나 지금이나 동북아시아, 특히 한반도의 상황은 달라진 게 없는 것 같다. 미국이 일본과 한국 사이에서 조율, 또는 조정자로서 역할을 수행하는 것을 볼 때마다 그런 생각을 지울 수 없다.

67 Office of the President, Republic of Korea, "UN Commander, GHQ, Clearance for Entry into Korea," (28 September 1950), 230 #1, FEC 1952 Secret, National Archives and Records Administration.

유엔과 한국

1945-1973: 건국, 평화, 경제 성장의 파트너십

Footprint of Partnership

UN and Korea, 1945-1973

Ⅳ. 한국 전쟁 기간 유엔의 민간 구제 활동

1. 유엔군의 전시 민간인 구제 시스템과 활약상 / 이민룡
2. 초창기 유엔 전문 기구의 피난민 구제 활동 / 염승선

01 유엔군의 전시 민간인 구제 시스템과 활약상

한국 전쟁은 한국민들에게 전대미문의 상흔을 남겼지만, 역설적으로 유엔의 대규모 지원을 이끌어낸 계기를 마련하기도 했다. 특히 유엔군사령부 예하 기관으로 창설된 유엔한국민사지원사령부United Nations Civil Assistance Command in Korea, UNCACK는 전쟁의 폐허에서 신음하던 한국인들에게는 구세주와 같은 존재였다. 비록 군사 조직의 성격으로 운용되긴 했으나, 여기에 참여한 인적 구성을 보면 국제기구에서 파견된 민간 전문 인력들이 다수 참여하는 '민·군 융합 조직'이었다. UNCACK는 한국민들의 생명을 구하기 위해 의식주 제공에서부터 질병 예방과 교육에 이르기까지 그야말로 전방위적인 활동을 전개했다.

UNCACK의 활약상은 미국 국립문서기록관리청National Archives and Records Administration, NARA에 그대로 보존되어 있다. 여기에 보관된 자료들이 해제되면서 한국 전쟁 당시 한국민과 한국 사회의 실상이 마치 사진을 보는 것처럼 생생하게 공개되었다. 이 글에서는 이들 자료에 근거하여 UNCACK의 창설 배경에서부터 조직과 인원 편성, 임무와 역할을 기술한다. 특히 마지막 부분에서는 UNCACK가 역할을 수행하는 동안 마주했던 특이한 사례를 발굴하여 그 내용을 분석한다.

1) UNCACK의 창설 배경과 과정

(1) UNCACK 창설 이전의 한국 지원 프로그램

미국의 군대는 군사 작전을 수행할 때 민간인 구제 활동을 중요한 임무 영역으로 간주한다. 이 임무를 수행하기 위한 조직이 바로 민사 참모부다. 비단 미군뿐만 아니라 다른 나라 군대에도 민사 작전 부대가 존재하지만, 미군은 이 분야에서의 작전 활동을 특별히 강조한다. 단순히 형식적으로 임무를 수행하는 것이 아니라, 실질적이며 지속 가능한 형태로 활동한다. 미국의 대외 군사 작전이 초강대국으로서의 지위 확보와 연결되므로 작전 지역 주민들의 마음을 얻고 신뢰를 쌓는 것이 중요하다고 판단하기 때문일 것이다.

아마도 강대국을 꿈꾸는 나라들이라면 모두가 이와 크게 다르지 않을 것이다. 세계의 분쟁 지역에 개입하고 필요에 따라 점령 작전도 불사해야 하는 강대국은 언제든 해외에서의 군사 작전에 대비해야 한다. 그리고 군사 작전이 종료되면 작전 대상 국가들을 자국의 우호 세력으로 끌어들이고자 한다. 군사 작전에서는 승리를 거두었다 하더라도 상대 국가의 국민들에게 적개심을 남긴다면 장기적으로는 패배한 것이나 다름없기 때문이다.

그렇다면 한국 전쟁이 끝난 후 미국은 한국민들의 마음을 얻는 데 성공했을까? 중국은 북한 주민들에게 어떤 인상을 남겼을까? 이런 질문들에 대한 해답을 얻으려면 전쟁 기간 중에 미군과 중국군이 남북한 주민들에게 어떤 활동을 전개했으며, 어떤 이미지를 남겼는가를 살펴봐야 한다. 다시 말해서 두 나라 군대가 수행한 민사 작전의 성공 여부로 그 결과가 판가름된다는 얘기다. 당시 미국은 자유 민주주의의 이념과 가치를 전파했고, 중국은 사회주의 이념과 가치를 전파했다. 군대가 수행한 민사 작전은 결국 이같은 정치적 이념과 가치를 전파하는 전도사 역할을 수행한 것이나 다름없다.

미국의 입장에서 볼 때 한국 전쟁은 미국이 주창하여 막 닻을 올린 유엔의 이념과 정신을 실전에서 전파할 기회였다. 전쟁이 발발하자 미국은 주도적 역할을 담당하며 유엔 역사에서 최초로 국제 상비군(유엔군)을 결성했고, 이 군사 조직에서 민간인을 보호하고 구제하는 활동을 전담하는 유엔한국민사지원사령부UNCACK를 편성했다. 유엔 안보리가 북한 공산주의의 침략에 맞서기 위해 유엔군을 결성하기로 함에 따라 유엔군 조직에서 민간인 지원 임무를 별도로 수행하는 부대를 창설한 것이다. 그리고 유엔 안보리는 유엔군을 이끄는 권한을 미국 정부에게 위임하였고, 이로써 워싱턴이 유엔군 지휘소가 되었다.

미국 정부는 일본 도쿄에 유엔군사령부를 설치하고, 그때까지 세계 각국을 대상으로 민간 지원 업무를 담당하던 미국 경제협조처Economic Cooperation Administration, ECA의 업무를 유엔군사령부로 이관했다. ECA는 2차 세계 대전 직후 미국이 전쟁으로 피폐해진 유럽 국가들을 구제하기 위해 내놓은 '마샬 플랜Marshall Plan'의 집행 기관이었다. 마샬 플랜의 수혜 대상이던 16개 국가의 수도에 사무실을 차린 ECA는 현지 관료들의 재건 프로그램 요청을 검토한 뒤 지원 범위를 결정했다.

거기에다 1949년 트루먼 대통령은 저개발 국가들을 대상으로 마샬 플랜과 유사한 원조 프로그램을 계획했으며, 그 이름을 '포인트포 프로그램The Point Four Program'이라고 불렀다.[1] 이 계획을 구상한 정치적 배경에는 구소련과의 세계 패권 다툼을 염두에 두는 동시에 저개발 국가들을 미국의 영향권으로 포함시키려는 의도가 자리하고 있었다. 이를 위해 원조의 중점을 농업, 산업, 보건 분야에서의 기술 지원으로 설정했다. 결론적으로 이는 미국이 서유럽 국가들은 물론 아시아, 중남미, 아프리카 지역 국가들을 대상으로 경제 원조를 통한 세계 제패의 비전을 제시했다는 의미로 풀이된다.

그런데 ECA와 관련하여 예외적인 대목들이 있었다. 서유럽을 제외하고는 유일하게 중화민국지금의 대만이 해당 프로그램의 대상 국가로 포함된 것이다. 또 하나 예외적인 것은, 1949년 1월부터 ECA가 미 육군으로부터 한국민 구제와 재건 프로그램을 인수한 것이었다. 이는 당시의 상황에서 미국 정부가 한국과 중국에 대한 경제 지원이 시급하다고 인식했다는 뜻이다.[2] 아시아 지역에서 중국과 한국이 공산주의 침략의 위협에 직면했다고 본 것이다.

1949년 2월 15일자 ECA의 해외 담당자 편성표를 보면 중국 상하이에 로저 래팜Roger D. Lapham이 담당관으로 파견되어 있었고, 한국 서울에는 아서 번스Arthur C. Bunce가 담당관이었다.[3] 이처럼 중국과 한국은 예외적으로 미국의 서유럽 국가들에 대한 원조 프로그

1 Thomas G. Paterson, "Foreign Aid under Wraps: The Point Four Program," *The Wisconsin Magazine of History* 56-2 (Winter, 1972-1973), p. 120.

2 The George Marshall Foundation, "The Economic Cooperation Authority," https://www.marshallfoundation.org (검색일: 2018.6.5).

3 Michael J. Hogan, *The Marshall Plan: America, Britain, and the reconstruction of Western Europe*, 1947-1952 (Camgridge: Cambriadge University Press, 1987), p. 139; 당시의 ECA 해외 담당관은 다음과 같다.
오스트리아 비엔나 담당관: 웨스트모어 윌콕스(Westmore Willcox)
벨기에 브뤼셀 및 룩셈부르크 담당관: 제임스 G. 블레인(James G. Blaine)
미영 점령지 프랑크푸르트 담당관: N. H. 컬리슨(N. H. Collisson)
덴마크 코펜하겐 담당관: 찰스 A. 마셜(Charles A. Marshall)
프랑스 파리 담당관: 데이비드 K. E. 브루스(David K. E. Bruce)

램에 포함되어 수혜국으로 지정되었다.

이로써 한국은 해방 후 미국의 점령 지역 원조 프로그램이었던 점령지역 행정구호계획Government Aid and Relief in Occupied Areas, GARIOA[4]의 수혜국에서 ECA 원조 대상국으로 변모했다. GARIOA 원조는 미군정하에서 한국 경제의 인플레이션 억제와 긴급 구호를 위해 시행되었으며, 총 4억 900만 달러가 지원되었다. 그리고 한국 정부가 수립되면서 ECA 프로그램으로 바뀐 뒤로는 지원 목적 역시도 장기적인 경제 부흥으로 바뀌었다.

그러던 중 전쟁이 발발하자 ECA 원조는 전시긴급구제계획SEC으로 명칭이 바뀌었으며, 1953년까지 이어졌다. SEC는 크게 두 가지 통로로 시행되었는데, 하나는 유엔이 한국의 민간인 구호를 위해 제공한 한국민간구호계획Civil Relief in Korea, CRIK 원조였고, 다른 하나는 이를 이어받은 유엔한국재건단United Nations Korean Reconstruction Agency, UNKRA 원조였다. 그 금액은 CRIK 원조가 약 4억 6,000만 달러에 UNKRA 원조가 1억 2,000만 달러로, 합치면 5억 8,000만 달러에 달했다.

(2) 유엔군 창설과 UNCACK

한국 전쟁이 터지면서 미국의 한국 지원 프로그램은 새로운 국면에 접어들었다. 유엔 안보리 결의에 따라 일본 도쿄에 유엔군사령부가 설치되었고,[5] 따라서 한국의 민간

그리스 아테네 담당관: 존 누빈 주니어(John Nuveen, Jr.)
아이슬란드 레이캬비크 담당관: 리차드 P. 버트릭 (Richard P. Buttrick)
아일랜드 더블린 담당관: 조셉 E. 캐리건(Joseph E. Carrigan)
이탈리아 로마 담당관: 제임스 D. 젤러바크(James D. Zellerbach)
네덜란드 헤이그 담당관: 앨런 발렌타인(Alan Valentine)
노르웨이 오슬로: A. E. 스텔리 주니어(A. E. Staley, Jr.)
포르투갈 리스본 담당관: 데이비드 L. 패튼(David L. Patten)
스웨덴 스톡홀름 담당관: 존 H. F. 헤스켈(John H. F. Haskell), 트리스트 R. E. 갤러웨이(Trieste R. E. Galloway)
터키 앙카라 담당관: 러셀 H. 도르(Russell H. Dorr)
영국 런던 담당관: 토마스 K. 핀레터(Thomas K. Finletter)
중국 상하이 담당관: 로저 D. 래팜(Roger D. Lapham)
한국 서울 담당관: 아서 C. 번스(Arthur C. Bunce)

4 점령지역 행정구호 원조는 미국이 2차 대전 종전 직후 1946년부터 일본, 독일, 오스트리아 등의 점령지에 구호 물자를 지원한 원조 프로그램이다. 미 육군부가 주관 기관이었으며, 식품, 의료, 의료품, 농업용품 등을 직접 지원하는 형태로 이루어졌다.

5 UNC 창설의 법적 근거는 1950년 6월 27일 채택된 유엔 안보리 결의 1511호와 동년 7월 7일 채택된 안보리 결의 1588호였다. 유엔 안보리 결의안 1511호는 유엔의 대북한 군사 제재 결의였으며, 여기에 동참한 나라들은 미국을 포함하여

인들에 대한 구호 활동을 담당하던 ECA의 임무도 유엔군사령부로 이관되었다.

1951년 5월 24일 UNC에서 주한 미8군 사령부로 발송한 공문을 보면 1951년 4월 3일부로 UNKRA의 임무와 미국 ECA의 임무가 UNC로 이관되었음을 공지하고 있다. 당시 UNC는 임무 이관의 근거로서 1950년 7월 31일 유엔 안보리의 결정과 1950년 9월 29일의 미국 대통령의 서한을 제시했다. 공문은 이에 근거하여 한국의 민간인 구호 및 구제 활동과 경제 원조 전반에 대한 임무를 UNC에서 직접 수행하며, UNC 예하의 주한 미8군 사령부가 임무 수행 기관이 된다는 사실을 공지했다.

> General Headquarters, United Nations Command, letter AG 400 (1 April 51)
> subject; Korean Economic Aid -Phase Out of Economic Cooperation Administration and Integration of UNKRA into United Nations Command, dated 3 April 1951.
> Under authority of the United Nations Security Council resolution of 31 July 1950 delegating responsibility for determining the requirements for the relief and support of the civilian population of Korea to the Unified Command and pending a revision to the Unified Command directive as promulgated in the Presidential letter of 29 September 1950, the Commander-in-Chief, United Nations Command, has been given the complete and overall responsibility for all economic aid to the Korean people including but not limited to immediate relief, short-range rehabilitation and reconstruction, long-range planning and furnishing technical assistance to the officials of the Government of the Republic of Korea.
> Within the territorial limits of Korea, the Commanding General, Eight Army, is charged with the complete and overall responsibility.[6]

21개국이었다. 1588호는 유엔군 통합사령부 설치를 승인하는 것이었으며, 회원국들의 병력 및 기타 지원을 미국 주도하의 통합군 사령부가 이용할 것을 권고하는 것은 물론 미국에게 사령관의 임명과 유엔 깃발의 사용 권한을 부여하고, 유엔군사령부 지휘하에 취해지는 활동 내역에 대해 적절한 시기에 안보리에 보고서를 제출할 것을 요구하였다.

6 K. B. Bush, "Responsibility for the Korean Economic Aid Program," General Headquarters, UNC (24 May 1951), AG 400, Economic Aid, 091.3, National Archives and Records Administration.

이 시점은 UNCACK가 이미 창설된 이후였고, 한국의 후방 지역에서 민간인 구제 및 구호 활동이 전개되고 있는 상황이었기 때문에 이와 유사한 임무를 수행하던 ECA나 UNKRA와의 관계를 명확히 규정할 필요성이 있었다. 그래서 이 문제를 조율하기 위해 UNC가 나섰고, UNKRA 등 유관 기관의 활동은 UNC의 통제하에 있어야 한다는 점을 공식화한 것이다.

한편 유엔군사령부 조직에서 민간인 구제 활동과 경제 원조 관련 임무를 수행한 곳은 군수 참모부G-4였다. 하지만 이 분야 임무가 워낙 방대하고 특별하다고 판단하여 유엔군사령부는 독립적인 참모 조직으로 민사 참모부G-5를 창설했다. 이때가 1952년 2월 18일이었다. 즉 1952년 이전까지는 UNC에서 전투 활동 이외의 민간 지원 활동을 관장하던 참모부가 기존의 군수 참모부였다는 것이다. 그러다가 G-5가 새로운 참모 조직으로 편성되었다는 것은 군사 작전에서 후방 지역 통제 임무가 그만큼 중요해졌다는 의미가 된다.

일반적으로 군 조직에서 참모부 편성은 통상 인사, 정보, 작전, 군수 등 4개 분야를 포괄하는 것이 통례였으나, 한국 전쟁을 수행하면서 특히 민간인 구제와 구호 활동의 중요성이 대두되었고, 이 임무를 총괄하는 다섯 번째의 참모 조직이 필요하다고 본 것이다. 그 이후 사단급 부대 이상 군단이나 군 사령부급에서는 민사 참모부 편성이 표준적 관행으로 수용되었으며, 사단급 이하 부대에서는 이보다 축소된 형태의 참모 조직으로 운영되고 있다.

UNC에 민사 참모부가 설치된 이후에는 민간인 구제와 구호 활동을 위한 계획이 수립되고, 독자적인 보고 및 명령 체계가 갖춰지게 되었다. 이와 함께 미 극동군 해군 사령부 및 공군 사령부와의 협조 체계도 구축됐다.

그런데 한반도에서 유엔군 민사 업무를 실제로 이행하는 부대는 한국 전쟁을 수행하는 중추 부대였던 주한 미8군 사령부Eight Army Korea였다. 이 부대는 2차 세계 대전 중이던 1944년에 군단급 수준의 부대로 미국에서 창설되었다. 그 뒤 미국이 일본 본토를 점령함에 따라 미8군은 요코하마에 입성하였고, 지휘부를 도쿄에 두면서 일본에서 군정 임무를 수행했다.

그러다가 한국 전쟁이 발발하면서 미국의 해공군이 투입되었고, 지상군 전투를 위해 1군단과 9군단, 그리고 미8군 예하의 부대가 투입되었는데, 이들 부대 전체를 통제하는 임무를 미8군 사령부가 맡게 되었다. 이로써 주한 미8군 사령부는 한국 전쟁 기간 동안에 군단급 수준을 뛰어넘어 군 사령부급으로 확장되었다.

이러한 주한 미8군 사령부의 참모 조직에서 민사 업무를 수행하는 부대가 바로 유엔한국민사지원사령부UNCACK였다. 지휘 계통상으로는 유엔군사령부가 주한 미8군 사령부를 통제하므로, 유엔군사령부의 민사 참모부가 내린 지침을 주한 미8군 사령부 예하의 UNCACK가 수령하여 현장에서 임무를 수행했던 것이다.

1951년 7월 27일 주한 미8군 사령부의 민사 지원 참모부에서 작성한 공문을 보면 UNC의 지침에 따라 주한 미8군 사령부 예하의 UNCACK가 민간인 구호 및 구제 활동의 중추 기관임을 명시하고 있다. 이어서 유관 기관에 대한 성격을 규정하면서 ECA는 1951년 4월 1일부로 임무가 종료되고, UNKRA는 한국 정부에 대해 기술적 자문 역할과 전후 복구 임무를 수행하며, UNCURK는 유엔의 자문 기관으로 역할이 한정된다는 점을 분명히 했다.[7] 이로써 UNC-주한미8군사령부-UNCACK로 이어지는 지휘 체계가 구축되었다.

UNCACK의 창설 과정을 좀 더 구체적으로 살펴보면 UNC에서 한국의 후방 지역에 대한 작전 소요를 파악한 것이 그 시초였다. UNC가 민사 작전의 필요성에 대해 다소 늦게 인지한 것은 초기의 전세가 낙동강 전선까지 밀리면서 임무의 우선 순위를 전세 역전에 두어야 했기 때문이었다. UNCACK에서 작성한 공문을 보면 유엔군의 민사 작전 수행이 늦어진 이유를 설명하며, 한국을 북한군의 점령 위기에서 구해야 하는 일이 급선무였고, 유엔군의 후퇴 작전 과정에서 이미 대부분의 한국 지역이 북한군 수중에 넘어간 상태였기 때문이라고 기술한다. 그리고 더 결정적인 이유로써 유엔군 자체에서 민사 작전을 수행하는 부대나 기관의 부재를 지목했다.[8]

---

7 Headquarters, Korean Military Advisory Group, Adjutant General's Office, "Welfare Activities by Units" (11 September 1952), IG Files 1953, National Archives and Records Administration.

8 Arthur W. Dodson, "Special Report: UNCACK Civil Relief Activities in Korea," Headquarters, UNCACK (19 October 1951), National Archives and Records Administration.

한편 유엔군사령부가 창설된 데 이어 유엔군이 인천 상륙 작전에 성공한 직후로 추정되는 시점이었던 1950년 9월 무렵, 맥아더 유엔군 사령관은 한국에서의 민간인 피해 상황과 경제, 사회적 정황을 파악하기 위해 조사단을 파견했다. 파견 책임자는 맥아더 사령관의 공중보건복지 참모였던 샘스General Crawford T. Sams 장군이었다. 장교 29명, 병사 16명, 민간 전문가 18명으로 이루어진 조사단의 현장 조사 결과는 다음 5가지 사항으로 요약되었다.

- 한국 정부는 임시 수도인 대구 지역에서 전쟁 상황을 대체로 잘 관리하고 있다.
- 당장의 식량 부족 사태는 빚어지지 않고 있다.
- 북한 지역에서 대량의 피난민이 발생하고 있다.
- 특히 피난민 거주지에서 전염병 확산 위험이 우려된다.
- 유엔군이 관할하는 지역에서 산업 시설이 가동 중이지만, 피난민 증가로 인해 생필품 수급에 문제가 발생할 것으로 예상된다.[9]

당시 주한 미8군 사령관이었던 워커Walton Harris Walker 장군은 1950년 12월 이승만 대통령의 승인을 얻어 샘스 장군이 이끄는 조직을 미8군 사령부 예하로 편성하면서 그 명칭을 유엔보건복지파견대United Nations Public Health and Welfare Detachment, UNPH&W로 명명했다.[10] UNPH&W의 공식 임무는 질병과 불안으로부터 민간인을 보호하는 것과 유엔군이 군사 목표를 실현하도록 돕는 것이었다. 이 파견대가 발전적으로 확대돼 1950년 12월 10일에 창설된 것이 바로 UNCACK였으며, 사령관으로는 챔프니 준장Arthur S. Champney이 임명되었다.

UNCACK가 공식적으로 활동을 시작한 것은 중공군이 개입하면서 유엔군이 다시 후퇴하는 시점이던 1951년 1월부터였다.[11] 따라서 한국 전쟁이 발발한 이후 약 6개월 동

9 위의 자료.
10 위의 자료.
11 Roger E. Bradley, "Veteran's Memoirs: With the UNCACK," http://www.koreanwar-educator.org (검색일: 2018. 12. 16).

안은 민간인 구호 및 구제 활동에서 이렇다 할 성과를 보이지 못하다가 1951년으로 접어들면서 UNCACK를 중심으로 본격적인 활동이 펼쳐진 것이다.

UNCACK의 임무는 한국의 민간인들을 질병과 기아로부터 보호하고, 이들의 생활을 안정화시키는 것이었다. 전방 전투 지역에서의 임무를 원활하게 수행하기 위해서는 후방 지역을 안정화시키는 것이 급선무였던 것이다. 이런 해석은 군사 작전 수행 개념에 따른 것이지만, 실은 거기에는 유엔이 추구하는 인도주의적 가치를 실현하기 위한 목적도 포함되어 있었다. 오늘날 그렇듯 전쟁 지역에서 난민을 보호하고 민간인 희생을 최소화한다는 정신이 함께 투영된 것이라고 볼 수 있다.

여기에 하나 더 추가한다면, 2차 세계 대전 이후 미국 정부가 공산주의 세력의 확장을 저지하기 위한 방편으로 대규모 경제 원조를 세계 전역에 투입한 정책 구도 역시도 영향을 미쳤다. 앞서 언급한 것처럼 마샬 플랜을 수행하기 위한 기관으로 경제협조처ECA의 업무가 한국에까지 확장되던 상황에서 UNCACK가 경제 분야의 지원 활동까지 포함된 임무를 함께 수행했다고 볼 수 있다.

전쟁이 종료되면서 UNCACK는 한국민사지원처Korea Civil Assistance Command, KCAC로 변경되었다. 1953년 7월 1일부터 임무 수행에 들어간 KCAC 역시도 한국민들의 자립 지원을 그 목적으로 삼았다. 미 극동군 예하 소속으로 서울에 사령부를 둔 KCAC는 한국 전쟁 기간에 UNCACK가 수행했던 임무와 역할을 그대로 계승했다. 각 지방별로 약 20명으로 구성된 팀은 절반이 민간 전문가들이었다. 전체적으로는 미국과 유엔에서 파견된 인원을 합쳐 약 6,000명에 이르는 규모로 활동했다.[12]

KCAC의 역할은 전쟁 중에 UNCACK에서 수행하던 역할보다 한국 사회의 재건과 부흥에 더 역점을 두었다. 총 8개 분야로 구분하여 수행한 역할은 △한국의 농업 분야 재건을 지원하는 농업 부서, △통신 시설의 복구와 건설을 지원하는 통신 부서, △전력 발전 시설의 건설을 지원하는 전력 부서, △공공 시설의 복구와 재건을 지원하는 공공 업무 부서, △의료 시설 복구와 전염병 예방 업무를 수행하는 공중보건 부서, △의식주

12 위의 자료.

구제를 지원하는 사회복지 부서, △구호품 수송을 담당하는 공급 담당 부서, △철도와 도로 복구를 지원하는 수송 담당 부서로 나뉘었다.

2) UNCACK의 활동 내역

(1) 조직과 인원 편성

유엔한국민사지원사령부UNCACK가 공식 임무를 시작한 것은 1951년 1월부터였지만, 그보다 앞서 활동했던 유엔군사령부UNC 참모 조직이 있었기 때문에 1950년 10월에도 관련된 업무는 이미 추진되고 있었다. 당시는 유엔군이 인천 상륙 작전을 성공적으로 수행하여 수도 서울을 탈환하고, 북한 지역으로 밀고 올라가던 때였다. UNCACK는 최초 창설 당시에는 63명의 군인과 민간인으로 출범했지만, 이후 700여 명 규모로 확장되었다.

창설 당시의 UNCACK는 유엔 총회의 지침을 받는 조직으로서, 미국 육군성이 이 지침을 받아 일본 도쿄에 주둔하는 유엔군사령부로 하달하면 유엔군 예하의 8군 사령부에서 유엔군사령부의 통제를 받아 실제 임무를 수행하도록 만든 8군 사령부 예하의 부대였다. 조직은 유엔군 예하의 군사 지휘 체계 아래 있었지만, 수행하는 임무와 역할은 유엔의 지침에 따랐던 것이다.

UNCACK는 유엔군 예하 조직으로 편성되었으나 과거의 어떤 군사 조직에서도 이와 유사한 사례를 찾아보기 어려운 특이한 조직이었다. 다음의 그림은 1951년 9월 UNCACK의 세부 조직 편성과 기능을 나타내준다.

〈그림 1〉 UNCACK 조직 구조 (1951년 9월 기준)

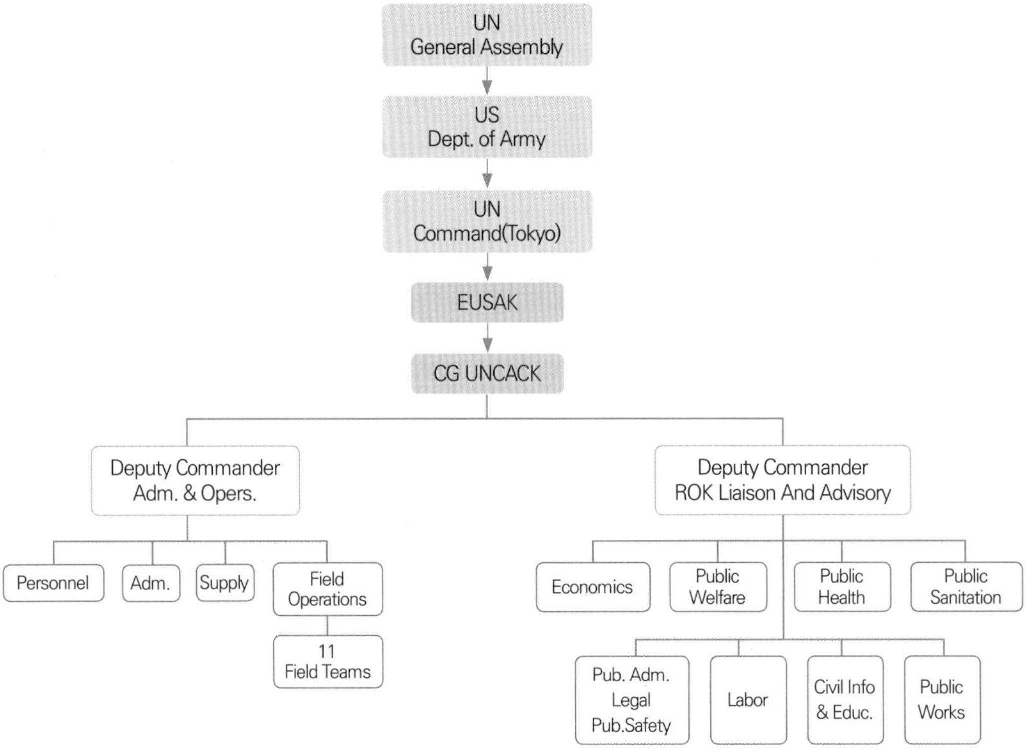

EUSAK: Eighth United States Army in Korea.

CG UNCACK: Commanding General, United Nations Civil Assistance Command in Korea.

출처 : UNCACK, “UNCACK Civil Relief Activities in Korea” (19 October 1951), UNCACK Reports 319.1, National Archives and Records Administration.

UNCACK의 조직 편성은 사령관 예하에 두 명의 부사령관을 보임하도록 되어 있었으나, 다음의 <표1>에서 보는 것처럼 1951년 8월 3일 당시에는 부사령관 1명만 보임되어 있었다. 참모 조직은 크게 행정과 작전 임무를 수행하는 부서, 한국 정부와의 연락 및 자문 역할을 수행하는 부서로 구성되었다. 행정 및 작전 임무를 수행하는 부서의 핵심 조직은 각 지방에 파견된 11개의 팀이었다. 각 도별로 파견된 팀은 주간과 월간 단위로 활동 실적을 집계하여 사령부로 보고하는 시스템으로 운영되었다. 한국 정부와의 협조를 담당하는 부서는 경제, 보건, 복지, 위생, 공보, 치안, 노동 등의 기능으로 세분화된 조직 체계로 편성되었다. 한마디로 이 부서는 필요한 소요를 파악 및 기획하고, 구호품을 조달하는 업무를 수행하기 때문에 한국 정부와의 긴밀한 협조가 필수였다.

창설 당시 UNCACK는 민간인 구제와 구호 활동에 주력하는 게 임무였지만, 1951년 5월부터는 한국 경제와 산업 복구 활동이 추가되면서 그 임무가 더 확장되었다. 즉 초기에는 민간인들을 전쟁 피해로부터 구제하는 데 진력했다면, 시간이 흐르면서 점령 지역 통제 및 안정화라는 민사 작전 임무로 가닥이 잡힌 것이다.

1951년 8월 3일자로 작성된 UNCACK의 공문에 따르면 당시 UNCACK의 인원은 총 89명으로 구성돼 있었다. 이 조직을 중심으로 한국의 중앙 정부 및 지방 행정 체제와 협력 체계를 구축하고, 한국에서 현지 고용인들을 선발하여 임무를 수행했다.

〈표 1〉 UNCACK 인원 구성 (1951년 8월 3일 기준)

본부	사령관 : 1명
	부사령관 : 1명
	노동담당 : 1명
	경제담당 : 4명
	공보담당 : 2명
	치안담당 : 2명
	보급담당 : 1명
	인사행정 담당 : 4명
	보고담당 : 3명
	합계 : 19명
필드 팀 (각 지방 파견)	10팀 (각 팀 평균 7명) : 70명
전체 인원	총 89명

출처 : UNCACK, "Civilian employees from 12 countries" (19 October 1951), National Archives and Records Administration.

한국 정부와의 협조 체계는 수준별로 카운터파트가 형성되었다. 예컨대 사령관 수준에서는 한국 정부의 대통령과 총리, UNCACK 전문가 수준에서는 한국 정부의 각료, 그리고 각 지방 현지의 팀 수준에서는 각 지방 정부로 업무 협조가 이루어졌다.

1951년 후반 정도에 작성된 것으로 추정되는 원문 자료에 따르면 UNCACK의 구성원들은 그사이 약 350명으로 증가했으며, 유엔군 현역 군인, 국제기구 파견 인원, 미국 육군성에서 파견된 군무원민간 공무원, 다수의 국가에서 파견된 전문가 및 의료 지원팀 등 민-군 융합 조직의 특성을 보여준다.

- 민간인 직원을 파견한 나라 : 벨기에, 캐나다, 덴마크, 프랑스, 영국, 멕시코, 네덜란드, 노르웨이, 페루, 시리아, 태국, 미국총 12개국
- 국제기구의 직원 파견 : WHO 21명, 국제난민기구IRO 14명, 국제노동기구ILO 1명, 캐나다 적십자사 2명, 영국 적십자사 3명, 미국 적십자사 2명, 네덜란드 적십자사 1명, 노르웨이 적십자사 2명, 기타 유엔 직원 3명총 49명
- 미국 육군성에서 민간인 직원 45명 파견
- 현역 군인 235명 : 장교 72명, 준사관 3명, 병사 160명
- 덴마크 의료지원팀 : 대구지역 간호원 5명, 서울지역 간호원 1명, 서울지역 물리치료사 1명, 부산지역 실습 간호사 1명, 부산지역 의사 2명, 대구지역 의사 1명, 서울지역 의사 1명, 대구지역 인턴 1명, 서울지역 마취의사 1명총 14명[13]

여기서 특히 주목할 만한 대목은 덴마크에서 파견된 의료 지원팀이었다. 의사와 간호사로 구성된 이들 지원팀은 전국 각지에 파견되어 UNCACK가 수행하는 활동에 직접 참여했다.

1951년 4월 5일 UNCACK에서 작성한 공문을 보면 UNCACK에 종사하는 인원들은 유엔 휘장을 부착하도록 명시되어 있었다. 구체적으로 WHO, 국제난민기구IRO, FAO 등 유엔 산하 기구에서 파견된 인원, 그리고 국제적십자사에 가입되어 파견된 국가의 직원들은 왼쪽 어깨에 유엔 휘장을 부착한다는 지침이 마련됐다.[14]

UNCACK는 그 활동 범위와 역할이 워낙 방대했기 때문에 언제나 인력 부족에 시달

13 위의 자료.
14 Sam J. Adams, "United Nations Insignia," UNCACK (5 April 1951), National Archives and Records Administration.

렸으리라는 짐작이 충분히 가능하다. 담당 지역이 한국 지역 전체와 북한 수복 지역에까지 이르렀으므로 전투 부대가 수행하는 역할보다 그 범위가 넓고 방대했다. 1951년 5월 18일 UNCACK는 주한 미8군 사령부로 인력 보충을 요청하는 공문을 발송했다. 분야별로 총 67명의 민간인 전문 인력을 시급히 보충해달라고 요청한 것이다. 인원 보충을 요청한 분야는 보건, 복지, 행정, 노동, 보급, 위생, 경제 등 실로 다양했다. 이 인원들은 미국 극동군 사령부에서 이미 인가된 상황이었기에 할당된 인원들을 최대한 빨리 보충해줄 것을 요구한 것이다.[15]

이로부터 약 5개월 후인 1951년 11월 7일자 공문에서 UNCACK는 또다시 인력 보충을 요청하는 공문을 발송하게 된다. 이번에는 총 137명의 민간 전문 인력을 요청했는데, 앞서 요청한 내역보다 훨씬 다양한 직종의 전문가들을 요청하고 있다. 위생, 복지, 보건 등 중추적 분야를 포함하여 어업, 기계, 수송, 창고, 타이피스트 등 매우 다양한 전문 인력이 포함된 것이다.[16] 이처럼 민간 전문 인력을 주로 요청한 이유는, 현역 군인들은 주로 전투에 투입되어야 했기 때문에 민간인 구제 및 구호 활동에서는 최대한 민간 인력을 투입하고자 했던 것이다.

<표2>에서 보는 것처럼 1951년 6월경 UNCACK에서 고용한 한국인들은 약 800명에 달했다. 사령부 본부에서 400여 명, 각 도에 파견된 팀에서 많은 곳은 73명, 적은 곳은 30여 명을 고용했다. 이들은 일정한 임금을 지급받고 UNCACK가 수행하는 임무를 도왔다.

15 Sam J. Adams, "Civillian Personnel Requisition," UNCACK (18 May 1951), National Archives and Records Administration.

16 General Headquarters, UNCACK, "Civilian Personnel Vacancies," (7 Novermber 1951), CAAD 230, National Archives and Records Administration.

〈표 2〉 현지 고용 한국인 실태 (1951년 6월)

UNITS	Number Employed at Beginning of Period (CIV LABOR)	Number Employed at End of Period (CIV LABOR)	Total Won Paid During Period (CIV LABOR)
HQ UNCACK	412	439	18,000,000
Cholla Namdo	31	32	1,067,200
Koje Do	36	30	1,030,600
Chungchong Pukto	59	60	2,010,800
Kangwon Do	52	59	1,425,400
Cheju Do	55	49	1,948,800
Cholla Pukto	29	30	1,048,300
Kunsan Truck Co	66	70	2,426,700
Kyongsang Namdo	73	75	3,024,000
TOTALS	313	844	31,981,800

출처 : Arthur W. Dodson, "Periodic Indigeneous Labor Report," Headquarters UNCACK (11 July 1951), AD 300.4 CAAD, National Archives and Records Administration.

1951년 11월 15일에 작성된 UNCACK 공문을 보면 당시에 UNCACK으로 할당된 인원은 장교 142명, 병사 243명, 민간인 236명 등 총 621명으로, 이 중에서 137명이 아직 보충되지 않고 있었다.[17] 이러한 인력 부족 때문에 UNCACK는 UNC를 향해 인원 보충이 시급하다는 건의를 계속했던 것이다.

이후 UNCACK에 대한 인원 보충은 지속적으로 이루어진 것으로 보인다. 1952년 2월경 UNCACK 예하 지방팀의 구성 인원을 보면 장교 49명, 병사 86명, 민간인 137명 등 총 272명이었다. 이 통계는 현지에서 고용된 한국인들은 제외한 채 현역 군인들과 국제기구 등에서 파견된 민간 전문가들만 포함한 수치인 것으로 보이는데, 서울팀은 26명, 경기도 28명, 강원도 31명, 충청북도 24명, 충청남도 28명, 전라남도 27명, 전라북도 27명, 경상북도 29명, 경상남도 34명, 제주도 18명이었다.[18]

1952년 6월에 작성된 보고서를 보면 UNCACK의 조직 편성은 <그림2>에서 보는 것처럼 사령관 예하에 5개의 참모 조직으로 구성되어 있었다. 인사 행정, 작전 활동, 보급,

17 Headquarters, UNCACK, "Personnel Status Report," 8201st Army Unit, 200 Officers and Enlisted Replacement Requisitions (15 November 1951), National Archives and Records Administration.

18 Robert E. Jacors, "Organization, UNCACK Field Teams," Headquarters, UNCACK, 8201st Army Unit (29 February 1952), National Archives and Records Administration.

한국 정부와의 행정 협조, 한국 정부와의 경제 협조 등 5개 부서가 참모 업무를 담당했고, 각 지방 담당 팀은 제주도를 포함해 전국 10개 지역을 포괄했다.

그리고 UNCACK의 임무와 활동을 지시하고 통제하는 곳은 UNC(당시에는 미 극동군 사령부와 UNC가 동일 임무를 수행하고 있었다)의 민사 참모부G-5였다. UNC의 민사 참모부 조직은 예하에 보급 및 조달과 분석 및 리포트, 정부한국 담당 등 3개 파트로 구성되었다. 보급 및 조달 파트에서는 한국에서 소요되는 구호품을 기획하고 조달하는 업무를 수행했고, 분석 및 리포트 파트에서는 각종 지원 활동과 예산 지출 등을 수집, 기록하고 분석하는 업무를 담당했다. 정부 담당 파트에서는 정치, 사회, 경제, 자원 등 분야별로 필요한 업무를 한국 정부와 협조하는 일을 담당했다. 한마디로 UNC의 G-5는 한국에서 활동하는 UNCACK의 브레인 역할을 수행하면서 민간인 구제 및 구호 활동과 한국의 후방 지역 통제 임무를 총괄하였다.

UNCACK의 이런 모습은 한국 전쟁 이후에는 거의 찾아보기 어려운 사례가 아닐 수 없다. 어느 전쟁에서든 지원 인력들이 자원해서 참가하는 경우는 있겠으나, UNCACK처럼 군사 조직에 속하면서도 세계 도처에서 민간 인력을 보충하여 운영한 사례는 거의 없을 것이다. 이는 아마도 유엔 상비군 결성이 유일하게 한국 전쟁에서만 실현된 탓도 있을 것이다. 그래서 UNCACK의 임무와 역할은 더욱 주목할 가치가 있다. 정확히 같은 성격은 아니지만, 현재 유엔의 군사 조직으로 평화유지군PKF이 결성된 배경과 철학도 UNCACK의 정신과 무관하지 않을 것이다. 아무튼 UNCACK 조직의 특성을 좀더 구체적으로 분석하면 다음과 같은 3가지 특이점이 발견된다.

첫째, 세계 16개국의 참전 국가들로 형성된 유엔군사령부의 지침을 받으면서 한반도에서 민간인 구제 활동에 나섰다는 점이 특이하다. 유엔 상비군이 최초로 결성된 것도 그렇지만, 이러한 국제연합군이 민간인 구제 활동을 전담하는 특별 사령부를 설치한 것도 매우 특이한 대목이다.

둘째, UNCACK는 전투 부대 사령부인 UNC의 지시를 받는 조직이었음에도 인원 편성으로 볼 때 세계 여러 나라에서 파견된 전문가들로 구성됐다는 사실 역시 특이한 대목이다.

〈그림 2〉 UNCACK 조직 편성 (1952년 6월)

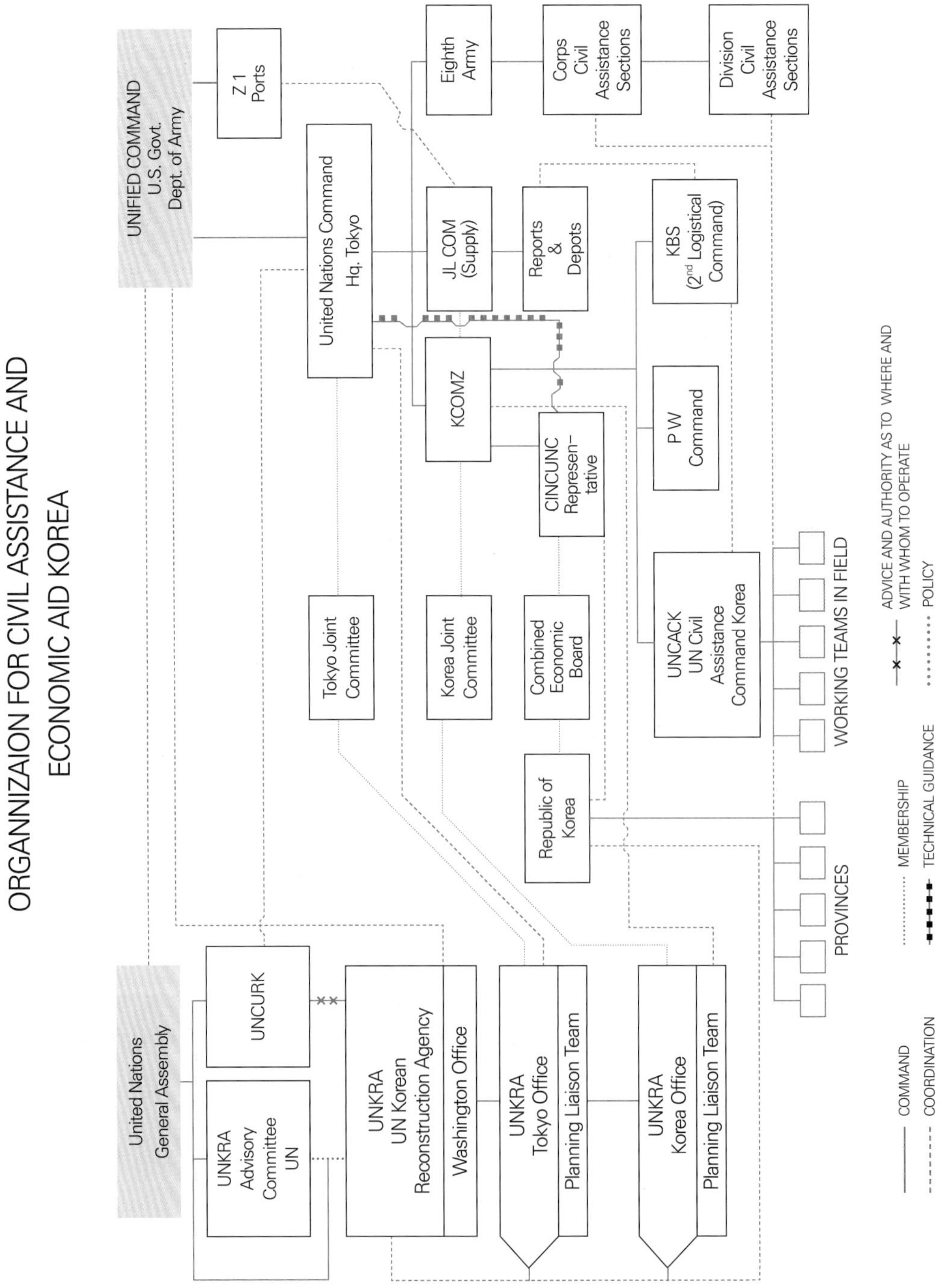

출처 : Headquarters, *UNC, United Nations Civil Affairs Activities in Korea* (BiblioGov, 2013), p. 8.

〈그림 3〉 유엔군사령부 민사참모부(UNC G-5) 편성 (1952년 6월)

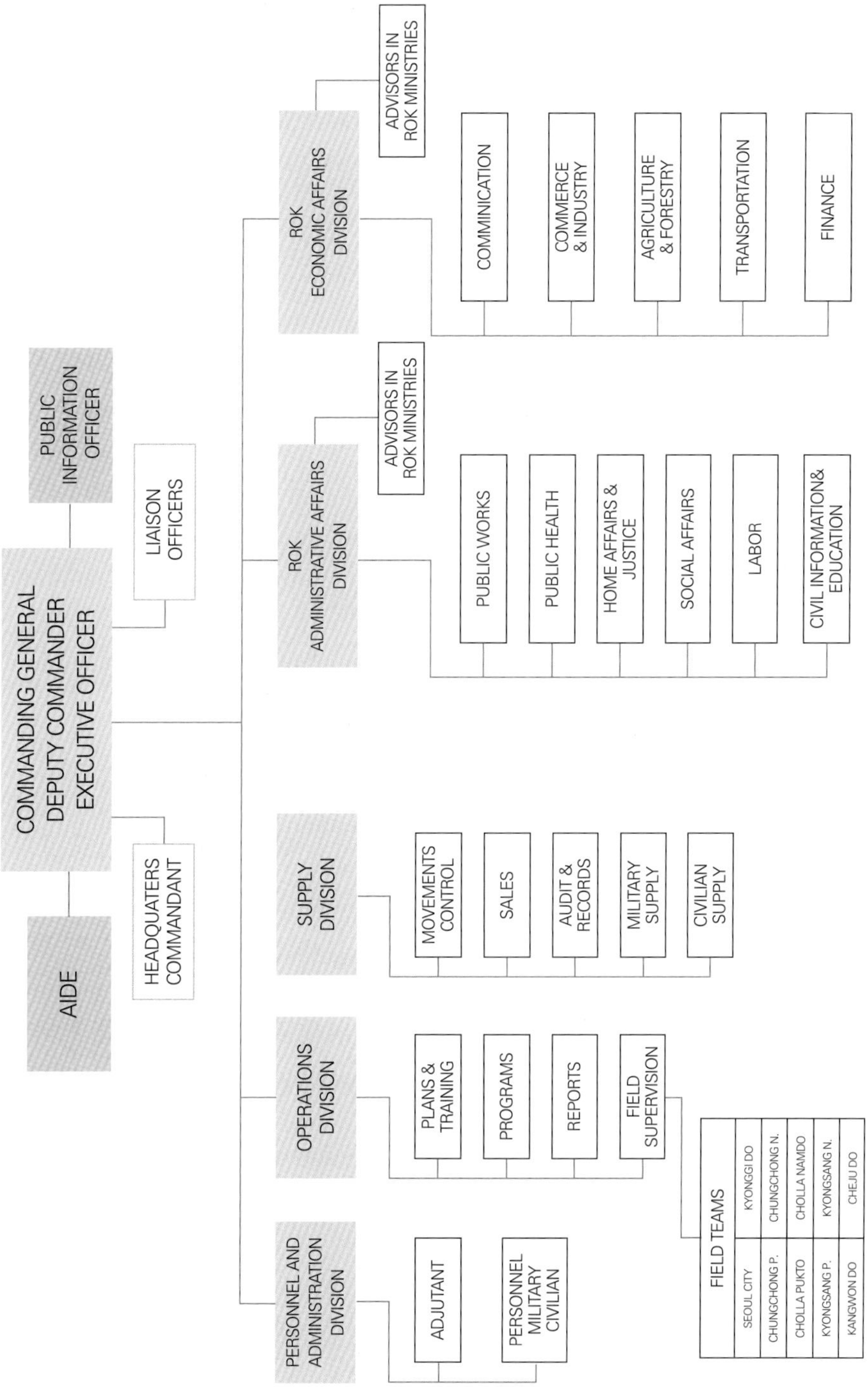

출처 : 위의 자료, p. 9.

여기에는 의사, 기술자, 법조인, 교사, 경제학자, 기타 전문가들이 포함되었다. 현역 군인들과 민간 전문가들이 융합된 독특한 조직으로서, 그들이 지향하는 자유 민주주의의 가치 실현을 위해 여러 나라에서 다국적 집단을 형성하여 임무를 수행한 것이다.

셋째, UNCACK가 민간인 구제 활동을 위해 세계 여러 나라에서 지원을 이끌어냈다는 점도 주목할 만하다. 태국으로부터 쌀을, 필리핀으로부터는 설탕을 지원받는가 하면, 여러 나라에서 재정과 기계, 식량, 기타 품목을 지원받아 한국의 경제 활동을 떠받쳤던 것이다.

UNCACK 사령부는 한국 정부의 시설들이 집중되어 있던 부산에 위치해 있었다. 현장에서의 활동은 도를 중심으로 각 지방에 파견된 팀 위주로 수행되었고, 거제도와 제주도에도 각각 팀이 배정되었다. 각 팀에는 공중보건, 교육, 경제, 공보 등 구호 활동을 벌이는 전문가들이 포진되었다. 이들은 각 도의 한국 공무원들의 협조와 도움을 받아 식량과 피복 등 구호품들을 배분하는 역할을 수행했다.

UNCACK의 임무 수행에서 가장 중요한 협조 기관은 유엔한국재건단UNKRA이었다. 한국 전쟁이 발발한 이후 1950년 12월 1일 유엔 총회 결의 410(V)호에 의거하여 설립된 UNKRA는 한국의 경제를 전쟁 이전 수준으로 복구하는 것이 목적이었지만, 전쟁이 치러지는 동안에는 민간인 긴급 구호에 역점을 두어 UNCACK 본부에 134명의 인력을 지원하는 등의 협조 체제를 구축했다.

그외 또 다른 기관은 통합경제국Combined Economic Board, CEB이었다. 이 기관은 유엔군사령부와 한국 정부 대표들로 구성되었으며, 지원을 위해 획득된 구호품을 한국민들에게 적합하게 배정하는 것이 임무였다. UNCACK과 UNKRA는 여기서 결정된 지침에 따라 구호품을 매입하거나 배분하는 임무를 현장에서 수행하는 기관이었다.

(2) 임무와 역할

UNCACK의 공식적인 임무는 질병과 기아, 공포로부터 민간인들을 구제하는 것이었다. 군사적인 측면에서 볼 때 이러한 임무는 전방 전투 지역에서의 아군 전투력을 향상시키는 것과 맞물려 있다. 후방 지역에서 불안감이 커지고 소요 사태가 발생하면, 전방 지역에서의 전투력에도 직접적인 영향을 미치기 때문이다.

이같은 일차적인 임무에 더해, 이후 중요한 임무가 추가되었다. 1951년 5월부터 경제 복구와 부흥 쪽으로도 역할이 확대된 것이다. 미국 정부의 경제협조처ECA의 임무가 이관되면서 UNCACK는 한국의 경제와 산업 분야 복구, 교육과 경제 안정 등 사회 전반의 역량을 강화하는 데 힘썼다.

창설 당시 UNCACK의 역할과 임무는 크게 4가지 분야에서 수행되었다. 1951년 초중반을 기점으로 각 분야에서 수행한 역할은 공중보건과 위생Public Health, 공공복지Public Welfare, 경제 원조Economic Aid, 구호 및 구제품 보급Civilian Supply이었다.[19]

그런데 1952년 6월에 작성된 UNCACK 실적 보고서를 보면 민간인 구제라는 최초의 임무가 사실상 점령 지역 통제라는 방향으로 그 프레임이 재구성된 것을 알 수 있다. 이를 요약하면 △정치와 행정, △경제 및 산업 육성, △공중보건 및 복지, △공보 및 교육, △구호품 조달 등 5가지 분야를 포괄한다. 최초의 임무에서 정치 및 치안 확보와 공공교육 분야가 추가된 것이다.[20] 이들 자료에 기초하여 UNCACK의 중점 분야 임무와 활동 내역을 요약하면 다음과 같다.

① 공중보건 및 위생

공중보건 관련 전문가들이 처음 한국에 도착했던 1950년 9월까지만 하더라도 약 24만 명의 성인 남녀와 어린이들이 질병과 기아로 이미 사망한 상태였고, 이들은 주로 피난민들이었다. 특히 전염병이 확산될 위험이 커지고 있었기 때문에 이를 조기에 차단하지 않으면 전방 지역의 전투력에도 심대한 영향을 끼칠 것을 우려해 UNCACK는 공중보건 분야에 역점을 두기 시작했다.[21]

1950년 9월 5일 유엔군사령부 소속의 공중보건 및 위생 부서 책임자였던 의사 허취Dr. Hirschy 박사가 부산 지역에 도착하여 파악한 실태를 보면 전염병 예방이 급선무로 인

19 Headquarters, UNCACK, "Chapter 2: Organization and Responsibilities of UNCACK," (19 October 1951), Report 319.1, National Archives and Records Administration.

20 Headquarters, UNC (2013: 4-7).

21 Roger E. Bradley, "Veteran's Memoirs: With the UNCACK."

지되었고, 구체적으로 발진 티푸스, 장티푸스, 콜레라, 천연두 예방이 시급했다. 이를 위해 그는 백신과 DDT 조달을 요청했고, 필요한 의료 구호품 확보에 나섰다.[22]

전문가들로 구성된 또 다른 팀들이 유엔 산하 세계보건기구WHO에서 파견되어 경상북도와 경상남도에 배치되었다. 이때까지는 UNCACK가 창설되기 전이라 그들은 모두 유엔보건복지파견대UNPH&W 소속이었다. 그러다 인천 상륙 작전 직후인 1950년 9월 26일까지 새로운 수복 지역이 확장됨에 따라 공중보건 업무 역시도 급속히 확대되었다. 피난민이 증가하고, 전쟁으로 인해 병원과 의료 시설은 파괴되었다. 유엔군이 북한 지역으로 공세를 확대하자, 점령 지역 관리를 위한 군사 정부의 설립도 필요해졌다.

이에 따라 공중보건과 관련된 구호품들이 서울과 경기도 지역에 공중 투하되는 등 신속한 대응 조치가 이루어졌다. 그리고 전세가 다시 기울어진 11월까지는 최소한 전염병 확산을 저지하는 데도 성공했다. 이 과정에서 두 가지 효과적인 조치들이 더해졌다. 하나는 '기본 의료품Basic Medical Unit'이라 불리는 의료품 세트가 제공된 것인데, 세트마다 당시 돈으로 미화 8,000달러 상당의 의료품이 담겨 있었다. 1세트는 대략 10만 명이 1개월간 치료받을 수 있는 분량이었으며, 1950년 10월 1일부터 1951년 9월 30일까지 1년 동안 총 238개의 세트가 수입되었다.

다른 하나는 병원 시설에서 사용하는 침대의 공급이었다. 40개의 병원용 침대를 포함한 세트 32개가 배급되었고, 세트당 가격은 미화 7,000달러였다. 이들 구호품은 한국 전역에서 필요한 곳에 배급되었다. 뿐만 아니라 유엔의 요청에 따라 많은 나라들이 의료 지원 인력도 파견했다. 여기에는 노르웨이, 네덜란드, 덴마크, 영국, 캐나다, 멕시코, 페루, 미국, 프랑스, 시리아, 중화민국지금의 대만, 태국이 포함된다.

그러나 미군이 남겼던 자료를 보면 전염병과의 전쟁은 이보다 앞서부터 시작되었던 것으로 확인된다. 1951년 9월 30일을 기준으로 파악된 전염병 예방 활동에 따르면, UNCACK는 세계보건기구의 지원을 이끌어낸 덕분에 1951년 9월 30일까지 4개 전염병원에 대해 한국인의 70퍼센트 이상을 대상으로 예방 접종을 시행하고, 75퍼센트를

22 Headquarters, UNCACK, "UNCACK Civil Relief Activities in Korea,"(19 October 1951), Report 319.1, National Archives and Records Administration.

대상으로 DDT 방역 활동을 전개했다.

〈표 3〉 UNCACK에 의한 전염병 예방 접종 및 방역 활동 실적 (1951년 9월 30일 기준)

종류	예방접종 인원(명)	전체 인구 대비(%)
발진 티푸스 (Typhus)	14,515,630	68
장티푸스 (Typhoid)	18,903,358	88
천연두 (Smallpox)	15,324,748	72
콜레라 (Cholera)	1,790,331	91 (항구 주민)
DDT 방역	15,314,000	75

출처 : Albert E. Cowdrey, *The medics' war: United States Army in the Korean War* (Washington D.C.: U.S. Army, 1987), pp. 327-329.

나중에 확인된 사실이지만, UNCACK가 공중보건 위생 분야에서 이룬 실적은 거의 기적에 가까웠다. 1952년 전반기에 치러진 전염병과의 전쟁으로 천연두는 지난해와 대비하여 98퍼센트가 차단되었고, 장티푸스는 96퍼센트 감소하여 지난해와 비교할 때 사망자 수는 3퍼센트에 불과했다. 발진 티푸스는 77퍼센트, 디프테리아는 87퍼센트 감소했으며, 나병 환자 4만여 명 가운데 1만 2,000명이 치료를 받게 되었다.[23]

② 공공복지

복지 분야는 성격상 보건 분야와 맞물려 있다. 최대의 관심사는 피난민들과 전쟁으로 피해를 입은 민간인들의 구제였으며, 한국 정부로부터 보호받지 못하는 사람들을 대상으로 의식주를 제공하는 것이 목표였다. 1950년 9월 유엔보건복지파견대는 대구 지역 인근에 운집한 30만 명의 피난민들을 대상으로 구제 활동에 나섰다. 이들은 서울과 경기, 강원도, 충청도 등 대구 이북 지역에서 내려온 사람들이었다. 당시는 아직 겨울로 접어들기 이전이었으므로 파견대는 일단 식량 보급에 주력했다.

그러다가 전세가 유엔군과 한국군에게 유리하게 돌아가면서 피난민들이 고향으로 복귀하게 되자, 이제 민간인 복지에 대한 관심도 전쟁으로 파괴된 주택을 시급히 복

23 Roger E. Bradley, "Veteran's Memoirs: With the UNCACK."

구하는 데로 향하게 되었다. 당시 전쟁으로 인한 피해는 정말 심각했다. 예컨대 12만 7,000여 명이 거주하던 대전의 경우 주거지의 80퍼센트가 파괴된 상태였다. 대구 인근 지역의 상황도 이와 유사했다. 게다가 유엔군이 북한 지역으로 밀고 올라가자, 민간인 복지 소요는 더욱더 확장되었다. 이에 따라 복지 분야와 보건 위생 분야를 담당하는 유엔군 관련자들은 서울에 본부를 설치하고, 임무 수행에 들어갔다.

식량 배급은 서울과 인천 지역을 중심으로 이루어졌고, 주로 쌀이 주종이었다. 이 지역은 한강을 이용한 수송 체계가 비교적 잘 갖추어져 있었기 때문에 약 2,000톤의 식량을 원활하게 배급할 수 있었다. 1951년 10월 5일에 서울 시청 앞에서 벌어진 식량 배급 광경은 그러한 민간인 구제 활동의 진면목을 보여준다. 쌀 배급이 시행된 첫날, 이곳에는 기근과 기아에 허덕이는 수많은 사람들이 구호품을 받기 위해 장사진을 이루었다고 한다.

중공군이 개입하기 직전 무렵에 유엔군의 복지 업무는 북한 지역인 함흥 인근까지로 확장되어 있었고, 곧 북한 전역과 만주 국경 지역까지를 포괄해야 하는 상황이었다. 그러다 중공군의 개입으로 상황이 역전됨에 따라 폭증하는 피난민이 큰 과제로 떠올랐다. 이미 남한 지역에는 약 400만 명에 달하는 피난민과 전쟁 피해자들이 있었고, 여기에다 70여만 명이 북한 지역을 탈출하면서 피난민이 급증하는 추세를 보였다. 이런 규모는 2차 세계 대전 직후 유엔이 직면한 구제 활동을 능가하는 수준이었다. UNCACK에서 파악한 당시의 한국 인구 관련 통계는 다음과 같다.[24]

24 Headquarters, UNCACK, "Chapter 4: Public Welfare," (19 October 1951), Report 319.1, National Archives and Records Administration.

▶ 인구 현황 (명)	- 1950년 6월 현재 전체 인구 : 20,373,000
	- 북한에서 탈출한 피난민 : 650,000
	- 사망하거나 실종된 인원 : 470,000
	- 1951년 9월 1일 현재 인구 : 20,553,000
▶ 구제 대상 인구	- 북한에서 탈출한 피난민 : 487,500
	- 한국지역 피난민 : 2,500,000
	- 합계 : 2,987,500
	- 전체 인구의 15%

참고로, 북한 지역을 탈출하는 피난민 행렬을 기록한 부분을 보면 꽤 인상적인 대목이 나온다. 극심한 한파를 뚫고 피난길에 나선 사람들이 목숨을 건질 수 있었던 가장 큰 요인은 이들이 통과하는 마을마다 선뜻 잠자리와 식량을 건네준 같은 동포들의 선의가 있었기 때문이었다는 것이다. 그리고 또 하나의 요인은 유엔군 병사 개개인이 베푼 인류애였다고 기록은 설명한다. 자신들의 전투 식량을 자식이 딸린 피난민 어머니에게 기꺼이 내주었던 병사들 또한 피난민들에게는 구세주나 다름없었다.

The response of most of more fortunate the Korean people along the routes of the refugees was such as to restore the belief in human kindness for even the most jaded misanthrope. In every village through which they passed, the villagers offered food and shelter to all, including those who were unable to pay. --- A second phenomenon of human behavior as observed among UN troops during this heartbreaking phase, was the fire of compassion which even war cannot extinguish in those whose the profession was the world's most brutal. Sympathy and a frustrated desire to aid the refugees was apparent on a surprisingly high percentage of our soldier's faces and in their actions. Gone was the carelessly self-conscious swagger of the soldier as he passes out a candy bar; in its place was the self-conscious subterfuge through which the soldier managed to slip a can of "C-ration" to the mother of a forlorn little family group on its south-ward track.[25]

한편 한국의 남쪽 지방에서는 정부 관리들과 UNCACK의 직원들이 몰려드는 피난민들을 분산시키기 위해 거제도와 제주도에 피난처를 마련했다. 1950년 크리스마스 무렵부터 1951년 2월까지 거제도에 약 8만 명, 제주도에 4만 5,000명의 피난민들이 유입되었다. 북한 지역에서 탈출한 피난민 10만여 명도 거제도와 제주도에 분산 배치됐다.

그에 따라 1951년 초까지 UNCACK의 인력도 꾸준히 증원되었다. 미군 측에서 현역 군인들이 보충되고, 유엔 측에서는 국제적십자사와 국제난민기구IRO를 통해 인력 파견이 이루어졌다. 복지 분야에서 직원으로 근무할 인력을 파견한 나라들은 노르웨이, 덴마크, 벨기에, 프랑스, 네덜란드, 영국, 캐나다, 미국이었다. 이들을 포함한 직원들이 팀별로 구성되어 각 지방에 파견되었다. 한국 정부의 보건복지부 직원들과 UNCACK 요원들이 합동으로 필요한 업무를 수행할 체제가 구축된 것이다. 이들은 피난민의 규모와 위치, 전쟁 피해자, 주거 시설의 파괴 현황, 고아들의 규모와 위치, 식량 배급 규모 등을 추산해 현황 파악 결과를 수치로 집약했다.

식량과 피복 조달이 원활해지자, 이제 UNCACK의 임무는 민간인 주거 시설 복구로 전환되었다. 1951년 7월까지 파괴된 것으로 파악된 약 45만 개의 주거 시설 가운데 한국 정부와의 협력으로 초기 단계에서 1만호의 복구 작업이 추진되었다. 재건축된 주거는 도시 기준으로 1가구 주택과 2가구 공동 주택이 표준 모델이었고, 농촌 지역에서는 1가구 주택을 기준으로 삼았다. 도시 지역 1가구 주택 건축에는 대략 1,200달러, 농촌 지역 주택은 350달러가 소요돼 도합 1만호의 주택을 건축하는 데 총 180만 달러가 지원되었다. 그 뒤 주거 시설 복구에 추가로 50만 달러가 투입되었고, 임시 주거 시설 지원용으로 5,000개의 텐트를 확보하기도 했다.

---

25 Headquarters, UNCACK, "Civilian Personnel Vacancies," (7 Novermber 1951), CAAD 230, National Archives and Records Administration.

③ 경제 원조

흔히 '마샬 플랜'이라 불리는 미국의 전후 유럽 원조 계획을 직접 시행하는 기관은 미국 정부의 경제협조처ECA였다. 앞서 언급한 것처럼 한국 전쟁 발발 당시에 한국도 이미 이 플랜에 포함되어 지원을 받고 있던 터였고, ECA 직원들도 한국에 상주하고 있었다. 그러던 1951년 4월부터 UNCACK가 ECA의 임무를 이어받았고, ECA의 임무는 그해 6월에 종결되었다.

UNCACK의 원조 개념은 전시긴급구제계획SEC에 기초한 것이었다. 이 계획에서는 유엔군사령부UNC를 통하여 군사 원조와 경제 원조를 제공하기로 결정하고, 구호 사업비를 결정할 수 있는 권한과 물자 배급 절차에 대한 책임과 권한을 UNC에 부여했다. UNC의 한국 원조 프로그램은 한국민간구호계획CRIK이었다. CRIK는 미국 육군성의 예산에서 지출되는 원조SKO와 유엔 가맹국이나 비가맹국의 민간 단체 및 개인이 하는 원조SUN로 양분된다. 그러나 실제로 SUN은 SKO에 비하여 10분의 1 정도로 규모가 작았다.[26]

이와 같이 UNCACK의 임무는 기존의 보건, 위생, 구제 및 구호 활동에서 더 나아가 한국의 산업 역량을 복구하는 임무까지로 확장되었다. 생필품을 공급하기 위한 산업 시설 복구는 물론 경제 안정에 필요한 환율 조정과 물가 안정 조치까지 구체적인 활동에 포함된 것이다. 따라서 경제 문제는 최전선에서 활동하는 UNCACK 요원들의 관심사로도 부상했다.

물론 경제 활동 안정화에 있어 최우선 목표는 전방 지역의 전투 활동을 지원하는 것이었다. 한국의 산업 생산 활동은 이 목표를 위해 가동되어야 하고, 거기에 민생 경제를 지원하는 활동이 부차적으로 보태졌다.

사실 적어도 1950년 6월 이전까지 한국에서의 경제 프로그램은 단지 계획 수준에 그쳤을 뿐이지 구체적인 프로그램은 없었다. 그러다 6월 첫 주부터 일본에 주둔하는 연합

---

26 U.S. Army, "Tonnages and Values of Civilian Relief in Korea, US Army Procurement and United Nations Donations by Commodity Category as of 31 March 1956 - 31 December 1956 (In Metric Tons and Dollars)" Records of the U.S. Army Staff (29 May 1956), RG 319, National Archives and Records Administration.

군 최고사령부Supreme Commander of the Allied Powers, SCAP에서 경제 전문가 팀이 한국에 파견되어 7월까지 주로 한국의 식량 수급 사정과 농업 실태를 진단했다. 이후 이 팀은 한국의 산업 역량 전반에 대해 진단하는 역할까지 수행했다.

1950년 9월까지 SCAP에서 파견된 경제 조사단은 한국의 농수산물과 석탄 생산 역량, 그리고 전력 발전 역량 강화에 초점을 두고 필요한 조치를 강구하기 시작했다. UNCACK는 여기서 파악된 결과를 토대로 경제 복구 및 안정화 활동에 나섰다.[27]

한국은 식량 생산 증대를 위해 1950년 8월까지 총 7만1,000톤의 비료를 수입했다. 이후 1952년 3월까지 총 22만 5,000톤의 비료를 수입할 계획을 세웠다. 이를 위해서는 매년 유엔으로부터 약 2,000만 달러 규모의 지원이 필요했다.

전력과 관련된 사업은 전적으로 주한 미8군 사령부의 관할이었다. 그러나 UNCACK도 기존에 ECA가 수행하던 전력 지원 관련 품목을 관리하는 임무를 맡았다. 한국이 발전소 설립과 운영을 지원받게 되면서 기존에 유엔군이 전력 발전 함선을 통해 지원하던 발전량에 대한 의존이 크게 낮아졌다. UNCACK는 부산, 광주, 당진리 발전소에서 사용할 석탄을 유엔 구호금으로 제공하기도 했다.

이외에도 UNCACK는 국내 산업의 분야별 실태를 파악하고, 장기적인 육성 방안을 마련하는 활동에 많은 노력을 들였다. UNCACK는 석탄 생산량 증대를 목표로 광산 개발 관련 장비를 지원하거나 광부들에게 식량을 지원하기도 했다. 생산된 석탄은 수출을 통해 외화 수입에 기여했다. 한편 가정용 석탄을 석유 코크스로 대체하여 수입 부담금을 줄이기 위한 노력도 병행했다. UNCACK는 기존에 ECA가 수행하던 수산업 장려 사업도 이어받았다. 이 사업은 식량 조달과 함께 수산물을 수출하여 부족한 외화를 충당하기 위한 목적을 겸했다. UNCACK가 한국의 경제 활성화를 명목으로 제공한 금전적 지원 규모는 총 1,700만 달러에 달했다.[28]

---

27 U.S. Army, "Status Report of Part Programs for Civilian Relief in Korea Issued through 30 June 1954 (Cumulative) as of 30 June 1956, Section I - SUN Programs (Donations)," Records of the U.S. Army Staff (14 August 1956), RG 319, National Archives and Records Administration.

28 위의 자료.

④ 구호 물자 보급

UNCACK에서 구호 물자를 보급하는 부서는 민간인 구제 및 구호에 필요한 물품을 기획, 수송, 분배하는 일체의 역할을 수행했다. 보건, 위생, 복지, 경제 등 핵심 기능을 수행하는 요원들은 모두 이 부서에 전적으로 의존해야 했다. 최전선에서 활동하는 요원들이 물품 소요를 리스트로 작성해서 구호 물자를 보급하는 부서로 요청하면, 이 부서에서는 한국 정부에서 지원 가능한 품목들을 제외하고 나머지 품목들을 지원하는 데 주력했다.

구호품 획득 절차는 먼저 UNCACK의 구호 물자 보급 부서에서 요청서를 주한 미8군 사령부로 발송하고, 여기서 유엔군 사령부로 다시 발송하면 사령부에서 유엔을 통해 세계를 대상으로 기부를 받게 된다. 각국으로부터, 그리고 국제기구를 통해 접수된 기부 내역은 미국 육군성에서 실제로 획득하는 과정을 거친다. 그런 다음 마지막으로 UNCACK의 구호 물자 보급 부서에서 미국 육군성을 통해 한국으로 수송하는 업무를 시행하게 된다. 한국으로 수송된 구호품들은 한국 정부의 수입 승인 과정을 거치게 되고, 물품에 대한 보호 임무는 한국 정부의 책임하에 놓이게 된다.

구호품의 분배에 대한 결정권은 유엔과 한국 관리로 구성된 중앙구제위원회Central Relief Committee에 전적으로 위임된다. UNCACK는 최종적으로 구호품이 지정된 곳에 정확히 전달되었는지를 점검하는 책임을 진다.

이 과정에서 발견된 문제점도 있다. 예컨대 어린이 식량으로 지원된 제품이 어머니들에게는 처음 접하는 것이어서 혼선을 겪는 일이 자주 발생했다. 소독용 DDT가 사람들 사이에서 만병 통치약으로 잘못 사용되는 경우도 있었다. 그래서 학교나 병원, 경찰서 등에서 DDT 사용 지침을 안내, 교육하는 과정을 거치기도 했다.

또한 UNCACK의 민간 복지 활동 임무 수행에는 세계 여러 나라와 국제기구들이 구호품을 보내고 인력을 파견하는 등의 도움을 보탰다. 1951년 9월 30일까지 집계된 자료에 따르면 구호 물품을 보낸 나라들은 모두 26개국에 달했다. 여기에다 인력 지원까지 포함하면 도움을 준 나라들은 기존 26개국에 더해 프랑스, 캐나다, 콜롬비아, 쿠바, 에티오피아, 인도, 스위스 등 33개국으로 늘어난다.

〈표 4〉 구호 물품을 원조한 나라들 (1951년 9월 30일 기준)

국가	구호 물품	국가	구호 물품
덴마크	설탕	멕시코	쌀, 콩
태국	쌀	파키스탄	밀
중국 (대만)	쌀, 석탄, 소금	그리스	비누, 학교 용품
리베리아	고무	필리핀	쌀, 비누
뉴질랜드	식량, 피복, 비누, 침구류	영국	소금, 피복
베네수엘라	식량, 담요, 비누	자메이카	효소
우루과이	담요	일본	식량
호주	비누, 보리	터키	양모, 바늘, 피복, 기타
노르웨이	비누, 피복	미얀마	쌀
쿠바	설탕	이스라엘	자몽, 기타
벨기에	설탕	캄보디아	생선, 쌀
코스타리카	피복	에콰도르	쌀
아이슬란드	대구 간유	미국	식량, 피복, 원료, 기타

출처 : U.S. Army, "Tonnages and Values of Civilian Relief in Korea, US Army Procurement and United Nations Donations by Commodity Category as of 30 June 1956 (In Metric Tons and Dollars)," Records of the U.S. Army Staff (14 August 1956), RG 319, National Archives and Records Administration.

한국민들을 위해 원조를 아끼지 않은 나라들도 고맙지만, 유엔 산하 국제기구들과 미국의 NGO 단체들의 지원도 한국민들이 잊지 말아야 할 대목이다. 특히 미국 내의 종교와 사회 봉사 단체들이 정부가 주도하는 외교 정책에 적극 힘을 보태는 모습은 참으로 인상적이었다.[29] 자유 민주주의의 이상과 도덕을 실현하기 위해 국가와 국민이 합심하는 모습을 보면 이것이 바로 국가의 힘이요, 역량이라는 것을 실감하게 된다.

또 하나 간과할 수 없는 대목은, 유엔군의 주민 구제 활동이 전후 한국 사회의 발전에 결정적인 동력을 제공했을 것이란 사실이다. 보건 위생 측면에서의 유엔군의 활약 덕

29 구제 활동을 도운 국제단체에는 세계보건기구(WHO), 국제난민기구(IRO, 지금의 UNHCR), 유엔아동기금(UNICEF), 미국 퀘이커봉사위원회(American Friends Service), 국제원조구호기구(CARE), 미국 동양선교회(Oriental Missionary Society), 미국 가톨릭복지단체 (National Catholic Welfare Conference), 미국 어린이구제연맹(Save the Children Federation, NYC), 영국 여성기독교협회(홍콩)(British Young Women's Christian Association), 노르웨이 난민기구(Norwegian Relief Agency for European Refugees, Oslo), 미국 제7일안식일 예수재림교(Seventh Day Adventists, Washington D.C.), 미국 루터교 세계구제연맹(Lutheran World Relief, Inc., NYC), 뉴질랜드 세계구호협회(Council of Organizations for Relief Services Overseas, New Zealand), 세계적십자연맹(League of Red Cross Societies) 미한국구호협회(American Relief for Korea, Inc.), 캐나다 연합교회전도회(Home Missions, United Church Missions of Canada), 미국 기독교세계봉사회 (Church World Service, Inc., NYC) 등이 있다.

분에 지적, 도덕적으로 큰 잠재력을 지닌 많은 한국인들이 목숨을 구할 수 있었고, 그로 인해 가능해진 인구 성장이 한국의 비약적인 경제 성장을 추동한 요인이 되었음은 두말할 나위 없다.

이러한 견해는 실제로 UNCACK가 작성한 보고서에서도 그대로 드러나 있다. 1950년 10월 19일자로 작성된 특별 보고서는 결론 부분에서 "한국인들은 지적이며 독창적이고 근면할 뿐 아니라 이들의 도덕 기준은 서양인만큼이나 고결하다. 이들은 소중한 우리의 우방이다"라고 기술하고 있다.

> These people are intelligent, resourceful, hardworking, and their moral standards are as high as are those of the occidental world -they are worthy allies.[30]

당시는 미국민들에게 한국이 말 그대로 '미지의 먼 나라'였던 시절이었다. 전쟁으로 쑥대밭이 된 한반도에 들어와서 미군들이 한국민들을 마주하며 실제로 보고서에 나온 것과 같은 느낌을 받았다면, 이는 한국민으로서 자긍심을 느낄 만한 부분이다. 전쟁으로 가족을 잃고 언제 죽을지 모르는 공포에 시달리면서도 한국민들이 그만큼 분별력과 인내심을 발휘했다는 것을 증명해주기 때문이다.

⑤ 공교육 지원

1951년 6월 무렵부터는 초기에 민간인 구제와 구호에 집중되었던 UNCACK의 활동에 교육 지원 임무가 추가되었다. 한국민들의 물리적 생존을 책임지는 것에서 한 걸음 더 나아가 어린이들에 대한 교육 서비스가 절실하다고 인지한 것이다.

이를 위해서는 우선 현장 조사가 필요하다고 판단한 UNCACK는 일단 피난민과 포로들이 운집한 거제도 일대를 방문 조사하기로 결정했다. 그럼 지금부터는 당시의 결정 배경과 조사 내용을 기록한 원문 자료를 통해 UNCACK의 교육 분야 지원 활동의 윤곽

---

30 Headquarters, UNCAK, "Chapter VII: Conclusion," (19 October 1951), Report 319.1, National Archives and Records Administration.

을 파악해 보기로 한다.[31]

1951년 8월 28일 UNCACK 소속의 맥마누스Robert P. McManus란 인물이 거제도에 도착했다. 그의 직책은 민사 정보 및 교육 분야Civil Information and Education Section를 책임지는 담당관으로, 오늘날의 직위로 따진다면 팀장 혹은 과장 정도에 해당한다. 오전 11시발 한국 화물선을 타고 6시간만인 오후 5시에 거제도에 도착한 그의 방문 목적은 북한에서 넘어온 피난민과 중공군 및 북한군 포로들을 대상으로 '유엔 민사 정보 및 교육 프로그램UN CI &E Program'을 어떻게 적용할지를 파악하기 위해 현장 조사를 시행하는 것이었다.

민사 정보 및 교육 부서는 1951년 6월 4일에 UNCACK 예하로 설립된 공보실Public Information Section의 산하 조직으로, 6월 9일에 만들어졌다. 이 부서는 일본에서 3명의 전문가를 충원했는데, 그 중 한 사람이 바로 부서 책임자인 맥마누스였다. 그리고 뒤이어 UNCACK는 중령 1명과 11명의 민간인을 합해 총 12명의 인력을 민사 정보 및 교육 부서로 충원시켰다

맥마누스 담당관이 직접 탐방한 곳은 피난민 수용소와 중공군 및 북한군 포로 수용소, 고아원, 병원, 학교 시설이었다. 이 과정에서 공무원, 의사, 교육자, 군인 같은 다양한 관계자들과 인터뷰도 가졌다. 그가 첫 번째로 확인한 사실은 당시의 거제도는 공권력은 물론 그 어떤 정보나 여론으로부터도 완전히 분리된 진공 상태의 장소였다는 것이다. 라디오나 신문은 말할 것도 없고 심지어 확성기조차 마련되지 않은 공백 상태에 처해 있었던 것이다. 따라서 정부 정책을 홍보하고 전달하는 공보 업무에서도 당연히 소외될 수 밖에 없었다. 미국 공보 담당United States Information Service, USIS 출장소가 유일한 민간 정보 전달 매체였지만, 이마저도 1951년 7월 17일에 거제도에서 철수한 상태였다.

그러한 상황에서 피난민 어린이들에 대한 교육을 지원하기 위해 맨 처음 구상한 것은 거제도 일대의 공립 학교에 이 어린이들을 맡기는 것이었다. 하지만 맥마누스가 현장에서 조사한 결과 이 구상은 시행이 불가능하다는 판정이 내려졌다. 그 첫 번째 이유는 거제도의 공립 학교들이 이미 과부하 상태에 놓여있었다는 것이었다. 피난민 어린이

31 Robert F. Mcmanus, "Report of Field Trip to Koje Do," UNCACK Civil Information and Education Section (1 October 1951), Unit History 314.7, National Archives and Records Administration.

들을 수용하기는커녕 이미 넘쳐나는 어린이들로 학교들은 몸살을 앓고 있었다. 둘째는 학교 시설이 교육 이외의 다른 목적으로 활용되고 있었기 때문이었다. 예컨대 거제도에서 제일 큰 장승포의 공립 학교는 6개 교실을 제외한 모든 시설을 세브란스 병원이 차지하고 있었다. 이 학교는 1951년 9월 3일을 기점으로 무려 2,000명의 신입생이 입학 대기 중일 정도로 시설이 포화 상태였다.

맥마누스가 현장에서 확인한 사실은 또 하나 있었다. 교육을 받아야 할 피난민 어린이들은 1만여 명에 달하지만, 이 중에서 지난 학기에 학교 교육을 받은 어린이들은 고작 1~2퍼센트에 불과하였다. 게다가 피난민 중에서 선생님 역할을 수행할 사람들은 다수 확보되어 있었으나 학교 시설은 물론 교재를 포함한 교육 보조재는 전혀 조달되지 못하고 있었고, 새로 임명되는 선생님들에게 한국 정부가 임금을 지급할 여력도 없어 보인다고 그는 답답함을 토로했다. 난민들 가운데 문맹자들의 비율이 1~2퍼센트 정도라는 사실도 확인되었다.

우리는 맥마누스가 확인한 사실들을 통해 당시 거제도에 얼마나 많은 교육 소요가 발생했는지를 가늠할 수 있다. 특히 피난민들이 데리고 온 어린이들이 1만여 명에 달한다는 사실 하나만 놓고 보더라도 당시 거제도의 교육이 얼마나 큰 부담을 안고 있었는지 짐작할 수 있다. 이런 문제에 대해 제일 먼저 실태 파악에 나서는 건 한국 정부가 해야할 몫일 테지만 정작 이 문제에 발 빠르게 대처했던 곳이 유엔을 대표하는 UNCACK였다는 사실은 그저 놀라울 따름이다. 그리고 이 조직이 피난민들을 대상으로 이렇게 교육 소요를 파악하고 시행 계획을 구상할 수 있었던 것은 '유엔 민사 정보 및 교육 프로그램United Nations Civil Information & Education'이라는 프레임이 준비되어 있었기 때문이라는 사실도 새삼 드러났다.

그리고 우리는 맥마누스 담당관을 통해 장승포 초등학교의 생생한 실태도 접하게 되었다. 이 학교는 3개의 교실을 추가 마련했음에도 불구하고 세브란스 병원이 기존의 교실들을 이미 전부 장악한 상태였고, 추가로 마련된 교실마저 병원시설로 써야 할 지경이었다. 사정이 이렇게 돌아가자 현지의 초등학교장은 실의에 빠졌고, UNCACK의 거제도 책임자는 텐트를 활용하여 교실로 사용할 수 있도록 지원하겠다고 약속했다.

더불어 맥마누스 담당관은 거제도 포로 수용소를 방문한 결과도 함께 보고했다. 현지에서 포로를 대상으로 교육을 담당했던 벤벤Mr. Benben이라는 이름의 책임자와의 인터뷰를 통해 확보한 자료도 기술했는데, 포로들에 대한 교육은 공식 및 비공식 교육formal and informal instruction, 직업 교육, 오락 프로그램 등 총 4가지 프로그램으로 시행되고 있었다.

공식 교육은 총 30주 과정으로, '전체주의 역사', '인간의 자유', '미국인', '교육학', '민주주의 사회에서의 농부와 노동자', '경제 부흥', '미래의 지도자' 등의 과목으로 구성되었다. 여기에서는 매주 한 가지 주제를 선정하고, 각 주제에 따른 교재를 모든 포로들에게 지급하였다. 심지어 문맹인 포로들에게도 그에 적합한 교재들이 제공되었다. 비공식 교육은 한국어로 제작된 라디오 방송이나 신문, 또는 미국 공보부가 제작한 자료들을 제공하는 방식으로 이뤄졌다. 더불어 예술품 전시 같은 프로그램도 시행되었다. 직업 교육은 목공, 세공, 제철공, 석공, 방직 등의 직종에 대한 교육을 제공하였다. 오락 프로그램은 주로 체육 활동으로 구성되었으며, 농구, 배구, 축구, 육상 등이 주요 종목이었다. 그 외에 연극 대본 작성이나 연출, 무대 설치 같은 연극 교육과 음악, 댄스, 수공예품 제작 등에 관한 교육도 있었다.[32]

한편 포로 수용소에는 100여 개의 필름도 준비되어 있었다. 여기에는 유엔 헌장, 세계의 식량 사정, 노동조합의 탄생, 현대 의약품, 전염병, 여론, 미국 소개, 미래의 약속 등의 주제들이 포함되었고, 그외 음악, 코미디, 여행을 주제로 한 필름들도 있었다. 필름은 한국어 번역본이거나 한국어 자막이 달려 있었다. 특히 천연두 예방 필름의 경우에는 만화로 제작되었고, 17세 이하의 포로들에게는 특별 교육이 별도로 준비되어 있었다.

포로 수용소 교육에 투입된 인력은 장교 27명, 민간인 13명, 병사 70명, 거제도 현지인 360명이었다. 이중 현지 한국인 고용인들은 인건비를 대신해 식량을 지급받았다. 일본 도쿄에도 이들을 지원하는 한국인과 미국인 인력들이 있었는데, 한국인들은 미군에 준하는 수당을 지급받았다. 추정컨대 도쿄 주둔 인력들은 필요한 교재와 교육 재료들을 제작하여 보내는 역할을 수행한 것으로 보인다.

32 위의 자료.

맥마누스 담당관은 포로 수용소의 교육 담당자인 벤벤John S. Benben 박사에 대해서도 따로 언급했다. 그는 벤벤 박사를 가리켜 미 노스웨스턴 대학에 1년간 휴직계까지 내고 이 교육에 참여하고 있는 훌륭한 교육자라고 소개했다. 1948년에도 이미 교육을 위해 한국을 방문한 적이 있어서 한국의 교육 관계자들와의 우의도 두텁다는 사실도 덧붙였다.

맥마누스 담당관은 피난민 실태에 대한 언급도 빼놓지 않았다. 거제도 피난민들은 심리적으로 최악의 상태에 있는데, 이들은 자발적으로 민주주의 사회를 선택했기에 미군에 의해 좋은 대우를 받을 것으로 믿었다고 한다. 그러나 북한군과 중공군 포로들은 상대적으로 좋은 대우를 받고 있는 반면 피난민들은 그렇지 못하다고 느끼고 있었다. 앞서 언급했지만, 실제로 포로들에 대해서는 비교적 질 좋은 교육이 이루어지는 것은 물론이고 주거나 식량, 의료 지원 등이 큰 문제없이 무난하게 시행되고 있었다. 하지만 그에 비해 난민 수용소를 방문해 만난 피난민들은 좌절과 실망으로 가득차 있었다고 맥마누스는 기술하고 있다.

맥마누스 담당관은 포로들에 대한 이같은 처우를 보고 느낀 강한 실망감도 보고하고 있다. 적군인 북한군과 중공군을 향한 이런 질 좋은 처우가 과연 미래에 어떤 효과로 돌아올 것인가에 대해 그는 비관적인 감정을 숨기지 않았다. 공산주의 사회를 거부하고 민주주의 사회를 선택한 피난민들에게 더 양질의 지원이 이루어져야 하나, 현실은 그 반대라는 것이다. 그는 7만에서 8만 명으로 추산되는 피난민들을 향한 지원이 더 강화되어야 하는 이유로 그들이 북한 지역에서 의사, 교육자, 상인, 공무원으로 일한 바 있는 고급 인력들이라는 점을 들었다. 그러면서 그들에 대한 처우를 강화해야 미래에 더 좋은 효과로 돌아온다는 사실을 상기시키고 있다.

마지막으로 맥마누스 담당관은 추운 겨울이 다가오면 이들 피난민이 더욱 어려운 처지에 몰릴 것이므로 이들에 대한 지원을 확대해야 한다고 절절히 강조했다. 이들에 대한 지원을 확대하는 길이 미국 정부의 신뢰를 회복하는 첩경이라는 사실을 주지시킨 것이다.

이와 같이 맥마누스 담당관의 거제도 실태 보고서를 읽으면서 우리가 되새겨 봐야 할 대목들을 정리해보면 다음과 같다.

첫째, 피난민에 대한 지원보다 포로들에 대한 지원이 더 우수했다는 사실을 어떻게 받아들여야 하는가의 문제다. 맥마누스는 적군 포로에 대한 대우가 피난민보다 더 우수했다는 사실에 대해 불만을 표출하고 있다. 우리가 익히 알고 있는 대로 북한을 탈출한 피난민들은 고급 인력들이 대부분이었다. 미국 사회와 민주주의를 동경하며 남한으로 건너온 이들이 정작 인도주의 기준에도 못 미치는 대우를 받으면서 좌절과 실의에 빠져 있는 현실을 목도한다면 과연 우리는 어떻게 반응해야 할까? 당시의 상황을 파악한 맥마누스 담당관이 그런 현실을 가리켜 앞뒤가 바뀌었다고 평가한 것은 지극히 온당한 것이었다고 본다.

둘째, 피난민으로 넘쳐나는 당시의 거제도에서 특히 아동 교육이 지체되어서는 안 된다는 문제 의식을 가지고 접근한 것은 한국 정부가 아니라 유엔군이었다. 전문가를 현지에 파견하여 교육 실태를 점검하고, 어떻게 하면 이 아이들을 교육할 것인가를 고민했던 것은 다름아닌 UNCACK였던 것이다. 반대로 당시 한국 정부와 정치인들 같은 경우엔 전쟁 중에도 정파들 간의 세력 다툼을 멈추지 않았던 사실을 떠올리면 부끄럽고 민망하기 짝이 없다. 국가의 명운이 걸린 전쟁 상태에서는 그 누구를 막론하고 사회 지도자들 모두가 나서서 전쟁을 지원하거나, 전쟁으로 피해를 입은 국민들을 먹여 살리는 일에 몰두했어야 옳다. 더구나 한국이 좋아서 피난 온 난민들을 살펴보고 지원책을 마련하느라 애써야 함에도 불구하고, 정작 해야 할 일을 하지 못한 당시의 한국 지도자들에 대해서는 결코 좋은 말을 꺼내기 어렵다.

셋째, 포로 수용소에서 이루어졌던 교육 프로그램들을 보면 정말 이것이 사실인가 하고 되물을 정도로 체계적이었다. 교과 과정이 마치 오늘날의 신병 교육대나 대학의 교양 과목 수준으로 마련되어 지금 당장 인도주의 교육 프로그램으로 내놔도 손색이 없을 정도라는 사실에 놀라움을 금할 수 없다. 이런 프로그램을 세상에 내놓기 위해서는 대체 어떤 철학과 가치관이 자리하고 있었는지, 그 연원과 과정, 역사적 사례 등을 심층 조사해봐야겠다는 충동을 불러 일으킬 정도다. 그리고 이러한 프로그램들이 포로 수용소에서는 시행되고 있었지만, 정작 피난민들을 대상으로는 엄두도 내지 못하던 당시의 상황에 대해서도 역설적이라는 평가를 내리지 않을 수 없다.

마지막으로 포로 수용소 교육을 책임졌던 벤벤 박사의 경우도 감동 그 자체다. 저명한 미국 노스웨스턴 대학의 교수직을 휴직하면서까지 머나먼 이국 땅에서 봉사하기 위해 달려온 그의 행적에는 심지어 경외심까지 든다. 보고서를 작성한 맥마누스도 그를 훌륭한 사람이라고 평가하는 걸로 봐서 그는 교육자의 롤 모델로서 전혀 손색이 없어 보인다. 대학 교수인 그가 다른 곳도 아닌 전쟁터에서 포로 교육을 위해 헌신한 것을 보면, 이것이 미국을 초강대국으로 만든 힘의 바탕이 아닐까 여겨진다.

아무튼 위의 자료에 의거하면 UNCACK에 의한 교육 지원 활동의 시작점은 1951년 6월로 파악된다. 그들은 교육 지원의 우선 순위를 피난민이 운집한 지역에서의 어린이 교육으로 설정하고 현장 조사를 시행했다. 그 결과 특히 초등학교 어린이들을 대상으로 한 교육 지원이 시작되어야 한다고 판단한 동시에, 필요한 교실과 교재의 확보가 시급하다고 인식한 사실도 확인된다.

또 하나 추가로 확인된 사실은, 이 무렵 UNESCO의 지원 예산이 한국에 배정되었다는 점이다. 문서를 작성한 날짜가 정확히 기록되어 있지는 않지만, 주한 미8군 사령부에서 UNC로 발송한 공문에는 UNESCO 지원 예산 10만 달러가 책정되어 있다는 사실과 이 예산이 1951년 가을 학기에 소요되는 교재 출판에 지원될 것임을 보고하는 내용이 포함돼 있다.[33] 당시 한국 교육부에서 파악한 바로는 새 학기에 소요되는 교재가 약 1,000만 권인데, 전쟁으로 공립 인쇄소 시설이 파괴되어 400만 권 정도만 출판 가능하다고 판단하고 있었다. 이에 따라 주한 미8군 사령부에서는 UNESCO 지원 예산을 인쇄 시설의 복구 지원에 사용하도록 건의하면서 필요한 물품 구입 내역을 첨부하였다.

UNCACK의 교육 지원은 학교 교육은 물론이고 직업 교육, 특수 교육 등을 모두 망라하며, 사실상 한국의 교육 체계 전반을 활동 범위로 상정하고 있었다. 지원 내역에서도 초기에는 교재와 교실 제공 같이 당장 시급한 복구 지원에 중점을 두었지만, 시간이 흐르면서 교육 체계 전반에 대한 시스템 구축과 행정 지원에 방점을 두고 활동을 전개

---

33 Headquarters, Eighth U.S. Army Korea, "Recommendations for Expenditure of United Nations Educational Scientific Cultural Organization Fund for Korea," (July 1951), AG 319.11KCAC, National Archives and Records Administration.

했다.

같은 시기 유엔군에게는 38선 이북의 점령 지역에서 민사 정보 및 교육 분야의 임무 수행을 지시하는 공문도 하달되었다. 1951년 6월 25일에 작성된 주한 미8군 사령부 공문을 보면, 북한 점령 지역에서 주민들의 소요를 억제하고 유엔군과 주민들간의 관계를 증진시킨다는 목표를 실현하기 위해 예하 사단과 UNCACK 부대가 수행해야 할 임무가 구체적으로 제시되어 있다. 특히 점령 지역에서 이러한 임무를 중추적으로 수행할 UNCACK에게는 구체적으로 14가지의 세부 활동 목표가 제시됐는데, 여기에는 교육 전문가의 투입, 교육 자료 제공, 학교 기관과 여론 매체들의 통제, 교육 내용과 프로그램에 대한 자문 등의 역할이 포함된다.[34]

이처럼 UNCACK의 역할과 임무는 유엔군이 북한 지역을 점령함에 따라 더욱 확장되었고, 그 중에서도 민사 정보 및 교육 분야에서의 역할이 점령 지역 안정화 목표와 맞물리면서 중대한 과제로 부각되었다. 참고로 공문에서는 UNCACK가 북한 지역 주민들을 대상으로 유엔의 정체성과 이미지 홍보에 보다 역점을 둘 것을 특별히 강조하기도 했다.

3) 주요 활동 사례

(1) 구호 물자를 보내준 나라들과 국제단체

한국 전쟁에 유엔군 자격으로 참전한 나라들은 미국을 포함하여 총 16개국이다. 이 나라들은 군인들을 파견하여 전투에 직접 참여했을 뿐 아니라 한국 시민들을 구제하기 위한 물자도 지원했다. 그리고 이들 16개국 이외에도 구호물자를 보낸 나라들이 더 존재하며, 국제기구와 단체들도 마찬가지다.

1951년 유엔한국민사지원사령부UNCACK에서 작성한 통계 자료를 보면 미국 회계 연도로 1951년에 해당하는 1950년 9월부터 1951년 8월까지 이렇게 구호 물자를 지원한 나라와 국제단체의 내역이 상세하게 나와 있는데, 나라는 총 30개국이며 단체는 17개

34 Headquarters, Eighth U.S. Army Korea, "Civil Information and Education, North Korea," (25 June 1951), Economic Aid 091.3, National Archives and Records Administration.

였다.[35]

이에 따르면 공식 참전 16개국은 미국, 캐나다, 콜롬비아, 호주, 뉴질랜드, 필리핀, 태국, 남아프리카 공화국, 에티오피아, 영국, 프랑스, 벨기에, 그리스, 룩셈부르크, 네덜란드, 터키다. 이들 참전국 이외에 구호 물자를 보내준 나라들은 덴마크, 멕시코, 파키스탄, 중화민국지금의 대만, 베네수엘라, 인도, 헝가리, 일본, 노르웨이, 미얀마, 쿠바, 이스라엘, 캄보디아, 코스타리카, 에콰도르, 아이슬란드, 리베리아, 자메이카 등이다. 이 가운데 자료에서 자메이카가 UK-Jamaica라 표기된 것은 당시 그 나라가 영국으로부터 독립하기 이전이라1962년에 완전 독립국이 되었다 영국과 자메이카가 나란히 표기된 것이다.

구호 물자 지원에 참여한 기구들은 유엔 산하 기구뿐만 아니라 여러 민간단체들도 포함되어 있었다. 당시 유엔 산하의 대표적인 구호 기구로는 IROInternational Refugee Organization, 현 UNHCR가 있었다. 1946년 최초의 국제 난민 기구로 발족한 IRO는 설립된 지 불과 몇 년 만에 한국 전쟁의 구호 활동에 뛰어들었다. 이 단체가 보낸 구호품에는 피복, 재봉틀, 기계류, 의료 품목 등이 있었다. 그중 피복류 제공은 당시 달러화 기준으로 약 20만 달러 상당이었다. 유엔의 아동 전문 구호 기관인 UNICEFUnited Nations Children's Fund, 유엔 아동기금는 1950년 3월부터 한국에 우유, 담요, 피복류 등 총 70만 달러의 구호품을 지원했다. 본래 UNICEF는 영양실조와 역경에 처한 어린이를 구제하기 위한 목적으로 1946년에 창설되었으며, 1952년에 유엔 상설 기구로 정착했다. 한국은 1988년에 3년 임기의 집행이사국으로 선출되면서 해당 기구의 공여국 지위로 변모했다. 유엔 내 보건 전문 기구인 WHOWorld Health Organization 역시 1948년에 결성된 직후 한국 전쟁이 발발하자, 2만 달러 상당의 의약품을 한국에 제공했다.

다양한 종교에 기반을 둔 자선 단체들도 한국 전쟁 시기에 구호 활동에 동참하였다. CWSChurch World Service는 1946년 설립된 기독교 자선 단체로, 한국에 비타민과 피복류 등 27만 5,000달러의 구호품을 보냈다. 이 단체는 미국 내 37개의 기독교 단체가 가입된 연합 조직이며, 전 세계를 대상으로 가난과 기아를 구제하고 평화를 도모한다는 취지로

---

35 Headquarters, UNCACK, "Statistical Report on Status of CRIK Supplies Received against Fiscal Year 1951" (December 1951), National Archives and Records Administration.

활동한다. NCWC War Relief Service-National Catholic Welfare Council는 1차 세계 대전 중 구호 활동을 펼쳤던 NCWC National Catholic War Council에 뿌리를 둔 가톨릭 구호 단체이다. 이들은 전쟁 중 난민 구호 활동에 앞장서 왔으며, 한국 전쟁 시기에는 의약품과 피복류 등 120만 달러의 구호물자를 지원했다. 미국 퀘이커 기독교 교파의 자선 기관인 AFSC American Friends Service Committee는 한국 전쟁 시기에 17만 달러 상당의 구호물자를 보냈다.

미국의 민간 국제 구호 단체인 CARE Cooperative for Assistance and Relief Everywhere는 한국 전쟁 시기에 식량, 담요, 피복류 등 총 53만 달러 상당의 구호품을 보냈다. CARE는 2차 세계 대전 중인 1945년에 교전국의 주민들을 구제하기 위한 목적으로 설립되었다. 활동 초기에는 유럽 국가 주민들의 구제에 역점을 두었으나, 1952년에 이름을 CARE로 바꾼 뒤로는 대상 지역과 국가를 넓혔다. 이들은 한국 전쟁 이후에도 복구 기간 동안 아동 급식과 농촌 지역 식량 배급 등에 1966년까지 총 4,000만 달러를 지원했다.[36] 이와 비슷한 취지로 결성된 LWR Lutheran World Relief, Inc 역시 1945년 2차 세계 대전 이후로 유럽 지역 내 구제 활동을 시작했다. LWR은 한국 전쟁 시기에 피복류 6만 달러 이상을 지원했다. ARK I American Relief for Korea, Inc는 한국 전쟁이 발발한 이듬해인 1951년에 한국민들을 돕기 위한 목적으로 미국 시민과 노동자, 교회 대표자들이 설립한 단체이다. 참고로 이 단체는 미국의 트루먼 대통령이 직접 나서 단체의 설립 취지를 소개한 바 있다.[37] 한편 미국 적십자사는 12만 달러 상당의 교육 물자를 지원했다.

이외에도 1919년 영국에서 설립된 국제 어린이 구호 단체인 SCF The Save the Children Fund, 세이브더칠드런는 한국 전쟁 시기에 4만 5,000달러 상당의 피복류를 지원했다. 뉴질랜드에 본부를 둔 민간 구제 기관인 CORSO Council of Organizations for Relief Service Overseas도 피복류 1만 달러 상당을 지원했다. 노르웨이의 민간 구호 활동 단체인 NRA Norwegian Relief Agency, 현 Nor-

36 "구호의 손길 19년," 「동아일보」, (1966.4.1).

37 트루먼 대통령은 이 단체의 설립과 관련해 다음과 같이 언급했다. "Whereas American Relief for Korea, Incorporated, has been established by many civic, labor, and church groups as a national organization to assist in the nation-wide voluntary collection of clothing and kindred supplies for shipment to Korea." Harry S. Truman, "Clothes for Korea," Proclamations Harry S. Truman 1945-1953, Proclamation 2993 (6 September 1951), Federal Register Volume 16 Part 9, National Archives of the United States.

wegian Refugee Council는 피복류 약 30만 달러 상당을 지원했다.

이상의 국제단체들의 면면을 보면 대부분 미국 사회에 뿌리를 두고 있고, 한국 전쟁이 일어나기 전인 2차 세계 대전에 피해를 입은 유럽 국가들의 주민들을 구제하기 위한 목적으로 결성된 걸 알 수 있다. 전쟁이 터졌을 때 이런 기부 단체들의 지원을 대규모로 신속히 받을 수 있었다는 것은 한국에게 축복이었다. 미국이 세계 대전으로 황폐화된 서유럽 국가들의 부흥과 재건을 돕기 위해 구축한 시스템 덕택에 한국민들이 큰 도움을 받을 수 있었던 것이다.

유엔을 앞세워 미국이 주도한 한국 민간 구호 활동은 그야말로 포괄적이며 총체적이었다. 군인들은 DDT 통을 등에 짊어지고 한국민들, 특히 피난민들 소독에서부터 의료 지원, 식량 배급, 주거 시설 복구와 같이 기아와 질병, 전쟁 위험에 처한 사람들을 구제하는 활동에 전력을 다했다. 따라서 전쟁 목적으로 투입된 군대가 이처럼 주민 구제 활동에 나서는 것을 보면서 다음과 같은 질문이 떠오른다.

첫째, 미군 조직에서 민사 지원을 담당하는 파트의 주요 목적은 무엇인가? 어느 나라 군대를 막론하고 다른 나라를 침공하여 점령한 영토에 대해서는 민사 작전 임무가 부여되는 것이 통례이다. 그러한 민사 작전 임무의 목표는 일차적으로 주민들을 아군 편으로 유인하는 정치 심리전이 첫째다. 그렇다면 식량과 의료 지원 등의 구호 활동은 그러한 심리전의 일환이었는지, 아니면 미군을 비롯한 서구 국가의 군대에서는 군사 작전 교리에 인도주의적 구제 활동이 포함되는지 그 여부가 궁금하다.

둘째, 한국 전쟁에서의 미군의 전쟁 수행 방식, 그 중에서도 민간 구호 활동 임무는 특히나 유별난 것이었는가? 한국 전쟁 때 미국은 처음으로 유엔군을 이끌며 전쟁을 수행했다. 그러므로 유엔 회원국들의 지원을 이끌어 내는 데 있어서 매우 유리한 여건에 있었다. 그렇다면 2차 세계 대전과 그 이후 베트남 전쟁에서도 이와 똑같은 방식으로 민간 구호 활동을 전개했는지가 의문이다. 미루어 짐작하건대 한국 전쟁 수행에서는 훨씬 더 유리한 여건이 조성돼 있었다고 추정된다. 16개 참전국에다 구호 물자를 보낸 나라들이 많았기 때문이다. 그렇다면 한국은 이런 측면에서도 큰 행운을 얻었다고 평가될 수 있을 것이다.

셋째, 미국이 주도한 민간 구호 활동의 결과는 전적으로 한국에게 순기능을 제공했다고 여겨진다. 그런데 그것이 정치 심리전의 일환이었다고 분석된다면, 그에 따른 역기능은 없었을까? 유엔의 이름으로 미군이 제공하는 구호 물자를 제공받은 한국민 입장에서는 그를 선한 이미지로만 받아들였을까? 혹은 그로 인해 생성된 부정적 이미지는 없었을까? 당시 민사 작전에 투입된 군인들이 한국민에게 점령자 또는 폭압적인 통제자의 이미지를 남기지는 않았을까?

(2) UNCACK-UNKRA, 협력과 갈등의 이중주

유엔한국민사지원사령부UNCACK는 유엔군사령부 예하 조직이며, 후방 지역에서 한국 민간인들을 대상으로 구제 활동을 펼치는 부대였다. 현역 미군 준장이 사령관을 맡았고, 각 도별로 위관급이나 소령급 책임자를 두고 임무를 수행했다. 이 부대는 주간 단위로 책임 지역의 실태와 임무 수행 실적을 사령부에 보고했다. 각 지역 책임자들은 한국의 지방 정부를 통제하거나 협조 관계를 구축하며 인력을 지원받고, 민간인들을 현지에서 고용하여 활동했다. 이들 현지 고용인에 대해서는 일정 수준의 임금도 지불한 기록이 나온다.[38]

UNCACK에는 민간인 구호와 구제 활동을 지원하기 위해 유엔 산하 단체에서 파견된 전문가들도 있었다는 기록이 남아 있다. 1951년 8월 13일 사령부의 도슨Arthur W. Dodson 소령이 작성한 보고서에는 유엔을 포함하여 국제기구에서 파견된 51명의 명단이 나온다. 이들의 원래 소속 기관과 파견 인원을 보면 다음과 같다.[39]

38 Headquarters, Eighth U.S. Army Korea, "UNKRA Personnel in Korea" (13 August 1951), UNKRA Pers 210.41, National Archives and Records Administration.

39 Arthur W. Dodson, "United Nations Personnel, Presently with UNCACK, Whose Contracts Expire Prior to 1 October 1951," 8201st Army Unit, Headquarters, UNCACK (20 August 1951), UNKRA Pers 210.41, National Archives and Records Administration.

〈표 5〉 국제기구에서 파견된 51명의 소속 기관과 파견 인원

기구	파견 인원	기구	파견 인원
국제노동기구 (ILO)	1명	국제난민기구 (IRO)	15명
국제연합 (UN)	3명	세계보건기구 (WHO)	21명
영국난민위원회 (BRC)	3명	미국난민위원회 (ARC)	3명
덴마크난민위원회 (DRC)	2명	캐나다 혹은 중국 난민위원회 (CRC)	2명
노르웨이난민위원회 (NRC)	1명		

그런데 UNCACK는 유엔한국재건단UNKRA이 한국에서 활동을 시작함에 따라 문제에 봉착하게 되었다. 기관만 다를 뿐 사실상 민간인 구호 활동을 벌이는 임무에서는 동일했기 때문이다. 1950년 12월 1일 유엔 총회 결의 410(V)호에 의거해 설립된 UNKRA는 한국의 경제 재건이 목표였지만, 당시 한국이 전쟁 중에 있었으므로 일단은 민간인 구제 활동이 먼저였다. 바로 이 대목에서 기존의 UNCACK와 임무가 중복되거나 서로 충돌할 소지가 발생한 것이다.

UNCACK는 유엔군사령부 산하 보건후생과에서 수행하던 임무를 확대 발전시킨 것이었다. 그리고 그들이 활동을 시작한 시점은 1950년 12월이었다. 그런데 바로 같은 시점에 유엔의 결의에 따라 UNKRA가 발족한 것이다. UNCACK는 군사 조직이었으므로 곧바로 임무가 시작되었지만, UNKRA는 첫 임무를 시작하던 1951년 3월 당시만 해도 일본 도쿄와 부산에 소수의 인원만 파견된 상태였다. 그리고 독자적으로 운용할 항만이나 운송 시설이 거의 없었다. 따라서 초기의 임무 수행은 부진할 수밖에 없었고, 본격적인 활동이 전개된 기간은 휴전 이후인 1953년부터 공식 임무가 종료된 1958년 7월 1일까지였다.

이런 구도로 볼 때 UNCACK와 UNKRA는 미묘한 관계를 형성할 수밖에 없었다. 1953년 10월 23일 UNCACK의 사령관이던 크리스트W.E. Crist 장군은 주한 미8군 사령관 앞으로 발송하는 공문 하나를 작성했는데, UNKRA와의 관계를 정상화시키기 위한 방책을 건의하는 내용이었다. 문제점을 요약하면서 그는 ① 같은 현장에서 서로 다른 자문관들이 동일 임무를 수행하는 문제, ② 같은 현장에서 서로 다른 계획을 추진하는 문제, ③ 같은 현장에서 서로 다른 공보 활동을 펼치는 문제, ④ 같은 임무를 수행하는데

임금은 서로 다르게 지급되는 문제 등을 지목하며, 유엔군사령부 차원에서 이 문제들을 시급히 해결해줄 것을 간청한다.[40]

몇 가지 방안들 가운데 크리스트 장군이 희망한 방안은 전쟁이 지속되는 기간에는 UNKRA 조직이 군 조직에 통합돼 운용되는 것이 좋겠다는 것이었다. 만일 이것이 불가능하다면 UNKRA의 활동 계획을 유엔군에 제출하여 승인을 받는 방안을 추진해야 한다고 그는 주장한다. 크리스트 장군이 이런 소견을 피력한 이유는 구호 및 구제 활동 현장에서 너무 과다한 인원이 중복된 임무를 수행하면서 발생하는 비효율성도 있었지만, 결정적으로는 두 기관에서 고용된 직원의 임금이 큰 차이를 보였기 때문이다. 보고서에도 나와 있듯이 UNKRA에 고용된 직원들은 하루에 2.5달러를 받고 있었는데, 그 돈도 머지않아 5~6달러로 인상될 게 분명했다. 그렇게 되면 UNCACK에 고용된 직원보다 2배 내지 3배를 더 많이 받게 되므로, UNCACK의 임무 수행에 큰 차질이 빚어진다고 장군은 호소한 것이다.

UNKRA의 초대 단장은 호주 육군 출신 로이드Charles E. Lloyd 예비역 소장으로, 1951~1952년에 단장직을 수행했다. 그러나 이 기간에는 사실상 UNCACK가 한국인 구호 활동을 주로 도맡았고, UNKRA의 활동이 본격적으로 시행된 것은 한국 전쟁이 종료된 이후부터로 로이드 장군의 뒤를 이어 쿨터John B. Coulter 예비역 중장이 UNKRA를 이끌던 시기였다. UNCACK의 사령관이었던 크리스트 장군의 하소연은 두 기관의 임무가 겹치는 기간에 필연적으로 발생할 수 있는 문제점이었다. 그런데 다행히 UNKRA의 본격적인 활동이 전쟁 이후로 지연되면서 두 기관의 갈등은 자연스럽게 해소된 것으로 보인다.

UNKRA의 활동이 한국 전쟁 이후에 본격화되면서 한국의 경제 사회 발전에 크게 기여한 것은 사실이다. 하지만 이런 임무를 전쟁 기간 중에 치열하게 수행했던 UNCACK의 역할에 대해서도 재조명할 필요가 있다.

이들이 수행한 역할은 오늘날의 유엔 평화유지군의 롤 모델이라고 해도 과언이 아니

---

40 W. E. Crist, "UNKRA-UNCACK Relations," Headquarters UNCACK, 8201st Army Unit (23 October 1951), National Archives and Records Administration.

다. 물론 군사적인 측면에서 보자면 이는 전방 지역의 전투를 원활히 수행하기 위해 후방 지역을 안정화시키는 차원에서 벌인 작전 활동의 연장으로 해석될 수도 있다. 하지만 UNCACK의 활동은 단순히 군사적인 측면을 넘어서 인권의 가치를 실질적으로 구현하는 수준으로까지 확대되었다. 대규모로 난민이 발생하고 공산군의 게릴라 전투가 전개되는 와중에 민간인들의 생명과 인권의 기본 가치를 충족시키기 위해 최선을 다했기 때문이다. 이들이 활동한 기록은 일일 및 주간 활동 보고, 정례 보고 등으로 원문 그 자체가 남아 있다. 이 내용들을 분석하면 전후 한국의 인구사회학적 변동과 근대화 추진 동력 사이의 상관 관계를 추리할 수 있다고 본다. 무엇보다 이들이 전쟁 와중에도 남긴 기록물들을 읽노라면 절로 고개가 숙여진다. 한국의 지방 곳곳에 파견된 직원들이 보고한 내용들은 당시의 한국인과 한국 사회의 모습을 생생히 떠올려주기 때문이다.

(3) 유엔의 한국 지원, 그 이면적 실상

1956년 1월 19일, 이승만 대통령 앞으로 한 통의 서한이 발송되었다. 발송자는 유엔에서 한국을 대표하던 임병직 대사Ben C. Limb(공식 자격은 유엔 옵서버였지만 이승만 대통령은 그를 유엔 대사라 불렀다)였다. 임 대사는 1949년부터 1951년까지 한국의 외무장관으로 재임한 인물이다. 이승만 대통령의 무한 신뢰를 얻은 그는 1951년부터 1960년까지 유엔 주재 한국 대사로 근무했다.

그가 작성한 서한의 내용은 유엔이 특별 지원한 어선들이 한국에서 사실상 유기 상태로 방치된 것을 지적한 것이었다. 임 대사가 특별히 이를 문제 삼은 것은 유엔 본부에서 활동하는 자문 그룹 멤버들 사이에서 한국이 어떤 까닭에 이들 선박을 방치하고 있는지에 대한 의문과 문제 제기가 부각되고 있기 때문이었다.

서한에는 유엔이 왜 어선을 한국에 지원하게 되었는지 그 배경에 관한 언급도 등장한다. 당시 수산업은 한국 경제에서 세 번째로 큰 비중을 차지하는 것이어서 경제 복구와 재건을 돕기 위해 수산업을 장려하기 위한 취지였다는 것이었다. 상당 기간 이런 어선을 지원했다는 대목이 나오는 걸로 봐서 적은 규모도 아닌 듯했다.

…One question that I met goes something like this: "We know that certain number of ships have been donated to ROK by the United Nations to help her fishing industry which ranks third in importance in Korea's economy. It has been a long time since those fishing vessels were handed over for the purpose of rehabilitating and reconstructing that industry. We understand that those ships are not being used. They have been idle all this time, and consequently are deteriorating, run down and rendered ineffective. Machinery become rusty. Parts are missing and/or stolen. Not enough guards are on hand to protect them. Nobody is using them. We are quite unhappy to hear such news. The countries that contributed money - money which those countries could have used for themselves - are unhappy. What is happening to your fishing industry? [41]

임 대사는 방치된 어선들에 대한 구체적인 실태를 이미 파악한 것으로 보인다. 상당수의 배들이 그냥 방치되어 있을 뿐 아니라 기계 시스템도 녹이 슬어 운영할 수 없는 상태라고 언급했기 때문이다. 그는 이들 선박을 관리하는 사람도 없고, 아무도 사용하지 않고 있다고 덧붙인다. 이 선박들을 지원하기 위해 원조금을 제공했던 나라들은 당연히 불쾌하게 생각하고 있을 터이니, 도대체 무슨 일이 벌어지고 있는지 알 수 없다고 강하게 문제를 제기한다.

임 대사는 이런 정보를 뉴욕을 방문하는 한국 관계자들에게서 얻었다고 한다. 덧붙여 그는 이 문제와 관련하여 빠른 시일 내에 정확한 진상 규명을 요청하며, 한국 관계자를 통해 입수한 정보에 따르면 두 가지 이유 때문에 이런 일이 벌어졌다고 진단한다. 첫째는 한국 정부가 이 어선들을 고가로 판매하려 하기 때문에 여기에 응하는 사람이 없다는 것이다. 둘째는 이 어선들이 한국의 어로 현실에는 적합하지 않기 때문이라는 것

41 UN Headquarters, "A letter to His Excellency Dr. Syngman Rhee President of the Republic of Korea" (19 January 1956), #56026, National Archives and Record Administration.

으로, 사실상 너무 사치스러울 정도로 고급 어선으로 제작되었다는 의미다.[42]

이어서 임 대사는 문제 해결의 방향도 제시한다. 만일 이 선박들이 너무 고가로 책정되었다면, 그리고 이 선박들이 사용 불능 상태라면 빠른 시일 내에 폐기 절차에 들어가야 한다고 요청한다. 이 경우는 지원했던 유엔이나 한국 모두가 손실을 겪는 것이며, 특히 유엔의 한국에 대한 이미지에 큰 손상이 가해진다고 말한다. 다른 하나는 정부가 이 선박들을 임대해주고 어로 실적에 따라 비용을 나누어 지불받는 방식을 선택하라고 제시한다.

더 인상적인 대목은 임 대사의 한-일 어로 구역 분쟁에 대한 권고안이다. 임 대사는 아이디어 차원에서 이승만 대통령에게 이러한 권고안을 내놓는다.

> 여러 해 동안 일본 어민들은 선진 기술로 장착된 어선으로 어획고를 늘리는 한편 군사적 목적을 뒷받침하는 활동을 전개해오고 있다. 이들은 라디오 송수신기레이더를 장착하고 군사적 침투, 스파이 활동, 사보타지, 밀수 등 군사적 임무를 수행할 뿐 아니라 어획고를 늘려 수출에도 기여하고 있다. 이들은 1952년 한국정부가 선언한 평화선Peace Line을 무단으로 침범하고 있으며, 공산주의 중국과 러시아 해군까지 이 평화선을 위협하고 있는 만큼 한국은 해상으로 어선 등을 최대한 많이 띄워 대응할 필요가 있다. 우리 어선들이 매일 매일 이들의 침범 활동을 보고해야 하고 이렇게 축적된 자료들은 우리 외교의 수단이 될 수 있다. 심지어 우리 어선들에는 민간 복장을 착용한 해군 장교들이 승선하는 것도 검토해야 한다. 그래서 레이더 등 기술을 어민들에게 가르칠 수 있고 어민들을 도와야 한다. 우리 어민들은 이런 인식과 사명감이 아직 부족하기 때문이다. 멀리 내다보고 우리나라도 어획고를 늘려 수출산업을 자력으로 육성해야 한다. 이 부분에서 정부 차원의 재정지원도 강구해야 한다.[43]

이러한 임 대사의 조언은 유엔이 지원한 선박들을 왜 활용하지 않고 폐기 상태로 방치했는지를 비판하는 동시에 일본과의 어로 분쟁에 대한 대응 차원에서도 가급적 많은

42 위의 자료.
43 위의 자료, p. 3.

어선들이 한일 어로 경계선 구역에 투입되어야 한다는 주장이었다. 실제로 당시엔 일본 어선들이 한국이 정한 평화선을 침범하는 일들이 비일비재했고, 한국 해군이 일본 어선을 나포하는 경우도 잦았다. 그래서 그는 평화선 부근에 한국 어선들이 늘어나야 일본 어민들이 겁을 먹고 침범할 생각을 덜 하게 될 것으로 보고, 이렇게 구체적인 조언을 장황하게 제시한 것에 대한 대통령의 이해를 당부하면서 하루속히 이 문제에 대해 명확하고 구체적인 행동을 강구해 줄 것을 요청했다.

임 대사의 이 서한에 대한 이승만 대통령의 답신은 1956년 1월 25일에 발송되었다. 이 대통령은 답신에서 유엔한국재건단UNKRA이 지원한 선박들이 방치된 것에 대해 조사했으며, 이 선박들의 판매 가격이 너무 고가로 책정된 것이 문제의 원인이라 설명하고, 향후 이 선박들을 대여하는 문제에 대해 검토하고 있으니 향후 추이를 다시 알려주겠다고 말했다.[44] 그리고 이틀 뒤인 1956년 1월 27일 이승만 대통령은 다시 임 대사에게 서한을 보냈고, 여기서 그는 한국의 조달청에서 이 선박들을 저가에 판매하거나 대여하는 방법으로 처리하기로 했음을 설명했다.[45]

따라서 임 대사가 이승만 대통령에게 조언한 내용은 정부 차원에서 긴급히 어민들에게 선박을 대여하는 것으로 종결된 듯하다. 그 정확한 결과는 이 문서상으로는 확인되지 않으나, 대통령이 직접 지시한 사안이니만큼 어떤 형태로든 어민들이 이 선박들을 활용했을 것으로 추정된다.

(4) 일본의 기술 이전, 허상과 실제

일제 강점기 동안 일본으로부터 기술을 전수받은 한국인들은 과연 얼마나 될까? 당시 일본은 근대화 수준에서 세계 선두를 달리고 있었다. 가끔 그 무렵 일본의 과학 기술 수준을 생각할 때마다 소름이 끼치곤 하던 기억이 있다. 항공모함을 건조하고 미국과 견줄만한 전투기를 생산했던 일본의 모습을 떠올리면, 믿어지지도 않고 사실로 받아들

44 Kyung Mu Dai, "A letter from the President to Ambassador Ben Limb" (25 January 1956), National Archives and Record Administration.

45 위의 자료.

이고 싶지도 않기 때문이다.

이와 관련해 그동안 막연하게나마 떠돌던 가설 하나가 떠오른다. 일본이 한국을 근대화하는 데 기여했다는 근거 중 하나로서 일본이 한국인들에게 기술 이전을 도왔을 것이라는 얘기다. 그런데 그를 판단해 볼 자료 하나가 있다. 한국 전쟁 중이던 1951년 11월 22일에 작성된 유엔한국민사지원사령부UNCACK의 공문이 그것이다.[46] 공문은 한국의 기술 노동자 실태를 분석한 보고서의 개괄적인 내용을 주한 미8군 사령부에 보고하는 형식으로 구성되어 있다. 실태 분석을 주도한 사람은 브뤼셀 대학의 고촉Max Gottschalk 교수와 영국 노동부에서 파견된 블루머G.H. Blumer 두 명의 전문가다. 이들은 한국의 노동력 실태를 분석하기 위해 UNCACK로 파견되었다. 그들의 실태 분석이 막 끝난 단계에서 최종 보고서가 마련되는 바로 그 시점에 사령부에서 보고서 초안을 미리 읽어본 후, 핵심 내용을 사전에 유엔군사령부UNC 지휘부로 보고할 목적으로 공문을 작성한 것이다.

이들 국제 전문가가 조사한 결과의 핵심은 한국의 기술자 규모가 기대 이하로 너무 작다는 사실이었다. 이 결과에 기초하여 UNCACK는 유엔군 차원에서의 대책 마련이 필요하다는 건의를 올려보낸 것이다. 실태 진단 보고서의 핵심 내용은 이랬다. 1905년부터 1945년까지 40년간 일본이 한반도를 강점하는 동안 숙련 노동자와 기술자는 대부분 일본인들이었다. 예컨대 1943년을 기점으로 한국에서 활동하던 기술자와 엔지니어는 9,852명이었는데, 이 중에서 일본인이 7,993명이고 한국인이 1,859명인 것으로 확인되었다. 한국인 기술자의 비율이 20퍼센트에도 미치지 못했다는 것이다. 필요한 기술자들은 일본에서 직접 투입했고, 한국인들을 대상으로 한 기술 이전에는 소홀했다는 평가가 나올 만한 대목이다.

46 W. E. Crist, "Vocational Training of Korean Civilian Labor," Headquarters, UNCACK, 8201st Army Unit, Labor Reports, 319.1 (22 November 1951), CACG 004.04, National Archives and Records Administration.

The industrial development of Korea occurred during the 40-year occupation, 1905-45, during which time the majority of skilled workers were Japanese. For instance, in 1943, of 9,852 technicians, engineers employed by industry (excluding mining), 7,993 were Japanese and only 1859 were Korean. When the Japanese were repartriated in 1945, Korea therefore lost most of her skilled labor. In addition, there is a serious lack of training facilities and instructors. The present facilities are barely adequate for providing replacements in the normal turnover in skilled labor, and there is a danger of the situation becoming progressively worse unless prompt action is taken. This is one of the main difficulties in future rehabilitation of this country.[47]

게다가 1945년 일본이 한반도에서 철수했을 때엔 한국인 기술자들을 교육할 시설이나 강사진이 거의 남아있지 않았다고 보고서는 분석한다. 이런 상황이 그대로 방치된다면 상황은 더 악화될 것이며, 유엔군이 한반도를 떠나기 전에 우선 군대가 할 수 있는 초보적인 수준의 기술 이전을 통해 기술자 양성에 나서야 한다는 권고도 덧붙였다. 또한 한국인들을 해외에 파견하여 기술 교육을 받게 하거나 해외에서 기술자들을 초치하여 교육에 임하도록 주문하기도 했다. 휴전 회담이 결실을 보는 단계에 이르면 군대는 일정한 휴지기를 갖게 될 것이므로, 특히 통신, 군수, 공병 등의 분야에서 기술 교육이 가능할 것으로 보고서는 판단하고 있다.

한국에 파견된 미군의 주임무는 공산군을 격퇴하는 것이었다. 그런데 전후 한국의 근대화에 필요한 기술자 양성까지를 검토한 보고서를 보면 고마운 마음을 지울 수 없다. 공문을 작성한 군인은 UNCACK의 사령관이었던 크리스트W. E. Crist 준장이었다. 공문 마지막 부분에 그는 이 프로그램을 구체화시킨다면 적은 비용으로 최대의 효과를 이끌어 낼 것이라 단언하며, 유엔군과 한국민의 관계가 각별해질 수 있다고 언급하기도 했다.

47 위의 자료, p. 1.

정치적으로나 심리적으로 한국민들에게 좋은 이미지를 각인시킬 수 있다는 것이다.

> …Finally, the implementation of this kind of program could be done at relatively minimum expense from which the maximum benefit would be derived. It is also eminently practical and will do much to enhance the cooperation between the UN Forces and the Korean. The importance of this short-range program is both political and psychological, further demonstrating to the people of Korea our interest in their development and well-being.[48]

필자는 이 원문을 해제하며 미군의 민사 작전 개념에 대한 윤곽을 그려볼 수 있었다. 민사 작전의 이름을 달리하면 군정 작전이나 마찬가지다. 필자가 군사학을 배우던 시절, 그러니까 지금부터 약 40년 전의 군사 교리에는 '군정 작전'이라는 용어가 있었고, 그 후에는 이것이 민사 작전으로 대치되었다. 이를 간단히 말하면 군사적으로 점령한 적군 영토에서 행해지는 군대의 정치사회적 통제가 그 핵심이다. 그러므로 이 작전을 수행하는 최고 사령관은 점령 지역에 대한 정치, 사회, 경제, 법질서 등 전반적인 통제 권한을 부여 받게 된다. 다른 전투 부대 조직에 비해서는 결코 규모가 크지 않지만, 그 권한은 절대적인 것이다. 이렇듯 전방 지역에서 적군과 치열한 공방전을 벌이는 사이, 후방에서는 민사 작전 책임자가 전권을 가지고 주민들을 통제하는 임무를 수행한다.

여하튼 이런 작전을 수행했던 당시의 미군 조직이 한국 사회 전반에 대한 진단 결과를 기록으로 남긴 덕분에 훗날 우리는 더없이 소중한 연구 자료를 얻게 되었다. 우리의 역사를 동맹군의 군사 기록물을 통해 연구한다는 사실이 아이러니이긴 하나, 그나마 다행이라는 생각을 해본다. 또 한편으로는 당시 한국 사회의 구석구석을 관찰하고 진단하며 그 결과를 기록으로 남겼던 미군들의 기억 속에 한국이란 나라와 그 국민들은 어떠한 이미지로 남았을까 궁금하기도 하다.

---

48 위의 자료, p. 2.

(5) 미군과 유엔의 한국 원조 프로그램

1956년 3월 31일부로 작성된 미군의 공문을 보면 미 육군과 유엔에 의한 대對한국 민간 구호품 지원 현황이 눈길을 잡아 끈다. 1956년 3월에 작성된 이 통계 자료에는 1954년 6월 30일까지 누적된 지원 품목과 물량, 달러로 환산된 지원 금액이 집계되어 있었다.[49]

잘 알려진 것처럼 당초 미국은 이른바 '마샬 플랜'을 입안하고, 이 임무를 실행할 기구로 경제협조처Economic Cooperation Administration, ECA를 창설한 바 있다. 그러고 나서 1년 만에 한국 전쟁이 터지자, 미국 정부는 한국의 민간 지원 프로그램을 미국 단독에서 유엔이 중심이 되는 다자 메커니즘으로 바꿨다. 그래서 탄생한 것이 바로 한국민간구호프로그램Civil Relief in Korea, CRIK이며, 이에 기초해 미국이 유엔을 움직여 창설한 것이 유엔한국재건단UNKRA이었다.

한국의 민간인들을 구제하기 위한 긴급 임무를 담당했던 CRIK에는 미국 정부가 맨 앞장섰고, 36개 유엔 회원국들이 동참했으며, WHO와 UNICEF, FAO, International Red Cross 등의 국제기구들도 힘을 보탰다.

실제 CRIK 원조를 수행하는 두 축은 미 육군이 담당했던 SKOSupply for Korea Organization 프로그램과 유엔이 담당했던 SUNSundry UN 프로그램이었다. 그리고 이 두 축에서 마련한 구호 품목들을 한국 현지에서 배분하는 임무를 수행한 기관이 바로 유엔한국민사지원사령부UNCACK였다.

다음에 등장할 통계 자료는 미 육군의 SKO 프로그램과 유엔의 SUN 프로그램에서 실제로 지원한 구호 품목의 실적을 집계한 것이다. 이는 1954년 1월까지의 누적 집계였기에 주로 한국 전쟁 기간 동안에 지원된 실적으로 간주된다. 이 자료를 통해서 보면 미 육군의 SKO 프로그램의 지원 실적이 압도적으로 많다는 사실이 고스란히 드러난다. 이렇듯 현지에서 전쟁을 수행하면서도 민간인 구제를 위해 구호품을 마련하고 지원하는

---

49 U.S. Army Staff, "Status Report of Part Program for Civilian Relief in Korea Issued through 30 June 1954 (Cumulative) as of 31 December 1956" (31 March 1956), RG 319 Records of the U.S. Army Staff, National Archives and Records Administration.

역할을 수행한 것을 볼 때, 미군이 자신들의 전쟁 수행 프레임에서 민간인 구제 임무를 결코 소홀히 다루지 않았다는 것을 확인할 수 있다.

〈표6〉 미 육군과 유엔의 한국 민간인 지원 내역(1954년 1월 31일까지)

COMMODITY CATEGORY	U.S.Army PROCUREMENT (SKO Program) FAS Cost ($)	UNITED NATIONS DONATIONS (SUN Programs) Est. Value ($)	TOTALS (SKO & SUN Programs) Value ($)
1a wheat and flour	13,941,752	379.850	14,321,602
1b coarse grains	103,544,384	7,150,600	110,694,984
1c other food stuffs	7,060,406	12,876,543	19,936,949
1 total subsistence	124,546,542	20,406,993	144,953,535
2 medical and sanitary Supplies	12,978,810	1,694,114	14,672,924
3 soap	976,007	273,183	1,249,190
4 solid fuel	13,350,637	240,292	13,590,929
5 petroleum products	20,013,396	0	20,013,396
6 transportation equipment	10,991,913	0	10,991,913
7 communication quipment	4,430,529	0	4,430,529
9 clothing, shoes, textiles	70,151,709	24,020,927	94,172,636
10 agricultural sub & equip	50,983,650	43,240	51,026,890
11 industrial repair equip	747,236	11,787	759,023
12 other equipment	1,832,608	52,592	1,885,200
13 kisc mfg end products	2,596,441	1,743,920	4,340,361
14 kisc raw -and products	33,389,661	83,342	33,473,003
Kisc storage charges	785,000	0	785,000
Total Commodities	347,774,139	48,570,390	396,344,529
Ocean trans paid by donor	58,352,656	1,087,381	1,087,381
Ocean trans paid by US Army	406,126,795	1,798,779	60,151,435
Total		51,456,550	457,583,345
			Prepared by budget and fiscal branch 15 March 1954

출처 : U.S. Army Staff, "Tonnages and Values of Civilian Relief in Korea, US Army Procurement and United Nations Donations by Commodity Category As of 31 March 1956 – 31 December 1956 (In Metric Tons and Dollars)" (29 May 1956) RG 319 Records of the U.S. Army Staff, National Archives and Records Administration.

미 육군이 민간 원조의 기둥 역할을 수행할 수 있었던 또 다른 이유는, 한국에서 전쟁으로 수많은 피난민이 발생하자 전쟁을 주도하던 미 육군이 긴급 자금을 군 자체에서 조달할 수 있었기 때문인 것으로 추정된다. 정부 차원에서 긴급 구호 자금을 별도로 확보하려면 절차상의 시간이 필요하므로, 이런 상황에서 육군 자체 예산으로 민간 구호 자금을 긴급 충당한 것으로 보인다.

미군과 유엔이 지원한 품목들을 보면 식량이 30퍼센트 정도로 가장 많은 부분을 차지하고, 의료품, 화학 제품, 피복류, 통신 및 수송 장비, 기타 산업 시설 복구에 소요되는 품목들로 구성된다.

총 4억 6,000만 달러의 금액에 무게가 400만 톤에 이르는 구호품 중에서 미 육군이 지원한 금액은 약 4억 달러에 달했고, 유엔은 5,000만 달러 정도였다. 이는 그야말로 미 육군의 지원이 대부분을 차지했다는 의미다.

이중에서 흥미로운 사실 하나는 유엔의 식량 지원 프로그램에 참여한 나라들이다. 베트남, 캄보디아, 멕시코, 필리핀이 정부 차원에서 식량을 지원했는데, 베트남과 캄보디아는 비록 양은 적었지만 쌀을 지원했고, 그리스와 캐나다는 유제품과 설탕 등을 지원했다. 특히 캄보디아는 금액으로 따지면 얼마 되지는 않으나 쌀과 더불어 목재도 지원했던 기록이 나오는데, 이 대목도 눈길을 끄는 부분이다.

식량 지원에 있어서는 국가보다는 미국 정부가 주도하는 미국 대외원조물자 발송협회Cooperative for Assistance and Relief Everywhere, CARE 프로그램과 미국 사회 내 민간 단체들이 주로 중심축을 이뤘다. 여기서 지원된 식량 품목들은 가공 식품들이 주종을 이루었으며, 한국인들에게는 매우 생소한 식량 품목을 접하는 계기가 되기도 했다. 특히 오늘날 50대 후반에서 60대에 이르는 세대는 어릴 적 마을과 학교에서 지급되는 유제품이나 통조림 등을 처음 접하며 자란 기억을 대부분 간직하고 있다.

의료품과 위생 관련 품목의 지원에서는 미국, 영국, 뉴질랜드, 오스트리아 등 당시의 선진국들이 힘을 보탰고, 유엔의 아동 관련 기구들과 미국의 사회 단체들이 또 한 축을 이루었다. 국가로는 영국이 가장 많은 물량을 지원했다.

미국의 기독교 단체와 사회 단체들은 피복류와 담요 지원에 앞장섰다. 특히 혹한기에 담요는 전투를 치러야 하는 군인들은 물론 피난민들에게도 귀중한 품목이었다. 당시 한국의 현실에서는 담요나 피복류를 자체 생산하기 어려웠으므로, 겨울에 텐트에서 지내야 하는 피난민들에게 담요는 목숨을 부지할 수 있는 생명줄이나 다름없었다.

미 육군이 이처럼 민간인 구제 활동에도 적극 나섰듯이, 실제로 전투 현장에서는 군인들끼리 서로 교전하는 상황 이외의 다른 장면들이 수없이 발생한다. 한국 전쟁과 마찬가지로 베트남 전쟁에서는 군인과 민간인들이 뒤섞이면서 피아가 식별되지 않아 전투를 수행하는 데 큰 애로가 발생하기도 했고, 그로 인해 민간인들의 희생이 더 커졌다. 따라서 오늘날의 전쟁 패러다임에서는 전쟁을 스마트하게 수행하는 개념이 주축을 이루고, 군인들은 물론 민간인 희생자를 줄이면서도 전쟁을 승리로 이끄는 기술과 전략이 핵심 테마로 등장했다.

이렇게 전투 현장에서 군인들이 민간인을 상대로 벌이는 작전 영역을 '민사 작전'이라고 부른다. 오늘날 대부분의 나라의 군대에서는 이 영역을 관리하는 참모 조직을 별도로 두고 있다. 다만 이런 작전을 체계적으로 수행할 수 있는 나라는 극히 제한적이라 할 수 있고, 전투 임무를 우선으로 편성되는 군대 조직에서 민사 작전 업무는 상대적으로 과소평가되는 경향도 있다. 평시에는 실무로 다루어야 할 임무가 없다는 것이 그 이유지만, 오직 전투 위주로 역량이 편성되거나 집중되는 군대 조직의 생리로 볼 때 민사 업무 자체는 언뜻 사치스런 일로 치부될 가능성이 언제나 존재한다. 더구나 대부분의 나라들이 공세적 임무보다는 방어 위주의 국방 정책을 펼치는 것에서도 민사 업무가 소홀히 다루어지는 이유를 찾을 수 있다. 초강대국인 미국 정도는 되어야 비로소 다른 나라를 상대로 점령 작전을 펼칠 수 있기 때문이다.

민사 작전 역량을 평가할 때 주목할 대목은 또 하나 있다. 미국이 한국 전쟁 기간에 펼친 민사 작전을 들여다 보면 학자를 포함해 민간인 전문가들을 다수 투입한 사례가 발견된다. 미국의 유명 대학 교수를 초빙해 거제도 포로 수용소에서의 교육을 맡긴 기록이 대표적인 예다. 한마디로 민사 작전 역량에는 그 나라의 사회, 경제, 문화 같은 소프트 파워가 동원되는 프레임이 필요하기에, 이런 파워를 가진 나라가 과연 얼마나 될지를 따져보면 거의 대부분 고개를 가로젓게 된다.

군대라는 조직은 전투에서의 승리를 위해 모든 역량을 결집한다. 하지만 전투 현장은 군인들끼리 맞붙는 '황산벌 전투'로만 이뤄지지는 않는다. 결투가 아니라 국가 역량이 정면 충돌하는 재난의 현장이다. 군인들은 적군 이외에 아군 지역과 적군 지역의 민간인들도 상대해야 하며, 그 과정에서 그야말로 복잡다단한 전장 임무에 직면하게 된다. 이러한 상황에서 민간인 구제와 구호 임무는 결코 외면하기 어려운 과제로 인식되어야 한다. 한국 전쟁 기간에 미 육군이 왜 굳이 자체 예산을 동원하며 긴급 구제 활동에 나섰는지를 이런 맥락에서 따져 보면 이해가 쉬울 것이다.

02 초창기 유엔 전문 기구의 피난민 구제 활동

이번 글에서는 난민과 관련된 유엔 기구인 유엔난민기구United Nations High Commission for Refugees, UNHCR[50]와 그 전신前身인 국제난민기구International Refugee Organization, IRO가 한국 전쟁 당시와 그 전후前後 시기에 한국에서 수행한 활동들을 분석하여 해당 기구들이 한국의 발전에 기여한 측면과 그 이면의 인도주의적 의미를 파악하고자 한다. 이를 위해 먼저 IRO와 UNHCR의 창설 과정과 조직 특성을 순차적으로 알아보고, 이어서 각 기구가 한국과 관계를 맺게 된 과정, 그리고 이들 기구가 한국을 지원한 방식과 내용을 살펴본다. 마지막으로 이들 기구를 통한 인도주의적 지원이 한국 사회에 미친 영향이 무엇이었는지, 국제 협력과 인도주의적 지원이 가져다주는 그 의미를 간단히 도출해볼 것이다.

1) IRO의 창설과 조직 특성

(1) IRO의 창설 배경

난민 보호 문제에 대하여 국제 사회가 본격적으로 나서게 된 것은 2차 세계 대전 종결 이후의 일이다. 두 차례의 세계 대전으로 인해 국가 안보라는 전통적인 안보 개념의 한계를 경험하게 되고, 국가로부터의 위협을 피해 국경선 밖으로 탈출한 사람들에게 국제 사회가 국가를 대신해 최소한의 인권을 보장해 주어야 한다는 자각에 따른 결과였다.[51]

유엔이 창설되면서 난민 문제는 국제적 수준에서 협력하여 해결해야 할 시급하고 중요한 과제로 대두되었다. 유엔 창설 이전에는 연합국들이 1943년에 설립한 연합국구제

---

50 국내에서는 UNHCR에 대해 유엔고등난민판무관실, 유엔난민고등판무관실, 유엔난민최고대표사무소 등으로 다양하게 지칭하고 있다. 여기에서는 UNHCR 한국대표부가 사용하는 용어인 '유엔난민기구'로 지칭하고자 한다.

51 최원근, "유엔난민고등판무관(UNHCR)의 역할과 성격의 변화에 관한 연구," 『한국국제정치학회 학술대회 발표논문집』(2008.8), p. 99.

부흥기구United Nations Relief and Rehabilitation Administration, UNRRA[52]가 2차 세계 대전 중에 발생한 난민의 구호와 귀환, 그리고 전후 처리를 도왔다. 하지만 UNRRA는 난민 문제 해결에 특정해서 창설된 기구가 아니라 전쟁으로 황폐화된 지역에 대한 구호와 재건을 지원하는 광범위한 임무를 지니고 있었다. 이에 1946년 12월 15일 유엔 총회에서 국제난민기구IRO 설치의 승인 및 임시 조치에 대한 결의안 62(I)이 채택된다.[53]

허나 IRO가 설립되기 위해서는 IRO 헌장에 대한 각국의 비준과 재정 확보가 필요했다. 따라서 IRO는 IRO 준비위원회Preparatory Commission for the International Refugee Organization, PCIRO의 형태로 먼저 운영되기 시작한다. PCIRO는 UNRRA의 난민 관련 업무[54]와 난민 및 구호 관련 국제기구였던 정부간 난민위원회Inter-Governmental Committee on Refugees, IGCR의 업무와 현장 사무소5개 대륙에 걸쳐 25개국에 분포했다를 인수한다. 그리고 IRO 설립을 결의한 지 2년 반이 넘게 경과한 1948년 9월 13일에 제네바에서 IRO의 첫 번째 총회가 개최된다.[55]

IRO는 난민 지위의 인정, 본국 귀환repatriation, 재정착resettlement, 법적·정치적 보호와 같은 난민 문제의 모든 측면을 종합적으로 다루는 첫 번째 국제기구로 평가되며, 주요 임무는 2차 세계 대전의 여파로 유럽 전역을 떠돌고 있는 2,100만여 명의 난민들을 보호하는 것이었다.[56] 하지만 난민의 본국 귀환과 관련하여 IRO와 동서 양 진영 국가들 간에 의견 충돌이 발생하면서 IRO는 원활하게 운영되지 못하고 벽에 부딪히게 된다.

---

52 UNRRA의 명칭은 각 기관이나 학자에 따라 유엔구제부흥기관, 국제연합구제부흥사업국, 국제연합구호및재건기구, 연합국구제부흥사업국 등으로 다양하게 번역되고 있다. 하지만 이 글에서는 김희근, "연합국구제부흥기구(UNRRA) 남북한 긴급 원조(Korea Mission, 1944-1949)에 대한 연구" (미간행, 연세대학교 행정대학원 석사학위논문, 2018)에서 제안하는 바에 따라 '연합국구제부흥기구'로 번역하고자 한다. 해당 글에서 제시되듯이 UNRRA의 원어인 'United Nations Relief and Rehabilitation Administration'에서 'United Nations'는 현재의 국제연합(유엔)이라기보다는 2차 대전 당시 연합국(United Nations, the Allied Powers)을 의미하며, UNRRA는 현재의 유엔 창설 이전에 탄생되었기 때문이다.

53 Pirkko Kourula, *Broadening the Edges: Refugee Definition and International Protection Revisited*, (Hague NE: Martinus Nijhoff Publishers, 1997), p. 51.

54 1947년 6월 29일 PCIRO와 UNRRA 사이에 임무 전달에 관한 합의가 이뤄졌으며, 6월 30일에는 난민을 위한 UNRRA의 활동이 종결되었다.

55 IRO 창설 결의에서 1차 총회까지 2년 반 이상의 기간이 필요했다는 것은 각국의 IRO 헌장 비준과 경비 확보가 그만큼 어려웠음을 말해준다. IRO 설립 의결 당시에는 1950년 6월 30일에 완료되는 3년 소요 프로그램으로 기대되었지만, 비준 미비와 재정 부족으로 활동을 개시하지 못하였다. 김진영. "국제법상 난민의 보호에 관한 연구", 성균관대학교 석사학위 논문. 2001. pp. 37-39.

56 장복희, "UN 난민고등판무관(UNHCR)," 『국제인권법』 제2권 (1998), p. 41.

IRO는 초기에 난민을 가능한 한 조속히 국적국또는 이전의 거주국으로 돌아가도록 장려하는 '본국 귀환'의 관점을 취했지만, 이후 난민의 의사를 존중하는 방향으로 입장을 선회한다.[57] 이는 동서 진영 갈등이나 냉전 체제 같은 정치적 변화로 인한 것이었다.[58] 하지만 IRO의 이러한 입장 전환은 동구권 국가들의 강한 비판에 직면하게 된다. 그 결과 동서 양측은 난민 문제를 다루는 데에 있어 국제 협력을 계속 이어갈 필요성에 대해서는 동의했지만, 지향하는 목표에 관한 근본적인 의견의 불일치로 인해 IRO를 대신하는 새로운 기구의 창설을 모색하게 됐다. 이로 인해 UNHCR이 창설되고, IRO는 해산 절차를 밟게 된다. 결국 IRO는 1952년 3월 1일부로 해산 절차에 들어가 1953년 8월 28일의 마지막 해산 회의9차를 거쳐 같은 해 9월 30일에 최종 해산하게 된다.

이렇게 형식적으로 IRO가 완전히 해체되고, UNHCR이라는 새로운 기구가 설립되었다. 하지만 UNHCR은 사실상 IRO를 계승한 기구라 할 수 있다. 이와 관련해서는 UNHCR의 초대 난민고등판무관이었던 괴트하르트Gerrit Jan van Heuven Goedhart 박사가 1951년 4월 9일 IRO 7차 총회에서 한 아래의 연설문"Achievements of IRO and Passing the baton to UNHCR"을 참고할 수 있겠다. 해당 연설문에서는 IRO의 임무, 인력, 시설 등이 UNHCR로 이어져 왔음을 알 수 있다.

> The success of the work of my office will in its initial stages undoubtedly depend a great deal upon the support which the IRO can give. As you all know, *the General Assembly of the United Nations gave my office during the first year of its existence a very modest budget which will permit it to take over from the IRO only very gradually full responsibility for the protection of refugees within its mandate.* In this connection I should point out that it will not be possible for my office to

57 UNHCR, *The State of The World's Refugees 2000: Fifty Years of Humanitarian Action*, (New York: Oxford University Press, 2000), pp. 16-17.

58 서구권 국가들은 개인이 귀환 여부를 자유롭게 결정해야 한다고 주장하였으며, 동유럽 국가들에 대한 전후 난민들의 본국 귀환 정책 및 재건 프로그램이 가져올 수 있는 구소련의 영향력 확대와 정치적 통제 강화를 우려하였다. 이들은 또한 난민의 자유로운 의사에 따른 제3국 재정착이 전 세계적 인구 분포의 균형화 및 민주주의 확산에 기여할 것이라 주장하였다.

establish before the end of this year field missions in all the countries in which they are necessary for the effective protection of refugees. The establishment of these field missions I consider essential to the proper discharge of the functions which have been given to my office by the General Assembly of the United Nations. If the international protection of refugees is to mean anything, it must mean that refugees are at least able to see and talk to a representative of the authority which must mean that refugees are at least able to see and talk to a representative of the authority which is supposed to be protecting them. For this reason I hope that it will be possible for the IRO to maintain field missions in all countries where large numbers of refugees reside until such time as the General Assembly can give further consideration to the budget of my office. Furthermore, *I hope that wherever the IRO closes its missions in outlying areas it will be possible to hand over to my office some of the existing material facilities.*[59]

※ 이탤릭체는 필자의 강조

(2) IRO의 조직 특성

IRO는 유엔 헌장 75조와 63조에 의해 유엔과 관련되어 있으며, 동 헌장의 목적과 원칙에 따라 난민과 실향민refugees and displaced persons에 대해 가능한 모든 방법을 동원하여 본국으로 귀환하도록 지원하고 장려하는 것을 주요 임무로 하고 있다.[60] IRO는 이들의 귀환이나 재정착 등이 효과적으로 완수될 때까지 정당한 권리와 이익에 대한 보호 및 각종 지원과 취업 장려 등의 역할 수행을 목적으로 삼았다.

한편 IRO의 조직 구성은 크게 총회, 집행위원회, 사무국으로 구분할 수 있다. 총회

59 Gerrit Jan van Heuven Goedhart, "Address by Dr. Gerrit Jan van Heuven Goedhart, United Nations High Commissioner for Refugees, to the 7th Session of the General Council of the International Refugee Organization," International Refugee Organization (9 April 1951), UNHCR.

60 하지만 동시에 헌장에서 분명히 명시된 경우에 한하여 난민과 실향민의 재정착에 대해서도 이야기하고 있다.

General Council는 최고 정책 결정 기관으로서 각 회원국들의 대표 1명씩으로 이뤄진다. 그리고 집행위원회Executive Committee는 총회에서 선출된 9개국의 대표들로 구성되며, 이들의 임기는 2년이다. 이 기구는 총회의 결정에 따라 제네바에 본부를 두고, 각 국가의 동의하에 지역 사무소 등을 설립하였다. 이외에 IRO는 재무와 법률에 대한 감사관과 법률 고문, 그리고 대외 연락을 위한 공보국Office of Public Information 등을 두었다.

IRO는 IGCR과 UNRRA에서 인수한 조직을 바탕으로 크게 난민들의 a) 보건 위생, 직업 훈련 등에 관한 임무, b) 본국 송환, 재정착, 이주 관련 임무, c) 보호 제도, 권한, 보상 관련 임무 등을 수행하였다. 하지만 동시에 조직 구조의 간소화를 통한 효율적인 업무 수행과 (한시적 조직의) 해산에 대비할 목적으로 조직 개편을 병행해 실시하기도 했다. IRO의 해외 사무소를 포함한 인력 규모는 <표 1>에서와 같이 초기에 약 2,000명으로 구성되어 있었으며, 1949년의 약 2,900명을 정점으로 점차 축소되었다. 기구의 창설 당시에는 재정 문제로 인한 감축이 불가피한 상황이었으나, 점차 재정 문제가 해결되고 기구의 난민 정책 방침이 '재정착'으로 변화되면서 증가되었다가 조직 구조의 개편과 해산 준비 기간을 거치며 줄어든 것이다. 한편 이러한 IRO의 인력들은 회계·법·의학·간호·통계·사회복지 등 다양한 전문성과 경험, 그리고 행정 능력을 갖추고 있었으며, 채용시 지리적 요건[61]을 적절하게 고려함과 동시에 난민들의 출신국에서 일정 정도의 인원을 채용하도록 하기도 했다.

61 IRO는 무국적자를 포함하여 벨기에, 캐나다, 프랑스, 영국, 알바니아, 칠레, 멕시코, 시리아 등 다양한 국가 출신의 직원들로 구성되었다.

〈표 1〉 IRO의 국제 인력(International personnel) 규모(1947.7.1-1953. 9. 30)

1947	
7월 1일	2,040
12월 31일	2,142
1948	
6월 30일	2,458
12월 31일	2,458
1949	
6월 30일	2,877
12월 31일	2,877
1950	
6월 30일	2,470
7월 1일	1,835
10월 1일	1,684
1951	
1월 1일	1,625
4월 1일	1,313
7월 1일	1,107
10월 1일	901
11월 1일	700
12월 31일	677
1952	
1월 31일	262
해산 기간(Liquidation period) 시작	
3월 1일	145
4월 1일	87
5월 1일	74
6월 1일	54
7월 1일	39
9월 1일	19
10월 1일	14
12월 1일	13
1953	
1월 1일	6
6월 1일~9월 30일	4

출처 : Louise W. Holborn, *The International Refugee Organization: A Specialized Agency of the United Nations: Its History and Work 1946-1952* (London: Oxford University Press, 1956), p. 99.

IRO의 재정은 각 회원국 정부로부터 납부된 기부금(<표2>)과 더불어 이전의 난민/구호 기구였던 UNRRA와 IGCR로부터의 자금과 현물, 서비스의 기부와 이양으로 구성되었다(<표3>). 이러한 기부금의 모금 및 예산 편성은 IRO 총재Director-General가 집행위원회를 통해 필요한 연간 예산을 총회에 제출하여[62] 총회가 예산 검토를 한 후 최종 승인을 하는 형태로 운용되었으며, 기부금은 IRO와 회원국 정부의 협의에 따라 주어졌다. IRO는 이렇게 모금된 예산과 재정을 바탕으로 본부와 지역 사무소 등의 행정 비용, 그리고 의료 보호, 직업 훈련, 재정착 지원 및 기타 긴급 비용과 같은 운영 비용을 지출하였다.[63]

62 예산안은 총회에서 논의되기 6주 전까지 회원국 정부에게 제출하는 것을 원칙으로 하였으며, 각 회원국 외무장관에게 이사회의 권고에 따른 기부 금액의 명시와 지불 방법에 대한 서한을 발송하였다.

63 이러한 IRO의 예산 지출은 1947년 8월부터 1950년 2월까지 428,505,335달러에 이르렀다.

〈표 2〉 회원국 정부에 의한 기부금 내역

(단위 : 달러)

Member governments	Accumulated totals 1 July 1947 to 7 Feb. 1952 Contributions due and received
Australia	9,194,156
Belgium	5,262,255
Canada	18,164,674
China	13,591,513
Denmark	2,491,948
Dominican Republic	209,826
France	21,652,462
Guatemala	209,826
Iceland	75,272
Italy	8,290,709
Luxembourg	147,002
Netherlands	4,766,750
New Zealand	2,299,784
Norway	2,299,784
Switzerland	4,033,698
United Kingdom	76,218,086
United States	237,116,355
Venezuela	843,195
TOTAL CONTRIBUTIONS DUE	406,867,295
Less total contributions unpaid	8,270,493*
TOTAL CONTRITBUTIONS RECEIVED	$ 398,596,802
*Total China contribution unpaid 8,210,469 Total Guatemala contribution unpaid 60,024	

출처 : 위의 자료, p. 122.

〈표 3〉 UNRRA 및 IGCR로부터의 IRO 기부금

(단위 : 달러)

UNRRA	
1. Contributions in cash:	
(a) For displaced persons operations in the Far East and Western Hemisphere	1,000,000
(b) Balance to complete the above grant	603,839
(c) Grant for supplementary feeding of children and employment of additional welfare staff	2,000,000
Claims raised against IRO	1,367,646
2. Transfer of supplies and equipment for displaced person on a non-reimbursable basis:	
(a) Services: salaries and expense of personnel made available without charge	4,587
(b) Supplies and equipment transferred at appraised values based upon actual or estimated cost*	12,899,761
TOTAL	$15,140,541
IGCR	
1. Residual IGCR assets; free gifts from IGCR member governments	37,657
2. Portion of IGCR residual assets; free gifts from IGCR member governments	1,486
3. IGCR surplus funds	39,006
4. Inventory values on the USATS(approx.)	321,000
5. Operationg reserve on the USATS**	118,177
TOTAL	$517,326

* Transfer of supplies and equipment on a non-reimbursable basis valued by UNRRA at $12,904,348, applied on the balance-sheets of IRO financial statements as equipment on hand at a nominal value of $1.

** USATS: United States Army transports.

출처 : 위의 자료, p. 123.

2) UNHCR의 창설과 조직 특성

국제 사회의 난민 보호는 유럽 지역을 중심으로 1차 세계 대전을 전후하여 시작되었지만[64], 난민의 정확한 개념이 정의되고 그에 대한 보호의 범위와 수준이 명확하게 확정된 것은 UNHCR이 설립되고 『난민의 지위에 관한 협약Convention Relating to the Status of Refugees』이 체결되면서부터라고 할 수 있다.[65]

그전에는 기존 IRO의 활동에 반대 의견을 가지거나 유엔이 난민 문제에 관여하는 것

---

64 1938년에 만들어진 기구인 IGCR은 보호 대상을 "정치적 의견, 종교적 신념, 인종적 태생 때문에 독일을 떠난 모든 사람"으로 넓히기도 했다. 이와 관련해서는 Kristen Walker, "Defending the 1951 Convention Defining of Refugee," *Georgetown Immigration Law Journal* 17-4 (2003), pp. 588-91; 김슬기, "문화적 타자의 공동구성 과정으로서 난민인정절차," 서울대학교 석사 학위 논문 (2012), p. 21. 참조.

65 UN, "Convention Relating to the Status of Refugee," General Assembly convemtion (28 July 1951), https://digitallibrary.un.org/record/696101.

에 반대하는 일부 국가들이 나타나면서, 난민 문제에 대한 광범위한 책임을 주장하는 측과 제한된 권한을 갖는 기구의 설립을 주장하는 측 사이에 상당한 논란이 있었다. 그 과정에서 절충이 이루어졌고, 난민 지원 분야에 광범위한 보호 권한을 주장한 측이 우위를 점해 갔다. 그 결과 1949년 12월 3일 유엔 총회는 찬성36, 반대5, 기권11로 결의문을 채택하여 유엔 헌장 22조에 의거해 총회 부속 기관으로 IRO를 대신하는 UNHCR을 설립하였다.[66] 1951년 1월 1일에 첫 업무를 시작한 UNHCR은 본래 한시적 성격의 기구로 설치되었으나,[67] 매 5년마다 총회에서 임시 조치로 연장되다가 2003년 유엔 총회 결의 153호에서 "난민 문제가 해결될 때까지"로 명기함으로써 존속 기간의 제한을 두지 않고 임무를 상설화하여 현재에 이르고 있다.

UNHCR의 주요 임무는 난민 보호의 근간이 되는 1951년의 『난민의 지위에 관한 협약』에 따라 비호 신청자, 귀환자, 국내 실향민, 무국적자 등과 같은 보호 대상자들이 기본적으로 인권의 혜택을 누리면서 박해의 위험이 있는 곳으로 강제 송환되지 않도록 지원하는 데에 있으며, 난민 보호와 세계의 난민 문제 해결을 위한 국제적 조치를 주도하고 조정하는 역할을 담당하고 있다.[68] 이들은 난민에 대해 인도주의에 입각한 법적·물질적 구호 사업 이외에도 난민의 귀국, 재정착, 가족 재결합 사업을 지원할 뿐만 아니라 더 나아가 난민 문제에 대한 항구적인 해결을 위해 국제 협력을 도모하는 역할까지 수행한다.

한편 UNHCR의 조직 구성은 크게 기구의 최고 대표인 난민고등판무관과 UNHCR 사무국, 집행이사회Excutive Committee, ExCom로 구분할 수 있다. UNHCR의 수장인 고등판무관High Commissioner[69]은 유엔 사무총장의 지명으로 유엔 총회에서 선출되며, 동 기구의 방향

---

66 UN, "Refugees and stateless persons," General Assembly resolution 319(Ⅳ), A/RES/319(IV) (3 December 1949), https://undocs.org/en/A/RES/319(IV).

67 UNHCR는 본래 2차 세계 대전의 여파로 주로 유럽에서 터전을 잃어버린 수백만 명의 유럽인들을 돕기 위해 창설되었으며, 이러한 UNHCR의 첫 임무에는 3년의 기한이 부여되었다. 하지만 이후 전 세계적으로 난민 위기가 지속적으로 발생하면서 임무가 연장되어왔다.

68 최춘흠 외. "UN기구의 지원체계와 대북활동". 『경제인문사회연구회 협동연구총서』(서울: 통일연구원), 2008, p. 28.

69 2019년 현재 UNHCR의 제11대 난민고등판무관은 Filippo Grandi이며, 2016년 1월 1일부터 임기를 시작하여 2020년 12월 31일까지 5년 간 임무를 수행할 예정이다. 한편 역대 UNHCR의 난민고등판무관들은 다음과 같다. Gerrit Jan van Heuven Goedhart (1951-1956), Auguste R. Lindt (1956-1960), Félix Schnyder (1960-1965), Sadruddin Aga

성과 관리에 대한 책임을 진다. 이는 경제사회이사회를 통해 유엔 총회의 관리하에 있으며, 해당 기구에 연차 보고 후 정책 지침에 따른다. 하지만 다른 유엔 기구와는 달리 공식 이사회나 기관을 가지고 있지 않으며, 각국 정부로 구성된 집행위원회에서 실질적인 프로그램과 예산 승인이 이루어진다. 2018년을 기준으로 난민 문제에 많은 관심을 가진 101개 국가들로 구성된 집행위원회ExCom는 매년 10월 초에 제네바에서 약 1주간의 연례 회의를 개최하여 UNHCR이 수행하는 프로그램과 예산을 승인하고[70], 국제 차원의 보호에 대해 조언을 하며, 정부 간 파트너와 비정부 기구들과 여러 이슈에 대해 논의한다.

UNHCR은 2017년 6월 30일을 기준으로 1만 966명의 직원들로 구성되어 있으며, 본부는 제네바에 위치하고 있고, 130개국에 지역 사무소가 존재한다본부 조직은 <그림1> 참고. 현장에서의 UNHCR의 핵심 업무는 지역 사무소, 각국 대표부, 현장 사무소 등에 의해 관리된다.

〈그림 1〉 UNHCR 본부(Operational Support and Management) 조직도

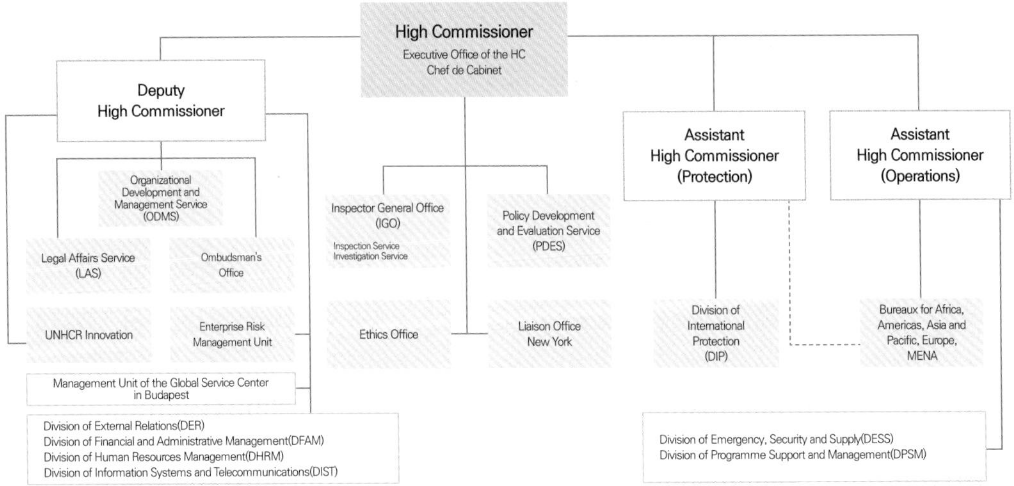

출처 : UNHCR, *UNHCR Golbal Appeal 2015 Update* (Geneva: UNHCR, 2015) p. 1-16.

Khan (1966-1977), Poul Hartling (1978-1985), Jean-Pierre Hocké (1986-1989), Thorvald Stoltenberg (1990-1990), Sadako Ogata (1991-2000), Ruud Lubbers (2001-2005), António Guterres (2005-2015)

70 UNHCR의 필요 예산은 2010년부터 시작된 글로벌 수요 조사를 바탕으로 책정된다. 해당국 정부, 유엔 기구, 비정부 기구와의 협의를 통해 각 지역 사무소가 담당하는 국가별 보호 대상자의 수와 사업 필요성을 조사하는 글로벌 수요 조사에 의거하여 향후 2개년간 보호 대상자를 통합적으로 지원할 수 있는 사업과 예산을 구상하고, 사업 타당성과 실현 가능성을 고려하여 최종적으로 유엔난민기구 집행이사회의 승인을 통해 확정된다.

또한 UNHCR의 수입의 대부분은 각국 정부 및 정부 간 기구, 민간의 자발적인 후원금으로 조성되며, 2017년 기준으로 약 38억 4,000만 달러의 자발적 후원금이 모였다. 이외에 유엔 분담금과 전년도 이월금, 조정, 환율 및 그 외 출처로부터 얻은 순이익 등이 더해져 2017년 UNHCR의 총 가용 기금은 45억 1,000만 달러였다. 이 중 2017년 수입의 61퍼센트는 미국 정부와 독일 정부, 유럽연합EU으로부터 조성됐고, 기금의 79퍼센트는 상위 10개 후원국미국, 독일, 유럽연합, 일본 정부, 영국 정부, 스웨덴 정부, 노르웨이 정부, 캐나다 정부, 스페인 민간 영역, 네덜란드 정부에서 조성되었다.[71]

3) 한국과 UNHCR/IRO

(1) IRO의 한국 지원 근거

앞서 서술된 바와 같이 IRO는 1946년에 창설되었음에도 각 회원국 내 비준 미비와 기구의 재정 문제로 인하여 한동안 준비위원회PCIRO의 형태로 존재했기 때문에, IRO가 본격적으로 활동을 시작한 것은 첫 총회가 구성되고 개최된 1948년 9월 13일에 이르러서였다. 그리고 IRO가 난민 문제의 모든 측면을 포괄적으로 다룰 것을 표방한 최초의 국제기구였음에도 한국과는 한국 전쟁 이후에야 관계를 맺게 된다. 여기에는 두 가지 이유가 작용했는데, 하나는 IRO의 실질적인 활동과 중점이 유럽 난민 구호에 치중되어 있었다는 점이고,[72] 또 다른 이유는 독립 운동, 일제에 의한 징병, 이주 등의 다양한 이유로 한반도를 떠났다가 광복을 맞으면서 귀국한 한국인들이 미·소 군정, 그리고 한국 정부 구성 이후로는 정부국적국로부터 국민으로서의 보호를 받았기 때문에 이들이 난민 문제의 해결을 목표로 하는 IRO의 관심 범위 밖에 있었기 때문이다.

하지만 한국 전쟁이 발발하면서 한반도의 상황은 바뀌게 된다. 당시의 전쟁은 수많은 난민을 발생시켰으며, 국제 사회의 엄청난 관심과 지원을 촉발했다. IRO 역시 한국 전쟁을 기점으로 한반도의 상황을 주목하기 시작하였다. 그렇지만 전쟁 난민 구제에 대한 IRO의 역할은 상대적으로 제한적이었다. 왜냐하면 전쟁 발발 직후인 1950년 7월 31

---

71 UNHCR, *UNHCR Global Report 2017* (Geneva: UNHCR, 2017), p. 28.

72 위의 자료, p. 16.

일 유엔 안전보장이사회가 결의안 85호를 통해 한국 내 민간 구호 활동의 수행 주체를 통합사령부Unified Command, 즉 유엔군사령부United Nations Command, UNC로 설정하고,[73] 이를 통해 국제 사회의 한국에 대한 구호와 지원 요건을 결정하기로 요청하였기 때문이다. 이에 한국 전쟁 시기 한국의 민간인 구제 활동은 UNC 주관으로 이루어졌고, 유엔의 각종 산하 기구와 비정부 기구들은 UNC의 활동을 지원하는 방식으로 업무를 수행하도록 요청받았다. 따라서 IRO 역시도 UNICEF나 WHO 등의 다른 국제단체나 국가들과 함께 UNC의 민간 구호 및 지원 활동에 인력이나 자금, 현물 지원 등을 실시하게 된다.

그런 까닭에 한국과 관련하여 IRO가 수행한 첫 번째 조치는 IRO 총회에서 한국에 대한 민간 구호 및 지원을 위한 결의안을 채택하는 것이었다. 이에 IRO는 1950년 8월 4일에 발의돼 같은 해 10월 9일부터 13일까지 개최되었던 IRO 6차 총회에서 한국 지원과 관련된 결의안 69호를 채택한다. 해당 결의안에 따라 IRO 총재는 한국에 대해 의료 및 기타 물자와 복지 전문 인력 등 각종 인적·물적 지원 제공을 승인하면서, 한국의 민간인 구호를 위한 유엔의 요청에 대하여 당해 기구가 가용할 수 있는 최대 자원 범위 내에서의 지원을 지시하는 권한을 갖게 되었다.

73 1950년 7월 7일에 채택된 유엔 안보리 결의안 84호에서는 "군대 및 기타 원조를 제공하는 모든 회원국은 미국이 통제하는 통합사령부(Unified Command)를 통해 활동(군대와 기타 원조 제공)하도록" 권고하였고, 통합사령부는 유엔의 깃발 사용을 승인받았다. 이에 따라 1950년 7월 24일 도쿄에 UNC가 창설되었다. 따라서 안보리 결의안 85호의 '통합사령부'는 'UNC'로 파악이 가능하다.

유엔 안전보장이사회 결의안 85호 (1950년 7월 31일)

The Security Council,

Recognizing the hardships and privations to which the people of Korea are being subjected as a result of the continued prosecution by the North Korean forces of their unlawful attack.

Appreciating the spontaneous offers of assistance to the Korean people which have been made by Governments, specialized agencies, and non-governmental organizations,

1. *Requests* the Unified Command to exercise responsibility for determining the requirements for the relief and support of the civilian population of Korea and for establishing in the field the procedures for providing such relief and support;

2. *Requests* the Secretary-General to transmit all offers of assistance for relief and support to the Unified Command;

3. *Requests* the Unified Command to provide the Security Council with reports, as appropriate, on its relief activities;

4. *Requests* the Secretary-General, the Economic and Social Council in accordance with Article 65 of the Charter of the United Nations, other appropriate United Nations principal and subsidiary organs, the specialized agencies in accordance with the terms of their respective agreements with the United Nations, and appropriate non-governmental organizations to provide such assistance as the Unified Command may request for the relief and support of the civilian population of Korea, and as appropriate in connexion with responsibilities being carried out by the Unified Command on behalf of the Security Council.

출처 : UN, "Complaint of aggression upon the Republic of Korea," Security Council resolution 85, S/RES/85(1950) (31 July 1950), https://undocs.org/S/RES/85(1950).

IRO 총회 결의안 69호. 한국의 민간인 구호 (1950년)

SIXTH SESSION, 9-13 October: Resolution 68~79. GC/194/Rev. I

THE GENERAL COUNCIL of the IRO

DEEPLY MOVED by the sufferings of the civilian population of Korea in their privation as the result of the conflict which has destroyed their homes and their material resources and has made a large number of them refugees, at least temporarily;

RECOGNIZING that, in the resolutions adopted by the Security Council and the Economic and Social Council of the United Nations on 31 July 1950 and 14 August 1950 respectively, the Specialized Agencies were requested to give whatever help the Unified Command of the civilian population in that country; and

CONSIDERING the plight of the civilian population of Korea and the appeal to Specialized Agencies as a challenge to the effectiveness of international co-operation and humanitarian action;

ASSURES the Security Council and the Economic and Social Council of the United Nations of the readiness of the International Refugee Organization to consider with the greatest sympathy their appeals for assistance for the civilian population of Korea;

APPROVES of the action of the Director-General in offering to the Unified Command of the United Nations in Korea medical and other supplies and the loan of welfare officers and other trained personnel;

INSTRUCTS THE DIRECTOR-GENERAL to meet as fully as may be possible within the limits of resources available to the Organization any future request which may be received from the United Nations for assistance for the civilian population in Korea.

출처 : Louise W. Holborn, *The International Refugee Organization*, p. 738.

(2) IRO의 한국 지원 내용

IRO가 결의안 69호에 따라 한국에 제공했던 각종 지원은 크게 두 가지로 그 유형을 구분할 수 있다. 첫 번째 유형은 인력 지원과 관련된 측면으로서, 한국의 구호와 재건을 위해 설립되었던 유엔한국재건단UNKRA과 한국 내 민사 작전을 총괄했던 UNC 소속 기구인 유엔한국민사지원사령부UNCACK로 IRO 출신 인물들을 임명 또는 파견한 것을 들 수 있다. 두 번째 유형은 물적 지원과 관련된 것으로, 각종 차관과 의료 물자, 의복 제공과 같은 직접적인 현물 지원이다. 이러한 IRO의 한국 지원 내역에 대해서 해당 시기의 관련 문서와 함께 구체적으로 파악해보면 다음과 같다.

① 인력 지원

IRO는 한국 전쟁 시기에 한국의 피난민과 기타 민간인들에 대한 전문성 있고 효과적인 구호와 지원을 위해 숙련된 인력들을 파견했다. IRO는 2차 세계 대전으로 인해 발생한 유럽 내의 수많은 난민들을 구제한 경험을 보유하고 있었으며, IRO의 인력들은 UNKRA나 UNCACK와 같이 한국 전쟁 당시 민간인 구제 및 구호 활동을 전담하던 양대 유엔 기구에 수장首長, 실무자 등으로 참여하면서 전문성을 발휘하였다. 이들은 각종 구호품을 매입하거나 배분하는 업무를 중심으로 사회 복지, 공중 보건, 물자 보급 등의 각 영역에 걸쳐 현장에서 필요한 내용을 파악하고 조치하는 역할을 수행했다.

이러한 사례를 구체적으로 들여다보면, 우선 IRO의 총재director general였던 킹슬리J. Donald Kingsley 박사가 UNKRA 단장agent general을 맡아 임무를 수행하였던 것을 들 수 있다. 킹슬리 박사는 공공 행정인력 관리 분야의 전문가이자 사회 복지 부문의 지도자로서, 한국의 민간인 구호와 재건에 이러한 전문성을 발휘하였다는 평가를 받고 있다.[74] 그는 1949년 7월 8일부로 IRO의 총재로 지명된 뒤 업무 능력을 인정받아, 1951년 2월 7일에는 IRO 총재 임무를 지속하면서 동시에 UNKRA의 단장으로 지명돼 IRO가 해산에 들어가기 직전인 1952년 2월 29일까지 두 기구를 이끌었다. 킹슬리 단장은 몇 차례

74 David Ekbladh, *The Great American Mission: Modernization and the Construction of an American World Order* (Princeton, NJ: Prinston University Press, 2010), p. 134.

한국을 방문하여 현지 상황을 파악하고자 노력했는데, 이와 관련해서는 한국 전쟁 시기에 부산으로 피난을 가서 개교한 당시의 이화여대 가교사假校舍 방문 사진 자료[75] 등을 통해 파악해볼 수 있다. 또한 당시 IRO의 부총재deputy director general였던 아서 룩커 경Sir Arthur Rucker은 IRO에서의 역할과 경험을 인정받아 UNKRA 유럽 지역 사무소장Chief of the European Regional Office of UNKRA으로 지명되었고,[76] 이후 UNKRA 부단장deputy agent general이 된다.[77] 이처럼 IRO 총재와 부총재가 한국에 대한 민간 구호 및 재건 활동에 직접 참여하였다는 것은 한국에 대한 IRO의 적극적인 지원을 보여주는 대표적인 사례가 될 수 있을 것이다.

또한 IRO는 직원들을 UNCACK나 UNKRA로 파견하여 관련한 직위를 맡도록 하였다. 이들은 WHO나 FAO 등에서 파견된 여타의 유엔 출신 인력들과 함께 유엔 휘장의 부착을 허가받았으며,[78] 유엔의 상징과 정신을 바탕으로 한국에 대한 지원 및 구호 활동을 하였다.

IRO의 인력 파견 및 수행 활동과 관련해서는 다음 페이지에 인용한 1951년 당시 UNCACK에 파견된 유엔의 12개 국가 민간인 직원들에 대한 자료를 통해 좀더 살펴볼 수 있다. 이에 따르면 각 기구로부터 파견된 총 49명의 인력 중 IRO에서 파견된 인원들은 WHO에 이어 두 번째 규모인 14명을 나타내고 있다. 또한 IRO는 ILO와 함께 여타 기구의 파견 직원들과 달리 무기 계약indefinite contract 형태로 임무를 부여받고 있음을 알 수 있다.

한편 1951년에 작성된 <표 4>에서도 한국에 대한 IRO의 인력 파견 상황을 파악할 수 있다.[79] 해당 자료에는 각 기구로부터 UNCACK에 파견된 인력에 관한 상세한 내용이

---

75 UN, "Agent-General of UNKRA Visits Ewha Woman's University in Pusan" (1 May 1952), Photo #188232, UN News & Media Photo.

76 Louise W. Holborn, *The International Refugee Organization*, p. 168.

77 이에 대해서는 1951년 4월 11일에 한국의 부산에서 기자회견을 하면서 촬영한 사진 및 해당 설명 자료를 참조할 수 있다. UN, "Deputy Agent General of UNKRA Holds Press Conference" (1 May 1951), Photo #191488, UN News & Media Photo.

78 Sam J. Adams (1951).

79 이를 이전 자료와 비교하면 〈표 4〉에서는 IRO에서 파견된 인원이 총 15명으로, 이전 자료의 14명보다 1명이 더 많다. 이로부터 〈표 4〉가 시간상으로 나중에 작성된 문서임을 짐작할 수 있다.

담겨 있는데, 직원들의 이름, 원 소속, 직위, 계약 기간 등이 그것이었다. 이 표를 통해 IRO에서 파견된 인력들이 공공복지Public Welfare, 공중 보건Public Health, 보급Supply 부문에서부터 구호 물자들의 운송과 관련된 항구 관리자Port Supervisor에 이르기까지 다양한 임무를 수행하였음을 알 수 있다. 이렇게 파견된 IRO의 직원들은 이전의 난민 구호 경험들을 바탕으로 보다 체계적이고 효율적인 민간인 구호 및 지원 활동을 벌였다고 평가할 수 있을 것이다.

UNCACK 파견 민간 인력 현황 (1951년)

1. Civilian employees from 12 countries of the United Nations are presently serving with UNCACK. Countries represented are: Belgium, The Netherlands, Canada, Denmark, France, Great Britain Mexico, Norway, Peru, Syria, Thailand, United States.

2. The following organizations have representatives assigned to UNCACK:

World Health Organization	21
International Refugee Organization	14
International Labor Organization	1
Canadian Red Cross	2
British Red Cross	3
American Red Cross	2
Danish Red Cross	1
Norwegian Red Cross	2
United Nations (unassigned)	3

3. Forty-five (45) US Department of the Army Civilians are currently assigned to UNCACK. Of the 45 DAC's presently assigned, 10 are assigned to established jobs. Classification analysts from GHQ, FEC, are processing the remaining non-established jobs.

4. All personnel of the IRO and ILO are assigned to duty with UNCACK on an indefinite contract which requires only that a 30-day notice be given either by employee or employer prior to resignation or release.

5. Personnel of the World Health Organization are assigned on either a 1 or 2 year contract.

6. Prior to release of any UN personnel, approval must be granted by the Department of Army, State Department, and the United Nations.

7. Military personnel presently assigned are as follows:

72 Officers

3 Warrant Officers

159 Enlisted Men

출처 : UNCACK, "Civilian employees from 12 countries" (19 October 1951), National Archives and Records Administration.

〈표 4〉 UNCACK 파견 UN 소속 직원 현황 (1951.10.01 이전 근무 계약 종료)

이름	소속 기관	직책	계약 종료일
Blumer, George F.	ILO	Labor Officer	무기한
Boelaerts, Paul G.	IRO	Port Supervisor	무기한
Bogaard, Rudolf S. Uitden	IRO	Public Welfare Officer	무기한
Carleton, Everett A.	IRO	Public Welfare Officer	무기한
Carlton-Belt, Robert N,	IRO	Director of Supply	무기한
Denholm-Young, Eric J.	IRO	Public Welfare Officer	무기한
Dowling, Kenneth H.	IRO	Supply Officer	무기한
Francel, Edward W.	IRO	Asst Dir of Public Welfare	무기한
Gihon, Charles P.	UN	Director of Public Works	무기한
Harding, Charles E.	IRO	Medical Supply Officer	무기한
Harris, Brindley E.	IRO	Public Welfare Officer	무기한
Kroll, Pierre	IRO	Public Health Officer	무기한
McCarthy, Bernard N.	IRO	Supply Officer	무기한
Mueting, Obie	IRO	Public Welfare Officer	무기한
O'Reilly, Cyril F.	WHO	Public Health Officer	무기한
Ribeiro, Efrain	WHO	Director of Sanitation	1 Sep 51
Sage, Rohert W.	IRO	Public Welfare Officer	무기한
Savage, Harold J.	IRO	Port Supervisor	무기한
Wyrouboff, Nicolas	IRO	Public Welfare Officer	무기한

참고 : "무기한"으로 표기된 직원은 근무 종료일로부터 30일 전에 당사자 또는 UNCACK이 고지해야 함.

출처 : Arthur W. Dodson (1951).

그 밖에 미 육군 크리스트W.E. Crist 준장이 UNKRA의 로이드Charles E. Lloyd 소장에게 보낸 서한에는 IRO 출신의 인사 3명을 UNKRA와 계약하도록 추천하는 내용이 담겨 있다. 이 역시 난민 관련 국제기구로서 IRO의 경험과 역량을 높게 평가하고, 이들에게 한국 지원 임무를 맡겼다는 점을 보여주는 자료이다.

W.E. Crist 준장이 Charles E. Lloyd 소장에게 보낸 서신 (1951.11.22)

JCK/jg
22 November 1951

Major General Charles E. Lloyd
Chief of Mission
United Nations Korean Rehabilitation Agency
Pusan, Korea

Dear General Lloyd:

With reference to your letter, dated 19 November 1951, forwarding contract offers for United Nations personnel assigned to the United Nations Civil Assistance Command, Korea, I am returning herewith the contract addressed to Dr. Cyril F. O'Reilly, World Health Organization.

Based upon a personal interview I have Had with Dr. O'Reilly and reports of my team commander, I do not recommend that he be employed by UNKRA. He appears to have a most decided inferiority complex and lacks initiative. You might like to interview him before making a final decision. If so, I will arrrange to have him report to you.

In reference to my letter of 14 November 1951, It is requested that the following personnel be added to the list of those I recommended be offered contracts by UNKRA. They arrived in Korea since 14 November 1951.

Mr. Charles R. Gornall, IRO, Supply Officer
Mr, Hans A. Kaad, IRO, Public Welfare Officer
Mr. Aage M. Petersen, IRO, Public Welfare Officer

I thank you for your kind assistance.

Sincerely yours,

W. E. CRIST
Brigadier General,
U.S. Army
Commanding

1 Incl
a/c

출처 : W. E. Crist, "A Letter from Brigadier General W. E. Crist to Major General Charles E. Lloyd," U.S. Army (22 November 1951), National Archives and Records Administration.

② 물자 지원

IRO는 인력 지원 외에도 총회 결의안 69호에 따라 각종 물자를 지원하거나 차관을 제공하였다. IRO는 해당 결의안에 의거해 1950년 8월 4일 UNKRA에 100만 파운드sterling를 대여하였으며,[80] 같은 시기에 한국에 대한 의료 물자 및 숙련된 의료 인력 파견을 승인하면서 같은 해 12월 31일까지 의료 장비, 의복, 재봉틀 등 30만 달러 이상의 가치를 지닌 구호품들을 한국에 지원했다.[81]

다음 페이지에 인용한 공문은 1950년 8월 15일 미국 국무부가 일본에 주둔해 있던 연합군 최고사령부Supreme Commander for the Allied Powers, SCAP에 발송한 메시지로, IRO가 유엔에 제공한 의료 물자 내역이 명시되어 있다. 구체적으로는 알콜, 밴드, 거즈를 비롯한 각종 의약품들을 포함하고 있으며, FOB본선 인도 기준으로 2만 달러 가치의 물자들을 지원한다고 되어 있다. 이를 통해 IRO가 전쟁 기간 한국에 지원한 의료 물자의 대략적인 내용을 파악할 수 있을 것이다.

---

80 Louise W. Holborn, *The International Refugee Organization*, p. 772.

81 위의 자료, p. 168.

IRO의 의료 물자 지원 내역과 관련된 업무 연락 (1950.8.15)

INCOMING MESSAGE
EFF/bdh

15 Aug 50
FROM : STATE DEPT
TO : SCAP (TOECA FO) (BUNCE)
INFO : DA (OAFE)
NR : 150134 Z (ECATO 23, 2 AUG 14, 7 PM)

Reference TOECA 192.
Subject: Medical supplies,
IRO has offered Secretary General, UN, medical supplies listed below:
Alcohol-250 gallons.
Bandange, gauze, assorted sizes, 3,000 rolls.
Sulfadiazine tablets (1,000 S.), 1,000 bottles.
Iodine (solution) 150 pints.
Penicillin crystalin (200,000 units) 5,000 bottles.
Sulfa guanadine (1,000 S.), 500 bottles.
Zinc oxide ointment, 200 pounds in Jars.
Sodium bicarbonate (1,000), 2.000 bottles.
Gauze (36 inches by 100 yards), 500 rolls; (36 inches by 25 yards), 600 rolls; (36 inches by 5 yards), 2,000 rolls.
Yellow oxide ointment (1 ounce) 3,300 tubes.
Undetermined quantity of Number 1, 2, and 10 cc syringes.

All above materials available for shipment from Munich, Germany on 5 days notice. Estimated total procurement value is $20,000 FOB.

Please advise If you desire this material or any portion thereof and notify manner of shipment desired.

FOSTER

출처 : General Headquarters, Far East Command, "Incoming messeage from State Dept to SCAP," Adjutant General's Office Radio and Cable Center, 400 #1 ECA FEC Secret (15 August 1950), National Archives and Records Administration.

하지만 한국 전쟁 기간 중 IRO의 물자 제공은 공여 기관의 지원 의지와 자금이 있다고 해서 쉽게 이루어지는 것은 아니었다. 전쟁이라는 당시의 특수한 상황은 원조품의 운송과 관련하여 복잡다단한 요소들을 고려하게끔 만들었다. 전쟁 초기에는 한국의 대부분 지역이 북한군 수중으로 넘어가 있었기에 각종 물자의 지원을 받을 수 있는 항구가 제한적이었고, 적아敵我의 식별 또한 중요한 문제였기에 사전에 긴밀한 업무 협조가 필수적이었다. 아래는 일본에 주둔한 미 극동군 사령관Commander-in-Chief, Far East Command, CINCFE이 1950년 8월 22일 미 경제협조처Economic Cooperation Administration, ECA에 발송한 서한으로서, IRO로부터 지원받은 의료 물자의 부산항 입항과 기타 통관 관련 사항에 대해 협조를 요청하는 내용이다.

의료 물자 지원과 관련한 IRO의 운송 업무 협조 메시지 (1950.8.22)

GENERAL HEADQUARTERS

FAR EAST COMMAND

OUTGOING MESSAGE

ECA/BJJ/rew
22 August 1950
No. TOECA 357

FROM: CINCFE TOKYO JAPAN
TO: ECA WASHINGTON DC .... ROUTINE
INFO: DEPT OFT OF ARMY (OAFE) .... ROUTINE
DEPT OF STATE WASH DC .... ROUTINE
CG EUSAK .... ROUTINE

This is TOECA nbr. 357 and CIVKOR nbr. 7 August 22. Info to CG EUSAK for Muccio. Re ECATO nbr. 232 and KORCIV nbr. 3. Subject is Medical Supplies from IRO.

On assumption supplies will be furnished without charge to ECA/Korea funds, it is desired total offer be accepted for shipment via surface vessel soonest. Unless otherwise necessary, shipment should be consigned Office of Supply. Republic of Korea, Pusan, Korea. End signed Anderson.

OFFICIAL:	APPROVED:
K. B. BUSH	WILHELM
B/Gen USA	ANDERSON
Adjutant General	Acting Chief
	ECA Mission to Korea

(BJJane : rew)

CC: CINCFE (1)
C/S (4)
Dipl (2)
ESS (1)
EGA (1)
AGFile (1)
AGRadio (1)

출처 : Wiiheim Anderson, "Outgoing Message from CINCFE Tokyo Japan to ECA Washington DC," General Headquarters Far East Command, Acting Chief ECA Mission to Korea (22 August 1950) ECA/BJJ/rew, No. TOECA 357, National Archives and Records Administration.

이후 IRO의 한국에 대한 물자 지원 내역은 국립중앙도서관이 소장한 자료들 가운데 미 육군에서 작성된 『한국 민간인 구호 프로그램 및 선적 보고서Civilian Relief in Korea, Report of Programs Issued and Shipments』의 1951년 3월부터 1952년 6월 30일까지의 기록[82]과 1952년 7월부터 1953년 12월 31일까지의 기록[83]에서 파악할 수 있다. 해당 자료는 유엔이 담당했던 대외 원조 프로그램인 SUNSundy UN 프로그램에 각 국가와 단체들[84]이 지원한 내역

82 U.S. Army Staff, "Civilian Relief in Korea, Report of Programs Issued and Shipments Made As of 31 March 1951 - 30 June 1952" (1951), OB911.009-000, RG 319 Records of the U.S. Army Staff, National Archives and Records Administration.

83 U.S. Army Staff, "Tonnages and Values of Civilian Relief in Korea, US Army Procurement and United Nations Donations by Commodity Category As of 31 July 1952 - 31 December 1953 (In Metric Tons and Dollars)" (December 1953), OB911.009-000, RG 319 Records of the U.S. Army Staff, National Archives and Records Administration.

84 베트남, 파키스탄, 에티오피아 등 세계 각국의 정부에서부터 UNICEF, Save the Children, 그리고 루터교와 카톨릭교

공여자, 품목, 수량, 가치, 운송 비용 등을 정리한 것이다.[85] 이 자료들에서는 IRO가 대략 1951년부터 1953년까지 한국에 지원했던 내역 및 수량 등을 월 단위로 살펴볼 수 있다. 이를 통해 IRO가 페니실린 같은 각종 의료 물자와 의류, 그리고 재봉틀을 1953년 6월까지, 간혹 변화가 존재하기도 하지만 대체로 일정량을 매월 지원하려고 노력하였음을 알게 된다.

여기에서 눈여겨볼 대목은 SUN 프로그램을 통한 IRO의 물자 지원이 IRO의 해산 시기와 맞물려서 종료된다는 점이다. 앞서 설명한 바와 같이 IRO는 1952년 1월 31일에 그때까지 수행하던 모든 난민 보호 임무를 UNHCR에다 이양하기로 하였으며, 같은 해 2월 15일에 해산위원회Board of Liquidation를 설치하고 3월 1일부터 해산에 돌입하였다. 이후 이듬해인 1953년 8월 28일의 9차 해산 회의를 마지막으로 같은 해 9월 30일에 해산이 완료되었는데, IRO의 한국에 대한 물자 지원은 기구가 해산되는 1953년 6월까지 이루어지고 있었다. 이를 통해 IRO가 해산 직전까지 한국에 대한 지원을 계속하였고, 한국은 휴전 협정이 체결된 1953년 7월 27일 직전까지 IRO로부터 인도주의 지원을 제공받을 수 있었다는 점을 알 수 있게 된다.

(3) 초기의 UNHCR과 한국

IRO의 창설1946년 12월과 해산1953년 9월, 그리고 UNHCR의 창설1950년 12월은 모두 한국 전쟁기1950년 6월 25일~1953년 7월 27일와 시기적으로 맞물리며, 한국에 대한 두 기구의 활동 시기 역시 중첩된 부분이 있다. 하지만 UNHCR과 한국 간의 관계가 본격적으로 이루어진 것은 한국 전쟁 시기가 아닌 1970년대 이후로 접어든 다음이었다.[86]

UNHCR이 1950년에 창설되었음에도 한국 전쟁 시기에 한국과 관계를 맺지 않은 배

관련 종교 단체 등과 같이 다양한 곳으로부터 지원을 받았다.

85 매월마다 두 가지 섹션으로 나누어져 있으며, 1부에서는 SUN 프로그램 지원 내역, 그리고 2부에서는 미 육군에서 담당했던 SKO(Supply for Korea Organization) 프로그램에 제공된 물자 품목과 수량, 가치 등이 함께 기록되어 있다. 여기에서는 1부의 SUN 프로그램 내 IRO의 지원 내역만을 발췌하여 정리하였다.

86 UNHCR의 한국대표부 홈페이지 역시 한국과 UNHCR의 관계가 형성된 시점을 1970년대 후반 베트남 보트피플의 한국 상륙으로 소개하고 있다. 해당 시기에는 이들 난민의 제3국 정착을 돕기 위해 대한적십자사와 협력하여 문제 해결에 노력을 기울였다. 한편 UNHCR 한국대표부는 한국 전쟁 시기의 UNHCR의 역할에 대한 별도의 설명 없이 당시 UNKRA가 오늘날의 UNHCR이 난민들과 국내 실향민들을 위해 펼치고 있는 활동과 비슷한 일을 수행했다고 명시하고 있다. UNHCR 한국대표부, “UNHCR 한국대표부 활동,” https://www.unhcr.or.kr (검색일: 2019.4.5).

경은 1951년 7월 28일에 제정된 『난민의 지위에 관한 협약』의 1장 '일반 규정'의 1조 '난민의 용어 정의' 내 '적용 배제' 조항 D항과 관련된다. 바로 "이 협약은 국제연합 난민고등판무관 외에 국제연합의 다른 기구 또는 기관으로부터 보호 또는 원조를 현재 받고 있는 자에게는 적용되지 아니한다"라는 규정이다.[87] 동 조항에 대하여 난민의 지위에 관한 1951년 협약과 1967년 의정서에 관한 정부의 지침서『난민지위 인정에 관한 기준 및 절차 편람』[88]에서는 4장 '적용 배제' 조항 가운데 B.용어 해석의 142번 주석을 통해 이렇게 설명하고 있다.

> 142. 이 조항에 의한 적용배제는 국제연합 난민고등판무관 이외의 국제연합의 기관의 보호나 원조를 받고 있는 자에게 적용된다. 그러한 보호나 원조는 이전에 국제연합 한국재건단 United Nations Korean Reconstruction Agency, UNKRA에 의하여 부여되었고, 현재는 국제연합 근동지역소재 팔레스타인 난민구호기구United Nations Relief and Works Agency for Palestine Refugees in the Near East, UNRWA에 의하여 부여되고 있다. 앞으로 다른 유사한 사례가 있을 수 있다[89].

위의 설명에서 알 수 있듯이 UNHCR은 한국을 "UNKRA, 즉 UNHCR 이외의 유엔 기관의 보호나 원조를 받고 있는 경우"로 파악하였다. 따라서 IRO의 한국에 대한 물자 지원 내역의 원자료1951년 3월~1952년 6월, 1952년 7월~1953년 12월까지의 SUN/SKO 전체 지원 내역와 그 이후의 기록[90]에 나타난 것처럼 IRO는 해산 직전까지 한국에 물자 등을 제공한 데 비해

---

87 장복희, 『난민 관련 국제조약집(한국어판)』 (서울: 국제연합 난민고등판무관 사무소, 1997), p. 14.

88 UNHCR 업무 계획 집행위원회는 28차 회기에서 UNHCR 사무소에 대해 "정부의 지침서로서, 난민 지위 인정에 관한 기준 및 절차 편람의 발간 가능성을 검토할 것"을 요청하였으며, 이에 따른 편람은 1979년 9월에 초판이 발행된 이래 정기적으로 재발간되었다. 여기에서 인용하고 있는 편람은 1992년 1월에 발간된 것으로, 1997년에 나온 한국어판의 내용을 바탕으로 하였다. 위의 책, p. 57, p. 100.

89 해당 내용의 원문은 다음 자료를 참조. UNHCR, *Handbook on Procedure and Criteria for Determining Refugee Status under the 1951 Convention and the 1967 Protocol relating to the Status of Refugees* (Geneva: UNHCR, 2019), p. 34.

90 같은 보고서의 시리즈 중 1954년 1월부터 동년 12월까지의 자료 등을 참조 가능. UNHCR은 IRO의 한국 지원이 종결된 1953년 6월 이후의 내역에서 참조. U.S. Army, "Tonnages and Values of Civilian Relief in Korea, US Army Procurement and United Nations Donations by Commodity Category as of 31 March 1956 - 31 December 1956 (In Metric Tons and Dollars)" Records of the U.S. Army Staff (29 May 1956), RG 319, National Archives and Records Administration.

UNHCR은 한국의 난민들에 대한 지원을 하지 못하였다.[91]

대신 UNHCR은 한국 이외의 국가에 존재하는 난민 문제에 역량을 더 집중하였다. 1951년부터 1954년까지의 UNHCR 보고서『Report of the United Nations High Commissioner for Refugees』를 보면,[92] 극동Far East 지역의 난민 문제를 강조하면서도 한국 전쟁 기간을 포함한 기간 동안 한국에 대한 언급은 없이 상하이와 홍콩 문제만을 언급하고 있으며, 중부 유럽독일, 오스트리아, 이탈리아 내 난민 문제가 여전히 지속되고 있다는 점 등을 강조하고 있다.

이렇듯 한국 전쟁 전후로 UNHCR이 한국을 지원한 사례는 찾아 보기 어렵다. 하지만 그렇다고 한국과의 관계가 완전히 부재한 것은 아니었다. 이와 관련하여 1955년 UNHCR 보고서1956년 1월 1일 발간[93]에는 매우 눈여겨 볼 만한 사례가 존재한다<표 5> 참조. 한국의 이승만 정부가 전쟁이 끝난 지 얼마 되지 않은 1955년에 유엔난민기금United Nations Refugee Emergency Fund, UNREF에다 2,000달러를 기부한 것이다.[94] 이는 당시 한국 정부가 한국 전쟁 동안 유엔과 같은 국제 사회로부터 받은 도움을 인지하고 이에 보답하기 위한 노력의 일환으로서, 전쟁 이듬해인 1954년에 UNCACK를 대상으로 이뤄졌던 대통령

---

91 비슷한 사례로서 1949년 12월 8일 유엔 총회 결의안 302호(IV)로 설립된 유엔 팔레스타인난민구호기구(United Nations Relief and Works Agency for Palestine Refugees in the Near East, UNRWA)를 들 수 있다. 이 기구 역시 1951년 난민 협약의 적용 배제("이미 유엔의 보호 또는 원조를 받고 있는 자"에 대한 난민지위 적용 배제) 사례에 해당된다. 따라서 UNKRA와 UNRWA는 IRO나 UNHCR을 대신하여 각각의 특정 지역에서 구호 활동(보호 및 원조)을 실시하였다.

92 UNHCR이 유엔 총회에 제출한 1951~ 54년 보고서 참조. UNHCR, "Refugees and Stateless Persons and Problems of Assistance to Refugees: Report of the United Nations High Commissioner for Refugees, 1951," General Assembly Official Records: Sixth Session Supplement No. 19 (A/2011) (1 January 1952), https://digitallibrary.un.org/record/704494; UNHCR, "Report of the United Nations High Commissioner for Refugees and Addendum, 1952," General Assembly Official Records: Seventh Session Supplement No. 16 (A/2126 and Addendum) (1 January 1953), https://digitallibrary.un.org/record/708599; UNHCR, "Report of the United Nations High Commissioner for Refugees," General Assembly Official Records: Eighth Session Supplement No.11 (A/2394) (1 January 1954), https://digitallibrary.un.org/record/703561.

93 UNHCR, "Report of the United Nations High Commissioner for Refugees," General Assembly Official Records: Tenth Session Supplement No.11 (A/2902 and Add.1) (1 January 1956) https://digitallibrary.un.org/record/712869.

94 UNREF는 1954년에 전 세계 난민을 위한 인도주의적 긴급 구호 기금의 필요성에 대한 공감대를 바탕으로 유엔 총회 결의에 의해 형성되었으며, 1957년 UNREF 집행위원회는 50만 달러를 초과하지 않는 비상 기금을 조성하는 등 난민 지원에 대한 구조적 변화를 선도하였다. UNREF 집행위원회는 본래 UNHCR의 자문위원회(1951년 설치) 형태였으나, 1954년 10월 21일 유엔 총회 결의문 832(IX)에 의하여 채택된 1955년 3월 31일의 경제사회이사회 결의문 565(XIX)에 따라 재구성되었으며, 이는 다시 1958년에 UNHCR의 업무계획 집행위원회로 대체되었다. 이는 UNHCR의 실질적인 원조 사업에 대한 승인, 감독과 자문 역할 등을 수행하고 있다. UNHCR, "Background on the Executive Committee," (검색일: 2018. 4. 21).

표창 수여[95] 등과 궤를 같이하는 것이자 그 연장선상으로 이해할 수 있다.

〈표 5〉 각국 정부의 유엔난민기금 기부 내역 (1955)

Governmental contributions to UNREF for 1955	
Country	Contribution (단위: 미화 달러)
Australia	167,839
Austria	2,200
Belgium	160,000
Canada	126,856
Colombia	10,000
Denmark	72,390
France	142,857
Germany, Federal Republic of	23,810
Israel	5,000
Korea, Republic of	2,000
Liechtenstein	467
Luxembourg	2,000
Nether lands	359,157
New Zealand	28,000
Norway	83,998
Sweden	115,987
Switzerland	116,822
Turkey	4,286
United Kingdom of Great Britain and Northern Ireland	224,027
United States of America	1,006,000
	Total 22,653,696

출처 : UNHCR, "Report of the United Nations High Commissioner for Refugees," General Assembly Official Records: Eleventh Session Supplement No.11 (A/3123/Rev.1) (1 January 1957) https://digitallibrary.un.org/record/710945.

또한 다음의 <표 6>에서 볼 수 있듯이 한국은 UNHCR의 1961년 당기 프로그램을 위한 정부 기부금 내역에도 이름을 올리고 있다. 1960년 역시 1955년과 마찬가지로 전쟁의 상흔이 채 가시지 않은 시기였으며, 한국은 전후 복구와 경제 성장을 위해 막 첫걸음

95 이승만 대통령은 한국의 보건 향상과 상공업 발전에 기여한 공로에 대한 감사를 표현하며 유엔한국민사지원사령부 대표인 마케트(W. F. Marquette) 소장에게 부대 표창을 수여하였다. "한국민사원조처 표창," 「대한뉴스」 제 38호 (1954.4.1).

을 내딛으려 하는 상황이었다. 그럼에도 불구하고 한국 정부가 1955년과 1960년에 난민을 위해 정부 기부금을 제공한 것은 한국 전쟁기에 국제 사회로부터 받았던 도움에 대한 감사의 의미, '난민'의 처지에 대해 누구보다 공감할 수 있는 국민적 공감대, 그리고 국제 사회의 일원으로서 위상 제고의 열망 등이 복합적으로 작용한 결과로 보인다.

〈표 6〉 1961년 UNHCR 당기 프로그램을 위한 정부 기부금 지급·약조 내역 (1960.12.31)

Government Con CONTRIBUTIONS PAID, PLEDGED OR PROMISED FOR 1961 Current UNHCR Programmes	
Country	Contribution (단위: 미화 달러)
Austria	6,000
Belgium	150,000
Cambodia	571
Canada	290,000
China	5,000
Denmark	72,390
Federation of Malaya	1,000
France	257,142
Germany, Fed. Rep. of	209,524
Ghana	3,000
Greece	9,000
Iceland	7,394
Ireland	4,825
Israel	5,000
Italy	3,000
Korea, Rep. of	1,000
Liberia	1,500
Luxembourg	3,000
Morocco	1,975
Netherlands	139,200
Norway	98,000
Portugal	1,000
Sweden	116,000
Switzerland	116,279
Tunisia	2,000
Turkey	17,667
Union of South Africa	12,500
United Kingdom	280,000
United States	800,000
Viet-Nam, Rep. of	2,500
Total	$2,616,467

출처 : UN, *Yearbook of the United Nations 1960* (New York: United Nations, 1961), pp. 356-369.

4) 경제 성장기 이후 UNHCR과 한국

UNHCR과 한국의 관계는 1970년대 후반에 베트남 보트피플이 한국에 상륙하여 대한적십자사와의 업무 협조하에 이들의 제3국 정착을 지원했던 사업으로부터 형성되기 시작한다.[96] 해당 시기에 한국의 정부와 관계 기관 역시 UNHCR과 협조하여 인도적 견지에서의 난민에 대한 상륙 허가와 수용소 건설, 그리고 이들의 제3국 정착을 위한 지원을 실시하였다.

하지만 본격적으로 한국이 UNHCR과 공식적인 관계를 형성한 것은 1990년대에 들어서면서라고 할 수 있다. 1992년에 유엔 난민 협약에 가입한[97] 한국은 1994년에 그 주요 내용을 국내법화한 이래로 1997년부터 국내에 상주하던 유엔개발계획United Nations Development Programme, UNDP의 한국 대표가 국내 UNHCR의 명예 대표직을 맡아 임무를 수행하였다. 해당 시기에는 일본 도쿄에 있는 UNHCR의 일본·한국 지역 사무소에서 서울로 직원을 정기적으로 파견하여 국내 난민 문제를 처리했다. 그러던 2001년에는 UNHCR 일본 도쿄 지역 사무소 산하의 연락 사무소로서 한국 사무소가 문을 열었으며, 이는 2006년 7월에 비로소 일본 사무소로부터 독립된 독자적인 한국 대표부로 그 지위가 승격되었다.

또한 한국은 2000년부터 UNHCR 집행이사회 이사국으로 활동하면서 당해 기구의 예산이나 정책에 대한 승인 등에 관여하였으며, 2012년과 2013년에 각각 부의장국과 의장국으로 활동하였다. 뿐만 아니라 한국은 기금 마련에도 적극적으로 임하면서 2016년에는 최초로 UNHCR에 2,000만 달러 이상을 공여한 정부들로 구성된 'UNHCR 2천만불 클럽'의 일원이 되기도 하였고, 민간 부문에서도 2017년 기준으로 미국, 스페인에 이어 세

---

96 국가기록원에 보존되어 있는 『공해상에서 구조된 베트남 난민의 재정착문제, 1977-1979』 문서에 따르면, "UNHCR의 대표가 방한하여 국내관계 기관 방문 및 월남난민 수용소 시찰을 포함한 방중 기간 중 한국정부와 관계 기관의 배려와 협조에 감사를 표하고 월남 피난민에 대한 한국정부의 인도적 조치에 깊은 감명을 받았으며, 앞으로 난민구호관계로 한국정부의 협력이 필요한 경우 문서로 알리겠다고 하였다"고 보고하고 있다. 주 말레이시아 대사가 장관에게 보고하는 내용인 해당 문서에는 프랑스 유조선이 공해상에 표류 중인 월남 피난민 70명을 태우고 울산항에 입항한 소식도 전하고 있다. 외무부 아주국 동남아담당관, "공해상에서 구조된 베트남 난민의 재정착문제, 1977-1979," DA0746356 성남 나라기록관.

97 『난민의 지위에 관한 1951년 국제 협약』은 1992년 11월 11일에 국회의 비준 동의 후 이듬해인 1993년 3월 3일부로 국내에서 시행되었다.

계 3위 수준인 3,500만 달러가 넘는 기여를 실시한 바 있다. 이와 같이 한국은 전쟁의 경험을 잊지 않고 난민 보호 분야에서 정부와 민간을 막론하고 관심과 기여 의지를 적극적으로 표방하고 있다.

종합적으로 볼 때 유엔 차원의 난민 기구가 한국에서 행한 인도적 지원 역할은 상대적으로 보조적인 수준에서 이뤄졌다고 할 수 있다. 하지만 한국 전쟁 시기에 이루어진 IRO의 협력과 그 속에 내포된 인도주의 정신은 전후 한국이 어려운 가운데서도 인도적 지원에 관심을 갖는 데 결정적인 계기로 작용하였다고 할 수 있다. 또한 UNHCR은 설립 초기 규정에 의해 한국과 밀접한 관계를 맺지는 못하였지만, 1970년대 말 이후 한국이 난민 문제 지원과 같은 인도주의적 사업을 실시하면서 필요한 이론적·조직적 기반을 형성하는 데 있어 큰 도움을 주었다. 그리고 이러한 유엔의 인도주의 지원에 기초하여 오늘날 한국이 인도주의에 입각한 국제 사회의 다양한 어젠다에 주도적으로 참여할 수 있게 되었다고 평가할 수 있을 것이다.

유엔과 한국

1945-1973: 건국, 평화, 경제 성장의 파트너십

Footprint of Partnership

UN and Korea, 1945-1973

V.

전쟁 폐허의 재건과 유엔

1. 한국 재건을 위한 유엔 전담 기구의 창설과 활동 / 이한희
2. 유엔의 한반도 통일 추진과 경제 복구 지원 / 이인호
3. 아동과 여성을 위한 유엔의 긴급 구호 사업 / 김병조
4. 유엔의 교육 재건 활동 내역 / 최홍석
5. 유엔의 보건 위생 지원 활동 / 최홍석

01 한국 재건을 위한 유엔 전담 기구의 창설과 활동

이 글은 한국의 전후 재건에서 가장 중요한 역할을 담당했던 유엔한국재건단United Nations Korean Reconstruction Agency, UNKRA의 창설과 주요 활동에 대한 역사기술학적 저술이다. 본 저술을 위해 유엔사료보관소United Nations Archives and Records Management, UNARMS, 국립중앙도서관, 국사편찬위원회에 보관된 UNKRA의 활동에 대한 1차 사료들을 수집 및 해제하고 분석을 실시했다. 이를 바탕으로 UNKRA 창설의 배경과 조직 구조, 1950~60년대 전 기간에 걸친 활동 내용과 예산 집행, 특히 1950년대 초기 활동을 집중적으로 서술했다. 그리고 1960~70년대 한국의 산업화와 놀라운 경제 성장의 배경이 된 시기인 1950년대라는 기간 동안 도약을 위한 초기 단계의 선행 조건이 어떻게 조성되었는지도 확인하고자 했다.

1) 유엔 체제의 출범

중세부터 근세까지의 국제 질서는 서유럽의 제국-식민 국가들을 중심으로 하는 상호 폐쇄적이고 배타적인 블록bloc시장화가 가장 큰 특징이었다. 12~17세기 독일 북쪽과 발트해 인근 도시 국가들 간의 한자 동맹Hanseatic League, 19~20세기 초 독일 관세 동맹, 프랑스를 중심으로 하는 유럽의 금 본위 국가들, 영국 파운드화를 기초로 하는 대영제국 중심의 '스털링 블록Sterling Bloc' 등이 대표적이었다. 대영제국의 화폐인 스털링 파운드Sterling Pound의 이름을 본떠 만든 스털링 블록의 중심 국가였던 영국의 경우 다른 나라들보다 앞서 자유 시장과 자유 무역 정책을 채택했다.[1] 여기에는 자유로운 자본이 갖고 있는 '보이지 않는 손'의 합리성으로 개인의 이익 추구 행위가 궁극적으로 다수의 이익으로 변모된다는 아담 스미스Adam Smith, 무역이 전 세계의 생산력을 더 효율적으로 사용할 수

---

1 Barry Eichengreen and Douglas A. Irving, "Trade Blocs, Currency Blocs and the Disintegration of World Trade in the 1930s," *Journal of International Economics* 38 (1995), pp. 1-24.

있게 해줄 수 있다는 리카르도David Ricardo, 무역을 통해 궁극적으로 혜택을 보는 측은 낮은 가격으로 소비할 수 있게 된 소비자들이라고 했던 밀John S. Mill의 사상이 배경으로 작용했다. 19세기 중반 영국의 눈부신 경제 성공으로 자유 시장, 자유 무역 정책의 우수성이 증명되면서 다른 나라들도 무역을 자유화시키고 국내 경제에 대한 규제를 해제하기 시작했다. 1차 세계 대전이 일어나기 이전 50년 동안 전 세계 수출은 5억5,000만 달러 규모에서 198억 달러 규모로 증가했고, 국제 무역의 가치는 10년마다 평균 34퍼센트씩 증가했으며, 그 규모도 10년마다 약 36~37퍼센트씩 증가했다. 무역의 대부분은 유럽 국가들 사이에서 이뤄졌고, 식민지들은 주로 천연자원의 공급처 역할을 했다.[2]

그러나 시간이 흐를수록 영국은 점차 프랑스, 독일, 러시아와의 관계에서 정치, 군사적 주도권을 예전만큼 행사하지 못하게 되었다. 또한 무역 장벽 등의 배타적인 경제 활동으로 해를 입은 국가들과 헤게모니 싸움에서 밀린 국가들의 불만이 극에 달하게 되었고, 동시에 각국의 이해 관계 역시도 첨예하게 엇갈렸다. 그 결과로 발발한 전쟁이 바로 1차 세계 대전1914~18이다. 그리고 전쟁이 끝난 후 엄청난 전쟁 비용으로 인해 각국은 경제적 어려움을 겪었고, 영국은 더 이상 패권국hegemon의 위치를 유지하기 어렵게 되었다. 반면 전쟁은 미국에게 큰 이득을 안겨주었다. 전쟁 초기 중립을 유지하던 미국은 연합국을 위한 전쟁 물자의 공급 루트가 독일에 의해 막히자, 그제야 비로소 참전을 결정한 바 있다. 미국은 이렇게 해서 만든 과잉 자본을 서유럽과 중남미로 수출하였다. 독일은 이 돈을 전후 배상에, 영국과 프랑스는 미국에 대한 전시戰時 채무 상환에 사용하였고, 중남미와 캐나다에 유입된 자본은 재차 영국으로 흘러 들어가 상당 부분 영국의 대미 무역 적자를 충당하는 데 사용되었다. 또한 미국은 이 돈을 국내에 저리低利로 융자해서 일반 경제 활동은 물론 주식과 부동산 투기에도 사용하도록 했다. 이로 인해 미국 경제는 호황에 호황을 거듭했다. 그에 비해 서방 국가들은 대미 무역 적자 폭을 줄이기 위해 자국의 통화를 자의적으로 평가절하하곤 했는데, 이로 인해 디플레이션이 심화되기 시작했다.

2 Alfred E. Eckes, *A Search for Solvency: Bretton Woods and the International Monetary System, 1941~1971* (Austin, TX: University of Texas Press, 1975), pp. 28-47.

그런 가운데 미국은 점차 과다 투자로 인한 버블, 과잉 생산으로 인한 상품 재고, 금융 및 산업 전반에 만연한 부정, 정부의 관리 능력 부재 등이 심각한 지경에 이르게 되었다. 당시 5퍼센트 이상의 구조적 실업률을 유지하고 있던 미국은 1차 대전 후 세계 최대의 농업국이 되었지만, 유럽의 농업이 회복되면서 과잉 생산이 표면화되는 등 면방직, 피혁, 석탄, 조선업을 포함한 산업 전반에 거품이 커지고 있었다. 결국 1929년 10월 29일의 '검은 화요일Black Tuesday'을 기해 대공황Great Depression이 발생했다. 이와는 대조적으로 구소련이 급격한 산업화를 이루면서 중앙 집권적 사회주의 계획 경제가 자본주의 시장 경제를 대체하는 새로운 대안으로 떠오르기 시작했다.

한편 1차 세계 대전에서의 패전으로 많은 것을 잃었던 독일을 위시한 동맹국들은 과거의 영광을 그리워했다. 스털링 블록과 유사한 '대동아 공영권' 건설을 꿈꾸던 일본도 마찬가지였다. 배타적 무역 블록 시장화의 영향으로 영국과 영연방 국가들, 프랑스 등은 독일, 이탈리아 등에 비해 인구와 GDP가 각각 30퍼센트 이상 많았으며, 식민지 국가들을 포함할 경우 인구는 5배 이상, GDP는 2배 이상 높았다.[3] 이러한 괴리는 결국 대공황의 여파가 채 가시기도 전인 1939년부터 전 세계를 다시 전쟁의 소용돌이에 휘말리게 만들었다.

전쟁 발발 직후 동맹국들Allied Powers의 수장이었던 루즈벨트 대통령과 처칠 수상은 1941년 8월 대서양 한가운데 선상船上에서 비밀리에 회동을 했다. 당시 회동에서 이 둘은 추축국들Axis Powers에 대한 전시 전략과 전후 국제 질서에 대한 큰 그림을 그린 '대서양 헌장Atlantic Charter'에 합의했다.[4] 대서양 헌장은 "무역과 자원에 대한 기회 균등, 자유로운 항해, 위협이 되는 국가의 무장 해제"를 명문화함으로써 미국이 영국을 제치고 20세기 패권국으로 발돋움할 수 있는 발판을 마련해 주었다. 미국은 대서양 헌장에 담긴 비

---

3 Mark Harrison, *The Economics of World War II: Six Great Powers in International Comparison* (Cambridge, UK: Cambridge University Press, 2000), p. 36.

4 루즈벨트 대통령과 처칠 수상은 대서양 헌장에 서명할 국가들을 포괄적으로 지칭하기 위해 처음에는 "Associated Powers"를 생각해 냈다가 루즈벨트 대통령의 제안으로 "United Nations"라고 부르기로 했다. 이후 이 명칭이 새롭게 창설된 국가 간 국제연합체의 이름으로 공식화 되었다. Winston Churchill, *The Second World War: The Grand Alliance* (New York, NY: Houghton Mifflin, 1986), pp. 401-402.

전을 실현하고 새로운 패권국으로서 그 위치를 공고히 하기 위한 국제 제도적 장치institutional arrangements를 마련하기 시작했다.

이듬해인 1942년 루즈벨트 대통령과 처칠 수상은 대서양 헌장을 바탕으로 '유엔 선언Declaration by United Nations'을 공표하고, 적대국에 대하여 보복성 군사적, 경제적 수단 사용을 정당화하는 유엔 창설의 첫발을 내딛었다. 미국은 유엔 선언을 토대로 1945년 4월 영국, 프랑스, 구소련, 중화민국대만[5] 등 주요 50개 국가 정부 대표들과 함께 미국 샌프란시스코에 모여서 '유엔 헌장Charter of the United Nations'에 서명함으로써 '유엔The United Nations'을 공식 출범시켰다. 이렇게 수립된 유엔 헌장은 총 19장chapter으로 구성되어 있다. 1장에 유엔의 목적과 국제 평화 안보 유지를 위한 제 조항을 마련하고, 7장에 유엔 안전보장이사회United Nations Security Council의 경제, 외교, 군사 제재 및 무력 사용과 분쟁 해결에 대한 권한을 명시하였다. 이로써 미국은 전 세계 패권을 위한 '정치, 군사적인 제도적 장치'를 만들었다. 유엔은 전쟁 발발 가능성을 사전에 막고, 전시에 효과적인 대처를 위해 회원국들이 집단 안보 차원에서 공동의 물리력을 활용, 대응할 수 있도록 상호 사회 계약을 통해 만든 국제 정부라고 할 수 있다.

2) UNKRA의 창설 과정

(1) 유엔 최초의 대對 한국 지원 결정의 과정

1945년 10월 24일 유엔이 창설되고, 그로부터 5년이 지난 1950년 한반도에서 전쟁이 발발했다. 유엔은 유엔 헌장 42조 "(유엔)안전보장이사회이하 유엔 안보리는 국제평화와 안전의 유지 또는 회복에 필요한 공군, 해군 또는 육군을 활용한 조치를 취할 수 있으며, 이러한 조치는 유엔 회원국의 공군, 해군 또는 육군에 의한 시위, 봉쇄 및 여타 작전을 포함할 수 있다"는 조항에 의거해 창설 이래 최초의 해외 군사 작전을 한반도에서 실시했다. 유엔 안보리는 한국 전쟁이 발발한 직후인 1950년 6월 27일 한국에 대한 군

5 중화민국(Republic of China, 대만)은 중국을 대표하는 합법적인 정부로 인정받아서 최초의 유엔 헌장과 주요 협정의 체결 당사국으로 참여하였고, 이후 유엔 안전보장이사회 상임 이사국이 되기도 했다. 하지만 1971년 유엔 총회는 중화인민공화국(People's Republic of China)을 중국을 대표하는 합법적인 정부로 인정해 중화민국을 대체하기로 결정하였다. 이로 인해 중화민국은 현재까지 유엔 가입이 허용되지 않고 있다.

사적 지원 내용을 담은 결의안을 채택했다. 그리고 같은 해 7월 7일 한국에 대한 회원국들의 지원과 통합사령부Unified Command의 설치를 요청했다.[6] 이에 화답해 회원국들은 한국에 식량, 의료, 재정 지원을 하겠다는 의사를 안보리에 전달했다. 같은 해 7월 31일 안보리는 479차 회의를 열고, 노르웨이, 프랑스, 영국 정부가 제출한 한국에 대한 구호 결의안을 채택했다.[7] 또한 같은 회의에서 안보리는 한국의 민간인들에 대한 지원도 의결했다. 이 때 한국을 대표해서 회의에 참석한 인물이 장면張勉 당시 초대 주미 한국 대사였다. 이후 한국의 4대 부통령과 2대 및 7대 국무총리까지 지낸 장면 대사는 그날 회의에서 집을 잃고 식량, 의복, 의약품 등 생필품조차 구하기 어려운 100만 명이 넘는 한국 국민들의 절박한 상황을 설명하고, 국제 사회의 지원을 간곡히 호소했다. 또한 안보리의 군사적, 정신적 지원에 대해 한국 정부와 국민을 대신해서 감사의 표시도 했다. 이에 각국 대표들은 유엔의 가장 중요하고 즉각적인 관심사는 당연히 북한의 불법적인 공격 행위를 모든 수단을 동원해 저지하는 것이지만, 동시에 전쟁으로 인해 직접적인 피해를 입고 있는 당사자들을 지원하는 것 역시 중요한 과제라는 데에 공감했다. 따라서 군사적 지원과 함께 인도적 지원의 중요성도 간과할 수 없게 된 안보리는 통합사령부로 하여금 한국민에 대한 구호 방식과 수단을 마련하도록 했다. 이러한 내용을 담은 그날의 결의안은 회의에 불참했던 소련USSR을 제외하고 만장일치로 통과되었다.

해당 결의안은 1950년 8월에 개최된 유엔 경제사회이사회United Nations Economic and Social Council, ECOSOC 11차 회기session에 상정되었다. 8월 14일에 개최된 411차 유엔 총회에서 산타 크루즈Hernan Santa Cruz 유엔 경제사회이사회 총회 의장President은 결의안 초안을 제출하면서 유엔 사무총장United Nations Secretary General 및 유엔 산하 기구들에게 가능한 모든 수단을 동원해서 통합사령부를 지원하라고 촉구했다. 나아가 한국 국민들에 대한 구호에 나서고, 유엔을 파괴하려는 북한의 전체주의적 야망을 꺾어야 한다고 강조했다. 당시 크루즈 의장은 한국의 전후 재건과 관련해서도 매우 중요한 조치를 취했다. 우선 그는 북

6 UN, "Complaint of aggression upon the Republic of Korea," Security Council resolution 83, S/RES/83(1950) (27 June 1950), https://undocs.org/S/RES/83(1950).

7 위의 자료.

한의 침략적 도발을 격퇴한 이후 한국의 정치, 경제, 사회적 재건을 돕는 것이 유엔의 의무라는 점을 최초로 공식 언급함으로써 전후 유엔의 한국 재건을 위한 초석을 다졌다. 둘째, 재건시 한국 경제를 훨씬 더 발전시켜야 하고, 사회 시스템의 기반을 만들어야 한다고 강조했다. 셋째, 이를 실현시키기 위해 유엔 사무총장으로 하여금 한국에 대해 기존에 취한 조치를 포함해서 장기적으로 경제, 사회적 지원과 관련된 모든 제반 정보 사항들을 취합하고, 이를 유엔 경제사회이사회에 정기적으로 보고하도록 했다.

한편 노르웨이 외무장관 출신의 트리그베 리Trygve Lie 초대 유엔 사무총장1946년~1952년 재임은 한국 전쟁 발발 직후에 2차 대전 참전의 경험이 있던 남아공의 카진Alfred G. Katzin 대령을 사무총장 직속 한국 대표로 임명하고, 1950년 7월 1일 한국과 일본으로 급파했다. 이어서 그는 샤프C. Hart Schaaf 아시아·극동 경제위원회the Economic Commission of Asia and the Far East 위원을 자신의 민간 구호 특별 자문관Special Advisor on Civilian Relief으로 임명하고, 통합사령부 및 한국 정부의 요청에 따른 민간 구호 활동의 조정 역할을 일임했다.[8] 또한 파르민터R. Parminter 준장을 한국 구호 특별 보좌관Special Assistant for Korean Relief으로 임명해 뉴욕 본부에서 자신을 지근거리에서 보좌하도록 했다.

(2) 유엔과 산하 기구의 초기 대 한국 지원

최초의 대對 한국 지원을 위해 유엔 사무총장과 통합사령부 간에 합의한 공식 절차를 살펴보면 다음과 같다.[9] 우선 통합사령부와 한국 정부 간 합의하에 통합사령부가 유엔 사무총장에게 지원을 요청해야 한다. 둘째, 유엔 사무총장은 이 요청을 유엔 산하 기구와 특별 기구, 회원국 정부, 비정부 기구 등에 전달한다. 셋째, 유엔 산하 기구와 특별 기구, 회원국 정부, 비정부 기구 등은 이를 검토한 이후 결정된 내용을 유엔 사무총장에게 다시 전달한다. 넷째, 유엔 사무총장은 이를 통합사령부에 전달하고 통합사령부가 이를 받아들이면 유엔 사무총장은 수용된 내용을 해당 유엔 산하 기구와 특별 기구, 회원국

8 C. Hart Schaff, "To His Excellency, Dr. Syngman Rhee, President of the Republic of Korea," UN Economic Commission for Asia and the Far East (7 March 1951), National Archives and Records Administration.
9 UN, *Yearbook of the United Nations 1950* (New York: United Nations, 1950), pp. 280-285.

정부, 비정부 기구 등에 전달한다. 그리고 이후부터는 통합사령부와 이들 기구 및 정부와의 직접적인 소통하에 지원이 이뤄지게 된다. 이러한 절차에 따라 1950년말까지 통합사령부는 한국에 대해 식량, 의류, 의약품, 교육 물자 등 10개 품목의 물자 지원과 보건, 복지 등 4개의 서비스 지원으로 구성된 총 14개의 지원 요청을 유엔 사무총장에게 전달했고, 이러한 내용은 회원국 정부 및 산하 기구들에게 전달되었다. 다만 미국은 당시에 이미 독자적으로 한국에 대한 물자 지원을 시작한 상황이었기 때문에 요청 대상에서 제외되었다. 하지만 한국이 가장 긴급하게 필요로 하는 물자의 대부분은 미국이 자신의 예산과 물자를 동원해서 지원한 것들이었다.

이 대목에서 1950년 12월 31일을 기준으로 한 유엔 산하 기구들의 지원 내역을 일일이 열거해보면, 우선 유엔 경제사회이사회는 자체 결의안UN ECOSOC 323(XI)에 따라 통합사령부가 유엔 사무총장에게 요청한 대로 특별 기구 및 산하 기구를 통해 한국 국민들에게 구호 활동을 펼치고 물자를 지원했다. 국제노동기구International Labor Organization, ILO는 1950년 11월에 개최된 113차 총회에서 한국의 재건에 도움이 되는 가능한 모든 지원을 하기로 결의했다. 1950년 8월 2일 유엔 식량농업기구United Nations Food and Agriculture Organization, UN FAO는 식량 공급과 관련된 기술적 지원과 비용 등 모든 가능한 지원을 할 태세가 되어 있음을 확인했다. 같은 해 11월 유엔 FAO 아시아태평양 임업 및 임산품 위원회UN FAO Forestry and Forest Products Commission for Asia and the Pacific는 목재, 장작, 목탄 지원과 관련해 회원국들이 즉각적인 지원에 나설 태세가 되어있음을 확인하는 결의안을 채택하였고, 이에 유엔 사무총장은 관련 지원을 요청했다.[10]

유엔교육과학문화기구United Nations Educational, Scientific and Cultural Organization, UNESCO는 1950년 8월 28일에 결의안을 채택하여 한국에 교육, 과학, 문화와 관련된 가능한 모든 지원을 하기로 하고, 회원국들의 동참을 촉구했다. 그에 따라 유엔 사무총장의 요청으로 한국에 대표단도 파견하여 통합사령부 및 유엔의 유관 기관들과 협력한 가운데 민간 구호를 위한 조사에 착수하고, 긴급 교육 물자를 제공하기로 했다. 또한 유엔 및 특별 기

10 ILO, "ILO Activities in the Post-war World (Part 1: 1946-1959)," https://www.ilo.org (검색일: 2019.05.20).

구들, 회원국들, 비정부 기구들과 협력하여 교육, 과학, 문화 분야에서의 구호 및 재건을 위한 캠페인을 전개하기로 하고, 이를 위해 미화 10만 달러의 특별 기금을 조성해 1951년 12월 31일까지 활동을 벌이기로 결정했다. 같은 해 11월 9일에는 이사회가 통합사령부 및 유엔 대표단의 요청에 따라 장기 재건을 위한 시설, 자문, 기타 용역 활동을 제공하는 한편 이에 따른 비용도 부담하기로 하는 결의안을 채택했다.[11]

세계보건기구World Health Organization, WHO는 1950년 8월 24일 워싱턴 D.C.에 유엔 사무총장 직속의 조달 사무소를 설치하고, 의료 및 조달 물자를 지원하는 동시에 관련된 비용을 부담하기로 했다.[12] 국제난민기구International Refugee Organization, IRO는 1950년 8월 3일 유엔 사무총장에게 의료 및 관련 물자 지원과 이를 위한 복지 분야 직원의 채용 등에 나설 준비가 되었음을 알렸으며, 같은 해 10월 10일에 관련 활동을 승인했다. 국제통신연합International Telecommunication Union, ITU은 1950년 10월 6일에 결의안을 채택하고, 유엔 사무총장의 요청에 따라 해당 기구의 역할에 맞는 제반 지원에 나설 것임을 밝혔다.[13] 유엔국제아동기금United Nations International Children's Emergency Fund, UNICEF은 한국을 지원하기 위해 미화 50만 달러의 기금을 집행하기로 승인했다.[14]

(3) 유엔한국통일재건위원회(UNCURK) 창설

1950년 10월 7일 유엔 총회는 294차 회의를 열어 결의안 376(V)을 채택하면서 해당 결의안 제3항의 "한국 독립 문제와 관련된 조항"을 인용하도록 유엔 경제사회이사회에 회부하고, 유엔 경제사회이사회로 하여금 3주 내로 종전 직후 한국에 대한 구호와 재건 계획을 작성해 보고하도록 요청했다. 결의안 376(V)에는 한국 정부가 한반도의 유일한

---

11 UNESCO, "UNESCO Responds to United Nations Request for Korean Action", *Courier* (Paris, France: UNESCO, October 1950), p. 1.

12 WHO Regional Office for the Western Pacific, *70 Years Working Together for Health: The World Health Organization and the Republic of Korea* (Manila: WHO Regional Office for the Western Pacific, 2016).

13 UN (1950: 280).

14 UNICEF, "At a glance: Republic of Korea- UNICEF in the Republic of Korea," https://www.unicef.org (검색일: 2019.10.25).

합법 정부임을 확인하는 중요한 내용이 담겨 있는데, 그 내용은 아래와 같다.[15]

> 유엔총회는 1948년 12월 유엔이 동년 8월에 수립된 한국정부가 유일한 한국의 합법적인 정부라고 공식 선언한 것을 재확인하며, 가능한 모든 수단을 동원해서 한국의 안정을 도모하도록 촉구한다. 나아가 주권국인 한국에서 통일된 독립적이고 민주적인 정부가 수립되도록 선거를 포함한 모든 헌법적 행위가 취해져야 한다.

해당 결의안에서 한 가지 더 주목할 만한 대목은 한국을 지원하기 위한 특별 기구를 유엔에 신설하겠다는 내용이 최초로 포함된 것이었다. 그 내용도 옮겨 보면 다음과 같다.

> 호주, 칠레, 네덜란드, 파키스탄, 필리핀, 태국, 터키로 구성된 유엔한국통일재건위원회United Nations Commission for the Unification and Rehabilitation of Korea를 구성하여 현존 유엔한국위원단United Nations Commission on Korea의 역할을 대체하고, 통일되고 독립적이며 민주적인 전 한국All Korea의 정부를 수립하는데 있어서 유엔을 대표하며 유엔경제사회이사회UN ECOSOC의 권고사항에 따라 총회General Assembly에서 결정되는 대로 한국 내 구호와 재건과 관련된 책임을 다한다 (중략) 나아가 유엔경제사회이사회가 한국의 경제 발전과 사회적 진보를 증진시키기 위한 장기적인 수단을 모색하는 활동에 박차를 가하도록 촉구하며 (중략) 유엔사무총장은 유엔한국통일재건위원회의 활동에 필요한 인력과 시설, 예산을 지원해야 한다.

유엔 경제사회이사회는 상기와 관련된 사항들을 1950년도 11차 회기 중이던 10월 12일부터 11월 7일까지 개최된 417~433차 회의에서 논의했다. 앞서 언급한 유엔 사무총장 직속의 한국 주재 대표였던 카진A. G. Katzin 대령이 작성한 보고서[16]에 따르면 1950년 9월까지 확인된 한국 내 난민들의 숫자는 약 150만 명에 이르며, 한국에 가장 필요한 것은

15 UN (1950: 285).

16 UN, "United Nations Korean Reconstruction Agency: final financial report and accounts and report of the Board of Auditors" General Assembly resolution 1547, A/RES/1547(XV) (18 Devember 1960), https://undocs.org/en/A/RES/1547(XV).

의료 물자와 쉼터, 구호 물자 수송을 위한 차량이라고 했다. 이러한 구호 요청 및 재건 계획과 관련해서 통합사령부는 한국 정부와 군 관련 인사, 유엔 직원, 세계보건기구 및 국제난민기구 인사로 구성된 위원회를 구성했다. 해당 위원회는 한국에 주재하고 있는 미국의 경제협조처Economic Cooperation Administration[17]가 작성한 계획안을 바탕으로 최초의 조율된 구호 계획을 작성했으며, 이러한 요청 사항들을 통합사령부에 전달했다. 당시 경제협조처는 이미 3년간 한국에 머물면서 한국 정부의 승인하에 방대한 규모의 경제, 사회, 정치 개발 계획을 만든 바 있는데, 이 중 일부는 이미 시행된 것도 있었다.

(4) 유엔의 대 한국 구호 및 재건의 원칙

유엔 경제사회이사회는 호주 대표부의 제안을 기초로 미국과 구소련이 제출한 수정안을 반영해서 대對 한국 구호 및 재건의 원칙을 수립했다. 호주가 제안한 내용E/1852의 핵심을 살펴보면, 유엔위원회United Nations Commission가 구호 활동의 직접적인 이해 당사자가 되어야 하지만, 단, 관련 활동을 관리함에 있어서는 직접적인 책임을 떠맡지 않아도 된다고 했다. 반면 해당 활동에 기여하는 국가들은 자신들의 활동에 대해 일정 정도의 영향력을 가져야만 한다고 했다. 그에 비해 미국의 수정안E/1859은 해당 활동이 한국민들 스스로의 노력을 보완하는 데에 방점이 찍혀 있다고 강조했다. 나아가 "초기에는 식량, 의복, 쉼터 등 기본적인 생필품 공급에 초점을 맞추고, 장기적으로는 재건과 이를 위한 물자 및 생산 시설 교체를 위한 지원에 나서야 한다"고 덧붙였다. 또한 구호물자 판매 대금은 단장Agent General이 관리하는 특별 계좌에 예치되어야 한다고 명시했으며, 유엔에 의해 제공되는 물자의 적절한 사용을 위한 한국 정부의 재정적, 경제적 역할도 빼놓지 않았다. 마지막으로 구소련의 제안E/L. 108은 이러한 활동이 한국의 국내 문제에 대한 타 국가들의 정치경제적 개입을 위한 수단으로 이용되어서는 안 되며, 한국민들 스스로 자신들의 필요와 계획을 수립하고, 한국 정부가 물자의 분배를 주도해야 한다고

17 미국 경제협조처는 1948년 12월 10일 한국과 미국 간 체결된 원조 협정에 따라 미국의 대한(對韓) 원조 계획을 수립 및 운영한 기관이다. 본래는 미 육군성이 대한 원조의 책임을 맡았으나, 1949년에 해당 업무가 경제협조처로 이관되었다. 경제협조처는 단순한 구호 차원을 넘어서 한국의 경제 정책에 대한 폭넓은 감독권을 행사하였다.

강조했다.[18]

(5) UNKRA 창설의 구상

1950년 10월경 한반도에서 공산군을 몰아내기 위해 북진에 나선 유엔군은 당시 미군을 필두로 전쟁의 조기 종료와 한반도 내 통일 국가 건설을 계획하고 한반도 전체의 재건을 담당할 기구 창설에 대한 구상을 하였다. 이러한 상황 속에서 1950년 유엔 경제사회이사회UN ECOSOC는 호주와 미국 대표단이 공동으로 제출한 결의안 초안E/1858/Rev.1, Corr.1 & Add.1을 기반으로 한국 구호 활동을 위한 조직 구성에 착수했다. 여기서 중요한 점은 바로 이 안건에 유엔한국재건단United Nations Korean Reconstruction Agency, UNKRA 창설에 대한 구상이 최초로 제시되고 있다는 것이다. 호주 대표단이 최초로 제출한 결의안 초안E/1852, resolution II, annex I에 따르면 유엔한국통일재건위원회UNCURK가 단장Agent General을 임명하는 대신 단장은 유엔한국통일재건위원회가 아닌 유엔 총회의 지시를 받아야 한다고 했다. 다만 단장은 경제 분야에 있어서 재량권을 행사할 수 있지만, 정치적 문제에 있어서는 유엔한국통일재건위원회의 통제를 받아야 한다고 명시하고 있다.[19]

이와 관련해 유엔 경제사회이사회는 당시 논의 끝에 3개의 사항에 대해 의견을 모았다. 우선 정치와 경제 문제가 상호 밀접하게 관련되어 있음을 감안해서 유엔한국통일재건위원회가 한국의 재건에 있어 중요한 역할을 맡아야 한다는 점, 둘째, 구호 활동의 효율적 수행을 위해 새로운 기구가 만들어져야 한다는 점, 셋째, 한국의 경제 재건에 기여하는 국가들이 해당 활동을 관리할 수 있는 적절한 수단을 가져야 한다는 점이었다. 이 안건에 대해 대다수 회원국 대표들은 동의했지만, 구소련과 체코, 폴란드 대표단은 외려 한국의 주권을 침해할 가능성이 있다는 우려를 표하는 동시에 "북한군의 침략"이라고 언급되어 있는 문구를 정치적이라는 이유를 들어 삭제해달라고 요청했다. 그러나 미국 대표단은 이를 삭제할 경우 해당 결의안을 받아들일 수 없다고 주장했다. 이렇게 갖은 진통을 거친 끝에 1950년 10월 30일 430차 유엔 경제사회이사회 회의에서 드디어

18 UN (1950: 285).
19 위의 자료.

호주와 미국이 최초로 발의한 유엔한국재건단UNKRA 창설의 아이디어가 담긴 공동 초안에 여러 수정 제안을 가미한 결의안이 최종 채택되었다.

(6) 한국의 개발과 발전을 위한 유엔의 논의

1950년 12월 13일에 개최된 436차 유엔 경제사회이사회UN ECOSOC 회의에서 이사회 의장은 유엔 총회가 1950년 10월 7일 294차 회의 당시에 한국의 경제 개발 및 사회 발전을 위한 장기적인 수단을 고민하도록 했던 점을 재차 상기시켰다. 이와 관련하여 유엔 경제사회이사회는 미국, 구소련이 각각 제출한 결의안 초안과 멕시코와 파키스탄이 공동으로 제출한 결의안 초안을 논의한 끝에 결의안339(XI)을 채택하고, "유엔 사무총장은 유엔 경제사회이사회의 12차 회기 때 유엔 총회가 권고한 한국의 경제 개발과 사회 발전을 위한 장기적 수단에 대한 연구 결과를 가져오도록 하라"고 요구했다.[20]

한편 1950년 11월 11, 13, 15, 25일에 개최된 총회 합동위원회Joint Committee의 52~54차 회의 및 56차 회의에서는 향후 설립될 UNKRA에 대한 논의가 구체화되었다. 그러나 필리핀과 우루과이 대표단들은 UNKRA와 기존의 유엔한국통일재건위원회UNCURK의 업무와 기능이 서로 충돌할 가능성에 대해 우려를 표했다. 특히 우루과이 대표단은 단장Agent General이 무제한의 권력을 갖고 있는 일종의 총독proconsul이 될 가능성을 제기하고, UNKRA가 비정치적인 문제에만 관여하되 정치적인 문제는 UNCURK가 담당하도록 해야 한다고 주장했다.

그와 달리 구소련 대표단은 체코슬로바키아, 우크라이나 대표단 등과 함께 북한을 침략국으로 규정한 것에 결코 동의할 수 없다는 점을 강조하고, 한국 경제의 파탄은 미군의 폭격과 '초토화 전략scorched-earth tactics' 때문이라고 주장했다. 반면 미국 대표단은 구소련의 주장에 공감할 수 없으며, 한국의 재건을 위해서 모든 수단을 동원하겠다는 자국의 강력한 의지를 재차 천명했다. 마지막으로 영국, 칠레, 볼리비아를 포함한 다수 국가의 대표단들은 북한을 침략국으로 규정한 유엔 안전보장이사회의 결정을 53개 회원

20 UN ECOSOC, "Disposition of Agenda Items," E/INF/40 (2 January 1951), UN Library.

국들이 비준했던 사실을 상기시키며, 유엔이 보다 적극적으로 한국 문제에 나설 것을 촉구했다. 이와 같은 각국 대표단들 간의 여러 논의 끝에 1950년 12월 1일에 열린 유엔 총회 314차 전체 회의plenary meeting에서는 한국의 독립 문제와 구호 및 재건 계획에 대한 투표가 진행되었다. 그 결과 『한국의 구호 및 재건에 관한 결의안』과 『한국의 구호 및 재건을 위한 결의안: 재정 지원 방식에 대한 결의안A/1567』이 채택됐다. 그 주요 내용은 다음과 같다.[21]

> 북한군의 침략과 유엔의 해당 지역에서 평화를 회복하려는 노력에 대한 공격이 엄청난 파괴로 이어졌음을 상기하고 (중략) 한국민들이 이로 인해 스스로의 힘으로 회복할 수 없는 상황임을 인식하며 (중략) 한국의 구호와 재건을 위한 유엔 프로그램을 창설하고 통일되고 독립적인 국가 건설을 위해 경제적 기반을 만들어야 할 필요성을 확신한다. 이에 유엔한국통일재건위원회(UNCURK)가 한국에서 유엔을 대표하는 최고의 기관이며 향후 관련된 책무를 다하도록 하고 동시에 구호 및 재건 관련 기획, 실행, 관리 감독 등 제반 활동을 담당할 특별 기관이 별도로 창설 되어야 한다고 판단한다.

(7) UNKRA의 창설과 조직 구조

미 행정부는 한국의 재건을 위해 장기적이고 제도적인 장치를 마련하는 구상을 하기 시작하였고, 이러한 구상은 유엔에서 한국 재건을 전담하는 유엔한국재건단United Nations Korean Reconstruction Agency, UNKRA의 창설이라는 결과를 낳았다. 특히 미 행정부는 재건을 위한 주요 물자를 일본에서 조달하기로 계획했다. 하지만 UNKRA가 설립되기 전까지는 유엔 안보리 결의와 미국 정부의 정책에 따라서 유엔군사령부가 주한 미8군 사령부에 권한을 위임하여 한국에 대한 경제 원조 계획 전반의 책임과 실행 임무를 다하기로 했다. 이와 관련해 앞서 언급한 『한국의 구호 및 재건에 관한 결의안』과 『한국의 구호 및 재건을 위한 결의안: 재정 지원 방식에 대한 결의안A/1567』에 담긴 유엔의 대對 한국 구호

21 UN (1950: 295).

및 지원의 기본 원칙을 짚어 보면 다음과 같다.[22]

> 첫째, 유엔의 대對 한국 구호 및 지원은 한국 내 통일되고 독립적이며 민주적인 정부 수립과 평화 회복에 필수적이며, 둘째, 이 목적을 위해 유엔은 구호 및 재건 물자, 교통, 서비스를 제공하며, 한국민이 고통을 딛고 (북한의) 침략으로 인해 파괴된 모든 것들을 복구하고 정치적 통일과 독립을 위한 필수 경제적 기반을 다지는 것을 목표로 한다. 셋째, 유엔의 구호 및 재건 활동은 한국 경제의 빠른 회복과 한국 국민들의 국익에 부합하도록 이뤄져야 하며, 이를 바탕으로 한국의 정치적, 경제적 독립을 강화하는 데에 초점을 맞춰야 한다. 단, 이러한 활동을 하는데 있어서 정치적 성격의 조건을 달아서는 안 된다. 넷째, 유엔의 활동은 한국 국민들의 주도와 책임하에 이뤄지는 재건 노력을 지원하는 데에 초점을 맞춰야 한다.

이러한 기본 원칙을 바탕으로 해당 결의안들에서는 단장United Nations Agent-General, AG의 지휘하에 유엔한국재건단UNKRA을 창설하는 방안을 최초로 명기하였다[23]. 우선 단장은 총회에 보고할 의무가 있으며, 총회가 만든 정책과 UNCURK의 종합적인 정책 권고에 유념하여 한국에서 총회가 결정하는 구호 및 재건 프로그램을 실시하도록 하였다. 그리고 UNCURK는 이와 관련해 다음의 주요 사항에 대한 권한을 갖도록 했다. 첫째, 한국에서 통일되고 독립적이며 민주적인 정부 수립과 관련해서 유엔 경제사회이사회가 그 책무를 다하기 위해 고려하는 UNKRA의 프로그램과 활동 관련 정책을 단장에게 권고한다. 둘째, UNKRA 활동의 지리적 범위를 단장과 협의 후 결정한다. 셋째, 단장이 한국 내에서 협력 관계를 구축할 당국을 지정하고, 단장과 당국 간 관계에 대해 자문한다. 넷째, 총회가 수립하는 정책에 따라 단장이 자신의 책무를 다하도록 지원한다. 다섯째, 단장의 대對 총회 보고서를 고려하고, 경제사회이사회 및 총회에 보고한다. 여섯째, 한국의 필요에 부응하는 프로그램의 적절성과 관련해 단장과 협의할 권한을 갖는다.

---

22 위의 자료.

23 UNKRA "Draft Report of the Agent General (of UNKRA) to the General Assembly" (July 1951), National Archives and Records Administration.

그와 더불어 단장의 역할은 또 이렇게 정리되었다. 첫째, UNCURK의 조치와 단장 자신의 프로그램을 조율하고, 한국 내에 통일되고 독립적이며 민주적인 정부 수립과 관련된 총회의 권고를 실행하며, UNCURK가 관련 책무를 다하도록 지원한다. 둘째, 유엔군 통합사령부와 UNCURK, 단장이 합의하는 때에 프로그램 실행을 개시한다. 셋째, UNCURK의 지침을 받으며, 앞에서 명시한 UNCURK의 첫 번째 권한과 두 번째 사항을 따른다. 여기서 더 나아가 단장은 다음의 기능을 수행하도록 조치되었는데, (a) 한국 내에서 지정된 당국과 협의하여 구호 및 재건을 위한 물자와 용역을 확인한다 (b) 물자 및 용역 조달, 선적, 한국 내 효율적인 분배 및 활용을 책임진다 (c) 한국의 경제 재건, 제공되는 물자와 용역의 한국 내 분배 및 활용을 위해 취해지는 조치에 대해 한국 내에서 지정된 당국과 협의한다 (d) 유엔 사무총장을 통해 총회에 보고하며, UNCURK와 경제사회이사회에도 동시에 보고서를 전송한다 (e) 유엔 사무국의 규정에 맞춰서 UNKRA의 직원 채용과 재정 규칙 등 제반 행정 사항을 따른다 등이었다. 또한 해당 결의안들에서는 캐나다, 인도, 영국, 미국, 우루과이 대표단으로 구성된 자문 위원회Advisory Committee를 설립하여 단장에 대한 제반 사항을 자문하고, 유엔 사무총장이 UNCURK 및 자문 위원회와 협의하여 한국 재건을 위한 단장United Nations Agent-General for Korean Reconstruction을 임명하며, 단장은 유엔 사무총장과 협의하에 한 명 또는 그 이상의 부단장Deputy Agent-General을 임명하도록 했다. 그 밖의 구호 및 재건을 위한 각국의 지원은 단장의 재량에 따라 사용하도록 허락하며, 유엔 사무총장은 단장이 요청하는 각종 사안에 대해 최대한 지원한다는 내용도 덧붙었다.

3) UNKRA의 지원 활동

(1) 유엔의 최초 지원 규모 구상

유엔 경제사회이사회는 1950년 10월 16일에 채택한 결의안을 통해 한국의 구호 및 재건 수요를 산정하도록 한국구호재건임시위원회Temporary Committee for Relief and Rehabilitation Needs of Korea에 요청했다. 호주, 벨기에, 칠레, 덴마크, 인도, 파키스탄, 미국 대표단으로 구성된 임시위원회는 유엔 사무총장 한국대표대리Personal Representative of the Secretary-General in

Korea, 통합사령부Unified Command, 한국 정부가 각각 산정한 지원 규모를 보고받았다. 그 결과 유엔 사무총장 한국대표대리는 최초 1년 동안 적어도 미화 2억5,000만 달러의 지원이 필요하다고 했다. 통합사령부는 1950년 6월 25일~1951년 12월 31일의 기간 동안 미화 약 3억6,400만 달러의 지원이 필요하다고 했다. 한국 외교부는 1950년 6월 25일~12월 31일의 기간 동안 미화 2억8,600만 달러, 1951년 1월 1일~12월 31일의 기간 동안 추가로 3억9,400만 달러가 필요하며, 총 5년 6개월에 걸친 기간 동안 20억6,400만 달러의 지원이 요구된다고 했다.[24] 이를 종합해 유엔 경제사회이사회는 1950년 11월 6일과 7일 양일간 개최한 431차~433차 회의에서 지원 규모 및 방식을 놓고 논의를 벌였다. 그 결과 433차 회의에서 유엔 경제사회이사회는 결의안338(XI)을 채택해 1951년 1월 1일부터 1952년 초까지 미화 총 2억5,000만 달러를 지원하고, 유엔 총회로 하여금 한국 내 군사적 상황에 대한 검토를 하도록 권고했다.[25] 나아가 유엔 사무총장에게 회원국들이 얼마큼 지원할 수 있는지에 대해 회원국 정부들에 공식 문의하도록 하고, UNKRA 창설에 대한 구상을 부칙으로 첨부했다.

(2) UNKRA의 재건 계획

UNKRA는 경제 개발과 관련돼 정부에 자문하는 일을 하던 네이산 컨설팅사Nathan Associates와 공동으로 1953년 3월에 한국 경제의 재건을 위한 초기 구상을 마련했다. 이것이 일명 『네이산 보고서An Economic Programme for Korean Reconstruction』다.[26] 네이산 보고서는 일본이 한국 경제에 대한 투자를 하긴 했으나 한국의 발전보다는 자국 경제를 위해 활용할 목적으로 관련 분야에 제한적인 투자만 이뤄졌고, 따라서 재건 계획을 수립하던 당시 한국의 경제, 산업 수준이 대단히 열악하다고 분석했다. 이와 관련해 기존의 역사학계는 일본의 한국 산업화와 관련된 활동을 크게 3단계로 구분한다. 첫 번째 단계는 초

24 UN (1950: 287).

25 U.S. Delegation, "Minutes of the Thirty-sixth Meeting of the United States Delegation to the United Nations General Assembly" (9 November 1950), Office of the Historian, Foreign Service Institute.

26 Robert R. Nathan Associates, *An Economic Programme for Korean Reconstruction* (Washington, D.C: UNKRA, 1953).

기 식민 지배 시기로, 조선 총독부가 일본 제조품을 위한 직매장으로서 한국을 보호하고 신규 공장 등의 한국 내 설립을 제한했던 때이다. 이에 따라 한국의 농산물과 일본의 제조품 간 무역 거래가 이뤄졌다. 두 번째 단계는 1차 세계 대전으로 인해 일본이 채권국으로 부상하자, 조선 총독부가 그러한 규제를 철폐하고 일본 투자자들에게 토지, 자본, 정부 지원금 등을 제공하면서 한국 내 투자를 촉진한 시기였다. 그 결과 미쓰이, 미쓰비시와 같은 주요 기업들의 섬유, 광산, 철, 수력 발전 등에 대한 투자가 잇따랐다. 마지막은 1930~40년대 초반까지의 시기로, 전쟁을 염두에 둔 일제의 전략에 따라 북한 지역에 대한 중공업 투자와 남한 지역 내에서의 지속적인 농업 투자가 있었다. 일각에서는 이를 바탕으로 일본이 한국을 식민 지배한 기간 동안 많은 투자를 했고, 이것이 한국의 경제 발전에 기여했다고 주장하기도 한다. 실제로 1919년 이후 일제는 대對 한국 정책의 일대 전환을 가져오면서 한국 자본가와의 합작 또는 지원을 통해 대규모 무역과 제조업 분야 투자를 촉진했고, 이것이 해방 후 이승만 정부의 일본 귀속 재산 불하 과정을 통한 한국 재벌의 탄생의 기원으로 여겨진다. 하지만 네이산 보고서가 분석하는 1950년대 초 한국남한의 상황은 초기 자본이 없는 전통적인 사회의 단계에 있었다는 점을 확인해 준다. 나아가 본 연구를 통해 새롭게 발견한 주요 사료들은 한국이 이후 어떻게 경제 발전을 이룩했는지 가늠케 한다.

네이산 보고서에 따르면 우선 한국 전쟁 이후 한국 경제를 재건하기 위한 가용 자산으로는 천연자원과 인적 자원이 유일했다. 보고서는 한국의 경우 대다수 아시아 국가들에 비해서는 상대적으로 산업이 발달한 상태였고, 약 800만 명의 전체 노동 인구 가운데 600만 명이 농업에 종사하고 있다고 파악했다. 국가 총산출gross output, 국내 총생산의 절반은 비농업 분야에서 생산되며, 1949~50년을 기준으로 한 1인당 총산출은 미화 86달러로 추산됐다.

산업 분야의 경우 과거 일제는 크게 일본 국민을 위한 한국 내 농업 생산, 일본의 산업 생산을 보완하기 위한 산업재 생산 목적의 산업 개발, 만주와 중국으로의 교통, 통신망 연계를 위한 남북한 간 교통과 통신 개발에 집중한 것으로 분석했다. 이를 위해 북한에는 천연자원 활용을 위한 중공업 단지와 연료, 전기, 비료, 목재, 금속 등을 생산하는 산업 단지 등이 조성되었다. 반면 남한의 경우는 쌀, 보리 생산에 특화된 농업 분야 투자가 두드러졌고, 여러 상품을 생산하는 제조업과 주로 경공업 분야에 대한 투자가 있었다. 그 결과 한반도 내 경공업 분야 총생산의 3/4, 중공업 분야 총생산의 14퍼센트가 남한에서 이뤄졌다. 하지만 2차 대전 기간 중 태평양 전쟁의 수행을 위한 일제日帝의 과다 사용과 설비의 수리 및 교체 미비로 산업 시설과 공장의 생산 역량이 악화되었다는 지적도 있었다. 특히 태평양 전황이 악화됨에 따라 일제가 한국 내 공장 시설을 완전히 벗겨내기 식으로 무분별하게 사용하면서 이미 산업 생산 역량이 극도로 악화되었으며, 교통 시설도 폐허가 되었다고 했다. 그 뒤 미군정 기간에도 국내 생산이 오히려 절반으로 더욱 줄어들고, 기물 파손과 약탈로 인해 생산 역량이 크게 나빠졌다고 보고서는 짚었다. 전쟁 수행을 위한 농지의 과다 사용과 삼림 벌채, 천연자원 과다 채굴 등으로 자연 환경 역시 심각하게 훼손되어 있다는 분석도 빠지지 않았다.

또한 이 보고서는 1952~53년을 기준으로 한국의 제조업 분야의 생산이 전쟁 직전이었던 1949~50년 대비 약 80퍼센트 정도밖에 미치지 못하는 것으로 분석했다. 제조업 분야에서 가장 큰 부가 가치를 내는 산업은 음료, 담배, 섬유, 의류 및 화학 산업이었으며, 고무 제품, 인쇄 및 출판, 금속 및 금속 제품, 돌·진흙·유리 제품, 식품 가공업이 뒤를 이었다. 1949년 기준으로 5인 이상 고용한 기업 및 공장들은 4,953개가 있었고, 이들 기업이 고용한 인구는 15만2,854명으로 파악됐다. 대부분의 기업과 공장들은 평균적으로 31명을 고용하는 수준의 소규모로 운영되었다. 물론 그 가운데는 6,000명 이상을 고용하는 대기업도 있었다. 하지만 이마저도 전쟁 기간 중 전체 또는 최소한 부분적이라도 파괴를 겪었고, 산업의 중심이었던 서울 주변의 피해가 가장 심했다고 했다. 다행히 거의 피해를 입지 않았던 기업도 있었는데, 대표적인 예가 주상 변압기와 소형 모터를 생산하는 인천의 전기 업체였다고 했다.

농업의 경우에는 쌀, 보리 생산 중심의 노동 집약적인 산업 구조를 갖고 있었으며, 축산업은 상당히 제한적으로 발달된 상태인 걸로 파악되었다. 전체 경작지 가운데 논과 밭의 비중은 53퍼센트 대 47퍼센트로, 논은 절반이 전부 경작된 상태에다 4분의 1은 절반 정도 경작된 상태, 그리고 나머지는 거의 경작이 되지 않은 상태로 파악됐다. 특히 농기구가 대단히 원시적이며, 황소도 10에이커 당 한 마리 정도 밖에 되지 않는 것으로 보고서는 파악했다.

어업의 경우는 필수 단백질 공급과 수출을 위해서라도 대단히 중요한 산업으로 분석되었으나, 1952~53년을 기준으로 한국의 총생산에서 겨우 3퍼센트밖에 차지하지 못하고 있었다. 일제가 떠난 뒤 부족한 자금과 어업 관련 시설의 낙후, 숙련된 어부의 부족으로 생산성이 매우 낮아진 상태였던 것이다.

연료의 경우 가장 중요한 자원은 석탄이었는데, 이 역시 상당히 부족한 상태로 파악됐다. 1949년을 기준으로 100만 톤을 상회하던 무연탄 생산은 1952년에는 57만6,000톤으로 급감했다. 이러한 상황은 철도 시설과 광부 임금의 지급 문제만 해결하면 추가 투자 없이도 단번에 100만 톤 수준으로 회복할 수 있으며, 지원이 따르고 추가 광산 개발이 있을 경우 수백만 톤까지도 늘릴 수 있는 수준으로 분석됐다. 전력 생산과 관련해서는 그간 상당한 노력을 기울인 끝에 전쟁으로 인한 피해가 1952년 중반까지 대략 1949년 수준으로 회복됐으며, 1952년 기준으로 시간당 6억3,500만 kW의 전력 공급이 가능한 상태였다. 이중 수력 발전이 2억3,300만 kW, 증기 발전이 1억7,600만 kW, 육군 바지선 발전이 2억2,600만 kW를 차지하는 것으로 파악됐다. 단, 시설 교체는 물론 재건을 위해 많은 투자가 필요한 상태임을 보고서는 강조했다.

〈표 1〉 1949~50년 및 1952~53년 기간 중 한국의 제조업 분야별 부가가치생산

(단위 : 1952~53년 / 기준 : 미화 백만 달러)

분야	기간	
	1949~50년	1952~53년
음료, 담배	31.6	41.6
섬유 및 관련 제품	29.8	19.7
의류	22.1	18.1
화학품 및 관련 제품	27.8	17.0
고무 제품	14.6	9.3
인쇄 및 출판	6.2	9.2
금속 및 금속 제품	24.0	8.3
돌·진흙·유리 제품	6.6	5.0
식품 가공	7.6	4.9
제지 및 관련 제품	2.3	2.5
피혁 및 관련 제품	0.8	2.3
목재 및 관련 제품	3.5	2.3
전기 제품	1.2	1.0
기타	4.2	4.5
총계	182.2	

출처 : Robert R. Nathan Associates, *An Economic Programme for Korean Reconstruction* (Washington, D.C: UNKRA, 1953), p. 34.

〈표 2〉 1949~50, 1952~53, 1953~54년 한국의 산업별 국민총생산(GNP) 및 활용

(단위 : 1952~53년 / 기준 : 미화 백만 달러)

분야	기간		
	1949~50년	1952~53년	1953~54년
농업, 임업	873.3	640.2	764.5
어업	64.9	55.8	58.3
광업	14.6	17.1	23.2
제조업	182.2	145.5	189.0
건설	48.1	15.6	42.0
도소매업	137.7	95.9	139.1
서비스, 해외무역, 금융	287.8	174.8	230.9
교통, 공공 수도·전기·물 등	32.1	40.7	44.8
정부	129.8	156.3	189.2
對유엔군 관련 서비스	–	40.0	40.0
총 GNP	1,769.5	1,383.9	1,721.0
순 수입	110.0	160.0	451.0
총 가용 자산	1,880.0	1,544.0	2,172.0

출처 : 위의 자료, p. 41.

UNKRA는 이러한 상황을 타개하기 위해 휴전 직후부터 1957~58년 기간까지 계획된 프로그램들의 실행에 미화 총 12억8,400만 달러의 지출이 필요하다고 했다. 추후 한국 경제의 수요에 맞추기 위해서는 각종 생산 시설들에 대한 직접적인 지원은 물론 생산을 위한 전력, 교통, 기타 기본적인 서비스가 필요하다고도 강조했다. 농업과 임업 관련한 사업 계획은 UNKRA와 FAO가 공동으로 실시한 조사를 바탕으로 했으며, 한국 정부의 5개년 계획에 담긴 여러 사업들을 포함시켰다. 농업의 경우 비료와 새로운 농업 기법, 효율적인 농지 사용이 주가 되어야 하며, 어업의 경우는 어망 교체, 수산물 저장을 위한 얼음 공장 건설 등이 주요 목표가 되어야 한다고 했다. 광업의 경우 한국 정부의 5개년 계획보다 3배 정도 크게 계획되었으며, 연간 미화 6,000만 달러의 부가 가치를 생산하는 것을 목표로 정했다. 제조업의 경우 역시 한국 정부의 계획[미화 1억 달러]보다 훨씬 큰 미화 1억8,000만 달러로 계획됐으며, 이를 통해 현재보다 2배 이상의 생산 증대를 꾀하고자 했다. 전력 사업 역시 한국 정부의 계획보다 크게 수립되었으며, 화력과 수력 발전소의 재건 또는 건설 프로젝트를 포괄했다. 교통의 경우 전쟁으로 손상된 기존 시설의 개보수에 중점을 둘 계획이며, 한국 정부가 계획하는 국제 상선 사업과 같은 비경제적인 사업은 하지 않을 계획이라고 했다. 도소매업 관련 사업은 전적으로 곡물 창고 관련 사업에만 집중될 계획이라고 했다. 비계획 투자의 경우는 향후 한국 경제가 활성화되고 국민소득이 늘어나 유통 및 서비스 관련 민간 투자가 활성화될 때를 대비해서 미리 배정해 놓은 부분이라고 덧붙였다. 구체적인 분야별 투자 계획은 다음의 표와 같다.

〈표 3〉 UNKRA의 1953~54년부터 1957~58년 기간까지 분야별 투자 계획

(단위 : 1952~53년 / 기준 : 미화 백만 달러)

분야	기간					
	1953~54년	1954~55년	1955~56년	1956~57년	1957~58년	총계
계획된 투자 분야						
농업, 임업	31.35	46.23	43.42	38.50	38.35	197.85
어업	5.02	8.63	10.45	12.22	12.72	49.04
광업	11.20	14.60	13.70	13.70	13.70	66.90
제조업	27.85	61.35	58.86	21.62	10.73	180.43
전력	12.10	53.95	61.94	32.05	9.20	169.24
교통, 통신	36.07	41.09	39.45	19.64	9.65	145.90
도소매업	-	6.90	6.90	6.90	6.90	27.60
사회 투자	19.00	87.13	108.67	113.14	118.96	446.90
소계	142.59	319.88	343.39	257.77	220.21	1,283.86
비계획된 투자						
비계획 신규 투자	15.00	35.00	65.00	115.00	120.00	350.00
비할당 교체	40.00	60.00	60.00	65.00	70.00	295.00
소계	55.00	95.00	125.00	180.00	190.00	645.00
총계	197.59	414.88	468.39	437.77	410.21	1,928.86

출처 : 위의 자료, p. 106.

(3) UNKRA의 주요 재건 활동

UNKRA는 앞서 언급한 대로 1950년 12월 1일 유엔 총회 결의를 통해 창설의 기반이 만들어졌다. 그리고 1951년 2월 킹슬리Donald Kingsley가 단장AG으로 임명되면서 활동을 시작했다. 그런데 1950년부터 1953년까지 한국 전쟁을 겪으면서 구호 및 재건에 대한 권한은 유엔군사령부가 갖게 되었다. 따라서 이 시기 UNKRA의 활동은 유엔군사령부의 부수적인 역할을 하는 데 그쳤다. 하지만 1953년 휴전 이후 쿨터John B. Coulter가 신임 단장으로 임명되고, 유엔군사령부 산하에 경제조정관실이 새롭게 설치된 뒤 본부가 뉴욕에서 서울로 이전되면서 UNKRA의 활동이 본격화되었다. 그러다 1958년 6월 30일 유엔 총회에서 해체가 결의되고, 1960년에 잔여 사업을 마무리하면서 UNKRA는 활동이 최종 정리되었다. 한국 전쟁으로 인해 여전히 많은 재건 사업이 필요함에도 불구하고 UNKRA의 활동이 중단된 이유는 근본적으로 대對 한국 정책을 직접 주도하고 군사적, 경제적 지원을 실행하겠다는 미국의 결심에 따른 것이었다.

기본적으로 UNKRA의 재원은 회원국 및 비회원국 정부 등의 자발적 지원으로 충당되었다. 물론 기업과 개인, NGO의 지원도 있었지만, 거의 시설과 물자, 제반 활동에 대한 자문 및 용역 관련 지원에 국한되었다. UNKRA의 활동이 최종적으로 마무리된 1960년 8월 1일에 해당 기구가 제출한 전체 활동 기간1950년 12월 1일~1960년 8월 31일 중 재정 수입 및 지출, 사업 분야 등에 대한 최종 보고서에 따르면[27] 재정 수입은 각국 정부가 출연한 미화 약 1억4,300만 달러, 기타 수입 약 800만 달러를 합쳐서 총 1억5,000만 달러 가량으로 집계되었다. 이 가운데 직접적인 사업비로는 1억2,000만 달러를 사용했던 것으로 나타났다.

〈표 4〉 UNKRA 전체 활동 기간 중 재정 수지

(기간 : 1950.12.1~1960.8.31 / 단위 : 미화 달러)

수입			
	정부 출연금	(현금) 140,261,412	
		(현물) 2,502,479	
		142,763,891	
	기타	7,926,211	
		소계	150,690,102
지출			
	직접 사업비	120,770,696	
	유엔군사령부 파견직원 비용	6,232,054	
	사업참여 직원 관련 비용	11,029,625	
	행정비	8,303,905	
	對 유엔군사령부 현물 기부	2,544,979	
	기타	18,479	
		소계	148,899,738
타 기관 이전	UNESCO	807,826	
	UN	982,538	
		소계	1,790,364
		총액	150,690,102

출처 : 각주 27의 자료, p. 4.

27 UN, "Final Financial Report and Accounts covering the operation of the Agency from the date of inception, 1 December 1950, to the date of closure, 31 August 1960 and Report of the Board of Auditors," General Assembly Official Records: 15th Session, Supplement No. 6D, A/4516 (18 December 1960), UN Library.

하지만 실제로 UNKRA는 활동 기간 내내 재정 면에서 미국의 지원에 거의 전적으로 의존했다. UNKRA의 재정 수입의 대부분을 차지했던 정부 출연금을 살펴보면 35개의 유엔 회원국과 5개의 비회원국을 포함한 총 40개 국가에서 지원했던 것으로 나타났다. 이 중 가장 많은 지원을 한 국가는 미국으로서, 미화 총 9,300만 달러가량을 출연한 것으로 나타났다. 영국이 약 2,700만 달러로 두 번째로 많이 출연을 했으며, 캐나다가 약 740만 달러, 호주가 약 360만 달러, 이탈리아가 약 200만 달러로 그 뒤를 이었다. 각국의 지원은 극히 일부를 제외하고 99퍼센트 이상 현금으로 출연됐던 것으로 나타났으며, 여타 투자에 따른 수입이 약 250만 달러가 있었던 것으로 확인되었다.

마찬가지로 UNKRA의 지원 가운데 1957년 6월을 기준으로 UNKRA가 수령 및 확보한 현금과 물자 총계는 약 1억4,000만 달러에 이르렀다. 그런데 이 가운데 미국의 지원이 차지한 비중은 군사적 지원을 제외하고도 무려 65퍼센트에 달하는 것으로 드러났다.[28]

〈표 5〉 UNKRA 전체 활동 기간 중 사업 분야별 지출 요약

(기간 : 1950.12.1~1960.8.31 / 단위 : 미화 달러)

식량, 농업			
	가내 수공업	62,692	
	농장 각종 물자	425,702	
	생선 통조림	338,695	
	어업 물자, 도구	1,387,740	
	어선	624,404	
	어선 건조(建造) 물자	447,669	
	어망	628,203	
	홍수 관리	690,965	
	삼림 관리 도구	19,147	
	삼림 관련 교육 및 연구	52,157	
	수경 식물	27,828	
	채송화, 어시장 재건	228,683	
	관개 및 농경지 개간	2,208,846	
	가축, 수의(獸醫)	299,977	
	토탄 생산 및 관련 기술적 지원	25,037	

28 위의 자료, p. 5.

	삼림 재건	30,702	
	농업 연구 시설 재건	20,579	
	농업 정보 및 지원국 서비스 재건	262,828	
	돼지, 염소, 닭	139,880	
	FAO/UNKRA 조사 사업	209,029	
		소계	8,130,763
산업			
	자동차 수리소	404,137	
	자전거 부품	27,028	
	연탄 공장 시설	116,213	
	시멘트 공장 건설 (문경)	8,990,943	
	시멘트 공장 재건 (삼척)	527,507	
	면 생산 시설	6,699,043	
	농기구 공장	291,264	
	비료 공장	121,773	
	어망 생산	95,076	
	판유리 공장	3,506,225	
	아마, 대마, 모시 공장	822,644	
	제지 공장	1,378,808	
	염전	349,098	
	비단 부산물 공장	292,720	
	소규모 사업 기금 지원	2,116,500	
	와이어 공장	305,455	
	양모, 털실 생산 시설	1,033,795	
		소계	27,078,229
전력			
	제주도 전력 건설	524,010	
	섬진강 수력발전시설 개발	69,662	
	이동식 전력 공급	30,156	
	전기 송배전 재건	2,750,108	
		소계	3,373,936
교통, 통신			
	방송 기자재	68,824	
	화물 처리	514,739	
	항만 개발	1,258,027	
	철도 침목	1,455,680	
	차량	1,771,853	
	조종 지원 등	244,306	
	항구 창고	66,942	
		소계	5,380,371
천연자원			
	석탄 광산 재건, 개발(국영)	5,544,347	
	석탄 광산 재건, 개발(민영)	1,444,041	
	석탄 광산 기술적 지원(국영)	1,252,641	
	석탄 광산 기술적 지원(민영)	137,636	
	크리스탈 흑연 광산	510,830	

	드릴 도구	187,339	
	철 광산	96,015	
	광물 시금 실험실	348,009	
	광물 R&D	157,420	
	광업 지원금	383,500	
	토탄 생산	116,243	
	사력 드릴 R&D	651,397	
	학교 금속 광산	438,225	
	용광로 재건	1,404,244	
	활석 플랜트	128,085	
		소계	12,799,972
주택			
	한국식 주택	3,290,640	
	부산 소방서	808,761	
	직원 숙소	605,893	
	분실, 손상된 물자 교체	281,297	
		소계	4,986,591
교육			
	교실 건설, 재건	5,350,832	
	해외 연수	44,363	
	외국어 서적 서점	78,792	
	외국어 어학원	107,599	
	기초 교육 센터	154,175	
	상선(商船) 교육기관	395,936	
	교과서용 종이	460,131	
	학교 도서관 재건	188,383	
	학교 물자	848,766	
	교사 훈련	290,426	
	기술 교육	34,241	
	문맹 교육용 교과서	15,469	
	교과서 제작 공장	136,149	
	대학교 물자	4,948	
	시각 교육	88,173	
	직업 훈련	1,403,352	
		소계	9,601,735
보건, 위생, 복지			
	어린이 복지	101,873	
	의료 물자	36,770	
	이동식 진료소	161,656	
	국립의료센터 (서울, 건설)	2,653,397	
	국립의료센터 (서울, 시설)	1,494,415	
	국립의료센터 (서울, 기술적 지원)	2,874,826	
	간호원 교육	21,428	
	고아	284,025	
	지체장애 갱생	626,457	
	대구병원 (재건)	813,678	

	대구병원 (시설)	280,229	
	대구병원 (기술적 지원)	291,928	
	백신 생산	529,590	
	과부 워크숍	36,541	
		소계	10,206,813
필수 물자, 시설 수입			
	염료	8,935,901	
	곡물	10,550,967	
	건설 물자	1,285,457	
	인쇄 종이, 물자	2,090,989	
	생 고무	1,444,868	
	생 양모	2,512,811	
	레이온	1,599,299	
	타이어, 튜브	1,488,985	
	기타 30여개 항목	8,149,075	
		소계	36,758,352
특별 사업			
	협력 공동체 개발	56,999	
	NGO 지원	981,559	
	영화 산업	100,262	
	교통비 등 기타 5개 사업	607,204	
	경제 조사	192,260	
	보건 조사(WHO 공동)	29,015	
	교육 조사(UNESCO 공동)	66,416	
	정부기관 기술적 지원	349,527	
	사업 기술적 지원	70,692	
		소계	2,453,934
		총액	120,770,696

출처 : 위의 자료, pp. 6-9.

이와 비교해서 한국은행 조사[29]에서는 UNKRA가 1951년 약 12만 달러 규모의 지원을 시작으로 1952년 약 197만 달러, 1953년 약 2,960만 달러, 1954년 2,130만 달러 등, 1960년에 지원을 마무리할 때까지 총 1억2,200만 달러가량의 지원을 했다고 적시하고 있다. 이러한 차이는 사료 연구archival research 시에 종종 발생하는 사안으로서 학계에서는 대체로 기관의 일부 과장 또는 축소 보고 등에 따른 것으로 이해하며, 이는 사료의 신뢰성과 일반성을 확인하기 위한 자료 비평source criticism이 필요한 이유이기도 하다.

29 한국은행조사부, 『경제통계연보 4293』(서울: 한국은행, 1960).

〈표 6〉 UNKRA의 분야 및 시기별 지원 규모 (1951~1958)

(단위 : 미화 천 달러)

분야 \ 연도	1951~53	1954	1955	1956	1957	1958	총계
농업, 임업	2,022	2,021	300	79	31	-	4,453
어업	736	402	1,796	372	321	30	3,657
산업	396	4,940	2,541	12,026	5,872	879	26,654
전력	46	950	2,189	191	-	-1	3,375
교통, 통신	2,152	3,021	373	9	1	-	5,556
광업	141	916	1,898	2,790	4,541	2,312	12,598
주택	393	1,644	1,951	547	402	-	4,937
교육	2,985	3,601	1,674	935	348	41	9,584
보건, 위생	373	1,044	781	640	916	1,968	5,722
물자 수입	19,501	1,150	7,009	3,809	1,255	2,412	35,136
기술적 지원, 특별 프로그램	2,926	1,608	1,669	972	416	106	7,697
총계	31,671	21,297	22,181	22,370	14,103	7,747	119,369

출처 : 한국은행조사부, 『경제통계연보 4293』. (서울. 한국은행, 1960). p. 214.

본 저술을 위해 유엔 문서보관소, 미국 국립문서기록관리청, 한국의 국가기록원, 국립중앙도서관, 국사편찬위원회에 보관되어 있는 유엔의 대對 한국 지원과 관련된 주요 1차 사료들을 검토한 결과로 확인한 유엔 및 산하 기구가 실시한 구체적인 주요 사업의 세부 내용은 다음과 같다. 우선 1950년 유엔은 해외의 민간 의료진, 간호원, 기술자 등을 한국의 서울 및 각 도道로 파견하였고, 이승만 대통령은 이에 대해 감사를 표했다. 또한 UNKRA 주도로 15만 달러를 들여서 청주 인근에 활석 채굴 회사를 건설해 활석 수출을 촉진하였고, 강화도의 관개 시스템 건설 지원, 900여 한국 중소 기업들비누, 치약, 의류, 농기계에 대한 금융 지원도 실시했다.[30]

1952년의 경우 유엔민사지원단-유엔한국재건단 합동위원회Joint UNCACK-UNKRA Committee의 안건으로 대학교 교과서, 교육용 실험 장비, 유엔군 사령관이 요청한 식량 및 석탄 조달, UNKRA 프로젝트의 조달 절차, 기타 사업 등이 명시되어 있다. 그리고 1952년 12

30 UNKRA, Tokyo, "Status of Allocations within the Plan of Expenditure, as of 28 February 1954" (22 March 1954), National Archives and Records Administration.

월 15일 UNKRA가 작성한 1953년도 재건 계획안을 살펴보면 유엔의 한국 재건의 초기 구상을 잘 알 수 있다. 이 가운데 산업 분야에서의 구체적인 지원 계획은 비료, 시멘트, 면방직, 유리, 종이, 농기구, 철근 생산, 연탄 생산 재건 및 기타 산업에 대한 지원으로 구성되어 있었다. 교통 및 통신의 경우는 군산 항만 시설과 도로의 재건이 주를 이뤘다.[31]

〈표 7〉 1953년 UNKRA 사업 계획

분야	미화(달러)	한화(백만 원)
식량 및 농업	5,560,542	139,522.70
산업	11,450,771	45,478.02
전력	7,100,000	30,762.90
교통 및 통신	7,000,000	43,574.73
주택	3,000,000	12,000.00
천연자원	1,773,279	6,631.15
보건, 위생	2,765,130	11,504.32
교육	7,750,000	29,253.44
구호 및 생필품 수입	14,000,000	21,000.00
행정 및 특별 사업	8,000,000	4,500.00
예비비	1,600,278	8,401.50
총계	70,000,000	351,628.76

출처 : UNKRA, Tokyo, "Status of Project Allotment, as of 30 November 1953" (31 December 1953), National Archives and Records Administration.

그리고 1952년 9월 15일 작성된 UNKRA 보고서에는 동년 동월을 기준으로 UNKRA의 프로젝트 진행 상황이 상세하게 기술되어 있다. 이에 따르면 재건 및 신규 건설 등의 관련 지원 분야로 축산업, 어업, 농업, 교과서용 종이 수입, 대학교 교과서, 이화여자대학교, 문해 교육, 외국어학원, 해운학교, 이동식 진료소, 분석 실험실, 전력, 시멘트 공장, 비료 공장, 교육 실험 기자재, 외국 서적 서점, 교도소 직업 훈련 기자재, 지체 장애인 갱생, 사력 드릴, 광업 학교, 어선, 연탄, 유리 공장, 영등포 유리 공장, 왕십리 펌프장 건설,

31 C.E.M. Lloyd, "Semi-monthly Report No. 29. Finance and Administration," UNKRA (15 September 1952), National Archives and Records Administration.

반포 빌딩 재건축 등이 총망라되어 있다.[32]

한편 1953년 이승만 대통령은 한국에 대한 원조 기금의 관리권을 한국 정부에 넘기도록 미 의회에 요청하였는데, 그 이유는 한국에 지원되는 원조와 구호 활동 기금이 적절하게 사용되지 않는데다 재건 계획도 원하는 대로 실행되지 않는 것에 대한 불만 때문인 것으로 나타났다.[33] 같은 해 한국 정부는 UNKRA의 기금 사용에 문제가 있음을 재차 지적하면서, 가령 1952년에 한국 재건을 위해 사용된 UNKRA 기금의 16퍼센트가 행정과 인건비로 지출되었다고 주장하였다.[34]

1953년 7월 14일에 작성된 UNKRA의 5개년 재건 계획은 경제자문팀 리드Eugene Reed의 도움으로 수립되었는데, 해당 계획안에서는 당시 승인된 미화 2억5,000만 달러로는 자금이 턱없이 부족하며, 재건 목표는 1958년까지 국민 일인당 GDP를 100달러로 제고하는 것으로 하고 이를 위해서는 1958년까지 현재 GNP 15억 달러를 23억5,000만 달러까지 늘려야 한다고 강조한다. 이는 국민 일인당 생산 및 소비가 전쟁 이전 수준으로까지 회복하는 것을 의미하는데, 이를 위해서는 9억 달러의 증액이 필요하며 이중 7억5,000만 달러를 투자에 사용할 계획이라고 해당 안은 밝히고 있다. 그리고 같은 해 7월 20일 자원봉사 해외 원조 자문위원회의 맥케혼William H. McCahon 사무총장이 유엔한국재건단UNKRA의 킹슬리Donald Kingsley 단장에게 보낸 서한에 따르면 <American Relief for Korea>라는 NGO가 한국에서의 구호 활동을 목적으로 영국 화폐로 약 300만 파운드 어치의 중고 의류와 신발을 제공할 계획임을 명시하고 있다. 또한 같은 해 8월 12일 동일한 발신인과 수신인으로 명기된 서한에서는 <American Relief for Korea>의 한국 구호 활동을 위해 영국 화폐 1만5,000파운드 어치의 화장실 및 세탁 비누, 그리고 2,313파운드 어치의 통조림 식품을 미국 원조 품목으로 한국에 제공하겠다고 했다.[35] 이를 보

32 위의 자료.
33 이승만, "대한원조의 한국정부 관리권 요청 지시," 국사편찬위원회(편), 『대한민국사료집 32』 (서울: 국사편찬위원회, 1996), p. 51.
34 변영태, "유엔한국재건위원단 기금 운용에 대한 제안," 국사편찬위원회(편), 『대한민국사료집 32』 (서울: 국사편찬위원회, 1996), p. 286.
35 Russell S. McClure, "Monthly Report No. 39 - June 1953," Liaison and Procurement Office in Tokyo, UNKRA (14 July 1953), UN Archives and Records Management.

더라도 UNKRA는 1951년에 원조를 시작한 이래 산업 시설 재건이나 신규 건설은 물론 각종 생필품을 제공해왔으며, 그를 위해 국제 NGO와 긴밀히 협조했음을 알 수 있다.

1953년 11월 31일에 작성된 UNKRA 보고서를 통해서는 1953년 11월을 기준으로 한 UNKRA의 각종 사업 및 예산 할당에 대한 상세 내용을 확인할 수 있는데, 구체적으로 농업 재건, 삼림, 축산, 어업, 교통, 광물 실험실, 석탄 광산 개발, 학교 도서관 건립 및 교과서, 이화여대 자재 공급, 학교 재건 등의 사업에 대한 내용이 담겨 있었다.[36]

또한 1954년 3월 22일에 작성된 UNKRA 보고서에는 1954년 2월 28일을 기준으로 한 지출 계획 내 예산 할당 내역이 구체적으로 적시되어 있다. 여기에는 곡물 및 비료 수입, 작업 인력 지원, 농업 재건, 유리 공장, 교통 및 전력 재건, 주택 실험 도구 및 건설 비용, 학교 도서관 보수, 교실 건설 및 재건, 직업 훈련소, 기타 지원 및 행정 사항 등이 구체적으로 포함되어 있었다.[37]

마지막으로 1954년 6월 30일 해외 원조 자문위원회가 UNKRA에 발송한 보고서에서는 영국 화폐 100만 파운드어치의 헌 옷과 신발을 지원할 계획을 밝히고 있으며, 해당 물품은 뉴욕, 뉴올리언스, 시애틀, 샌프란시스코, 로스앤젤레스 항구에서 이미 선적 완료된 상태임을 알려주고 있다.[38]

---

36 UNKRA, Tokyo, "Status of Project Allotment, as of 30 November 1953" (31 December 1953), UN Archives and Records Management.

37 UNKRA, Tokyo, "Status of Allocations within the Plan of Expenditure, as of 28 February 1954" (22 March 1954), UN Archives and Records Management.

38 UNKRA, Tokyo, "Document Concerning the Relief Supply to Korea" (30 June 1954), UN Archives and Records Management.

02 유엔의 한반도 통일 추진과 경제 복구 지원

전쟁으로 파괴된 한국의 경제를 구제하고 재건한다는 명목하에 한국 전쟁 도중 설립된 유엔한국통일재건위원회United Nations Commission for the Unification and Rehabilitation of Korea, UNCURK는 1973년 11월 28일 해체되기까지 만 23년이라는 긴 세월을 통해 그 창설 목적대로 "통일되고 독립한 민주 정부"를 한반도에 수립하기 위하여 모든 노력을 경주했다. 그러나 결과적으로 UNCURK는 북한 측의 거부와 비협조로 끝내 본래의 목적을 실현하지 못하고 해체되었다. 그럼에도 UNCURK는 한국이 유엔이 인정하는 한반도의 유일한 합법 정부라는 외교적 이미지를 각인시켜주었을 뿐만 아니라 한국이 세계 국가로 도약하기 위한 발판을 마련하는 데 있어 견인차 역할을 수행했다.

1) UNCURK의 창설 과정

유엔한국통일재건위원회UNCURK는 한국 전쟁이 한창이던 1950년 10월 7일에 열린 5차 유엔 총회의 결의 376호(V)에 따라 UNCOK의 임무를 이어받아, 한국의 통일과 독립, 민주 정부의 수립과 경제 재건 및 평화 회복을 위해 설치되었다. 그 성격면에서 보자면 이른바 '한국 문제'를 담당했던 UNTCOK와 UNCOK를 계승한 후속 기구라 할 수 있다.

UNCURK는 호주, 칠레, 네덜란드, 파키스탄, 필리핀, 태국, 터키, 이렇게 7개국으로 구성되었다. 총회 결의 376호(V)에 명시된 UNCURK의 임무는 ① 현재 운영되고 있는 UNCOK의 기능을 전수받고, ② 한반도 전역에 걸쳐 통일되고, 독립적이며, 민주적인 정부를 수립하는 과정에서 유엔을 대표하며, ③ 유엔 경제사회이사회의 권고를 받아들여 총회가 결정할 시에 한반도의 구호와 재건 문제에 책임을 지는 것이었다.

유엔한국통일부흥위원단 설치에 관한
1950년 10월 7일 제5차 유엔총회 결의 376(V)

1950년 10월 7일

총회는 1947년 11월 14일의 결정(112(II))과 1948년 12월 12일의 결정(195(III)), 그리고 1949년 10월 21일의 결정(293(IV))에 주목하고 유엔한위 보고서를 접수하여 고려하고 결의안들에 제시되었던 목적, 특별히 한반도의 통일이 아직 이루어지지 않은 점과 한국 정부를 분쇄하려는 북한의 무력공격 시도가 있었음에 유의하며 총회가 1948년 12월 12일에 유엔임시한위의 참관과 협의가 가능했던 대부분의 지역에서 치러진 선거에 의해 합법적인 정부(한국 정부)가 수립되었음을 선포했던 사실과, 이 정부는 임시한위의 감시 하에 있던 한반도 일부 주민의 자유의사에 따라 치러진 선거에 기반하여 수립된 정부로서 한반도에 유일한 정부임을 상기한다. 1950년 6월 27일에 통과된 안보리 결의안에 따라 현재 한반도에서 유엔군이 작전을 전개하고 있으며, 유엔 회원국들이 한국에 대한 무력공격을 격퇴시키고, 세계 평화와 이 지역에서의 안전을 확보하는 데 필요한 지원을 아끼지 않고 있다는 사실에 유의한다. 본 총회 결의안의 기본적인 목적은 통일되고, 독립적이며 민주적인 한국 정부를 수립하는 것임을 상기하면서

1. 다음과 같이 권고한다.
   (a) 전 한반도에 걸친 안정 조건을 확보할 것.
   (b) 주권국가로서의 통일되고, 독립적이며 민주적인 한국정부를 구성하기 위한 총선 실시를 포함한 모든 조치를 취할 것.
   (c) 평화회복과 총선실시, 통일정부 수립 등의 문제를 논의하기 위해 남·북한 전역에 걸친 대표들을 유엔 기구에 초청할 것.
   (d) 유엔군은 위에 언급한 (a)와 (b)를 달성하기 위함이 아닌 한 한반도 어느 지역에도 잔류해서는 안 됨.
   (e) 한반도의 경제적 복구를 위한 모든 조치가 취해져야 할 것.

2. 다음과 같이 결의한다.
   (a) 유엔한위는 오스트레일리아, 칠레, 네덜란드, 파키스탄, 필리핀, 태국, 터키로 구성되며, 유엔한국통일부흥위원단(UNCURK, 이하 부흥단으로 약칭)로 명명되며, (i) 현재 운영되고 있는 유엔한위의 기능을 전수받고 (ii) 전 한반도에 걸친 통일되고, 독립적이며 민주적인 정부를 수립하는 과정에서 유엔을 대표하며 (iii) 유엔 경제사회이사회 권고를 받아들여 총회가 결정하면 한반도의 구호와 재건 문제에 책임을 진다. 부흥단은 가능한 한 빠른 시일 내에 한국으로 출발하여 업무를 시작해야 한다.
   (b) 부흥단의 한국 도착 때까지 현재 위원단을 구성하고 있는 나라들이 과도위원회를 구성, 유엔한위를 대표한다.

(c) 유엔한위는 다음 총회와 기타 특별회의 때에 보고서를 제출해야 하며, 임시 보고서는 사무총장에게 제출하여 회원국들에게 전달될 것이다. 추가적으로 총회는 현재의 적대 행위가 종식되면 한국의 경제 재건이 가장 큰 업무로 부각될 것에 유의하면서

3. 경제사회이사회에 특별기구와의 협의를 통해 전쟁 종식에 따른 구호와 재건 계획을 마련할 것과 총회 결의안 채택 후 3주일 이내에 총회에 그 계획을 보고해 줄 것을 요청하며

4. 또한 경제사회이사회에 한국에 대한 장기적인 경제개발과 사회발전 대책에 대한 연구를 속히 진행시킬 것을 권고하며

5. 중요하고도 어려운 임무를 잘 수행해 준 유엔한위 대표단의 노고에 감사를 표하며

6. 사무총장에게 부흥단의 업무 수행에 필요한 요원과 장비를 제공해 줄 것을 요청하며 사무총장에게 소요경비와 일당 지급을 위한 모든 권한을 부여하는 바이다.[39]

2) UNCURK의 조직과 임무

UNCURK는 1950년 5차 유엔 총회에서 호주, 칠레, 네덜란드, 파키스탄, 필리핀, 태국, 터키 등 7개국 회원국으로 창설됐지만, 이들 가운데 1970년 11월에 칠레, 1972년 11월에는 파키스탄이 각각 정치적인 이유로 탈퇴하였다. 이에 따라 나머지 5개국의 한국 주재 대사들이 UNCURK 대표를 겸하였고, 이들 대표를 보좌하는 대리 대표 1명씩에다 그들의 활동을 뒷받침하는 사무국을 서울 영등포동에 두고 있었다. 사무국에는 사무국장 아래에 정치, 경제, 행정, 통신의 4개 과가 있어 7명의 외국인 직원과 28명의 한국인 직원들이 근무하고 있었으며, 부산의 유엔군 묘지 관리를 위해서는 5명의 내외국인이 근무하였다.[40]

UNCURK는 창설 당시엔 경제 부흥과 피난민 구호를 맡는 제1위원회와 북한의 실태 조사를 담당하는 제2위원회를 상설 기구로 두고, 관찰단과 특별단 등을 운영해 왔다.[41]

제1위원회Committee I는 1950년 12월 5일에 설치되었으며, 피난민 문제와 유엔한국재

39 UN, "The problem of the independence of Korea," General Assembly resolution 376, A/RES/376(V) (7 October 1950), https://undocs.org/en/A/RES/376(V).

40 이광호, "UNCURK, 그 4 반세기의 역사," 『정경논총』 제8호 (건국대학교, 1973), p. 173.

41 국회도서관 입법조사국, "국제연합 통일부흥위원단 보고서: 1951, 1952, 1953," 『입법참고자료』 제34호 (1965), pp. 15-16.

건단United Nations Korean Reconstruction Agency, UNKRA 단장에 대한 정책 권고, 한국에서의 식량 생산 및 토지 개혁, 그리고 경제 및 재정 현황을 포함한 동 위원회의 권한 내에 속하는 중요한 많은 문제들을 심의하고, 이를 UNCURK에게 보고하였다.

제2위원회Committee II는 '조선인민공화국'의 통치와 정책에 관한, 그리고 동 공화국의 통치하에 있는 영토 내 현황에 관한 보고를 준비하기 위하여 1951년 1월 5일에 설치되었다. 동 위원회는 문서를 검토하고 전쟁 포로 및 북한에서 온 사람들을 심문하는 한편, 필요한 정보를 얻기 위해 기타 적당한 조치들을 취할 권한을 가졌다.

제1위원회와 마찬가지로 1950년 12월 5일에 설치된 관찰단Observation Group은 호주, 태국의 대표들로부터 추천받은 각 1명씩 해서 2명, 유엔의 현지 관찰자들 가운데서 2명, 위원단의 부사무국장, 사무국의 통역관 1명, 그리고 사무국 직원 1명으로 구성되었다. 이들 관찰단은 한국 전쟁에 개입한 중공군의 성격에 관해 정확하고 직접적인 정보를 얻기 위하여 설치되었으며, 전쟁 포로를 심문하거나 도 위원회의 재량으로 적당하다고 생각하는 기타의 출처로부터 적절한 정보를 수집한 후 UNCURK에 보고하도록 되어 있었다.

특별단Ad hoc Group은 1950년 12월 26일에 설치되었으며, 지아우딘M. Ziauddin, 파키스탄 대표, 사라신P. Sarasin, 태국 대표, M. G. 부에노Bueno, 필리핀 교체 대표, 그리고 블록H. W. Bullok; 호주 교체 대표으로 구성되었다. 이들 특별단은 피난민 문제를 비롯해 남한에서의 시급한 기타 문제들을 연구하고, 여기에 관해 UNCURK에 보고하도록 되어 있었다.

그러나 이들 두 조직은 휴전과 함께 없어지고, 1956년 1월부터 이를 대신할 위원회가 설치돼 운영되었다.

3) UNCURK의 주요 활동

UNCURK는 1950년 11월 초 미8군 단지 내에 사무실을 개설하고 업무를 시작했으며, 같은 달 중순 UNCURK 대표들이 도쿄로부터 서울로 날아와 첫 회의를 열었다. 일본에 주재한 호주, 태국, 필리핀, 터키, 네덜란드, 파키스탄, 칠레 등 7개국 대사들로 구성된 이들은 수복된 서울의 구석구석과 한창 전세가 호전돼 가는 몇몇 지역의 전선 시찰에도 나섰다.

그러다 1·4 후퇴 시에는 UNCURK도 같이 철수 대열에 끼어 부산으로 내려가 전포동에 있는 임시 사무실로 자리를 옮겼다. 그리고 전쟁의 소용돌이 속에서 정보 담당관을 전선에 배치해 전황을 살피고, 제1위원회 임원을 동원하여 피난민 구호에 앞장섰다.

1954년 서울로 본부를 다시 옮길 때까지 그렇게 UNCURK 대표들은 부산 사무실에서 많은 일들을 해냈다. 특히 1952년 5월의 이른바 부산 정치 파동 때는 유엔으로부터 수임받은 '민주 한국 건설'이라는 임무를 위해 갖은 노력을 기울였다. 부산 정치 파동은 그해 초부터 이승만 대통령과 국회 간에 고조된 미묘한 갈등이 급기야 3월 초 경북 지방 일원에 계엄령이 선포되는 상황으로까지 이어지면서 시작되었다. 5월로 접어들어 10명의 국회 의원이 체포되는 등 상황이 점점 긴박하게 돌아가자 UNCURK는 이 문제에 큰 관심을 표명하고, 5월 28일에는 UNCURK 대표들이 이 대통령을 면담한 자리에서 계엄령의 해제와 구속된 국회 의원들의 즉각적인 석방을 요구하기에 이르렀다. 그러나 이러한 자신들의 요구에 대해 아무런 반응이 없자, UNCURK는 면담 이틀 뒤인 30일에 "부산시 계엄령 해제와 구속된 국회 의원의 석방"을 요구하는 공식 성명을 발표하였다.[42] 이 일로 이 대통령과 UNCURK 대표들은 서로 거북한 입장이 되어 버렸지만, 그 전에는 이 대통령 자신도 UNCURK에 대해 상당한 지원과 경의를 표해온 바 있다.

이밖에도 UNCURK는 중요한 사건이 있을 때마다 그것을 지켜보는 역사의 증인으로서의 임무를 다해 왔다. 1960년 4·19 당시에는 UNCURK 대표들이 시내 병원을 돌며 입원한 학생들의 근황을 살피기도 했다. 1968년 10월 23일 울진·삼척 무장 공비 침투 사건이 일어났을 때는 티로나Tirona 필리핀 대사를 비롯한 호주, 태국, 터키 대표와 쿠즈바리 사무국장, 데리크 정무 담당관으로 긴급 조사단이 꾸려져 울진·삼척을 비롯한 공비 침투 지역에 파견되기도 했다. 이들은 양민들을 상대로 한 무자비한 학살 현장을 직접 목격하고, 이 사건을 주제로 한 특별 보고서를 유엔 총회에 제출하였다.

1968년 1·21 사태와 미 정보함 푸에블로호 납치 사건이 일어났을 때도 UNCURK 대표들은 조사단을 구성하고, 그 조사 결과를 토대로 중간 보고서를 만들어 즉각 유엔에

---

42 「경향신문」, 1952. 5. 31.

제출하였다. 뒤이어 2월 23일엔 "북한의 도발 행위가 한국의 안전을 크게 위협하고 있다는 데에 합의하고, 그러한 도발 행위를 즉각 중단할 것을 요망"하는 대북한 특별 성명까지 발표하였다. 이처럼 1968년부터 이듬해 초까지 UNCURK는 당시 한반도 내에서 고조되던 긴장 상태에 관해 많은 담화와 성명을 내고, 긴장 완화와 평화 확립에 공헌해 줄 것을 요청하기도 했다.[43]

한편 UNCURK는 전화를 입은 한국 경제의 재건을 위해 유엔한국재건단UNKRA과 긴밀한 관계를 맺으며 활동하였고, 1951년부터 1968년까지 매년 유엔 총회에 정치, 경제, 군사 등 한국의 주요 문제들에 관한 연례 보고서를 제출해 왔다. 특히 UNCURK의 연례 보고서는 한반도의 통일 문제와 안보·정치·경제·사회 등 전반적인 정세를 유엔 공식 기관의 입을 통해서 평가해 왔다는 점과 동 보고서의 건의가 곧 유엔 총회를 통한 결의안의 골격이 되어 왔다는 점에서 큰 의의를 지니고 있었다.[44] 그러나 한반도 문제에 관한 연례적인 토의가 오히려 남북한 간의 긴장을 고조시킨다는 의견에 따라 1968년 이후부터 연례 보고서는 총회 대신에 유엔 사무총장에게 제출되었으며, 이로써 남북한 문제가 총회에 자동 상정되는 것을 피할 수 있게 되었다.

UNCURK는 1968년 23차 유엔 총회 이래 공산권으로부터 매년 해체 결의안이 제출되었음에도 불구하고 상주 대표단을 중심으로 꾸준히 조사 보고서를 작성해 왔다. 그러나 1971년에는 유엔에서 중국을 대표할 권리를 획득한 중화인민공화국까지 가세해 UNCURK의 해체와 주한 유엔군의 철수를 요구하는 상황에 맞닥뜨리게 되었다.

1970년대의 국제 정세는 다극화와 냉전의 이완, 데탕트 분위기의 고조 등으로 대표된다. 1971년 중국이 중화민국을 대신하여 유엔에 가입하고, 1972년 미국의 닉슨 대통령과 중국의 주은래 총리가 상해 공동 성명을 발표하면서 한반도 문제의 해결에 있어 유엔의 활동보다는 남북한 스스로의 대화와 노력을 더욱 중요시하는 분위기가 조성되었다. 실제로 남북한은 1972년에 최초로 자주적 평화 통일과 관련한 7.4 공동 성명을 서울과 평양에서 발표하게 된다. 이에 따라 한국도 더이상 유엔의 역할을 강조하는 입장

43 이광호 (1973: 173).
44 김승만, "언커크 해체건의와 그 업적," 『국민회의보』 제3호 (1973), pp. 200-201.

으로 나아가지는 않게 되었다. 유엔에 새롭게 가입한 중국을 비롯한 사회주의권 국가들은 계속해서 유엔군 철수와 UNCURK의 해체, 당사자의 자주적 해결 등을 주장했고, 그 결과 위원회 보고서의 총회 토의도 1971~72년 사이에 중단되었다. 결국 UNCURK는 1973년 유엔 총회에 제출하는 연례 보고서를 통해 자진 해체를 건의했다. 동 보고서에서 UNCURK는 "UNCURK 회원국들은 UNCURK의 한국 주재가 더 이상 요구되지 않고 있다는 신중한 판단을 표명하며, 따라서 UNCURK가 해체되어야 한다는 것을 건의하는 바이다"라고 했다.[45] 이에 서방 측도 UNCURK의 해체 방안을 수용해 1973년 11월 21일 총회에서 전원일치 합의로 해당 안이 채택되었다. 이런 과정을 거쳐 UNCURK는 1973년 11월 29일 28차 총회에서 설립된 지 23년 만에 만장일치 결의를 통해 결국 해체되었다.

〈UNCURK 자진 해체 건의(연례보고) 발표문〉

국제연합한국통일부흥위원단

보도자료	한국 서울 발표
제 6/73	1973년 9월 7일

1970년 12월 7일 채택된 유엔총회 결의 제2668(XXV)의 5항에 의거하여 국제연합한국통일부흥위원단(언커크)은 위원단의 연례보고서를 1973년 8월 30일 서명하고 유엔사무총장과 유엔총회에 제출했다.

보고서의 첫 여섯 장은 각각 다음의 것을 취급하고 있다: 제1장에는 한국에서의 유엔의 목적과 동 위원단의 위임사항 및 활동이 수록되어 있고, 제2장에는 통일문제, 제3장에는 적십자회담, 제4장에는 한반도 내에서의 안보문제 검토, 제5장에는 한반도 내에서의 정치적 발전사항, 그리고 제6장에는 대한민국의 경제 발전을 수록하였다.

동 위원단은 제7장으로서 동 위원단의 보고서를 끝맺었는데 "결론적인 관찰"을 수록한 제7장의 본문은 아래와 같은 내용이 포함되어 있다:

언커크는 창설 이래 오늘날까지 유엔총회의 위임사항을 실천하기 위하여 충실하게 일해 왔다. 언커크는 용의주도하게 또한 권한이 미치는 한 한반도의 제반사태의 정세를 관찰해 왔으며 정기적으로 그리고 충분히 이를 국제연합에 통보해 왔다. 유엔의 최상의 노력에도 불구하고 한국의 평화적 통일의 필수적 전제조건인 남북한 간의 평화와 화해의 분위기를 모든 기회

45 "언커크, 해체키로 결정," 「중앙일보」 (1973. 8. 31).

를 통하여 조성해 왔다.
한국 경제부흥 과업은 실로 방대한 규모였으며 언커크는 사정이 허락하는 한 구호와 부흥에 대한 임무를 실천함에 있어 현저한 기여를 했다.
평화적이고 자주적인 한국의 통일과 이 목적을 위한 남북 조절위원회 설치와 서울과 평양을 연결하는 "직통 전화" 가설의 규정을 원칙적으로 합의한 한국과 조선민주주의 인민공화국 간의 공동성명서가 1972년 7월 4일 발표되었을 때 이러한 발전이 긴장 감소의 현저한 증거며 두 정부 간의 효과적인 협상관계 수립을 위한 희망적인 하나의 징조로서 언커크는 이를 따뜻이 환영하였다. 언커크의 1972년도 보고서에 이러한 견해를 보고함에 있어서 언커크는 그 당시의 성명의 의도보다는 한층 더 이에 대한 시행의 진전이 있을 때까지는 확고한 결론을 내기에는 아직 이르다는 것을 말한바 있다. 동 조절위원회는 1972년 11월 30일에 동 위원회의 첫 공식회의를 개최하였으며 현재까지 두 번의 다른 공식회의와 실무진 회의를 개최했다. 비록 이 보고서의 서명 당시에 동 조절위원회 공동 위원장들 간에 의견의 상이가 야기되긴 했지만 양측은 그들의 대화를 기꺼이 계속할 뜻을 재천명하였다.
한국문제의 중요성은 한국의 평화적 통일을 촉진하는 모든 적절하고 받아들일 수 있는 방법이 이용되어야 한다는 것을 요구하며 특히 국제연합은 그 자신의 역할이 무엇이어야 하는 것을 상상력과 융통성을 가지고 평가하는 것을 중지해서는 안 된다고 언커크는 믿고 있다.
이러한 심사숙고와 지난 한 해 동안의 추이를 감안하여 언커크 회원국들은 언커크의 한국 주재가 더 이상 요구되지 않고 있다는 그들의 신중한 판단을 표명하며 따라서 그들은 언커크가 해체되어야 한다는 것을 건의하는 바이다.
언커크 회원국들은 유엔헌장의 규정 내에서 인정되고 있는 유엔의 권위와 권능을 침해함이 없이 평화와 안보를 보존하기 위하여 한반도에 대한 정치적 사태를 감시하는데 필요하다고 인정하는 어떠한 조치라도 유엔이 취하도록 이러한 건의를 하는 바이다.

United Nations Commission for the Unification and Rehabilitation of Korea

Press Release — Seoul, republic of Korea
No. 6/73 — 7 September 1973

In accordance with paragraph 5 of General Assembly resolution 2668(XXV) of 7 December 1970 the United Nations Commission for the Unification and Rehabilitation of Korea on 30 August 1973 signed and submitted its annual report to the Secretary-General and to the General Assembly of the United Nations.
The first six chapters of the report respectively deal with: one, Objectives of the United Nations; two, The question of Unification; three, Red Cross talks; four,

Review of security problems in the Korean peninsula; five, Political developments in the Korean peninsula; and six, Economic developments in the Republic of Korea.
The Commission ends its report with Chapter VII, "Concluding Observations", the text of which comprises the following:
Since its inception, UNCURK has faithfully worked to carry out the mandate given it by the United Nations General Assembly. It has alertly and to the best of its ability observed the state of affairs on the Korean Peninsula and has kept the United Nations regularly and fully informed. While the peaceful unification of Korea has not yet proved possible despite the best efforts of the United Nations, UNCURK has taken every opportunity to cultivate an atmosphere of peace and reconciliation between north and south Korea as an essential precondition of peaceful unification.
The tasks of rehabilitating the Korean economy were of great magnitude and UNCURK made an outstanding contribution as far as circumstances allowed it in carrying out its responsibilities for relief and rehabilitation.
When on 4 July 1972 the Republic of Korea and Democratic People's Republic of Korea issued a joint communiqué agreeing in principle to the peaceful and independent unification of Korea and providing for the setting up of a South-North Co-ordinating Committee for this purpose and a "hot line" connection between Seoul and Pyongyang, UNCURK warmly welcomed this development as notable evidence of diminished tension and as a hopeful augury for the establishment of an effective negotiating relationship between the two governments. In recording these views in its 1972 Report, UNCURK remarked that it was premature to draw firm conclusion than was then the case. The Coordination Committee convened for its other such meetings as well as working group meetings. although, at the moment of signing of this report, disagreement has arisen between the Co-Chairman of this Committee, both sides have reiterated their willingness to continue the dialogue.
The importance of the Korean problem demands that all apposite and acceptable means of promoting the peaceful unification of Korea should be mede use of, and UNCURK believes that the United Nations in particular should not cease to assess with imagination and flexibility what its own role should be.
Giving due wight to these considerations and to developments during the past year, the members of UNCURK express their considered judgement that the presence in Korea of UNCURK is no longer required and they accordingly recommend that UNCURK should be dissolved.
The members of UNCURK make this recommendation without prejudice to the accepted authority and competence of the United Nations within the terms of the

Charter to take whatever action it may deem necessary, in the interest of preserving peace and security, to maintain political oversight of the situation in the Korean peninsula.[46]

4) 결과 및 평가

UNCURK는 1950년 10월 한국 전쟁으로 파괴된 남한의 경제를 구제하고 재건하기 위한다는 명목하에 유엔에 의해 설립되었다. UNCURK는 유엔 총회 결의에 의하여 창설된 후 1973년 11월 28일 해체되기까지 만 23년이라는 긴 세월을 통하여 그 창설 목적 대로 "통일되고 독립적인 민주 정부"를 한반도에 수립하기 위하여 모든 노력을 다해왔다.

1950년 6월 북한 공산군의 기습 공격이 감행되자 UNCURK는 곧 활동을 개시하여 남침 상황을 신속하게 유엔에 보고하고, 유엔 안전보장이사회로 하여금 지체 없이 유엔군을 파견케 하는 결정적 조처를 취했다. 그러다 전쟁 중에는 UNCURK의 요원들 가운데에 전세를 정확히 보고하기 위해 전투 지역을 시찰하다 목숨을 잃은 순직자들까지 나왔다.

휴전 후 전쟁으로 황폐해진 우리의 국토와 민생을 재건함에 있어서도 UNCURK는 한국의 처참한 실정을 유엔 회원국들에 보고하여 원조를 이끌어내는 데에 큰 역할을 했고, 국내에서 치러진 역대 선거에 있어서도 감시와 기능을 통하여 한국의 민주주의를 발전시키는 데 많은 노력을 기울였다. 유엔 총회에 전달된 UNCURK의 보고서에는 제대로 선거 감시를 하지 못한 흔적도 묻어난다는 비판이 있지만, 이것은 UNCURK의 능력의 한계로 보아 불가피했던 일이라고 판단된다.

UNCURK의 기본 임무는 한반도 전역에 통일된 민주 정부를 수립하고 구호와 부흥을 실행하는 것이었으나, 전자의 목적은 북한의 거부와 비협조로 끝내 실현되지 못했다. 즉 유엔이 매년 통한 결의안을 통과시켰어도 그것은 연례 행사처럼 되풀이되기만 했을 뿐, 그 결의가 실행에 옮겨지지는 못했던 것이다.

46 UNCURK, "Press Release No. 6/73" (7 September 1973), National Archives and Records Administration.

이러한 현상을 초래한 중요한 원인은 북한의 거부와 구소련을 비롯한 공산 진영의 반대에 있었다는 것은 두말할 나위가 없다. 그러나 또 한편으로 이는 유엔 자체가 지니는 구조적 취약성에도 그 원인을 찾아볼 수 있다. 이에 따라 UNCURK가 존속해야할 이유가 점점 희박해지는 데다 남북한의 현실이 점점 고착화되어가고, 모든 국제 관계가 미국과 구소련, 중국 등 강대국들 간의 직접 교섭에 의해 처리되는 새로운 경향이 나타남에 따라 UNCURK의 해체는 돌이킬 수 없는 추세가 되었다.

그러나 이러한 제약과 역경 속에서도 UNCURK가 창설 이래 자신들에게 부여된 업무를 지속적으로 수행해왔으며, 한국에 대한 유엔의 지지를 구현함에 있어서나 한국과 유엔을 연결시키는 데 있어서 큰 업적을 쌓았다는 점은 부인할 수 없다. 비록 UNCURK는 통일된 한국을 보지 못하고 변천하는 역사의 무대에서 물러갔지만, 그 역할과 공로는 한국의 역사에 영원히 기록될 것이다.

03 아동과 여성을 위한 유엔의 긴급 구호 사업

이번 글은 유엔아동기금United Nations Children's Fund, UNICEF이 한국에서 수행한 활동을 분석하여 그들이 한국의 발전에 미친 영향을 파악하기 위해 작성되었다. 보다 구체적으로는 첫째, UNICEF의 창설 배경과 조직 특성을 기술함으로써 UNICEF의 성격을 파악하고, 둘째, UNICEF가 한국과 관계를 맺게 된 계기는 무엇이며, 당시 한국 정부는 어떠한 정책하에 UNICEF와 관계를 맺기로 결정하였는지를 알아보고, 셋째, UNICEF가 구체적으로 한국에 어떤 지원을 했는지 그 내역을 제시하고자 한다. 덧붙여 UNICEF가 한국에 제공한 지원 내역은 한국 전쟁 시기1950.6~1953.7, 전후 복구 시기1953~1962, 경제 발전 시기1963~1973로 구분하여 살펴보고자 한다.[47]

1) UNICEF의 창설과 조직 특성

(1) UNICEF의 창설

유엔아동기금UNICEF은 1946년 12월 11일 유엔 총회 결의안 57호에 의거하여 설립되었다. 물론 유엔의 설립 목적이 제시된 유엔 헌장에 아동 또는 청소년을 특별히 지목해서 언급한 조항이 있는 것은 아니다. 그렇지만 유엔 헌장 서문이 "유엔 참여 국민은 전쟁의 불행으로부터 다음 세대를 구하기로 결정하였다(We the people of the United Nations determined to save succeeding generations from scourge of war, …)"라는 문장으로 시작하고 있다는 사실을 간과해서는 안된다. 여기서 "다음 세대"란 바로 아동이나 청소년을 의미하고, 따라서 유엔 헌장에 아동 또는 청소년에 관한 특별한 언급이 없다 하더

47 UNICEF 한국위원회는 한국에서의 UNICEF 사업을 긴급 구호 단계(1950~1962), 아동의 생존 발달 단계(1963~1976), 조기 아동 교육 사업 단계(1977~1986), 세계 어린이를 위한 새로운 동반자 단계(1987~1993)로 구분한다. 하지만 본 연구는 1945년부터 1973년까지를 연구 기간으로 설정하였기 때문에 긴급 구호 단계(1950~1962)를 한국전쟁기와 전후 복구기로 구분하였으며, 아동의 생존 발달 단계(1963~1977)는 '경제 발전 시기'로 명명을 달리하였다. 유니세프한국위원회, "한국에서의 유니세프 사업 4 Steps," https://www.unicef.or.kr (검색일: 2019.1.14).

라도 유엔아동기금은 유엔의 창설 정신에 가장 부합하는 기금 단체라 할 수 있다.

1946년 12월 유엔 총회에서 UNICEF 창설을 결의하게 된 것은 그해 6월에 <임시사회위원회Temporary Social Commission>[48]가 국제적인 사회 문제를 해결하기 위한 '실질적인 지원practical help'을 위해서는 <ICEFInternational Children's Emergency Fund>를 설립하는 것이 바람직하다는 제안을 하였기 때문이다. 당시 유엔 총회 제3위원회Third Committee of the General Assembly는 ICEF의 설립 필요성을 다음과 같이 제시하고 있다.[49]

> The children of Europe and China were not only deprived of food for several cruel years, but lived in a constant state of terror, witnesses of the massacre of civilians and of the horror of scientific warfare, arid exposed to the progressive lowering of standards of social conduct. The urgent problem facing the United Nations is how to ensure the survival of these children. Millions of adults have emerged from the war less fit the meet grave problems of the day than in 1939. The hope of the world rests in the coming generations. … Undernourishment and nutritional and social disease are rampant among children and adolescents. Infant mortality has doubled or trebled in many areas. Millions of orphans are being cared for under the most deplorable conditions; crippled children in untold thousands are left with the scantiest care or no care at all.[50]

이처럼 UNICEF가 창설된 결정적인 계기는 임시사회위원회에 의해 마련되었다고

---

48 1946년 2월 경제사회이사회(the Economic and Social Council)는 기존 조직에서 다루지 않는 '사회 분야(social field)'의 국제 조직 창설을 검토하기 위한 조직으로 임시사회위원회 설치를 결의하였다. 임시사회위원회의 설치 및 활동에 대해서는 다음 자료를 참조. Savilla M. Simons, "UN Organizes in the Social Field: The Social Commision," *Social Security Bulletin* 9-8 (1946), pp. 11-16.

49 유엔 총회 제3위원회는 사회·문화·인도주의 위원회 (SOCHUM: Social, Cultural, and Humanitarian Committee)로도 알려져 있고, 인권, 인도주의적 사항, 사회 문제 등을 다룬다.

50 John J. Charnow, *Establishment of an International Children's Emergency Fund* (Washington D.C.: U.S. Department of State, 1947), p. 1에서 재인용.

볼 수 있다. 하지만 새롭게 유엔 기구를 설립하는 것이 그렇게 간단한 일만은 아니다. 그래서 UNICEF의 설립 배경을 이해하기 위해서는 UNICEF가 설립되기 전에 활동했던 연합국구제부흥기구United Nations Relief and Rehabilitation Administration, UNRRA의 역할과 기능에 대해서도 살펴보아야 한다.[51]

UNRRA는 1943년 11월 9일 미국 루즈벨트 대통령의 제안으로 연합국 대열에 참여한 44개국이 서명하여 창립한 단체이다.[52] 연합국 소속 44개국은 전후 피해국들에 대한 긴급 구호 및 재건을 위해서 『연합국구제부흥기구 설치에 관한 협정』을 체결하고, 워싱턴 D.C.에 본부를 둔 채 런던에 유럽지역사무소를 운영했다.[53] 창립 당시는 2차 세계 대전이 막바지에 이른 시기로, 독일과 일본 같은 추축국Axis Powers들에 의해 피해를 입었던 유럽 및 아시아 각국에 대한 전후 재건과 부흥이 요구되는 상황이었다. 이에 따라 UNRRA는 정부와 단체, 개인으로부터 성금을 받아 점령지 독일과 중국대만 포함에서 식품, 연료, 의류 지원과 더불어 난민 보호소 설치, 실향민 및 포로들의 귀환, 보건 및 의료 분야 지원 등과 같은 광범위한 구호 활동을 실시하였다.[54] 하지만 2차 세계 대전이 종전되면서 UNRRA 역시도 활동을 접어야 하는 상황이 되었고,[55] 이에 1946년 8월 제네바

---

51 UNRRA의 창설 배경과 목적, 활동에 대해서는 다음의 자료를 참조. UN, "Summary of AG-018 United Nations Relief and Rehabilitation Administration (UNRRA) (1943-1946)," https://search.archives.un.org/ (검색일: 2019.1.20); 김희근, "연합국구제부흥기구(UNRRA) 남북한 긴급 원조(Korea Mission, 1944-1949)에 대한 연구," 연세대학교 행정대학원 석사 학위 논문 (2018). UNRRA의 공식 활동은 1946년 후반기에 끝났지만, 최종적으로 소속 직원은 1949년 3월 31일까지 존재하였다. UNRRA의 역할을 분석할 때 유의해야 할 점은 UNRRA에서 'UN'이 의미하는 바가 오늘날의 국제연합을 의미하는 것이 아니라는 점이다. UN이라는 명칭은 미국 루즈벨트 대통령이 1942년 '2차 세계 대전 연합국(Allies of World War II)'을 'UN(United Nations)'으로 칭하자고 해서 그렇게 되었다. UNRRA는 유엔구제부흥기관(한국국제협력단), 국제연합구제부흥사업국 및 연합국구제부흥사업국(국사편찬위원회) 등 기관이나 학자에 따라 다양하게 번역되고 있다. 이 글에서는 김희근(2018: 7~8)의 제안에 따라 '연합국구제부흥기구'로 번역하고자 한다. 한편 UNRRA는 UNICEF(1946년~현재) 뿐만 아니라 FAO(국제식량기구, 1945년~현재), IRO(국제난민기구, 1947~1949년), WHO(세계보건기구, 1948년~현재), UNHCR(유엔난민기구, 1949년~현재) 창설과도 연계되어 있다.

52 UNRRA 역시 Office of Foreign Relief and Rehabilitation Operations of the United States Department of State(1942년 11월 21일 설립)와 Inter-Allied Committee on Post-War Requirements (the Leith-Ross Committee. 1941년 9월 런던에서 설립)을 바탕으로 해서 설립되었다.

53 UNRRA의 역대 사무총장은 다음과 같다. Herbert H. Lehmann(1944.1.1.~1946.3.31.), Fiorello H. LaGuardia(1946.4.1.~1946.12.31.), Lowell P. Rooks(1947.1.1.~1948.9.30.)

54 L. B. Pearson, "UNRRA on the threshold of action: An overview," UN Temporary Commission (September 1944), RG 554, National Archives and Records Administration.

55 하지만 UNRRA의 활동은 1946년에 가장 활발하게 이루어진다. 당시 5개 형태의 사무소를 유지하였고, 직원은 2만 5,000명에 이르렀다. UN, "Summary of AG-018 United Nations Relief and Rehabilitation Administration (UNRRA) (1943~1946)," https://search.archives.un.org/ (검색일: 2019.1.20).

에서 UNRRA의 해체를 결정하는 회의가 개최되었다.

그런데 이때 회의에서 폴란드 출신 의사인 라지만 박사Dr. Ludwik Rajchman가 남은 자산을 어린이와 청소년을 위한 구호에 사용하자는 제안을 하였고, UNRRA 위원회는 이를 만장일치로 채택하게 된다. 이후 라지만 박사가 UNICEF의 창설자로 불리게 된 것도 바로 이 때문이었다. 그리고 당시 미국 대표였던 우드C. Tyler Wood가 UNRRA를 폐지하기보다 기능을 변화시키는 것이 좋겠다며 유엔에 그런 방안을 추천하거나 관련 계획을 제출하자는 취지의 발언을 한다. 그래서 UNRRA는 유엔 경제사회이사회 등의 동의와 자문을 거쳐 추천서를 준비하는 상설위원회를 만들게 된다. 이후 그간 UNRRA의 활동을 주목해 왔던 유엔 경제사회이사회 제3위원회사회, 인도주의, 문화적 문제, 위원장 General La Guardia가 1946년 9월 경제사회이사회에 관련 논의를 부쳤고, 경제사회이사회는 만장일치로 유엔 총회가 <국제아동긴급기금International Children's Emergency Fund>을 설립할 것을 건의하는 결의안을 채택하게 된다.[56]

당시 결의안에는 유엔 사무총장이 경제사회이사회 의장, UNRRA의 사무총장 및 상설위원회와 상의하여 초안을 만든다는 내용이 포함되어 있었다. 이에 브라질, 중국, 프랑스, 폴란드, 구소련, 영국, 그리고 미국 대표로 구성된 위원회가 초안을 준비했고, 1946년 10월 총회에서는 경제사회이사회 제3위원회에 UNICEF를 설치할 것을 결의한다. 그에 따라 초대 의장으로는 라지만 박사가 취임했고, 라지만은 미국 출신의 페이트Maurice Pate를 사무총장executive director로 추천했다. 당시 사무총장직을 수락하는 조건으로 페이트는 UNRRA가 추축국들에 의해 피해를 입은 유럽 및 아시아 국가의 아동에 대한 구호를 목적으로 한 데 비해 UNICEF는 인종이나 정치를 초월하여 '적성국ex-enemy countries'을 포함한 모든 개발 도상국을 대상으로 한 지원 기구가 되어야 한다고 요청했다.[57] 페이트의 제안은 제3위원회에서 만장일치로 승인되었고, 유엔 헌장 55조에 의거

56 UN, "Establishment of an International Children's Emergency Fund," General Assembly resolution 57, A/RES/57(I) (11 December, 1946), https://undocs.org/en/A/RES/57(I).

57 페이트(Maurice Pate, 1894-1965)는 미국인 사업가 겸 인도주의자로 1947년부터 1965년까지 UNICEF 사무총장을 역임하면서 초기 UNICEF 활동에 핵심적인 역할을 하였다. 페이트는 차별 없는 구호를 강조한 "이 세상에 적국의 어린이는 없다"라는 말을 남겼으며, 1960년 어린이의 기본 권리에 대한 조사를 시작하는 한편 UNICEF의 주요 사업으로 평

해 1946년 12월 11일 유엔 총회에서 UNICEF의 설립이 만장일치로 가결되었다.[58]

(2) UNICEF의 기금 및 조직

당초 UNICEF는 유엔 헌장에 특별하게 명시되지 않은 사회 분야 조직으로 설립되었으며, 최초의 보조금grant-in-aid 프로그램이라는 특징을 갖고 있다. UNICEF의 설립을 의결한 1946년 12월 11일의 유엔 총회 결의문에는 UNICEF 기금의 성격과 운영 방식이 규정되어 있는데, 초기에 경제사회이사회는 UNRRA의 전례에 따라 UNICEF의 임무를 아동과 청소년에 한정하였다. 그러나 1950년에 이르러 전 세계 개발 도상국 어린이와 여성에 대한 장기적인 지원을 할 수 있도록 그 임무를 확대하였으며, 1953년에 유엔의 상설 기관permanent agency이 되면서 최초의 명칭이던 <United Nations International Children's Emergency Fund>를 <United Nations Children's Fund>로 변경해 UNICEF라는 약칭을 오늘날까지 그대로 사용하고 있다.

유엔 총회 결의문에는 UNICEF의 기금이 3개의 서로 다른 원천, 즉 UNRRA의 잔여 기금, 각국 정부의 지원금, 그리고 기타 자선 단체나 개인 등이 낸 자발적인 기부금으로 구분되며, 그중 각국 정부의 기부금이 가장 중요한 재원이 되는 것이 바람직하다는 의견이 제시되어 있다. 다음에 등장하는 <표 1>은 그 가운데 UNRRA의 잔여 기금 $48,239,904에 대한 이양 계획으로, UNRRA 잔여금의 71퍼센트, 금액으로는 $34,461,065가 UNICEF에 이양되기로 계획되었다. 이를 통해 UNICEF는 UNRRA가 수행하던 기능 중 아동과 청소년에 대한 지원을 계승하였고, 그 과정에서 UNRRA의 잔여 기금 중 대부분을 이양받게 되었다는 사실을 알 수 있다.

가되는 예방 접종과 말라리아 퇴치 사업의 초석을 놓았다. UN, "Summary of AG-018 United Nations Relief and Rehabilitation Administration (UNRRA) (1943-1946)," https://search.archives.un.org/ (검색일: 2019.1.20).

58 유엔 헌장 55조는 다음과 같다.
"사람의 평등권 및 자결원칙의 존중에 기초한 국가 간의 평화롭고 우호적인 관계에 필요한 안정과 복지의 조건을 창조하기 위하여, 국제연합은 다음을 촉진한다.
가. 보다 높은 생활수준, 완전고용 그리고 경제적 및 사회적 진보와 발전의 조건
나. 경제·사회·보건 및 관련국제문제의 해결 그리고 문화 및 교육상의 국제협력
다. 인종·성별·언어 또는 종교에 관한 차별이 없는 모든 사람을 위한 인권 및 기본적 자유의 보편적 존중과 준수"

〈표 1〉 UNRRA 해체 당시 잔여 기금의 타 국제기구 이양 현황

(단위 : 달러)

Organizations	Cash	Claim, rights and residues	Total
Board of Trustees of Rehabilitation Affairs of Republic of China	5,000,000		5,000,000
International Organizations Food and Agricultural Organization	1,135,000		1,135,000
International Refugee Organization	3,603,839		3,603,839
World Health Organization	4,000,000		4,000,000
United Nations International Children's Emergency Fund	31,583,436	2,292,629	34,461,065
United Nations on behalf of International Childern's Emergency Fund(as detailed below)	40,000		40,000
Total	45,317,275	2,922,629	48,239,904

출처 : George Woodbridge, et al. *UNRRA: The History of the United Nations Relief and Rehabilitation Administration Vol. III* (New York: Columbia University Press, 1950), p. 509.

그러나 실제로 UNICEF에 조성된 초기 기금 가운데 UNRRA의 잔여 기금은 UNICEF 기금의 21퍼센트 정도였고, 71퍼센트는 각국 정부가 조성한 기금이었다[<표 2> 참조]. 그리고 1947~1950년 사이에 각국 정부가 조성한 기금[1억660만 달러]은 주로 선진 산업국들이 건넨 것으로, UNICEF에 100만 달러 이상을 제공한 국가는 미국[7,500만 달러], 호주[1,040만 달러], 캐나다[670만 달러], 스위스[240만 달러], 프랑스[210만 달러], 뉴질랜드[150만 달러], 체코슬로바키아[110만 달러], 폴란드[100만 달러], 우루과이[100만 달러] 등이었다. 이들 8개 국가가 낸 기금은 각국 정부 조성금의 95퍼센트를 차지했으며, 그중 미국의 지원이 70퍼센트로 압도적이었다.[59]

59 UN ECOSOC, "Final Report of the Executive Board of the United Nations International Children's Emergency Fund, 11 December 1946~31 December 1950," Twelfth Session, Supplement No.3, E/1903 (22 January, 1951), UNICEF Library, pp. 32-33.

〈표2〉 UNICEF 기금 구성(1947~1950)

(단위 : 백만 달러)

	1947 $	1948 $	1949 $	1950 $	Total $	percent
Government contributions	38.8	29.6	29.3	8.9	106.6	71
UNRRA residual assets	11.6	18.7	2.0	-	32.3	21
UNAC and other private sources	-	10.9	-	1.6	12.5	8
Total	$50.4	$59.2	$31.3	$10.5	$151.4	100
Estimated income and interest from other sources					1.4	
Grand Total					$152.8	

출처 : 각주 59의 자료, p. 16.

한편 UNICEF의 조직은 의사 결정 기구로 집행이사회25개국 산하에 프로그램 위원회10개국, 행정 예산 위원회6개국, 기금 조성 위원회7개국, UNICEF/WHO 공동위원회UNICEF 4명, WHO 4명[60]를 두고, 행정 기구로 본부뉴욕와 4개의 지역 본부파리, 방콕, 시드니, 런던가 있었다.

〈표 3〉 UNICEF 창설 당시의 조직 현황

집행이사회(의장 1, 부의장 4) (25개국)
Argentina, Australia, Brazil, Byelorussian S.S.R., Canada, China, Colombia, Czechoslovakia, Denmark, Ecuador, France, Greece, Iraq, Netherlands, New Zealand, Norway, Peru, Poland(의장), Sweden, Switzerland, Ukrainian S.S.R., Union of South Africa, U.S.S.R., United Kingdom, United States, Yugoslavia

분과위원회			
프로그램위원회 (의장 1) (10개국)	행정예산위원회 (의장 1) (6개국)	기금조성위원회 (의장 1) (7개국)	UNICEF/WHO 공동위원회(각 4명)
Australia, Canada(의장), China, Czechoslovakia, Ecuador, France, Switzerland, United Kingdom, USSR, USA	France, Netherlands, New Zealand(의장), Peru, Ukrainian S.S.R., USA	Australia, China, Colombia, Czechoslovakia, New Zealand(의장), Norway, United States.	UNICEF를 대표하는 4인(집행이사회 의장, 프로그램위원회 의장, 의료 프로젝트 분과위 의장, 중국)이 4명을 선정

60 UNICEF/WHO공동위원회는 UNICEF가 수행하는 보건 관련 사업을 규제하기 위해 UNICEF와 WHO가 합의하여 만든 위원회이다. 이 점에서 볼 때 UNICEF와 WHO 간에는 설립 초기부터 두 기관 간에 업무 영역의 중복과 관련된 다툼의 소지가 있었다고 볼 수 있다.

행정기구 (사무총장 1)				
본부	지역본부			
뉴욕	파리	방콕	시드니	런던
전반적인 관리 중국, 일본, 한국, 중남미	자금조달 유럽, 중동	동남아시아	남서태평양지역 (호주, 뉴질랜드)	영국

출처 : 각주 59의 자료, pp. 26-28의 내용을 정리.

2) UNICEF와 한국의 만남

(1) UNRRA의 한국 지원(1944~1948)

앞서 언급한 것처럼 UNRRA의 주된 활동 지역은 유럽이었지만, 1944년 2월부터는 중국, 한국, 필리핀 같은 아시아 지역의 국가들에서도 활동을 시작했다. 그 가운데서도 아시아 지역에서 UNRRA의 활동 중심은 중국5억2,000만 달러이었고, 한국 원조Korea Mission는 1944년부터 1949년까지 미화 100만 달러 정도의 규모로 필리핀1,000만 달러보다 적은 액수인 데다 UNRRA가 지원한 국가들 중에서 산 마리노와 에티오피아에 이어 세 번째로 작은 원조에 해당했다. 이처럼 한국에 대한 UNRRA의 지원이 적었던 데는 당시 UNRRA가 평가한 한국의 경제 위험도가 'Low Level'이었기 때문이라는 분석도 있다.[61] 여하튼 UNRRA의 전체 원조 규모가 총 39억 달러 이상이었음을 고려하면 한국에 대한 원조는 상대적으로든 절대적으로든 규모가 작은 축에 속했는데, 허나 그 정도 규모의 원조도 공업과 농업의 재건이나 의복, 의료 지원 같이 당시 한국의 상황에서는 매우 긴요한 것이었다.

61 김희근 (2018: 37~38).

〈표 4〉 UNRRA Korea Mission(남북한 긴급 원조) 총 수여액 및 물량

Commodities	U.S. Dollar Equivalents	Gross Long Tons
Food	Nil	Nil
Clothing, textiles, and footwear	184,000	251
Medical and sanitaion	241,000	98
Agricultural rehabilitation	43,400	487
Industrial rehabilitation	474,000	5,588
Total	943,900	6,424

출처 : George Woodbridge, et al. *1950, UNRRA: The History of the United Nations Re lief and Rehabilitation Administration, Vol. III*, (New York: Columbia University Press, 1950), p. 464.

김희근, "연합국구제부흥기구(UNRRA) 남북한 긴급 원조(Korea Mission, 1944-1949)에 대한 연구," 연세대학교 행정대학원 석사 학위논문, 2018, p. 37.

(2) 주노(Junod)의 한국 방문

UNICEF가 창설되면서 UNRRA의 아시아 지역 활동은 UNICEF로 계승되었고, 이에 따라 중국에서도 1947년부터 UNICEF의 사업이 첫 발을 내딛게 된다.[62] 하지만 당시는 2차 세계 대전의 종전과 더불어 중국이 국민당과 공산당 간의 내전에 휩싸인 상태인지라 UNICEF의 중국 내 활동은 원활하게 이루어질 수가 없었다. 이런 상황에서 1948년 8월 15일 한국에서 정부가 수립되자, 당시 상해에 있던 UNICEF의 중국 사업 대표 마르셀 주노Marcel Junod[63]가 나흘 뒤인 8월 19일에 한국을 방문하게 된다.[64]

주노는 방한 기간1948년 8월 19~24일 동안 한국의 실태를 파악하기 위해 미 군사 고문과 한국 정부, 자원 봉사 단체의 대표를 만나 이들이 작성한 한국 관련 보고서를 검토하였으며, 개성의 피난민 수용소도 방문했다. 당시 주노의 한국 방문 일정은 다음과 같았다.

---

62 중국은 UNICEF의 최초 집행이사국 25개국 중 유일한 아시아 국가였다. 중국 정부는 1947년 3월 3일 UNRRA 중국사무소를 통해 3년간 1억 5,000만 달러를 아동 복지를 위해 지원해줄 것을 UNICEF에 요청한다. 하지만 설립 초기였기에 UNICEF의 중국 지원은 제한되어, 1947년 중국에 할당된 지원액은 350만 달러였다. Wah Wong, *UNICEF in Asia: A Historical Perspective* (UNICEF, June 1988), p. 4, 17.

63 마르셀 주노(1904~1961)는 스위스 출신 의사로 국제적십자사에서 활동하다가 2차 세계 대전 종전 후 UNICEF 중국 대표(1948.1~1949.4)로 활동하였다.

64 처음에 주노는 남한뿐 아니라 북한도 방문하려 하였다. 하지만 UNICEF 본부의 지침은 북한으로부터의 초대장을 받을 때까지 기다리라는 것이었고, 그때까지 초대장이 오지 않자 주노는 남한만 방문하고 보고서를 작성하게 된다. Marcel Junod, "Special Mission to Korea of Dr. Marcel Junod, Chief of UNICEF Misson, China, 19 to 24 August 1948" (21 October 1948), UN ECOSOC.

〈표 5〉 주노의 한국 방문 일정(1948.8.19 ~ 8.24)

일	일정
8.19 (목)	09:00 서울 도착 (04:30 상해 출발) 13:30 하지(Hodge) 미군정 사령관 만남. 하지 사령관은 주노에게 민사 담당자를 소개 14:30 한국 정부 대표, 봉사단체 대표, 미군정 민사 담당자와 회의
8.20 (금)	(불명) 한국에서의 UNICEF 활동과 관련된 실무자 회의 이때 주노는 실무자들에게 한국의 보건 상황(아동, 임산부, 모유로 키우는 산모 등)에 대한 자료를 요구 16:00 이승만 대통령 면담 이승만 대통령은 주노를 환대하였으며, UNRRA의 한국에 대한 활동이 미진한 데 대한 유감을 표명하면서 UNICEF의 한국 활동에 대한 높은 관심을 표시하고 모든 지원을 약속 주노의 대통령 예방은 UNICEF의 활동에 대한 공식적인 토론이라기보다는 의전상의 방문이었지만, 그는 이 대통령에게 UNICEF의 활동 원칙을 설명하고, 한국과 UNICEF 간의 공식 협정을 위한 모델로 UNICEF와 중국 간에 체결한 문서의 복사본을 대통령에게 전달
8.21 (토)	오전 피난민 수용소(과거 절로 사용했던 곳) 방문 오전 서울 교외의 피난민 수용소 방문 오후 서울시가 운영하는 고아원 방문
8.22 (일)	(불명) 미 육군의 Fairchild 대령이 수행한 지프를 타고 38선으로 이동해 개성의 피난민 수용소를 방문
8.23 (월)	오전 호텔에서 주로 교회나 봉사단체 대표 만남 오후 새로 임명된 전진한(錢鎭漢) 사회부장관을 만나 UNICEF의 지원 원칙에 대해 설명함. 주노는 한국 정부가 계획을 만들면 이를 뉴욕 본부에 전달해 UNICEF가 활동할 수 있도록 하겠다고 제시
8.24 (화)	오전 장택상(張澤相) 외무부장관을 만나 다시금 UNICEF의 지원 원칙에 대해 설명 이에 장택상 장관은 기뻐하며 한국 정부가 최대한 UNICEF의 활동을 지원하겠다고 약속함. 또한 UNICEF의 활동이 사회복지사, 간호사, 아동복지 전문가 등을 훈련하는 아동복지 시범센터의 형식으로 운영되기를 강력히 희망함. 17:15 서울 출발 (21:15 상해 도착)

출처 : UNICEF Programme Committee, “Korea-Report on Special Mission by Dr. Marcel Junod,” (21 October 1948), Document Series E/ICEF/1948/W26, UN ECOSOC.

이후 상해로 돌아간 주노는 한국 방문의 결과 보고서를 UNICEF 본부에 제출한다.[65] 그는 한국의 상황이 열악하여 UNICEF가 모든 측면에서 한국을 지원하는 것이 필요하지만, 이 나라가 그동안 일제의 점령하에 있었기 때문에 발전하지 못했다는 점을 고려해야 한다고 지적한다. 즉 보건 관련 인력이 크게 부족하긴 하나, 한국인들이 이 분야에서 훈련받고 배우고자 하는 의욕이 있다는 점을 UNICEF가 착안하여야 한다는 것이다.[66]

65 위의 자료.
66 이 부분은 장택상 장관의 주장을 주노가 받아들인 것이라고 생각된다.

한국을 지원할 때는 보건과 복지 관련 인력의 양성이 중요하다는 그의 생각은 다음과 같은 제안에서 보다 명확하게 나타난다. 그는 UNICEF의 자금 가운데 음식물이나 피복 지원금은 이미 극동 아시아의 다른 나라에 배당되었을 것으로 간주하고, 한국의 젊은이들을 위한 보건과 사회 복지 분야의 지원에 남은 기금을 활용할 가능성을 제시하며 아래와 같이 세밀한 제안을 내놓는다.

(1) In the public health field, I would propose a nurse training program in child welfare health in the best hospitals available in Korea. A system of resident scholarships at those hospitals under direction of one or two competent foreign nurses and, maybe, foreign doctor, will be a very good way to meet the needs for such personnel in Korea. Selection can be made amongst the nurses who have proven themselves to be successful in their training and the best of them can be sent abroad for a short period for further studies.

(2) In the social welfare field, a long term program, such as child welfare demonstration center, will be the most advisable. UNICEF can provide the necessary equipment and such supplies as milk, vitamins, etc., for training demonstration. Also, a resident scholarship system with foreign teachers in the center will be of great value for development of a first group of efficient and reliable child welfare specialists in Korea.[67]

또한 그는 UNICEF가 신생 국가인 한국을 지원하는 것이 매우 바람직하다고 강조하면서, UNICEF가 현 시점부터 할 수 있는 모든 수단을 동원하여 한국을 지원할 것을 희망한다는 말로 보고서를 맺는다.

---

67 위의 자료, p. 18.

〈표 6〉 UNICEF 집행이사회의 아시아 지역 할당금(1947~1950)

(단위 : 천 달러)

	1947	1948	1949	1950	Total
I . Asia					
Afghanistan	–	–	100	–	100
Burma	–	150	79	103	332
Ceylon	–	100	–	76	176
China	3,500	2,947	2,500	–	8,947
Formosa programme	–	–	–	110	110
India	–	750	135	2,306	3,191
Indochina	–	300	158	–	458
Indonesia	–	800	421	421	2,352
Japan	–	–	500	70	570
Korea	–	–	550	500	1,050
Pakistan	–	250	52	671	973
Philippines	–	300	158	148	606
Thailand	–	100	85	471	656
United Kingdom Territories	–	250	132	132	514
India, Pakistan and Ceylon (BCG)	–	–	1,000	–	1,000
Total countries and project allocations	$3,500	$5,947	$5,870	$5,718	$21,035
Reserve for Asia (balance)					1,912
Total area allocation to date					$22,947

출처 : UN ECOSOC (1951: 34).

그 결과 주노의 이러한 보고서를 받은 UNICEF 집행이사회는 한국을 지원할 것을 결정하고, 1949년에 55만 달러, 1950년에 50만 달러의 기금을 배정했다.[68] 1949년의 지원 금액은 아시아 지역에서 중국250만 달러, 인도·파키스탄·실론100만 달러 다음으로 많은 액수였으며, 1950년의 경우에도 인도230만6,000 달러, 인도네시아113만1,000달러, 파키스탄67만1,000달러에 이어 네 번째로 많은 금액이었다. 여기에 인구수까지 계산에 넣는다면, UNICEF가 아시아 지역에서 한국에 대해 상대적으로 큰 금액을 지원하기로 결정했다고 평가할 수 있을 것이다.

68 UNICEF는 비차별 원칙에 따라 북한에 대해 1949년에 20만 달러를 예비로 배정했었다. 하지만 당시 UNICEF의 북한 지원 사업 계획은 실현되지 않았고, 37년이 지난 1986년에야 북한 지원 사업이 시작된다. Wah Wong (1988: 19).

(3) UNICEF와의 기본 협정 체결

마찬가지로 UNICEF의 지원에 관심이 많았던 한국 정부는 UNICEF와의 협정을 추진하였고, 이윽고 1950년 3월 25일에 한국 정부대표:구영숙와 UNICEF대표:C. W. Wacharles 간의 기본 협정Agreement between the Government of the Republic of Korea and the United Nations International Children's Emergency Fund이 체결되기에 이른다. 아래는 해당 협정문의 서문序文이다.[69]

공급품을 여사한 한국 정부와 UN국제아동긴급재단과의 협정 (序文)

> **1950년 3월 25일 서울에서 서명**
>
> **1950년 3월 25일 발효**
>
> 국제연합총회는 1946년12월11일의 결의 제57에 의하여 국제아동긴급원조재단(이하 재단이라 칭함)을 설립하였음으로, 또한 재단은, 재단이사회가 한국의 아동, 청년과 임부 및 유모를 위하여 그 일부를 사용하도록 결정한 자금을 현재 소유하고 있으며 장래 또한 추가자금과 자산을 수령할 것임으로, 또한 한국정부(이하 정부라 칭함)는 그 영역내의 아동, 청년과 임부 및 유모를 위하여 재단의 원조를 희망함으로, 또한, 재단과 정부의 대표자들은 한국내의 여사한 원조에 대한 필요성을 고려하였음으로, 또한 정부는, 재단이 제공할 공급품과 기타 원조의 적절한 이용과 분배의 관하여 추후작성되고 상호합의될 사업실행계획에 服할 것을 조건으로 아동, 청년과 임부 및 유모를 위한 그 자신의 원조계획을 제출하였음으로, 이에 정부와 재단은 이하와 如히 협정한다.

출처 : 대한민국 정부와 UN국제아동긴급재단과의 협정, UN국제아동긴급재단 제8호, 국가법령정보센터.

이렇게 한국 정부와의 기본 협정이 체결되면서 UNICEF의 한국 대표사무소 활동도 닻을 올리게 되었고, BCG 접종 등의 결핵 퇴치 사업과 모자 보건 사업이 우선적으로 기획되었다. 그러나 이내 한국 전쟁이 발발하면서 그 계획은 실행에 옮겨지지 못한 채 연기되고 만다.

69 전문(全文)은 〈부록〉으로 첨부하였다.

3) UNICEF의 한국 지원 활동

(1) 한국 전쟁 시기 (1950~1953)

UNICEF의 지원은 크게 장기 지원long-range aid과 긴급 지원emergency aid으로 구분된다. 2차 세계 대전의 종전 이후에 설립된 UNICEF는 1950년대에 접어들며 긴급 구호보다는 장기적인 계획에 바탕을 둔 지원으로 중심을 전환하고자 하였다.[70] 그래서 1949년에 처음으로 한국에 할당된 지원금도 모자 보건MCH, Mother Child Health이나 예방 주사 접종 같은 장기 지원을 위한 자금이었다. 하지만 한국 전쟁이 발발하자 UNICEF는 지원 방식을 장기에서 긴급 지원으로 전환해 탈지분유 약 6,300만 킬로그램과 담요 30만 장, 식량, 의류, 위생용품 등 총 55만 달러 상당의 물품을 한국에 지원하게 된다.[71] 당시 UNICEF의 지원은 매우 신속하게 이루어졌다는 특징이 있는데, 이에 대해 웡은 다음과 같이 기술하고 있다.

> UNICEF의 신속한 행동에 대한 평판은 한국을 지원하기 위해 요구된 30만 장의 담요 중에서 18만 장을 영국, 벨기에, 프랑스, 스위스, 그리고 남아프리카공화국으로부터 구입해 선적 예약을 완료하는 부분까지 8일 내에 마무리하라는 요구(1950년 10월 2일까지 영수 처리)를 달성하면서 높아졌다. 150톤에 달하는 탈지분유 역시 요구된 7일 이내에 배에 선적되어 목적지를 향하고 있었다. 또한 UNICEF는 10월 안에 10만 파운드의 비누를 오스트레일리아에서 한국으로 가는 배에 선적하였다.[72]

1950년대 접어들어 모자母子를 대상으로 한 UNICEF의 탈지분유 지원은 아시아 지역 15개국에서 100만 명 가량을 대상으로 실시되고 있었는데, 한국 전쟁의 발발로 그 대상

---

70 Wah Wong, 위의 자료. Wong은 1950년대 아시아에서의 UNICEF 활동을 '대중 캠페인 시기(the mass campaign era)'로 규정한다. 이 시기 UNICEF는 결핵, 부스럼(yaws), 말라리아 등의 예방과 어린이 영양 결핍, 모자 보건 네트워크 개발 등을 주로 벌였다.

71 조한승 외, 『국제기구와 보건·인구·여성·아동』 (서울: 오름, 2015), p. 77. 단, 유엔 보고서에 의하면 1950년 한국에 대한 지원액은 50만 달러(추정액)이다. UN ECOSOC (1951: 39).

72 Wah Wong (1988: 42).

자가 급증하여 한국에만도 200만 명 분량이 지원되었다.[73]

당시는 전시인지라 UNICEF의 지원은 유엔군사령부하에 조직된 유엔한국민사지원사령부United Nations Civil Assistance Command, Korea, UNCACK[74]의 통제 아래 '한국민간구호계획Civil Relief in Korea, CRIK'이라는 작전명으로 이루어졌고, 한국 정부는 구호 위원회를 구성하여 UNCACK의 구호 활동을 도왔다.[75] 그때 구호 중앙위원회의 구성은 아래와 같다.

〈표 7〉 구호 중앙위원회 위원 명부

(1950년)

한국 측	미군 측
사회부장관 (위원장) 보건부장관 (부위원장) 내무부장관 (위원) 국방부장관 (위원) 농림부장관 (위원) 재무부장관 (위원) 외자관리청장 (위원) 상공부장관 (참여; 參與)	Col. A. S. Champeny Civil Assistance Command (member) Col. Dr. W. H. Crighton Health advisor (member) Mr. M. W. Sherbacher Welfare Advisor (member) Mr. H. Jhonson Supply Officer (member) Representative of E.C.A. (member)

출처 : 한국 사회부 (1950: 3).

따라서 한국 전쟁 시기의 UNICEF의 지원은 UNICEF 단독으로 이뤄졌다기보다는 한국에 대한 민사 지원 작전에 포함되어 이루어졌다고 보아야 한다. 이를 알 수 있는 대표적인 자료가 UNCACK이 1951년회계 연도 CRIK 작전의 물품 기증자를 정리한 통계표이다.[76] 이 표에는 기증자가 국가nations와 기관agents으로 구분돼 제시되어 있다. 구체적으로 국가는 덴마크를 시작으로 30개 국가가, 기관으로는 IRO를 필두로 UNICEF를 포함

73 UNICEF가 지원한 탈지분유(skim milk)를 마시는 한국 어린이의 사진은 현재도 UNICEF 홈페이지에서 쉽게 찾을 수 있다.

74 1950년 7월 31일의 유엔 안보리 결의에 따라 유엔사령부는 한국에 대한 민사 지원(인간인 구제와 구호 활동)을 수행하기 위해 1950년 12월에 UNCACK를 창설한다. UNCACK에 대해서는 이민룡 "UNCACK(유엔한국민사지원사령부)"를 참조할 것

75 한국 사회부, "한국 전재민 및 피난민 구호방침에 대한 개황보고" (1950.12.14), BA0852069, 국가기록원. 1950년 12월 14일 사회부(현재의 보건복지부)에서 생산하여 국무총리실에 보낸 문서이다.

76 Headquaters, UNCACK, "Hq, UNCACK Statistical Report of CRIK Supplies Received" (1951), RG 554, National Archives and Records Administration.

하여 17개 기관이 제시되어 있다. 이들 기증자가 부산을 중심으로 한국의 여러 항구들에 각종 물품을 선적해서 보내면, UNCACK가 이를 모아 전국 각지에 배분하는 방식이었다.

그리고 <표 8>은 앞서 말한 UNCACK가 작성한 CRIK 보고서 중에 UNICEF가 포함된 부분을 발췌하여 정리한 것이다. 이를 통해 탈지분유[158,962 LT], 담요[245,426개], 의류[21,862 M/T], 비타민[44 C/S] 등의 UNICEF 지원 물품을 확인할 수 있다.

〈표 8〉 한국 전쟁 당시 UNICEF의 한국 지원

(1951년 회계연도)

Program no.	Donor	Commodity	Programmed		Received		Outstanding	
			Quantity	EST Value	Quantity	EST Value	Quantity	EST Value
SUN-60-0-603	UNICEF	Milk, dried (in drums)	147.6 NLT	-	158.952 L/T	-	Completed	
SUN-60-0-603	UNICEF	1. Blankets Used(in UK) (70,000 now ready) 2. Sleeping Bags, Army Type (in France) 3. Blankets, new (in South Africa) 4. Blankets, used (in Belgium)	140,000 EA 100,000 EA 30,000 EA 30,000 EA	584,750.00	246,425 EA	584,750.00	Completed	
SUN-60-0-649	UNICEF	1. Outer Garments (Suits, Coats, Trouser, Skirts) 2. Stockings 3. Sweaters 4. Underwear 5. Bonnets and Caps	36,677 PC 5,991½Doz 1,100 Doz 6,116 Doz 14,905 PC	199,586.00	21,862 MT	31,800.00	115,308MT	
SUN-60-2-610	UNICEF	1. Vitamin A & E 2. Nipples 3. Santonin 4. Mild Silver Protein 5. Opthetic Ointment	39 C/S 1 〃 1 〃 1 〃 1 〃		0		39 C/S 1 〃 1 〃 1 〃 1 〃	

출처 : 각주 76의 자료.

그렇다면 한국 전쟁 기간 동안 UNICEF의 지원 규모는 어느 정도였을까? 이를 파악하기 위해서는 1954년 UNICEF 집행이사회의 보고서를 확인하여야 한다. 그러나 아쉽게도 1954년 보고서는 찾지 못하였기에 1956년 집행이사회의 보고서를 통해 추정해보면, 1947년부터 1955년까지 UNICEF는 한국에 긴급 구호로 452만6,479달러를 지원하였다.[77] 하지만 실제로 UNICEF가 한국을 지원한 것은 1950년이 처음이고, 그 금액은 50만 달러였다. 그리고 1956년에 장기 지원으로 1만2,000달러, 긴급 구호로 80만 달러를 할당한 것을 볼 때 한국 전쟁이 끝난 이후에도 UNICEF의 긴급 구호 지원은 지속되었을 것으로 예상할 수 있고, 그 금액도 1954년과 1955년에 각각 80만 달러 정도가 책정되었을 것으로 추정된다. 그럴 경우 한국 전쟁 시기1950~1953년의 지원 금액은 해마다 80만 달러씩 해서 3년간 240만 달러일 것이다. 이를 토대로 1947~1955년까지 UNICEF가 한국에 지원한 약 452만 달러를 시기별로 나눠보면, 1950년 50만 달러, 1951~1953년 240만 달러, 1954~1955년 160만 달러 정도라는 계산이 된다.

(2) 전후 복구 시기 (1954~1962)

전쟁이 발발하자 한국 정부는 아무래도 사회 복지보다는 전쟁 수행에 치중할 수밖에 없었다. 그러다 1953년에 휴전으로 총성이 멎었지만, 어디까지나 종전이 아닌 휴전이었기에 한국 정부는 예산의 절반 정도를 국방부에 사용할 수밖에 없었고, 나머지는 내무, 재무, 교육부를 통해 10퍼센트 정도의 예산을 사용하고 사회 복지와 관련된 보건사회부에는 5퍼센트 정도의 예산밖에 배정할 수 없었다.

이는 전후 복구 시기에 한국 정부의 어린이나 청소년 복지, 모자 보건에 대한 예산이 매우 부족했음을 의미한다. 이에 따라 UNICEF도 휴전 후 한국에 대한 지원 사업을 장기 사업으로 전환하지 못하고, 긴급 구호 형식의 지원을 지속하게 된다. 한국에 대한 장기 지원은 1956년 모자 보건에 1만1,000달러가 배정된 게 처음이었다. 그러다 1958년 UNICEF 집행이사회의 보고서에서는 한국에 대한 장기 지원 할당액이 다시 없어지게 된다. 즉 전후 복구 시기에도 UNICEF의 지원은 전쟁 시기와 마찬가지로 긴급 구호 형식이 유지되었음을 알 수 있는 것이다.

한편 전후 복구 시기 UNICEF의 지원은 한국민사지원처Korea Civil Assistance Command, KCAC를 통해 이루어진다. KCAC는 전쟁 시기 한국에 대한 긴급 구호를 담당했던 UNCACK

77 UN ECOSOC, "United Nations Children's Fund Report of the Executive Board," ECOSOC Official Records: Twenty-first Session, Supplement No. 2A, E/2848 (12-21 March 1956), UN Library, p. 31.

가 휴전이 되면서 변경된 조직으로, UNCACK의 임무와 역할을 계승하였다.[78]

〈표 9〉 UNICEF의 아시아·태평양지역 출연금(1947~1985)

(단위 : 천 달러)

	1947~1959	1960~1969	1970~1979	1980~1985	1947~1985
Afghanistan	1,281	4,916	15,813	11,783	33,793
Bangladesh	-	-	91,077	79,104	170,181
Bhutan	-	-	2,877	6,389	9,266
Brunei	33	-	-	-	33
Burma	4,491	7,151	24,539	36,912	73,093
China	3,754	5,657	2,085	24,674	36,170
Hong Kong	213	289	217	-	719
India	18,672	46,836	130,469	197,208	383,185
Indonesia	7,068	11,511	37,656	65,489	121,724
Japan	1,603	266	-	-	1,869
Kampuchea	147	1,492	19,447	102,856	123,942
Korea	5,505	2,631	7,048	3,830	19,014
Laos	-	272	4,873	7,388	12,533
Malaysia	722	2,466	4,786	2,604	10,578
Maldives	15	-	887	2,101	3,003
Mongolia	-	192	639	197	1,028
Nepal	-	870	10,673	25,852	37,395
Pakistan	5,334	15,124	40,010	62,681	123,149
Papua and New Guinea	94	365	624	998	2,081
Philippines	3,738	6,977	12,835	18,434	41,984
Thailand	2,616	6,955	16,558	19,355	45,484
Singapore	84	229	153	-	466
Sri Lanka	904	1,359	13,153	21,406	36,822
Vietnam	271	2,774	29,011	32,850	64,906
Indo China Peninsula	-	-	41,026	-	41,026
Asian Refugees and Displaced Persons	-	-	2,776	17	2,793
Afghan Refugees in Pakistan	-	-	1,879	-	1,879
Pacific Islands	134	679	2,294	2,437	5,544
Regional	106	24	760	1,168	2,058
Total	56,785	119,037	514,165	725,734	1,415,722

출처 : Wah Wong (1988: 178).

78 이민룡, "UNCACK (유엔한국민사지원사령부)", 제9차 한국학 토대연구 학술 워크샵 발표 원고, 숙명여대 글로벌거버넌스연구소 주최, 2019.3.28.

하지만 UNICEF의 지원 금액이 1947년부터 1956년까지가 533만8,479달러[79], 1947년에서 1959년까지가 550만5,000달러<표 9>참조라는 점에서 볼 때, 전후 복구 시기 UNICEF의 한국 지원은 1954년에서 1956년까지 집중적으로 이뤄지다가 1957년부터는 크게 줄었다고 할 수 있다. 그 이유는 한국의 아동 복지와 모자 보건 상황이 크게 개선되었기 때문이라기보다는[80] UNICEF의 지원 활동의 중심이 아프리카로 이동했기 때문이었다.

(3) 경제 발전 시기 (1963~1973)

그러던 1957년 중반 이후 UNICEF의 한국 지원은 긴급 구호에서 장기 지원으로 일대 전환을 모색한다.[81] 또한 유엔이 1959년 총회에서 『어린이 권리 헌장Declaration of the Rights of the Child, resolution 1386 (XIV)』을 채택하고, 1961년 겨울에는 1960년대를 "유엔 발전의 10년United Nations Development Decade"으로 규정하면서 UNICEF는 단순한 지원에서 계획에 의한 지원으로 방향을 틀게 된다. 그리고 당시는 때마침 한국이 1962년부터 5개년 경제 개발 계획을 추진하기 시작한 시점이기도 했다.

그 결과 1960년대 UNICEF의 한국 지원은 한국의 경제 개발 계획과 연계되어 농어촌 어린이의 영양 개선, 국내 백신 생산, 나환자 및 폐결핵 환자들에 대한 약품 공급, 농촌에서의 기초 보건 사업 확대, 조산원과 보건 요원, 수도 설비 기사 등에 대한 훈련 사업 등의 방식으로 이루어졌다.[82] 1960년대 UNICEF가 결정한 한국에 대한 대표적인 지원 상황을 살펴보면 <표 10>과 같다.

---

79 UN ECOSOC (1956: 19).

80 여기에는 한국 전쟁 시 UNICEF의 한국에 대한 지원이 긴급 구호 형식을 띠어 여타 국가보다 상대적으로 많았다는 점도 작용했을 것이다.

81 "UNICEF was able to turn over the large Korea feeding programme to CARE by mid-1957, the first step of many by UNICEF to disengage itself from skim milk distribution for mass feeding." Wah Wong (1988: 15).

82 유니세프한국위원회, "한국에서의 유니세프 사업 4 Steps," https://www.unicef.or.kr (검색일: 2019.1.14).

〈표 10〉 경제 발전기 UNICEF의 한국 지원(예)

내용(시기, 할당금액)	지원 내용(계획)
보건서비스 (지속사업) (1966중반~1967) (15만 달러) (WHO의 기술적 승인)	… During the next period, the established training programme will continue for a further 125 doctors, 150 nurse/midwives, 80 sanitarians, 60 laboratory technicians and 50X-ray technicians. In addition, refresher and orientation training will be given to provincial supervisory and health centre staff, and 75 school health nurses will be trained in public health nursing. … One hundred new health sub-centres will be established and the Government will organize a supervisory team to assist in the operation and planning of further extension of the provincial health services. A mobile maintenance team will be trained to care for all medical and other equipment at health centres; and a system for proper maintenance of health vehicles in provincial garages will be established. UNICEF will provide supplies and equipment for the training division of the National Institute of Health; sanitation and water supply equipment, health education and laboratory supplies, midwifery kits and a vehicle for the demonstration province; sanitation and MCH centre equipment for other provincies; equipment and a vehicle for the MCH supervisory team; equipment and a vehicle for equipment and transport maintenance schemes; drugs and diet supplements; and stipends and honorary for training and supervision, WHO will continue to provide the full-time services of a public health nurse in the training project, and the services of a team composed of a medical officer, a public health nurse, a health educator, and a sanitarian in the demonstration project. The services of a sanitary engineer will be available for national planning of sanitation and water supply schemes for schools and centres in other provinces.
결핵통제 (계속사업) (1967) (22.1만불) (WHO의 기술적 승인)	… Particular attention will also be given to increasing the extent and the quality of the BCG vaccination programme. Training will be given to school health nurses in selected areas to enable them to give BCG vaccination in the schools. Coverage of the younger age group-children from one to six years of age-will be intensified by means of an improved system of training, supervision and health education through the rural health centres. The annual BCG vaccination coverage of pre-school children is estimated at from 5,000 to 6,000 per health centre. The total performance in 1967 will be approximately one million vaccinations. UNICEF will provide supplies and equipment for BCG vaccination and for the pilot areas and tuberculosis laboratories, drugs, transport, and stipends and honorary for refresher training of tuberculosis workers. WHO has assigned a senior adviser on tuberculosis and a public health nurse.
사회서비스 (최초 신청) (1967~69) (8.3만불 신청, 2.4만불 승인) (유엔경제사회부 기술적 승인)	… There are at present about 59,300 children in 527 children's hemes which are supported mainly by the numerous foreign voluntary agencies, locally coordinated by KAVA (Korea Association of Voluntary Agencies), with the Government providing a small share of the costs. The Government recognizes the need to develop a progressive social services programme which will emphasize the strengthening of family life. In order to build staff and improve the sooial welfare structure to provide leadership and direction In the planning, development and implementation of a national social welfare programme, the Government proposes to embark on a programme which will include a three-year staff development programme; a demonstration and training project which will demonstrate progressive methods of childcare; the production of sccial work textbooks, monographes, pamphlets, case studies and audio-visual aids in the field of family, child and youth welfare; and a study programme to provide a deeper knowledge of the nature, cause and extent of the present-day needs of children in Korea. The programme will begin upon the availability of a social welfare adviser to be provided by the Bureau of Social Affairs of the United Nations Secretariat to assist in organizing and launching the programme. The Bureau will also provide two fellowships a year for two years for qualified candidates associated with the project to study abroad. UNICEF will provide stipends and honorary for participants in the in-service training programme; grants for study and for production of social work materials; supplies and equipment for four demonstration day-care centres and two urban community centres; teaching aids and transport.

출처 : UN ECOSOC, "United Nations Children's Fund Report of the Executive Board ," ECOSOC Official Records: Forty-first Session, Supplement No. 13 (19~27 May 1966), UN Library, pp. 126-128.

한편 1960년대 UNICEF의 지원 금액은 1950년대의 550만5,000달러보다는 훨씬 줄어든 263만1,000달러였다<표 9>참조. 하지만 이는 한국에 대한 UNICEF의 관심이 줄어서라기보다는 1960년대에 한국이 추진한 경제 개발 계획이 보건 분야에서도 착실하게 효과를 나타냈기 때문이었다. UNICEF의 자금 배당 원칙은 인구와 국가별 소득low, middle, high이었으나, 이에 융통성을 부여하여 한국과 같은 경우는 '과도기transitional'로 구분해서 상황 변화에 맞춰 적용하였다.[83] 이는 국가별 모자 보건 분야의 상황에 대한 라보제 사무총장의 평가에도 그대로 나타난다.

In the East Asia and Pakistan region, there were also a number of interesting developments on the MCH(Mother Child Health) front. As reported by Executive Director Henry Labouisse to the June 1968 session of the Board, West Pakistan had downgraded the construction of expensive rural health units, and was giving priority to much larger numbers of small health centres. Indonesia was working on the principle of team-work training for all health personnel as a substitute for individual guidance from medical officers, "which is presently impossible". The Philippines was dividing its health units into categories according to the number and needs of the population to be served, and was adding personnel as needed. *And Korea was establishing 1,300 new sub-centres within two years by a massive auxiliary nurse training programme, as a measure to bring about a much-needed increase in direct contacts with the people.*[84]

※ 이탤릭체는 필자의 강조

(4) 경제 발전기 이후 UNICEF와 한국의 관계

1973년 이후에도 한국은 지속적인 경제 성장을 이뤘으나, UNICEF의 한국 지원은 끊기지 않고 계속되었다. 하지만 지원 내용은 변하게 되는데, 예를 들어 1977년부터 1986년 사이 UNICEF 한국 대표부는 조기 아동 교육 사업(초등학교와 취학 전 어린이를 위한 교육 자료 제작, 시범 유치원 설치, 부모 교육 및 탁아 사업 등)을 중점적으로 지원하

83 Wah Wong (1988: 144-145).
84 위의 자료, p. 62.

였다. 이를 통해 유아 교육 진흥의 기초를 마련하였고, 빈민 지역에 어린이집과 유아원을 설립함으로써 저소득층 가정에 큰 도움을 주었다.

뒤이은 1987년부터 1993년까지 UNICEF 한국 대표부는 한국의 어린이들에 대해서는 아동의 권리 홍보와 모유 수유를 권장하는 캠페인을 실시하는 한편, 개발 도상국의 어린이를 위한 모금 사업과 세계 교육 사업 등을 시작하는 동시에 선진국형 UNICEF 기구라 할 수 있는 UNICEF 한국위원회의 창립을 준비한다. 그 결과 1993년 12월 8일에 UNICEF 한국 대표부가 공식 철수하고, 이듬해 1월 1일에 UNICEF 한국위원회가 출범하게 된다. UNICEF가 한국을 공식적으로 지원한 지 45년째 되는 해의 일이었다.

그리고 UNICEF 한국위원회가 출범하면서 한국은 UNICEF 수혜국에서 공여국으로 전환했고, 그 주된 임무도 한국 아동들의 구호에서 개발 도상국의 어린이 지원으로 바뀌게 된다.[85]

이와 같이 UNICEF는 한국 전쟁과 전후 복구 시기에 한국에서 대대적인 긴급 구호 활동을 벌였고, 1960년대 이후 1994년 UNICEF 한국위원회가 만들어지기까지 UNICEF 한국 대표부는 한국의 경제 발전 단계에 맞추어 그에 적합한 장기 지원 활동을 펼쳤다. 또한 1950년부터 1993년까지 유니세프가 한국에 지원한 총금액은 약 2,300만 달러에 달한다.[86]

물론 UNICEF가 한국의 경제 발전에 기여한 바를 양적으로 평가하자면 그다지 많다고 할 수는 없다. 하지만 전쟁과 전후 복구 시기에 UNICEF가 제공했던 인도적 지원은 한국 정부가 국방과 경제 발전에 주력할 수 있도록 하는 데 있어 중요하게 작용했다는 점은 명백하다.

반대로 오늘날 한국은 2014년을 기준으로 세계에서 상위 16번째, 국가위원회로는 세계 4위 정도의 기부금을 UNICEF에 제공하고 있다. 이처럼 이제 한국이 개발 도상국들을 대상으로 인도적 지원을 할 수 있게 된 데는 비차별과 유연성을 원칙으로 하는 UNICEF의 활동 방식으로부터 배운 바가 매우 컸기 때문이라고 할 수 있을 것이다.

---

85 유니세프한국위원회, "한국에서의 유니세프 사업 4 Steps," https://www.unicef.or.kr (검색일: 2019.1.14)
86 위의 자료.

〈부록〉

한국 정부와 UNICEF 간에 체결한 협정문

공급품을 여사한 한국 정부와 UN국제아동긴급재단과의 협정

1950년 3월 25일 서울에서 서명

1950년 3월 25일 발효

국제연합총회는 1946년12월11일의 결의 제57에 의하여 국제아동긴급원조재단(이하 재단이라 칭함)을 설립하였음으로, 또한 재단은, 재단이사회가 한국의 아동, 청년과 임부 및 유모를 위하여 그 일부를 사용하도록 결정한 자금을 현재 소유하고 있으며 장래 또한 추가자금과 자산을 수령할 것임으로, 또한 한국정부(이하 정부라 칭함)는 그 영역내의 아동, 청년과 임부 및 유모를 위하여 재단의 원조를 희망함으로, 또한, 재단과 정부의 대표자들은 한국내의 여사한 원조에 대한 필요성을 고려하였음으로, 또한 정부는, 재단이 제공할 공급품과 기타 원조의 적절한 이용과 분배의 관하여 추후작성되고 상호합의될 사업실행계획에 服할 것을 조건으로 아동, 청년과 임부 및 유모를 위한 그 자신의 원조계획을 제출하였음으로, 이에 정부와 재단은 이하와 같이 협정한다.

제1조 공급품과 역무의 제공

가. 재단은 그 자신이 행하는 요구의 결정과 자금한도 내에서 한국의 아동, 청년과 임부 및 유모에 대한 원조 및 원호를 위하여 공급품과 역무를 제공한다.

나. 정부는, 추후 작성되고 상호 합의하는 승인된 사업실행계획과 재단과 정부가 추후합의하는 개정에 따라서 한국의 아동, 청년과 임부 및 유모를 위한 공급품과 역무를 제공하며, 또한 재단이 제공하는 식료품과자에게 상기 사업실행계획에 따라 여사한 자를 위하여 배급할 것을 약정한다.

다. 한국의 아동, 청년과 임부 및 유모를 위하여 재단과 정부가 각기 제공할 식료품 및 공급품의 분량과 성질을 재단과 정부 간의 상호합의 및 양해에 의하여 편선한 연속적 사업운

영기간에 대하여 수시로 결정한다.

라. 재단은 본 협정에 의하여 재단이 제공한 공급품 및 역무에 대하여 외국환에 의한 지불을 요구하지도 않고 그러한 청구권도 갖지 않는다.

제2조 공급품의 이관과 분배

가. 재단은 공급품을 받을 최후수요자가 소비 또는 사용할 때까지 그 공급품의 완전한 소유권을 보유하고, 제1조 나에 언급한 승인된 사업실행계획에 의하고, 또한 재단의 정책에 순응하는, 한국내 아동, 청년과 임부 및 유모를 위한 재단명의의 분배에 있어서 정부에게 또는 정부와 재단 간에 상호 합의하는 한국내 대행기관에게 그 공급품을 위탁한다.

나. 정부는 재단의 공급품을 분배 또는 기타 방법으로 취급함에 있어서 동공급품의 소비 또는 사용될 때까지 재단의 대리인으로서 행동한다.

다. 정부는 상기 공급품을 인종, 교리, 국적상 지위 또는 정치적 신념에 인한 차별없이 사실상 필요에 입각하여 공평하고 효과적으로 처분 및 분배할 것을 약정한다.

라. 재단이 제공한 공급품과 역무는 정부가 유사한 활동을 위하여 이미 약정한 급식계획 우는 예산상부담에 충당하지 않고 그에 별도 추가할 것임을 합의한다.

마. 재단이 제공한 공급품 수령자는 수하를 막론하고 직접으로나 간접으로나 여사한 공급품 대가의 지불을 요구받지 않는다.

제3조 수출

정부는 만일 아동, 청년과 임부 및 유모의 원조 및 원호를 위한 공급품 또는 유사한 물품을 수출하는 경우에는 재단으로부터 본 협정에 의한 아동, 청년과 임부 및 유모의 원조 및 원호를 위한 공급품의 제공을 기대하지 않을 것을 동의한다. 단 특수사정이 발생하여 사업위원회의 토의에 부하여졌을 경우에는 예외로 한다.

제4조 기록과 보고

가. 정부는 재단책임의 이행에 필요한 재단의 사업시행에 관하여 적의한 회계 및 통계기록을

작성하여 재단이 요구하는 경우에 여사한 기록작성에 관하여 재단과 협의한다.

나. 정부는 승인된 계획의 시행에 관하여 재단이 그의 책임의 이행에 필요하다고 인정하는 기록, 보고 및 정보를 재단에 제공한다.

제5조 정부와 재단간의 협조

가. 본 협정의 제규정을 집행함에 있어서 정부와 재단의 대표자간에 긴밀하고 친절한 협조관계가 필요하므로 재단은 한국 서울에 정당한 권한의 위임을 받은 직원을 주재케 하며, 재단이 제공한 공급품의 적하, 수령 및 분배에 관한 문제와, 한국내의 수요를 조사 고려하고 재단본부에 대하여 사업실행계획에 관하여 권고를 하고, 정부가 본 협정하의 책임이행에 관하여 재단 또는 그이 대표자에게 제출하는 모든 문제에 관하여, 정부의 권한있는 직원과의 간에 수시로 협의 및 협조케 한다.

나. 정부는 재단이 본 협정하의 직능을 수행하기 위하여 필요한 한인직원, 서기 기타의 재단에 의한 고용을 촉진할 것을 동의한다.

다. 정부는 본 협정의 제 규정을 준수하였음을 재단이 확인하기에 필요한 기록, 회계재단이 제공한 공급품의 분배에 관한 문서를 재단의 권한있는 직원이 용이하게 열람할 수 있게 한다. 정부는 또한 재단의 권한있는 직원에게 그가 수시수처에서 상기 공급품의 분배를 시찰하고 분배과정과 방법을 검토할 자유를 부여한다.

제6조 사업운영비 및 유지비의 정부부담과 정보사무에 대한 협조

가. 정부는 본 협정하에 재단이 제공한 공급품의 수취, 하역, 창고보관, 분배사무에 있어서 한국통화로서 사용되는 운영비와 행정비를 부담할 것을 동의한다.

나. 정부는 재단이 제공하는 직원에 대한 급식, 주거, 자동차 교통과 한국내 여행을 위하여 또한 제5조가 가항의 규정에 의하여 설립될 사무소의 기능수행에 필요한 모든 형식의 통행을 포함한 필요한 사무상 및 기타 원조와 함께 동사업소의 설비 및 유지에 관하여 모든 필요한 조치를 강구하고 한화경비를 부담할 것을 동의한다.

다. 정부는 공급품의 분배에 관한 공보제공을 위하여 재단과 협조하고 그를 원조할 것을 동

의한다.

제7조 세금면제와 개인특권

가. 재단 및 그의 재산, 공급품, 사업운영 및 모든 성질의 거래에 대해서는 정부 또는 그의 대리인, 또는 그의 하부정치체 또는 한국내 모든 공공기관이 관습적으로 부과하는 모든 종류의 세금, 사용료, 부과금 또는 수수료를 면제한다.

나. 재단이 그의 직원과 고용원에게 지불하는 봉급과 역무에 대한 보수에 대해서는 정부 또는 그의 대리인 또는 그의 하부정치체 또는 한국내 공공기관이 관습적으로 부과하는 모든 종류의 세금, 사용료, 부과금 또는 수수료를 동양으로 면제한다.

제8조 본 협정의 유효기간

본 협정은 서력1950년2월18일부터 발효하며 재단이 제공한 공급품이 전부 소비되고 한국내에서의 재단에 관련된 모든 활동이 전부 완료할 때까지 유효하다. 본 협정의 제 규정의 시행에 관하여 의견의 차이가 발생할 경우에는 해 문제를 UN국제아동긴급원조재단 이사회의 사업위원회의 토의 및 최후결정에 부탁한다.

본 협정은 서력 1950년 3월 25일에 한국 서울에서 작성되었다.

한국정부대표 구 영 숙

UN국제아동긴급원조재단대표 C. W. Wacharles

출처 : 대한민국 정부와 UN국제아동긴급재단과의 협정, UN국제아동긴급재단 제8호, 국가법령정보센터.

04 유엔의 교육 재건 활동 내역

일반적으로 교육의 기능은 개인이 사회 생활을 효과적으로 영위하고, 또 적응할 수 있는 능력을 배양하는 것이다. 교육은 개인, 정치, 문화, 사회 등 여러 가지 측면에서 그 중요성이 입증되는 활동이다. 여기서 중요한 활동이라는 말은 그 활동의 결과로서 산출될 성과가 매우 중요한 것이어서 그것 이외의 다른 무엇으로도 대신하기 어려운 중요한 역할이 있다는 의미이다.

교육은 개인 발전에 있어서 발전적 정신의 계발과 발전에 필요한 지식과 능력을 계발시키는 역할을 하며, 국가와 사회, 경제 발전의 원동력이라고 할 수 있는 인력 자원을 양성하고 공급하는 중요한 역할을 담당한다. 또한 사회 구조를 변화시키며 가치관을 올바르게 변화시킬 뿐만 아니라 사회를 각 분야별로 전문화시키는 역할을 담당하게 된다. 이러한 맥락에서 보면, 오늘날 단기간에 산업화와 민주화를 이룩한 발전 모델로 평가받고 있는 한국의 경제 성장과 사회 발전의 근간에는 교육의 역할이 매우 크게 작용하였음은 주지의 사실이다.

한국 전쟁과 전후 한국의 재건 및 복구 사업에서 여러 유엔 산하 기구들의 활동이 있었지만, 그중에서도 한국의 경제 및 사회 발전, 그리고 교육사에서 빼놓을 수 없는 두드러진 역할을 수행한 것은 유엔교육과학문화기구United Nations Educational, Scientific and Cultural Organization, UNESCO였다. 한국 전쟁 당시 한국의 1인당 국민 소득은 불과 67달러로, 북한은 물론 아프리카의 주요 국가들보다 빈곤한 상황이었다. 하지만 전쟁으로 인한 폐허 속에서도 국민들의 교육열만큼은 여느 선진국과 다르지 않았다. 이러한 교육에 대한 민족적 의지와 UNESCO의 교육 원조가 접합되어 한국은 서양식 근대화를 효과적으로 수용하고, 한 발 더 나아가 한국식 발전 모델을 창조하여 전 세계에 알려진 '기적의 스토리'를 만들어낸 것이다. 이러한 한국에 대한 UNESCO의 교육 원조 사업은 전 세계 국제 원조 활동의 모범 사례로 회자되고 있다.

전쟁 발발 직전 한국은 UNESCO에 가입하여 전쟁 기간과 전후 재건 및 복구 기간에 다양한 교육 지원의 수혜를 받았다. 유엔과 UNESCO는 한국뿐만 아니라 2차 세계 대전 이후 많은 신생 독립국들과 개발 도상국들에 대해서도 교육 원조를 시행했지만, 한국에서와 같은 성공은 쉽지 않았다. 당시 UNESCO가 우리에게 준 것은 배움을 이어갈 책과 미래를 바꿀 지혜였다. 그들은 지구상에서 가장 가난한 나라인 한국이 스스로 일어설 역량을 기를 수 있도록 교육·과학·문화 분야에서 다양하고 효과적인 방법으로 지원 활동을 전개했다.

1) UNESCO의 창설

유엔교육과학문화기구UNESCO 창설의 직접적인 모태가 된 것은 2차 세계 대전 중 영국 런던에서 열린 연합국 교육 장관 회의Conference of Allied Ministers of Education였다. 1942년 11월 영국이 전쟁으로 황폐해진 교육을 재건하고, 교육을 통해 세계 평화에 기여할 수 있는 방안들을 논의하기 위해 당시 런던에 망명 중인 그리스, 네덜란드, 노르웨이, 벨기에, 유고슬라비아, 체코슬로바키아, 폴란드, 프랑스 등 연합국 교육 장관들을 초청하여 제1차 연합국 교육 장관 회의를 개최한 것이 UNESCO 창설의 단초가 되었다.[87]

UNESCO 창설의 연원은 1922년 국제연맹League of nations의 자문 기구로 창설된 국제지적협력위원회International Committee on Intellectual Cooperation와 1926년 이 위원회의 집행 기관으로서 프랑스의 발의와 재정 부담으로 만들어진 국제지적협력기구International Institute of Intellectual Cooperation였다. 이 두 기구는 정부 대표가 아닌 지식인으로 구성된 국제 조직이었다는 점에서 UNESCO와 그 성격이 다르기는 하지만, 국제적인 지적 협력을 추구했다는 점에서 UNESCO에 제도적, 정신적 유산을 물려주었다고 할 수 있다.

유엔 창립을 위한 샌프란시스코 회의가 끝난 지 5개월 뒤인 1945년 11월, 2차 세계 대전 이후 교육과 문화의 진흥, 과학 기술의 평화적 이용을 염원하는 연합국 합의에 의해서 영국과 프랑스의 공동 주최로 런던에서 UNESCO 창설을 위한 회의가 개최되었다.[88]

---

87 UNESCO, "UNESCO in brief - Mission and Mandate," https://en.unesco.org (검색일: 2019.8.30).

88 이 회의에서 애초 '과학'은 활동 영역에 포함되지 않았으나, 당시 영국의 과학자들이 과학을 포함할 것을 강력히 요구함

이 회의에서 37개국이 조인한 UNESCO 헌장이 이듬해인 1946년 11월에 정식으로 발효되어 UNESCO는 최초의 유엔 전문 기구로 발족하게 되었다.[89]

UNESCO 헌장은 전문에서 전쟁은 인간의 마음 속에서 생기는 것이므로 평화의 방벽을 세워야 할 곳도 인간의 마음 속이며, 서로의 풍습과 생활에 대한 무지는 인류 역사를 통하여 세계 시민들 사이에 의혹과 불신을 초래한 공통적인 원인이며, 이 의혹과 불신으로 인한 불일치가 너무나 자주 전쟁을 일으켰다고 선언하고 있다. 또한 정부의 정치적, 경제적 조정에만 기초를 둔 평화는 세계 시민들의 일치되고 영속적이며 성실한 지지를 확보할 수 있는 평화가 아니기 때문에 평화를 잃지 않기 위해서는 인류의 지적, 도덕적 연대 위에 평화를 건설해야 하고, 이를 위해 UNESCO를 창설한다고 밝히고 있다.[90]

UNESCO는 유엔과는 별도의 가입 절차와 예산 체계를 가지고 있는 자치적 성격의 국제기구이지만, 국제법상으로는 유엔 경제사회이사회ECOSOC의 전문 기구 중 하나이다. UNESCO와 유엔의 관계는 1946년 12월 이들 두 기구가 체결한 협정에 의해 법적으로 규정되어 있다. UNESCO의 활동은 유엔 경제사회이사회에 의하여 다른 전문 기구들의 사업과 활동에 맞춰 조정되는데, 경제사회이사회는 전문 기구들이 정기 및 비정기적으로 제출하는 보고서를 기초로 이러한 조정 기능을 수행한다. UNESCO는 유엔 활동과 관련하여 교육·과학·문화 분야의 전문적인 보조 역할을 인정받고 있으며, 다양한 유엔 기관에 대한 기술 고문으로서의 법적 지위를 지니고 있다.

20세기 전반부에 두 차례의 세계 대전을 경험한 세계가 정치적, 경제적 이해 관계가 아닌 인류의 지적, 도덕적 연대에 기반한 항구적 평화를 건설하기 위해 창설한 UNESCO는 국제 평화와 인류 공동의 복리를 위해 설립되었다는 점에서는 유엔의 다

에 따라 창설될 기구의 이름이 UNECO에서 UNESCO로 변경·확정되었으며, 영국 대표단의 제안에 따라 프랑스 파리가 UNESCO 본부의 소재지로 결정되었다.

89 창설 회원국은 영국, 뉴질랜드, 사우디아라비아, 남아프리카공화국, 호주, 인도, 멕시코, 프랑스, 도미니카, 터키, 이집트, 노르웨이, 캐나다, 중국, 덴마크, 미국, 체코슬로바키아, 브라질, 레바논, 그리스 등 20개국이고, 초대 사무총장으로 영국 출신의 저명한 생물학자인 줄리안 헉슬리(Julian Huxley)가 선출되었으며, 국제지적협력기구가 수행하던 일을 UNESCO가 이어서 수행한다는 협정을 체결함으로써 창설이 마무리되었다.

90 UNESCO, "UNESCO Constitution," http://portal.unesco.org (검색일: 2019.8.20).

른 전문 기구들과 본질적으로 다르지 않지만, 교육·과학·문화의 증진과 이를 통한 국제 협력을 촉진함으로써 인간의 마음 속에 '평화의 문화'를 심는다는 점에서 다른 국제기구들과 구별된다. UNESCO는 설립 이래 지금까지 인종, 성, 언어, 종교의 차별 없이 모든 사람들이 평등한 교육의 기회를 보장받고, 자유롭게 진리를 탐구하며, 사상과 지식을 자유롭게 소통하고, 서로의 문화와 생활을 이해할 수 있도록 하기 위해 전 세계적으로 다양한 활동을 펼치고 있다.

2019년을 기준으로 회원국은 193개국이며, 11개의 준회원국이 있다. 준회원국은 총회에서의 투표권이 없고, 이사회의 직책을 맡을 수 없다는 점 외에는 회원국과 같은 권한을 갖는다.

2) 한국의 UNESCO 가입

한국은 한국 전쟁이 발발하기 11일 전인 1950년 6월 14일에 UNESCO의 55번째 회원국이 되었다. 당시 신생 독립국이던 한국으로서는 유엔이 아닌 UNESCO에라도 가입한 것이 여러모로 다행이었다. 비록 가입한지 10여일밖에 안된 회원국이었지만, 전쟁으로 인한 참화를 목격한 UNESCO는 새로운 회원국에 대한 지원을 아끼지 않았다.[91]

한국은 UNESCO 가입 후 불과 11일 만에 전쟁이 발발하는 바람에 가입에 따른 후속 조치를 취할 여력이 없었다. UNESCO 회원국이 되면 첫째, UNESCO 헌장에 대한 입법부의 비준 혹은 준수 서약, 둘째, UNESCO 업무를 국내에서 담당할 국가위원회 National Commission의 설립 등이 필요하지만, 전쟁으로 인하여 이러한 후속 조치를 취할 물리적 여유가 없었던 것이다.

그래서 한국 정부는 UNESCO에 가입한지 2년이 지난 1952년에야 전쟁이 소강상태에 접어들자, UNESCO 헌장에 대한 국회의 비준을 추진하게 된다. 그 결과 1952년 11월

---

91 유네스코에 가입한 지 얼마 안 된 시점에서 전시 상황에 처한 한국이 특정한 교육 자료들을 최대한 빨리 만들어낼 수 있게끔 유네스코가 지원한 내용을 보여주는 문서가 있다. 유네스코 교육부 소장이던 H. Lionel Elvin이 유엔의 공공정보 담당 차관보 B. Cohen에게 보낸 서한을 참고. UNESCO, "A letter from UNESCO, H. Lionel Elvin, Director, Education Department to the United Nations, B. Cohen, Assistant Secretary-General for Public Information" (3 October 1950), No. Ed.170826, UNESCO Archives.

10일, 부산으로 피난 온 국회는 UNESCO 헌장을 준수하겠다는 서약을 만장일치로 가결하였다. 또한 국회에서의 UNESCO 헌장 준수 서약 이후 UNESCO 헌장 7조에 따른 국가위원회의 설립이 본격적으로 추진되었다.

국가위원회 제도는 UNESCO만의 독특한 제도로, UNESCO 헌장 7조 1항에서는 회원국이 자국의 주요한 교육, 과학, 문화 단체가 UNESCO 사업에 협조할 수 있도록 가급적이면 정부와 그러한 단체의 대표자들로 국가위원회를 설치하도록 권고하고 있으며, 2항에서는 국가위원회가 UNESCO에 관계되는 사항에 관하여 자국 정부에 자문하고 연락 기관으로서의 기능을 수행하도록 규정하고 있다.[92]

그리고 1953년 7월 6일, 대통령령 801호로 UNESCO 한국위원회 설치령이 공포되었다.[93] 이로써 한국은 UNESCO에 가입한 지 3년 만에 국가위원회를 설치할 수 있는 법적 근거를 마련하게 되었다. 이러한 법적 근거를 바탕으로 1954년 1월 30일 UNESCO 한국위원회의 창설 총회를 개최해 김법린 문교부장관이 당연직으로 위원장에 선임되고, 정대위 박사가 초대 사무총장으로 선임되었다.

3) 한국 전쟁 시기의 활동

한국 전쟁이 발발하자, UNESCO는 한국에 국가위원회의 설치 여부에 관계없이 교육, 과학, 문화 분야에서의 피해 복구와 재건을 위한 원조를 시의적절하게 제공하였다. 구체적으로 전쟁이 발발한 지 두 달 후인 1950년 8월 29일 UNESCO 23차 집행이사회는 한국에 대한 긴급 원조의 제공을 결의하였다. 전쟁 기간과 전후 UNESCO의 한국에 대한 주요 원조와 지원 활동은 다음의 <표 1>과 같다.[94]

---

92 국가위원회는 UNESCO 창설 과정에서부터 정부 대표성과 개인 및 민간단체의 대표성이 갈등을 빚게 되자, 타협점으로 제시된 제도이다. 프랑스는 UNESCO가 민간 지식인 중심의 국제지적협력위원회와 국제지적협력기구의 전통을 이어받을 것을 주장한 반면, 영국과 미국은 이에 반대하였다. 이러한 두 주장을 절충한 결과, UNESCO가 비록 정부 간 기구이기는 하지만 민간단체와 개인이 국가위원회를 통해 UNESCO 활동에 참여할 수 있게 된 것이다. 국가위원회는 처음에는 자국 내의 UNESCO 활동을 위한 정보 제공과 연락, 자문 등의 기능을 수행했으나, 지금은 국내는 물론 지역적·국제적인 프로그램을 수행하는 기능까지 담당하고 있다.

93 한국유네스코위원회설치령, 대통령령 제801호, 국가법령정보센터.

94 이하 내용은 유네스코한국위원회, 『유네스코한국위원회 30년사』 (서울: 유네스코한국위원회, 1984), pp. 82~84를 참조하였음.

〈표 1〉 한국 전쟁시 UNESCO의 원조

연도	내용	금액(달러)
1951	대한문교서적 인쇄공장 건립	100,000
1952	UNESCO 교육조사단 원조	34,000
1952	한국외국어학원 설치(서울대)	224,000
1954	신생활교육원 설립(수원)	300,000

출처 : 유네스코한국위원회, 『한국 유네스코 활동사 1954~1975』 (서울: 유네스코한국위원회, 1976), p.138.

즉 UNESCO가 창설되고 4년도 채 지나지 않아 대규모 전쟁이 한반도에서 발발함으로써, 교육과 문화를 통해 장기적으로 세계 평화를 구축하고자 했던 UNESCO로서는 이러한 장기적인 접근법과 더불어 전쟁을 겪고 있는 회원국을 위한 단기적인 대응도 하지 않을 수 없는 상황이 되었던 것이다. UNESCO는 전쟁을 겪고 있는 한국에 대해 긴급 원조를 제공하고 복구를 위한 활동을 적극 전개하여, 전시에도 중단 없이 교육이 이루어지도록 지원하였을 뿐만 아니라 전후 한국의 교육 재건과 복구에 기여함으로써 1970년대 한국의 경이적인 경제 발전의 초석을 깔았다고 할 수 있다.

(1) 교과서 인쇄 공장의 건립

1951년 6월 18일 프랑스 파리에서 개최된 6차 UNESCO 총회에 전규홍 공사가 한국의 정식 대표로 참석하여 문교부 장관 명의로 한국의 교육 재건과 부흥을 위한 UNESCO의 긴급 원조를 요청하였으며, 이에 대해 UNESCO는 1951년 6월 18일 초등학교용 교과서를 인쇄해 공급할 공장을 건립하기 위한 긴급 원조로 10만 달러를 한국에 제공하였다.[95] 한국의 초등 교육 정상화에 결정적인 도움이 된 당시의 원조는 한국에서 진행된 최초의 UNESCO 활동이었으며, 전시에도 한국 교육의 맥이 끊어지지 않고 계속 이어질 수 있도록 했다는 의의를 지니고 있다. 뿐만 아니라 향후 한국 교육의 발전과 나아가 한국 경제의 발전에도 밑거름이 되었다고 할 수 있다.

95 이 긴급 원조는 1952년 초에 유엔으로부터 UNESCO에 지급되었다. R.H.R. Parminter, "The payment to the United Command of the UNESCO contribution of $100,000 for Korean relief," UNKRA (29 January 1952), UN Archives and Records Management.

이에 발맞추어 한국 정부는 서울 영등포구 대방동에 부지를 제공함으로써 UNESCO가 제공한 10만 달러와 유엔한국재건단UNKRA이 제공한 14만 달러를 합쳐 1954년에 대한문교서적 인쇄공장을 설립하였다. 공장에는 일본에서 들여온 고속 윤전기, 자동 활판기, 활자 제조기, 사진 식자기 등 70여 대의 인쇄 장비가 설치되어 연간 3,000만 부의 초등학교 교과서를 찍을 수 있게 되었다.

1951년에 UNESCO가 제공한 10만 달러는 현재 가치로 약 455억 원으로 추산된다.[96] 당시 한국은 1인당 국민 소득이 67달러로 세계에서 국민 소득 순위가 109위에 불과했음에도 교육열만큼은 어느 선진국 못지 않았으며, 정부도 '전시하 교육 특별 조치 요강'을 발표하고 전시 교재의 발행에 나선 바 있다. 그러나 교과서에 대한 수요에 비해 출판에 필요한 인쇄 시설이 턱없이 부족했고, 책을 만드는 데 필요한 종이 또한 절대적으로 모자란 상황이었다. 이런 상황에서 인쇄 공장의 설립과 가동을 통해 초등학생들에게 제때 교과서를 공급할 수 있게 되었고, 전후 초등학교 교육도 빠른 속도로 정상화될 수 있었다.

이후 국정교과서 주식회사로 계속 맥을 잇게 된 이 인쇄 공장은 첫째, 당시 한국의 초등학교 아동들이 절실히 필요로 하던 교과서를 인쇄하여 공급하였다는 점, 둘째, 한국이 UNESCO에 가입한 지 불과 1년 만에 도입된 최초의 원조였다는 점, 셋째, UNESCO가 유엔과 함께 전시 한국의 교육 재건에 앞장섰다는 점 등에서 그 의의가 매우 크다고 하겠다.

당시 초등학교 교과서에는 UNESCO와 UNKRA의 지원으로 교과서가 공급되고 있다는 문구가 뒤표지 안쪽에 실려 있었는데, 이를 통해 한국인들에게는 UNESCO가 친숙하고 고마운 국제기구로 인식되게 되었다. 천막 교실에서 UNESCO의 지원으로 만든 교과서로 공부를 하던 소년들 중에는 당시 초등학생이던 반기문 전 유엔 사무총장도 포함되어 있었다. 2012년 10월 반기문 유엔 사무총장은 프랑스 파리에 있는 UNESCO 본부를 방문해 어린 시절 자신이 공부하던 초등학교 자연 교과서를 기증했다. 현재도

96 유네스코한국위원회, 『교과서 한권의 기적: 유네스코는 대한민국을 어떻게 바꿨나』 (서울: 유네스코한국위원회, 2015), p.171.

UNESCO 본부에 전시되어 있는 이 교과서는 UNESCO와 UNKRA가 1954년에 설립한 인쇄 공장에서 2년 뒤 발간된 것이다. 당시 기증식에서 반기문 사무총장은 "이 책으로 공부했기에 오늘날의 한국이 있다"면서 한국이 한 세대 만에 이렇게 큰 발전을 할 수 있었던 비결은 바로 교육이라고 언급하였다.

이와 같은 UNESCO의 교과서 인쇄 지원은 UNESCO 창설 이후 오늘날까지 꾸준히 지속되고 있는 문해 교육literacy education 사업의 모범적인 실천 사례인 동시에 한국이 전후 복구 기간을 거쳐 초등 의무 교육 체제를 마련하는 데 기반이 되었다. 1945년 해방과 더불어 한국에서 가장 광범위하고 열정적으로 확산된 대표적인 사회 운동은 문맹 퇴치 운동이었다. 다시는 나라를 잃지 않겠다는 선각자들의 국민 계몽 운동과 더불어 억압과 가난의 굴레를 교육을 통해 벗어나보겠다는 국민적 교육열을 기반으로 확산된 전 국민적 문맹 퇴치 운동은 한국 전쟁이라는 혹독한 시련기를 겪으면서도 10년이 지난 1955년경에는 이미 90퍼센트 이상의 국민들이 문해력을 갖추는 기적을 만들어냈다. 이는 한글과 훈민정음의 과학성과 편이성만으로는 설명될 수 없는 국민적 에너지였다. 한글학회가 중심이 되어 한글 교과서 보급 운동에 나선 것도 문해 확산에 매우 효과적으로 기여한 것으로 평가되지만, 문맹 퇴치 기적의 역사에는 UNESCO가 중심이 된 교과서 보급 사업이 한국 국민들의 열정적 문해 학습과 짝을 이루어 그 핵심에 자리하고 있다.[97]

(2) UNESCO-UNKRA 교육 사절단

UNESCO는 전쟁 중이던 1952년 9월에 한국 교육의 실태를 조사하고,[98] 그 개선 방안을 연구할 UNESCO-UNKRA 교육 사절단을 한국에 파견하였다. 사절단은 도널드 코트렐Donald Cottrell 박사 외 6명이 방한하여 1953년 2월까지 6개월에 걸쳐 한국의 교육 현황을 조사하고 교육 관계자들을 면담한 뒤 한국의 교육 환경에 관한 예비 조사 보고

---

97 한국교육과정평가원, 『한국교육 60년: 성취와 과제』 (서울: 한국교육과정평가원, 2009), p. 251.
98 Headquarters, Far East Command, "Report No. 28: Education," Semi-monthly Report (1 August 1952), UNESCO Archives.

서를 제출하였고,[99] 이를 토대로 한국의 교육 재건을 위한 108개 항목에 달하는 건의를 담은 보고서『한국의 교육 제도 재건 및 향후 교육 5개년 계획안』를 UNKRA와 한국 정부에 제출했는데, 이 보고서는 한국의 전후 교육 재건을 위한 최초의 정책 보고서로서 당시 경황도 여력도 없었던 정부 당국이 새 교육의 밑그림을 그리는 데 훌륭한 지침이 되었다.

UNESCO 본부는 이를 토대로 『한국의 교육재건』이라는 책자를 발간하였다.[100] 이후 개설된 신생활교육원과 한국외국어학원도 이 보고서의 건의에 따른 것으로, UNESCO가 전후 한국의 교육 재건을 위해 매우 체계적으로 접근하였음을 알 수 있다.

(3) 농촌 지역 사회 개발을 위한 신생활교육 프로젝트

전 세계적으로 농업의 비중이 높았던 1950년대에 농촌 지역 사회의 발전을 위해 UNESCO가 제창하여 전 세계적으로 호응을 받았던 농촌 지역 사회 개발을 위한 신생활교육 프로젝트가 전쟁 직후 한국에도 도입되었다.

1952년 UNESCO-UNKRA의 한국 교육 개발을 위한 공동 조사 보고서의 건의에 따라 그 첫 사업으로 농촌 지역 사회 개발을 주도할 신생활교육원Korean Fundamental Education Center이 설립에 들어갔다. 이는 UNESCO가 제창해 전 세계적으로 공감을 얻은 '농촌 지역 사회 개발을 위한 기본 교육'을 국내에 구현하고자 하는 사업이기도 했다. 이 사업은 당시 한국 인구의 대부분이 농촌에 거주하고 있었음을 감안할 때 농촌 지도자 양성을 위한 매우 적절하고 타당한 사업으로서 농촌 지역 사회의 발전에 큰 디딤돌이 되었다.

구체적으로 1954년에 UNESCO는 30만 달러의 원조를 제공하여 수원의 서울 농대 캠퍼스 내에서 기공식을 갖고, 1956년 11월에 헤이든Hayden 박사를 초대 원장으로 신생활교육원을 개원하였다. 10여 명의 국제적인 전문가가 운영한 훈련 과정은 고등학교 졸업생을 위한 2년간의 정규 과정과 단기의 현직 교육 과정으로 나누어 실시되었고, 1958년 3월에 1기생을 배출하였다. 신생활교육원은 1959년에 UNKRA 사업이 한국에

99 UNESCO, *Educational Conditions in the Republic of Korea: A Preliminary and Factual Report of the UNESCO/UNKRA Education Mission to Korea* (Paris: UNESCO, 1952).

100 UNESCO, *Educational Conditions in the Republic of Korea: Rebuilding Education in the Republic of Korea: Report of the UNESCO-UNKRA Educational Planning Mission to Korea* (Paris: UNESCO, 1954).

서 종결되자 일단 문교부로 이관되었다가 다시 농촌의 중견 지도자 양성을 위하여 농림부 소속의 농촌지도자훈련원으로 개칭되어 운영되었고, 그 후 농촌진흥청 산하 기관으로 흡수되었다가 농수산부 산하 농업공무원교육원으로 변신하여 농촌 지도자 양성에 많은 기여를 하였다.

다른 한편으로 1954년 UNESCO 한국위원회가 설립된 이후 UNESCO는 한국위원회를 통해 문해 교육 등 '모두를 위한 교육'이 이뤄질 수 있도록 지원과 협력을 이어갔다. 설립 초창기에 국가 재건을 위해 농촌 지역 사회 개발 계획을 수립한 한국위원회는 주로 대학생으로 구성된 UNESCO 학생 건설대를 전후 수복 지구와 서울시 교외로 파견해 UNESCO 모범촌을 건설했다. 학생 건설대는 이곳에서 비문해 퇴치, 생활 개선, 영농 지도, 의료 봉사 등의 활동을 적극적으로 펼침으로써 전후 농촌 교육 및 재건 활동을 전개하였다.

이러한 농촌 지역 개발 사업과 신생활교육원 활동은 농촌 지역의 문맹 퇴치 사업을 통해 전후 한국의 수많은 문맹자들을 개명시켰으며, 피폐해진 전후 농촌 사회에 재건을 위한 동력을 제공하였다고 볼 수 있다. 그리고 이러한 활동과 정신은 1970년대로 이어져 새마을 운동의 초석이 되었다고 할 수 있다.

(4) 외국어 교육

1953년 UNESCO-UNKRA 교육 사절단이 작성한 『한국의 교육재건』 보고서의 건의에 따라 한국외국어학원의 설치 계약이 문교부와 UNESCO-UNKRA 간에 체결되었다. 이에 따라 UNESCO는 1952년 22만4,000달러의 원조를 한국에 제공하여 1957년에 서울대학교 내에 한국외국어학원Korean Foreign Language Institute을 설립하여 신생국으로서 필요한 토대 중 하나인 외국어 전문 인력의 양성에 기여하였다.[101]

림바허Limbacher가 초대 원장을 맡았던 한국외국어학원은 외국어 교육 전문가들로 구성된 교수진이 정부에서 선발한 국비 유학생들과 해외 유학을 희망하는 한국인들에게

101 UNKRA, "Report on Status of UNKRA Projects: UNK-22 Foreign Language Institute," Semi-monthly report No. 29 (15 September 1952), UNESCO Archives.

영어 및 기타 필요한 외국어를 교육하는 등 인재 양성의 산실이 되었다. 또한 한국인의 교육·과학·문화 분야에서의 국제 교류와 참여를 촉진시키고, 세계와 소통하는 어학적 기반을 조성하는 데도 이바지했다. 한국외국어학원은 UNESCO가 운영하다가 정부로 잠시 이관된 뒤, 현재의 서울대학교 어학연구소로 발전하여 활동을 계속하고 있다.

4) 전후 복구 및 경제 재건 시기의 활동

한국은 광복 이후 국제 사회로부터 총 약 127억 달러에 이르는 원조를 받았다. 이중 무상 원조의 70퍼센트 정도가 1945년부터 1960년 사이에 이루어졌다. 이러한 국제 사회의 지원을 발판으로 한국은 전후 복구와 경제 재건에 박차를 가할 수 있었다. 허나 한국을 향한 국제 사회의 원조는 1960년대를 기점으로 큰 변화를 겪는다. 1950년대의 원조가 전쟁으로 인한 긴급 구조와 시급한 경제 재건, 복구를 위한 것이었다면, 이후에는 그와 달리 경제 부흥을 위한 개발 원조에 초점이 맞춰졌다.[102]

1950~60년대 한국은 전쟁으로 황폐화된 국가를 재건하는 것이 지상 과제였다. 하지만 산업 부흥의 원동력인 과학 기술 분야는 그 기반이 미미했다. 일제 강점기를 거쳐 건국 초창기에 농업 등 1차 산업과 경공업 위주로 산업이 뿌리내린 데다, 전쟁으로 인해 그나마 있던 기간 산업 시설도 대부분 파괴되거나 마비되었기 때문이다. 더구나 한국의 재건을 이끌던 UNKRA가 1958년에 활동을 종료하면서 국내 과학 기술 분야의 부흥은 앞날을 기약하기 어렵게 되고 말았다. 이처럼 힘겨운 상황에서 국제 사회의 지원을 이끌어내며 한국 과학 기술의 재건을 선도적으로 지원한 것은 UNESCO였다. UNESCO의 기술 및 시설 원조로 과학 기술 분야의 주요 기반을 다질 수 있었고, UNESCO를 통한 해외 교류 및 협력 사업으로 국내 과학자들과 기술자들이 선진 과학 기술을 접하고 연구할 기회를 얻게 되었다.

102 국가기록원, “한국과 유엔: 전쟁복구와 경제원조,” http://theme.archives.go.kr (검색일: 2018.12.30).

(1) 과학 기술 분야 원조

1960년대 초반부터 한국의 경제 정책은 정부 주도하의 대외지향적 공업화 전략으로 전환되었다. 이에 따라 사회 간접 시설과 국가 기간 산업의 확충을 위해 상당한 투자 비용과 기술이 필요하게 되었고, UNESCO도 이에 부응하여 과학 기술 분야에서 다양한 원조를 전개하였다. 이러한 UNESCO의 과학 기술 분야에 있어서의 지원 사업은 향후 한국의 재건과 발전의 초석이 되었다.

UNESCO 한국위원회의 설립 이후 본격화된 과학 기술 분야 지원은 1960년대 들어 '기술 교육'중앙직업기술학교, '과학 기술 표준화'한국정밀기기센터, '과학 기술 정보'한국과학기술정보센터 같은 핵심 분야에서 집중적으로 이루어졌으며, 전후 한국이 과학 기술 발전의 기틀을 마련하고 전문 인력을 양성하는 데 귀중한 밑거름이 되었다.

한국의 직업 기술 교육의 발전을 지원하기 위해 인천 인하공대 내에 설치된 중앙직업기술학교는 1961년에 3년 계획으로 착수된 원조 사업으로 UNESCO와 UNKRA의 잔여 기금에서 50만 달러에 해당하는 원조를 받았다. 이 금액은 현재 가치로 약 14조 원에 달하는 것이었다.[103] 그 내용을 들여다보면, 직업 기술 교육에 필요한 모든 현대적 기구 설비를 비롯하여 유능한 외국인 전문가의 기술 지도와 한국 장학생의 해외 파견 등이 포함되어 있었다.

1961년 한국 정부와 UNESCO 간에 맺은 협정서의 합의에 따라 100만 달러를 원조 받아 설립된 한국정밀기기센터Fine Instrument Center는 한국이 UNESCO로부터 받은 원조 중에서 가장 큰 것이었다. 이 센터는 정밀 기기 분야의 기술 인력 양성을 비롯하여 정밀 기기의 원형 및 부분품의 생산을 통해 한국 정밀 기기 산업의 발전을 촉진시켰으며, 정밀 기기에 대한 수리, 교정, 개조 등의 서비스와 공업 기기, 과학 기기, 의료 기기, 정밀 계측 기기 같은 여러 분야에 대한 기술 자문을 하여 한국 정밀 기기 분야에 지대한 공헌을 하였다.

1962년에는 과학 기술 정보의 국제 교류를 촉진하고 국내 과학 기술과 산업 분야의

---

103 유네스코한국위원회 (2015: 185).

발전을 뒷받침하기 위해 UNESCO 한국위원회 내에 한국과학기술정보센터Korea Scientific & Technological Information Center가 설립되었다. 여기에는 센터의 운영을 위해 UNESCO 전문가가 내한하여 기술 지도를 하였고, 일본과 인도의 관련 센터에 직원을 파견하여 기술 훈련을 받도록 하였다. 센터는 설립 후 2년간 1,300여 종의 외국 과학 기술 관련 정기 간행물과 각종 문헌을 수집, 분석, 정리해 과학 기술 정기 간행물 목록집과 외국 특허 목록집을 간행하였다. 이는 국내 산학계로 하여금 해외의 최신 연구 동향을 손쉽게 파악해 보다 효율적으로 연구 개발 활동을 할 수 있도록 이끈 계기가 되었다. 이후 한국과학기술정보센터는 UNESCO 한국위원회에서 독립해 1964년에는 사단 법인, 1967년에는 재단 법인으로 법적 성격을 바꾸었다. 그리고 1982년 국제경제연구원과 통합되어 한국산업연구원으로 개편됐다가, 1991년 산업기술정보원을 거쳐 2001년 한국과학기술정보연구원으로 바뀐 뒤 오늘에 이르고 있다.

뿐만 아니라 UNESCO 한국위원회는 UNESCO 총회 등의 관련된 국제 회합에서 한국의 과학 재건을 위한 기술 및 시설 원조를 이끌어내기 위해 총력을 기울였다. 그 결과 1962년에는 유엔 특별 기금으로 약 150만 달러현재 가치 약 43조 원, 약 378억 달러 규모의 원조를 제공해 과학 교육용 실험기재보수센터, 그리고 53만 달러현재 가치 약 15조 원, 약 133억 달러의 원조로 전력자원 연구센터를 건립하였다. UNKRA의 빈자리를 메운 UNESCO의 대대적인 원조가 한국이 과학 기술 분야에서 성장의 기반을 닦는 데 지대한 기여를 한 것이다.[104]

또한 한국이 1961년에 가입한 UNESCO Coupon 제도도 국내 과학 기술 발전의 기틀을 마련하는 데 크게 일조했다.[105] 외화가 절대적으로 부족하고 사용도 자유롭지 않던 시절, 환전 절차가 필요 없는 UNESCO Coupon을 활용해 수많은 해외 과학 기자재

---

104 위의 자료.

105 UNESCO Coupon이란, 이 프로그램에 참여한 UNESCO 회원국들이 책이나 교육, 과학, 문화 자료 및 기자재를 서로 사고팔 때 복잡한 환전 절차 없이 대금을 결제할 수 있도록 한 편리한 제도이다. 이 쿠폰은 외화를 자유롭게 사용할 수 없는 나라에서 자국 화폐로 외국의 학술 간행물과 각종 기자재를 구입할 수 있도록 UNESCO가 1948년 창안한 국제 통화이다. 한국은 교육·과학·문화계의 향상과 발전에 필요불가결한 각종 문헌, 특히 학술 전문 서적 등을 원활하게 수입하기 위해 1961년 8월 서적 쿠폰과 과학기재 쿠폰 프로그램에 가입했다. 유네스코한국위원회, 『대한민국 발전의 초석에서 지구촌 나눔의 주역으로: 유네스코한국위원회 60년사, 1954-2014』 (서울: 유네스코한국위원회, 2014), pp. 63-64.

를 국내에 들여와 연구 및 실험에 활용할 수 있었던 것이다.[106] 당시 국내에서 UNESCO Coupon은 단행본 및 정기 간행물 구입, 국제 학회 회비 납부 등 여러 용도로 쓰였는데, 그중 가장 높은 비중을 차지한 항목은 과학 기자재 구입이었다. 일례로 1969년 8월의 경우 총 Coupon 배정액 38만1,279달러 가운데 약 96퍼센트에 해당하는 36만6,742달러가 과학 기자재 구입에 쓰였을 정도다. Coupon을 통해 도입된 해외의 과학 기자재 중 상당수는 국내 학교와 연구소, 실험실 등에 보급돼 연구 개발에 활용됐다. 또한 UNESCO Coupon은 구하기 힘든 해외 전문 서적을 구입하는 데에도 요긴하게 사용되었다. Coupon으로 총 1만5,431권에 달하는 서적을 구입할 수 있었는데, 이는 과학 기자재와 함께 한국의 과학과 교육 분야 발전에 중요한 밑거름이 되었다.[107]

(2) 국제 교류: 국제 회의 및 훈련 과정 참가

냉전 체제로 인해 한국이 유엔에 가입할 수 없는 상황에서 UNESCO는 세계와의 좁지만 중요한 통로 역할을 담당했다. 당시 한국의 교육자와 교육 행정가들은 UNESCO가 주최하는 각종 국제 행사, 즉 정부간 회의와 국제 심포지엄, 세미나, 포럼, 워크숍, 연수 및 훈련 과정 참가를 통해 국제적 감각을 익히고, 국제적 인적 교류와 협력을 할 수 있었다. 해외로 나갈 길이 거의 없던 시절에 UNESCO로부터 항공비와 체재비, 그리고 장학금을 지원받아 각종 해외 교육 프로그램에 참가하는 것은 이들에게는 행운과도 같은 일이었다.

구체적으로 한국이 1949년 UNESCO 세계 성인 교육 회의에 참가한 이래 1975년 6차 아시아 지역 UNESCO 국내위원회 회의에 이르기까지 지난 26년간 UNESCO를 통해 각종 국제회의 및 해외 훈련 과정에 참가한 횟수는 약 330회에 달하며, 참가한 인원

---

106 Central Education Research Institute of Korea, "Outline of Long Range Overall Education Planning," MEREPA/3/Korea, (15 August 1963), UNESCO Archives. 이 자료에서 더 상세한 내용을 확인할 수 있다. "Unesco Coupon Scheme, which is such a great benefit to Korea in solving foreign currency problem, is having increasing demands placed on it and is becoming very popular in the educational, scientific and cultural fields. The amount involved during the period follow: approximately $190,800 in book coupons, and $50,000 in scientific material coupons."

107 유네스코한국위원회 (2015: 186-187).

은 965명으로 집계되고 있다. 이를 교육, 과학, 문화, 홍보 분야별로 세분해 보면 교육이 487명이며, 그 다음이 과학으로 191명이고, 문화와 홍보는 각각 74명과 44명을 기록하고 있다.[108] 이들 국제회의 및 해외 훈련 과정 참가자들은 전문적 지식과 기술을 습득하여 국가 및 사회 발전에 공헌하였으며, 적극적으로 한국을 알리는 민간 외교 사절의 역할도 담당하였다.

(3) UNESCO의 원조 내역

한국에 대한 UNESCO의 원조는 시설 및 기술 원조와 직접 원조 사업으로 구분된다. 앞에서 기술한 바와 같이 시설 및 기술 원조의 대표적인 사례는 UNESCO-UNKRA의 원조로 설립된 대한문교서적 인쇄공장, 한국외국어학원, 신생활교육원, 중앙직업기술학교 등이며, 한국정밀기기센터는 UNESCO의 단독 원조로 설립된 것이다. 1958년에 UNKRA가 철수한 이후에는 UNESCO-UNDP의 원조로 과학 교육 사업 지원 및 한국해양개발연구소 지원, 그리고 한국정밀기기센터 지원 등의 과학 기술 분야 지원 사업이 전개되었다.

반면 한국 정부에 대한 UNESCO 본부의 직접 원조는 UNESCO 한국위원회의 사업과 활동을 촉진시키는 차원에서 UNESCO 본부의 정규 계획 및 참여 계획에 의하여 진행되었다. UNESCO 한국위원회는 매 2년마다 한국에서 전개할 UNESCO 활동 계획과 이에 소요되는 추정 예산을 제시하고 그 필요성을 강조함으로써, 교육, 과학, 문화, 홍보 분야에서 상당한 액수의 원조를 도입하였다. UNESCO 본부의 직접 원조 도입에 따른 국내 사업의 전개는 UNESCO 본부와 한국위원회가 직접적으로 관련을 맺고 공동의 사업을 전개하였다는 점에서 의의가 있다.

이와 같이 1951~1975년까지 UNESCO가 한국에 지원한 기술 원조와 직접 원조 금액은 총 487만3,358달러에 달하고 있다. 다음의 <표 2>는 같은 기간의 UNESCO 원조 내역을 정리한 것이다.

---

108 유네스코한국위원회 (1976: 132-134).

〈표 2〉 UNESCO 원조 내역(1951~1975)

연 도	원 조 내 역	금 액(달러)
1951	대한문교서적 인쇄공장 설치	100,000
1952	UNESCO 교육조사단 원조	34,000
	한국외국어학원 설치(서울대)	224,000
1954	신생활교육원 설치(수원)	300,000
1962	중앙직업기술학교 설치(인하공대)	500,000
1964	해양조사기촌 원조(수산진흥원)	10,000
1949~1965	국제회의 및 훈련과정 참가금	505,172
1952~1971	각종 도서출판물 도입	56,180
1957~1971	Gift Coupon 원조 도입	118,989
1966	한국정밀기기센터 설치	1,000,000
	국제회의 및 조사과정 참가금	62,411
	국내위원회 직접원조	6,000
1967	국제회의 및 훈련과정 참가금	10,682
	국내위원회 직접원조	1,300
1968	국제회의 및 훈련과정 참가금	22,595
	국내위원회 직접원조	14,500
1968~1976	과학교육사업 지원(UNDP/UNESCO)	200,700
1969	국제회의 및 훈련과정 참가금	19,653
	국내위원회 직접원조	5,750
1970	국제회의 및 훈련과정 참가금	20,780
	국내위원회 직접원조	7,750
1971	국제회의 및 훈련과정 참가금	19,250
	국내위원회 직접원조	11.000
1972	국제회의 및 훈련과정 참가금	19,600
	국내위원회 직접원조	9,000
1973	국제회의 및 훈련과정 참가금	35,158
	지역사회개발 국제비교 연구 세미나	28,000
	국내위원회 직접원조	13,000
1973~1975	한국해양개발연구소 지원(UNDP/UNESCO)	356,755
1973~1976	한국정밀기기센터 지원(UNDP/UNESCO)	911,363
1974	국제회의 및 훈련과정 참가금	63,190
	국내위원회 직접원조	15,000
	UNESCO 정규사업 참여에 따른 원조	4,400
1974~1975	한국과학기술정보센터 지원(UNDP/UNESCO)	99,500
1975	국제회의 및 훈련과정 참가금	58,880
	국내위원회 직접원조	9,500
	UNESCO 정규사업 참여에 따른 원조	1,300
1951~1975	합　　계	4,873,358

출처 : 각주 108의 자료, pp. 138-139.

(4) 한국의 교육과 경제 발전의 원동력

한국 전쟁을 통해 생성된 UNESCO에 대한 한국인들의 긍정적 이미지, 그리고 원조를 성공적으로 집행한 한국 등, 이렇게 한국과 UNESCO 사이에 형성된 관계는 2차 세계 대전 이후 많은 신생 독립국들과 개발 도상국들에 대한 유엔의 원조 경험에서 보기 드문 긍정적인 사례이다. 한국 전쟁 중에 UNESCO가 제공한 지원과 원조는 한국인들에게 깊은 인상과 감명을 주었고, 이러한 감동은 이후 UNESCO 활동에 있어서 한국의 적극적인 참여를 이끌어냈다. 특히 한국이 유엔에 가입하기 전에 UNESCO는 유엔 기구 중 가장 방대하고 다양한 분야를 아우르는 국제기구로서, 한국이 유엔 대신에 적극 의존하고 활용해야 할 국제기구이기도 했다.

그와 동시에 UNESCO 역시도 한국 전쟁을 통해 향후 전쟁을 겪는 국가들에 대한 지원 방식과 체계를 구체적으로 확립하는 계기를 마련하였다. 전쟁 이후 한국의 교육 제도가 급속하게 재건, 복구되고 향후 경제 발전의 원동력이 됨으로써, UNESCO는 유사한 대처 방식을 전쟁 혹은 내전을 겪는 국가의 난민들을 위해 추진하게 된다. 팔레스타인, 르완다, 아프가니스탄 등에서의 긴급 교육 지원 사업과 전후 교육 복구 사업이 그 좋은 사례이다.

05 유엔의 보건 위생 지원 활동

일반적으로 사회 복지의 개념은 한 사회 안에 사는 모든 사회 구성원들이 일생 동안 행복하고 안정되며 바람직한 삶을 누릴 수 있도록 하는 인간의 사회적 노력이라고 할 수 있다. 즉 사회 복지는 국민의 생활 안정 및 교육·직업·의료 등의 보장을 포함하는 복지를 추구하기 위한 사회적 노력이자 넓은 의미의 사회적 방책을 의미한다. 다시 말하면 사회 복지는 사회의 모든 구성원에게 그들이 속해 있는 사회와 적절한 관계를 확보할 수 있는 수단을 제공하는 계획적인 사회적 서비스 또는 시설의 체계를 일컫는 것이다.

사회 구성원의 일정한 생활 수준과 보건 상태를 확보하기 위한 사회적 방책은 평균적인 생활 수준에서 낙오된 사회적 약자에 대한 특수한 사회적 보호에서부터 시작되며, 궁극적으로는 사회적 약자뿐만 아니라 국민 전체를 수혜 대상으로 한다. 사회 복지 정책의 한 축인 보건 복지 정책도 의료를 중심으로 하는 빈민 구호에서 시작되며, 점차 구호 개념에 권리의 개념이 보태어져 모든 국민을 대상으로 제도적인 수준에서의 '삶의 질 향상'을 꾀하는 것이라고 할 수 있다.

한국이 세계보건기구World Health Organization, WHO에 가입한 건 1949년 8월의 일로, WHO는 한국이 최초로 가입한 유엔 전문 기구였다. 한국은 전염병의 예방 및 치료 등 국민 보건과 위생 증진을 목표로 삼는 WHO에 가입함으로써 정부 차원에서 전쟁 기간과 전후 복구 및 경제 재건 시기에 미국 정부FOA, ICA, PL480 등와 한미 재단, 록펠러 재단, 그리고 UNCACK, UNCRIK, UNKRA, UNICEF 같은 국제 민간 원조 단체와 유엔군사령부 산하 기관 및 여타 유엔 전문 기구들의 지원을 이끌어내는 계기를 마련했다. WHO가 당시 지원한 금액 규모는 비교적 작을 수 있지만, WHO가 당시 한국의 보건 행정 체계 구축에 있어서 중요한 역할을 수행한 것은 분명하다고 할 수 있다.

한국의 보건 복지 정책의 역사를 되돌아보면, 광복 이후 미군정기를 거쳐 정부 수립과 한국 전쟁, 전후 복구 및 경제 재건 시기를 지나 경제 성장과 발전이 시작되었던 1970년대 중반까지 약 30년의 기간이 보건 복지 정책의 기반이 조성되었던 시기라고 할 수 있다. 이 시기의 아동, 노인, 장애인 같은 취약 계층에 대한 보건 복지 서비스는 WHO, UNICEF, UNKRA, 미네소타 프로젝트[109], 차이나 메디컬보드[110] 등 미국과 국제 기구들의 원조에 주로 의존하였다.

미군정기인 1945~1948년 동안에 미군정청이 시행했던 일련의 복지 정책은 가장 낮은 수준의 사회 복지 정책인 구호 정책이었다. 미군정청은 근본적인 사회 보장 제도의 도입 및 시행에 주력하기보다는 우선 시급한 일련의 구호 사업들에 치중하였다. 그중 의료 구호 사업은 미군정기의 구호 사업들 중에서도 가장 열악했던 부분이었다. 왜냐하면 다른 구호 사업과 달리 의료 구호는 전문가 집단인 의료진과 진료를 위한 병원 시설이 필요함은 물론이고, 이 두 가지를 효율적으로 관리 및 운영할 수 있는 보건 위생 기관이 있어야 하기 때문이었다. 그런데 미군정기에는 의사, 병원, 보건 행정 모두가 턱없이 부족해서 이 중 어느 것 하나 용이하게 동원할 수 있는 것이 없었다. 그래서 미군정기의 의료 구호는 전염병 관리와 방역 사업이 거의 전부였다고 할 수 있다.

이렇게 보건 의료 인프라가 전혀 구축되지 않은 가운데 미군정기를 거쳐 1948년 정부 수립 이후 1950년에 전쟁이 발발하게 되면서 국토는 황폐화되었고, 한국 사회는 빈곤과 함께 전염병 등의 질병이 창궐하게 된다.[111] 전쟁고아, 미망인, 장애인, 부랑인, 피

---

109 미네소타 프로젝트는 1955~1961년까지 미국 정부 산하의 국제협력처(ICA)가 1,000만 달러를 지원하여 미네소타주립대학을 중심으로 진행되었던 한국 재건 원조 프로그램이다. 서울대 의대, 공대, 농대 등 3개 단과대의 교직원 226명이 3개월~4년 동안 미네소타주립대학에서 연수를 받았으며, 의료진은 77명이었다. 미네소타주립대학이 원조 프로그램을 맡은 것은 한국과의 남다른 인연 덕분이었다. 한국 전쟁에 참전한 미네소타 출신의 군인 숫자는 당시 주 인구의 약 5%인 9만5,000여 명에 이르렀고, 1950년 장진호 전투에서만 이곳 출신 군인 4,000여 명이 전사했다. 참전 용사가 많은 까닭에 미네소타 주민들은 전쟁고아들을 대거 입양했고, 이후에도 적극적으로 한국의 입양아들을 받아들였다. 한때 미네소타 거주 한국 입양인은 3만 명을 넘었다. 지금도 미네소타주의 매년 10월 첫째 토요일은 '한국의 날'이다. Ock-Joo Kim and Sang-Ik Hwang, "The Minnesota Project : The Influence of American Medicine on the Development of Medical Education and Medical Research in Post-War Korea," 『의사학』 제9권 (1)호 (2000), pp. 112-123.

110 차이나 메디컬보드(CMB)는 중국의 의학 발전을 위해 록펠러 재단의 산하기관으로 만들어진 조직으로, 중국이 공산화되면서 한국이 크게 지원을 받았다. 1954년 미8군은 한국 전쟁에서 전사한 미군 장병들을 기리기 위해 오늘날 신촌 세브란스 병원의 건립을 가능하게 한 미8군 기념 흉곽(결핵)병원 건립을 세브란스에 제안하고 현재 기준으로 500만 달러 상당의 건축 기자재를 지원하였으며, 미국 차이나 메디컬보드는 750만 달러를 지원하였다. 여인석, "세브란스를 중심으로 본 CMB의 한국의학 재건사업," 『연세의사학』, 제18권 (1)호 (2015), pp. 175-196.

111 한국 전쟁은 급성 전염병의 확산에 직접적인 원인을 제공하였다. 특히 크게 유행한 전염병은 장티푸스와 발진 티푸스로,

난민 등 북한으로부터의 많은 인구 유입과 더불어 전후 출산율의 증가로 급격한 인구 증가가 있었지만, 한편으로는 전쟁 기간 동안 생산 연령 인구 가운데 상당수가 사망함으로써 경제는 매우 어려운 여건에 놓여 있었다. 보건 의료의 수준 또한 매우 낮아 필요한 의료 서비스를 제공하지 못함은 물론이었다. 이와 같이 전쟁으로 국가 경제가 더욱 피폐해져 제대로 된 복지 제도를 갖추지 못한 상황에서 정부는 1960년대 초반까지의 전후 복구 및 경제 재건 시기에 주로 외국의 원조에 의지하여 응급 구호 사업과 전염병 관리 위주의 일시적 구호만을 실시할 수밖에 없었다.

이렇듯 당시 한국 사회가 빈곤과 질병의 악순환을 겪으면서 정부는 기초적인 보건 의료 서비스를 제공하는 것조차 어려웠다. 보건 의료 인프라가 거의 전무하다시피 한 상황에서 1960년대 이전까지는 근대적인 복지 제도를 도입하고 확장한다는 것은 현실적으로 불가능했다. 앞에서 언급한 바와 같이 당시 한국의 보건 의료 서비스는 미국과 국제기구 등의 원조에 절대적으로 의존해 낙후된 의료 시설의 재건과 신축, 의약품 및 의료 장비 도입과 더불어 긴급 의료 구호와 창궐하는 급성 전염병 관리에 집중할 수밖에 없었다.

그러다 전후 복구 및 경제 재건 시기를 거쳐 국가 주도에 의한 경제 성장에 국력을 집중했던 1961년부터 1970년대 중반까지의 시기는 한국에서 실질적으로 경제적 근대화가 시작된 시기이자, 보건 복지 분야에 있어서도 근대적인 사회 보장의 태동기라고 할 수 있다. 그중 1960년대에 중점적으로 추진되었던 주요 보건 사업은 결핵 관리 사업이었다. 당시 높은 유병율과 사망률, 국가 차원의 관리 사업 미비, 환자들의 소요 때문에 결핵은 사회적으로 큰 문제가 되는 질병이었고, 정부는 1차 경제 개발 5개년 계획의 추진에 따라 결핵으로 인한 노동력의 상실을 방지할 필요성을 인식하고 있었다. 따라서 정부가 1961년에 WHO와 결핵 관리 사업에 관한 기술 협정을 맺고, 1962년에 UNICEF가 물질적 지원을 제공한 이후 결핵 관리 사업은 전국적 규모로 확장되고 강화되었

전쟁 기간 중 매년 수만 명 이상의 환자가 발생하였다. 이밖에도 파라티푸스, 이질, 콜레라, 말라리아 등이 끊임없이 유행하였으며, 가장 많은 사망자를 낸 전염병은 천연두였다. 보건사회부, 『건국10주년 보건사회행정 개관』 (서울: 보건사회부, 1958), pp. 183-184.

다.[112] 이 시기에도 미국과 다양한 국제기구들의 원조는 한국의 보건 행정과 의학 교육 발전에 중요한 역할을 하였으며, 기생충 박멸, 결핵, 한센병, 말라리아 등 전염병 관리와 가족 계획 및 모자 보건 사업 위주의 원조가 진행되었다.

이러한 맥락에서 본 연구는 WHO의 창설 배경과 목적, 한국의 WHO 가입 배경, WHO를 상대로 펼친 한국 정부의 외교 활동, WHO의 지원으로 인한 성과, 즉 WHO가 국내에서 어떤 역할을 수행했고, 보건 의료 상황의 개선에 어떻게 기여했으며, 한국의 보건 행정이 그로부터 어떤 영향을 받았는지를 살펴보기로 한다.

1) WHO의 창설

세계보건기구WHO는 2차 세계 대전 이전에 존재했던 국제공공위생사무소Office of International Public Hygiene와 국제연맹보건기구League of Nations Health Organization, 그리고 연합국구제부흥기구United Nations Relief and Rehabilitation Administration의 제반 임무를 계승받은 기구로서, 1946년 7월 22일 유엔 회원국 51개국을 포함한 61개국이 헌장에 서명한 뒤 1947년 11월 15일에 유엔 전문 기구가 되었으며, 1948년 4월 7일에 26개국이 헌장에 비준함으로써 정식으로 발족하였다.[113]

WHO의 설립 목적은 국제 보건 사업의 지도와 조정, 회원국 정부의 보건 부문 발전을 위한 원조 제공, 전염병과 풍토병 및 기타 질병 퇴치 활동, 보건 관계 단체 간의 협력 관계 증진을 통해 세계 인류가 신체적, 정신적으로 최고의 건강 수준에 도달하도록 하는 것이다. 이를 위해 중앙 검역소 업무와 연구 자료 제공, 유행성 질병 및 전염병 대책 후원, 회원국의 공중보건 관련 행정 강화와 확장 지원 등의 임무를 수행한다. 참고로 WHO 헌장에서 건강은 육체적·정신적·사회적으로 완전히 행복한 상태를 말하며, 단

112 전국적 규모의 결핵이환 실태 조사는 WHO와 UNICEF의 지원을 받아 1965년에 처음으로 실시되었고, 그 당시 5세 이상 인구의 결핵 유병율은 5.1%, 전염성 환자율은 0.9%, 치료를 요하는 결핵 환자의 수는 124만 명에 달했다. 1970년에 시행된 2차 결핵 실태 조사에서는 결핵 유병율이 4.1%, 전염성 환자율 0.7%로 5년 전에 비해 급격히 감소하였고, 치료를 요하는 환자 수도 109만 명으로 감소하였다. 이후에도 결핵 유병율은 계속 감소하여 1975년에는 3.3%까지 하락하였다. 보건복지부, 『보건복지 70년사』 (서울: 보건복지부, 2015), pp. 141-142.

113 WHO, "History of WHO," https://www.who.int (검색일: 2019.6.20).

순히 질병에 관한 것만을 지칭하는 것이 아니라고 정의한다.[114]

WHO는 국제 보건 사업의 지도적·조정적 기구의 성격을 띠며, 주요 사업은 본부 사무국을 중심으로 한 중앙 기술 사업과 각 지역 사무국을 중심으로 한 각국에 대한 기술 원조로 구분된다. 그리고 WHO의 운영은 3개의 주요 기관에 의해서 이뤄진다. 세계 보건 총회는 전반적인 정책을 결정하는 기관으로서 매년 소집되고, 집행위원회는 보건 전문가들로 구성되어 있으며 이들은 총회에서 3년 임기로 선출된다. 사무국은 전 세계적으로 지역 사무소와 분야별 행정 요원들을 갖추고 있다. 조직의 재정은 우선 상대적인 기여 능력에 따라 회원국 정부가 매년 기부하는 재원으로 충당된다.

제네바에 본부를 두고 있는 WHO의 회원국은 현재 194개국이며, 전 세계에 6개 지역 위원회Regional Committee와 150개 국가 사무소를 두고 있다. 서태평양, 동남아시아, 중동, 유럽, 남북아메리카, 아프리카 등 6개 지역 위원회의 집행 기구로는 지역 사무소Regional Office가 설치되어 있다.[115]

2) 한국의 WHO 가입

유엔의 역할을 제외한 채 국제 외교사와 정치사를 논의하기 어려운 것처럼, 국제 보건 의료 역사에서도 WHO의 역할은 매우 중요한 의미를 가진다. 마찬가지로 한국의 경우에도 WHO의 지속적인 원조와 협력이 있었기 때문에 체계적인 보건 의료 체계를 정립하고 발전시킬 수 있었다. 특히 WHO는 한국이 최초로 가입한 유엔 전문 기구였다는 점에서 더욱 큰 의미가 부여된다.

과거 이승만 정부는 극도로 열악한 국내 보건 의료 상황을 타개하고자 WHO 가입을 우선적으로 추진하였다. 광복 이후 열악한 경제 여건 속에서 남한 지역으로 이주한 실향민들이 대거 늘어나 인구가 폭증하면서 콜레라와 말라리아 같은 전염병이 창궐하는 반면 의료진의 수는 크게 부족하자, 이승만 정부는 새로 창설된 국제기구인 WHO에 가입을 서두를 수밖에 없었다. 또한 WHO 가입을 통한 국내 보건 의료 분야의 향상은 민

114 WHO, "Constitution," https://www.who.int (검색일: 2019.5.25).
115 WHO, "Regional offices," https://www.who.int (검색일: 2018.10.20).

심의 지지를 이끌어 내는 데 효율적인 홍보 수단이 될 수도 있었다. 그런 이유로 이승만 대통령은 정부 수립 직후부터 WHO의 가입을 위한 적극적인 외교 활동을 전개하였다.

미군정기 동안 한국은 미국으로부터 대규모의 원조를 받을 수 있었지만, 정부 수립 후 미군이 철수하게 되면서 미국의 지원에만 의존하기에는 여의치 않은 상황이 조성되었던 것도 이승만 정부가 WHO 가입을 서두를 수밖에 없는 이유 중의 하나였다.[116] 따라서 한국 정부는 보건 의료 분야에서 국제 협력의 새로운 기관으로 부상한 WHO에 대한 가입을 상당히 중요한 과업으로 인식했던 것이다.

한국 정부가 WHO 가입을 서두르게 된 또 하나의 이유는 이승만 대통령이 국제 외교의 중요성을 잘 인식하고 있었으며, 국제기구와의 협력을 적극적으로 추진하고자 하는 의지가 강했다는 데에도 있다. 비록 초대 정부가 출범하기는 했지만, 한반도가 남한과 북한으로 분리된 상황에서 열악한 보건 의료 행정을 개선하기 위해서는 국제적인 지원이 절실했던 것이다. 이와 더불어 남북 분단 상황에서 상임 이사국의 반대가 있으면 가입할 수 없었던 유엔과 달리 WHO는 회원국의 찬반 투표로 가입이 가능했기 때문에 이승만 정부에 있어서 WHO 가입은 중요할 수밖에 없었던 것으로 판단된다.[117]

그래서 정식으로 정부가 출범하기 전인 1948년 6월 28일, 이승만은 제네바에서 열린 WHO 제1회 세계 보건 총회에 최창순 사회부 차관을 옵저버로 파견하게 된다. 그 자리에서 최 차관은 3,000만 명의 한국 인구 가운데 공인된 의사는 2,000명에 불과하고, 결핵으로 인한 사망은 인구 10만 명 당 400명 이상이며, 4세 이하 영유아 사망이 전체 사망률의 절반을 차지하고 있는 현실을 알렸다. 그리고 전염병의 경우 장티푸스, 발진 티푸스, 디프테리아, 폐렴이 사망의 주요 원인이며, 국가 전역의 성병의 확산은 공중보건에 있어 중대한 위협이 되고 있음을 밝히고 한국이 WHO에 가입할 수 있도록 지지해 줄 것을 참가한 국가들의 대표단에게 호소하였다.[118] 당시 한국이 일제의 식민 지배에서 벗어난 이후 겪고 있던 어려움을 호소하면서 WHO의 적극적인 지원을 요청하였던 이

116 남정옥, 『이승만 대통령과 6.25전쟁』 (서울: 이담 북스, 2010), p. 221.
117 이선호, "한국의 세계보건기구 가입과정과 1950년대의 사업성과," 『의사학』 제23권 (1)호 (2014), p. 102.
118 WHO, "First World Health Assembly, Geneva 24 June to 24 July 1948: Summary of Resolutions and Decisions" (December 1948), Official records, No. 13, WHO Institutional Repository for Information Sharing(IRIS).

연설은 한국의 열악한 보건 의료 상황을 최초로 국제 사회에 알린 사건이었다.

이후 한국 정부는 WHO 가입을 위한 국내 절차를 마무리하고, WHO 가입의 확정을 위해 1949년 7월 3일 로마에서 열린 제2회 세계 보건 총회에 참가하였다.[119] 이 회의에서 한국의 WHO 가입 여부를 둘러싼 토론이 있은 후, 찬반 투표 결과 33대 6으로 가입이 가결되었다. 그 결과 한국은 1949년 8월 17일 WHO의 65번째 회원국으로 정식 가입하여 WHO 산하의 서태평양 지역Western Pacific Region에 속하게 되었고,[120] 이후 1951년 9월 1일 한국 정부와 WHO 간에 최초의 협정이 체결되었다. 이 협정을 계기로 한국 정부는 WHO를 통해 필요한 선진 보건 의료 정보와 기술을 수집하고, 이를 국내에 적용할 수 있는 근거를 확보하였다.[121]

3) 한국 전쟁 시기의 활동

미군정 시기 이후 한국의 보건 의료 체계는 주로 미국의 원조에 의존했으며, 그 결과 미국의 체계를 대폭 수용하였다. 그러나 WHO 역시도 한국의 보건 행정 발전에 중요한 역할을 담당하였는데, 1950년부터 1953년까지 전쟁 중이던 한국 정부가 적절한 보건 행정을 수립할 수 있도록 전문가 양성에 집중적인 지원을 한 게 대표적이다. 특히 WHO는 전쟁 중인 상황을 고려하여 군의관과 장교들을 대상으로 하는 전문가 양성 프로그램을 도입하고, 1950년부터 1953년까지 한국을 지원하기 위한 기금으로 61만 9,269달러를 배정하였다. 전쟁 기간 중 WHO의 한국에 대한 주요 원조와 지원 활동은 다음의 <표 1>과 같다.[122]

---

119 1949년 3월 25일 보건사회부에서 작성된 문서인 『한국의 세계보건기구(WHO) 가입의 의의』에서는 "세계열강의 지도적 역량을 십분(十分)히 우리 한국에 유도함으로써 국내국민 보건문제를 선(善)히 운영할 수 있다"고 밝히고 있다.

120 WHO Regional Committee for the Western Pacific, *Fifty Years of the World Health Organization in the Western Pacific Region* (Manila: WHO Regional Office for the Western Pacific, 1998), p. 19.

121 대한민국 정부, "한국 보건사업에 관한 대한민국과 세계보건기구와의 협정(조약 제10호)" (1951.9.21), BAO 185516, 국가기록원.

122 WHO, *Proposed programme and budget estimates for the financial year 1 January-31 December 1952 with the proposed programme and budget estimates for technical assistance for economic development of under-developed countries* (Geneva: WHO, 1951); WHO, *Proposed programme and budget estimates for the financial year 1 January-31 December 1953 with the proposed programme and estimated expenditure for technical assistance for economic development of under-developed countries* (Geneva: WHO, 1952).

〈표 1〉 한국 전쟁시 WHO의 원조

연도	1950	1951	1952	1953	계
금액(달러)	42,200	245,344	252,288	79,437	619,269

출처 : WHO, Official Records, 31, 39.

한국 전쟁이 한창이던 당시에 국내의 보건 위생 환경은 매우 열악할 수밖에 없었다. 이에 한국 정부는 WHO의 지원을 요청하기 위해 1951년 9월 마닐라에서 열린 제2회 서태평양 지역 회의에 『한국의 보건상황Public Health in Korea』이라는 이름의 보고서를 작성하여 제출하였다.[123] 이 보고서는 한국 정부가 공식적으로 한국 전쟁 당시 국내의 보건 상황을 정리하여 WHO에 제출하였다는 점에서 큰 의의가 있다.

이 보고서에서는 미군정 시기 779명이었던 보건 인력이 1951년에는 전쟁으로 인해 320명으로 줄어들었으며, 정규 의과 대학 졸업자와 비정규 교육을 받은 의사를 포함하여 등록 의사가 전쟁 전에는 4,375명이었으나 전쟁 발발 후에는 2,321명으로 감소하였고, 인구 대비로 보면 5,500명당 의사 1명으로 미국700명당 1명이나 일본1,395명당 1명에 크게 못 미치고 있다고 밝히고 있다. 또한 1,881명의 의대생들 가운데 30퍼센트가 북한군에 의해 죽임을 당하거나 납북된 것으로 추정하고 있고, 치과 의사는 755명에서 404명으로 줄었으며, 전쟁 이전 1,657명이었던 간호사들 가운데 절반 정도가 북한군에 의해 납치, 사살, 구금된 것으로 기술하고 있다. 이어서 전쟁 전 약사는 1,003명으로 인구 2만 200명당 1명 꼴이었는데, 전쟁이 발발한 이후 그 수는 613명으로 감소했음을 적시하고 있다. 끝으로 1951년 당시 1,531개의 읍, 면 가운데 55퍼센트의 지역이 의료 시설이 전무한 상태임을 밝히고, 전쟁의 참상으로 인한 피해를 언급하면서 WHO가 한국에 대해 적극적인 지원을 전개해 줄 것을 강조하고 있다.

WHO는 지원을 요청하는 한국 정부의 보고서에 근거하여 1952년 11월 26일

123 WHO Regional Committee for the Western Pacific, "Public health in Korea(submitted by delegate of Korea)," Report of the Regional Director (18-21 September 1951), WHO Institutional Repository for Information Sharing. 보고서는 의사인 구영석이 작성한 것으로서 26쪽 분량이며, 당시 남한의 보건 상황 전반에 대해 서술하고 있는 바, 한국 보건 행정의 발전, 행정 조직, 보건부 관련 법령, 행정 인력, 예산, 의료 행정, 공중 보건의 제도, 응급 의료, 예방 의료 행정 등 9개 부문으로 구성되어 있다.

UNKRA와 공동으로 한국의 보건 현황을 파악하고, 보건 발전을 위한 단기 및 중장기 목표를 수립한 『WHO/UNKRA Health Planning Mission in Korea』라는 보고서를 발표하였다.[124] 이 보고서는 당시 한국의 보건 의료 상황, 보건 의료 행정의 개선 방안, 보건소 진료 체계의 발전 계획, 의료 시설 복구 및 재건 계획, 의료 전문 인력의 양성 계획 등 한국의 보건 의료 체계 전반에 대한 발전 계획을 담고 있었으며, 이후 1970년대 중반까지 WHO의 직접 원조와 여타 국제기구의 협조에 의한 한국의 보건 의료 체계 발전에 중요한 역할을 하게 된다.

4) 전후 복구 및 경제 재건 시기의 활동

한국 전쟁이 끝난 1954년 이후 WHO의 지원은 군대 내 전문가에서 일반 보건 인력으로 대상이 바뀌었고, 결핵과 풍토성 전염병과 관련된 전문 인력 양성과 보건 행정 지원에 집중하였다. 또한 결핵에 대한 통제가 어느 정도 효과를 보게 되자 한센병에 대한 지원을 강화하게 되었고, 간호사 양성을 위한 전문적인 프로그램도 도입하였다.

또한 WHO는 전쟁 직후의 혼란 속에서 지속적으로 전문 인력을 파견하여 한국 정부의 의료 정책 입안을 자문하고 질병 상황을 파악하였으며, 국내 인력 양성을 지원하였다. 즉 1950년대 WHO의 보건 지원 활동은 주로 한국의 열악한 보건 행정을 정비하고, 현장 인력을 훈련하기 위한 자문 및 현장 프로젝트들로 이루어졌다. 이에 따라 보건 요원을 훈련할 중앙 보건소가 설치되어 보건 요원 훈련을 시작할 수 있게 되었으며, 이들은 이후 보건 분야 발전에 크게 공헌하게 되었다.

뿐만 아니라 당시에 만연하던 결핵, 말라리아, 천연두, 성병, 한센병 등 전염병 관리와 예방 접종 강화를 위해 WHO는 1955년 국립방역연구소에 2만9,000달러의 예산을 지원하였다.[125] 이를 통해 국립방역연구소는 방역 및 위생 분야 정책에 있어 중추적인

---

124 George Macdonald, "Note on Objectives and Programme of WHO/UNKRA Health Planning Mission," UNKRA (9 August 1952), UNESCO Archives.

125 WHO, "WHO/UNKRA health planning mission in Korea," (December 1952), Official records, No.44, WHO Institutional Repository for Information Sharing. ; WHO, "Proposed programme and budget estimates for the financial year 1 January-31 December 1955 with the proposed programme and estimated expenditure

역할을 하게 되었고, 이후 국립보건원으로 개편되었다가 현재는 질병관리본부가 그 기능을 담당하고 있다.

WHO는 국내의 전염병학, 기생충학, 그리고 보건 행정 전문가들을 분야별로 육성할 수 있도록 펠로우십fellowship 프로그램도 운영하였다. 이를 통해 국내 의료진들과 보건 행정 관료들이 해외 유수한 기관에서 집중적인 훈련을 받을 수 있었다. 이러한 전문 인력들은 훈련을 마치고 귀국하여 한국의 의료 및 보건 행정 분야에서 정책을 주도하는 역할을 수행하게 되었다.

WHO는 1960년까지 한국의 보건 행정 및 의학 교육 부문에 56만5,000달러를 지원하였으며, 총 60명의 연구진에게 펠로우십 프로그램을 제공하였다. 구체적인 분야는 보건 행정, 농촌 보건, 환경 위생, 위생 기술, 마취 과학, 결핵 교육, 한센병 관리, 기생충학, 모자 보건, 성 매개 질환의 관리, 말라리아 박멸과 관리, X선 장비 유지 등이었다.[126] 이러한 WHO의 지원은 국가 차원의 보건 행정 체계화 및 장기적인 관점에서의 보건 전문 인력을 양성하는 데 주안점을 둔 것이었다. 그러므로 한국은 전후 복구 과정에서부터 WHO의 지원을 통해 국제적인 기준에서의 체계적인 보건 행정 체계를 구축하기 시작하였고, 펠로우십 프로그램으로 수준 높은 의학 지식을 갖춘 의료진들이 국내에서 보건 인력을 양성할 수 있게 되었던 것이다.

WHO는 보건 진료소 활성화 프로그램을 통해 한국의 보건 사업 전달 체계를 강화하기도 했다. 이 프로그램은 370개소의 보건소, 보건 지소, 보건 진료소를 전국의 농촌과 중소 도시에 설치하여 각각 5만~7만 명의 인구를 담당하는 지역 보건 센터의 기능을 담당하게 하는 것이었는데, 1955년에는 16개의 지역 보건소와 515개의 보건 지소 및 보건 진료소가 설치되어 건강 증진과 질병 예방 활동을 하게 되었고, 1956년 12월에는 법률 제406호로 『보건소법』이 제정되었다.[127]

for technical assistance for economic development of under-developed countries" (December 1953), Official records No.50, WHO Institutional Repository for Information Sharing.

126 이선호 (2014: 118)에서 재인용.

127 WHO Regional Office for the Western Pacific (2016: 13).

5) 경제 성장과 발전 시기의 활동

1961년부터 1970년대 중반까지의 시기는 한국 정부가 WHO와 긴밀한 협력 관계를 유지하면서 WHO의 원조와 기술 지원을 통해 보건 의료 체계와 대국민 보건 의료 서비스가 급속하게 향상되던 시기였다. 이 시기 한국의 보건 행정과 보건 의료 전문 인력 양성은 1965년에 WHO 한국사무소가 설치되면서 체계적으로 발전하기 시작하였다.[128]

WHO는 UNICEF와 협력하여 1963년부터 1967년까지 충청남도에서 모범 보건도 조성 프로젝트[K-0025]를 실시하였으며, 1971년에는 경기도 용인군에서 종합 보건 개발 프로젝트[K-4001]를 실시하였다. 이들 프로젝트의 성과로 면 보건 지소의 요원이 결핵, 가족 계획, 모자 보건 등의 단일 사업별 요원에서 다목적 요원으로 전환하게 되었다. 이들 보건 요원은 면 단위로 지역을 구분하여 1인당 3,000명의 주민을 담당하게 되었다. 그와 더불어 WHO 고문관들도 결핵, 보건 행정, 보건 통계, 의학 교육, 간호 교육, 환경 위생 등의 분야에 파견되었다.[129] WHO는 이러한 프로젝트를 통해 국내 보건소 및 1차 보건 의료 체계의 구축 사업에 결정적인 기여를 하였다.

전후 복구 시기부터 지속된 전염병 관리와 예방 접종 강화 활동에 있어서도 역시 기술 지원과 권고, 역학 조사, 전문 의료 인력의 파견, 국내 의료진의 해외 연수 지원, 의약품 지원 및 국내 생산, 전염병 관리 체계 구축 등의 분야에서 WHO가 많은 기여를 하였다.

WHO는 의약품 지원에 있어서도 여타 기구들과 협력하여 한국에 대한 원조를 늘려갔다. 1962년에는 UNICEF와 협력하여 결핵 치료제인 BCG 백신 50만 명분을 한국에 지원하였으며, 같은 해에 결핵 자문관을 파견하여 결핵 관리 프로그램을 운영하였고, 1963년에는 보건사회부와 공동으로 결핵 센터를 설립해 대대적인 결핵 감염 실태 조사와 함께 의료진의 해외 연수를 지원하였다. 이로써 1962년부터 1974년까지 WHO의 프로그램에 따라 232만명의 영유아에게 BCG 백신 예방 접종을 하는 등 결핵 퇴치에 주

128 1965년 1월 서울에 설치된 WHO 한국사무소는 이후 한국이 급속한 경제 발전을 이루고 OECD에 가입하면서 1999년에 연락사무소로 격하되었고, 2004년에는 외국인 연락관마저 철수하였다. 이후 보건복지부 내에 WHO 서태평양지역 사무처 파견 직원 1명만으로 사무실을 꾸려오다 47년 만인 2012년 9월에 완전히 폐쇄되었다.

129 위의 자료, p. 40-45.

력할 수 있었던 것이다.[130]

그와 더불어 WHO는 1959년에 시행한 전국적인 말라리아 현황 조사 연구 결과를 토대로 1962년부터 1973년까지 말라리아 퇴치 프로그램을 운용하여 2만5,000달러의 재정 지원을 통한 방역과 역학 연구, 그리고 국내 의료진에 대한 체계적인 훈련과 해외 연수를 지원하였다. 또한 1969년에 군산 지역에서 콜레라가 발생하자, 전문가를 파견하여 서천, 군산, 옥구, 고창 지역에서 역학 조사를 수행하고 대대적인 예방접종을 실시해 이듬해인 1970년에는 한국에서의 콜레라 발병이 종식되었음을 발표하였다.[131]

1961년부터 1970년까지 WHO는 한국 정부와 협력하여 한센병 통제 프로그램도 시행하였다. 이 프로그램의 일환으로 1966년에는 벨기에의 다미앵 재단Damien Foundation이 5년 동안 90만1,000달러를 지원하여 이동 진료소를 운영함으로써 한센병 환자를 치료하게 되었고, 소록도의 한센병 치료 병원에도 50병상 규모의 치료 시설을 증축하였다.[132]

이상 언급한 것들 이외에도 WHO는 UNICEF와 협력하여 1970년대 초반에 가족 계획 사업을 대대적으로 전개하였고, 전국에 설치된 보건소를 중심으로 모자 보건과 환경 위생을 증진하는 등 기초 보건 의료 활동을 진작시킨 것은 물론 의료 시설의 확충과 기술의 발전에도 크게 기여하였다. 또한 보건 의료 인력의 양성을 위해 의사와 간호사, 공무원 등에게 다양한 교육 및 해외 연수의 기회를 제공했는데, 1961년부터 1975년까지 이렇게 WHO가 한국에 원조한 금액은 약 405만 달러로 집계되고 있다.[133]

---

130 위의 자료, p. 64.

131 위의 자료, pp. 60-67.

132 위의 자료, p. 62. WHO의 한국 한센병 프로젝트(1965-66년도)에 대해서는 다음 문서를 참고하였다. WHO, "1965-66 Programme Long-term Project Data Sheet, Republic of Korea" (1966), Project WHO 88-55 (Korea 4), UNESCO Archives.

133 한국국제협력단, 『한국에 대한 개발원조와 협력: 우리나라의 수원 규모와 분야, 효과사례 등에 관한 조사연구』 (서울: 한국국제협력단, 2004), p. 109.

6) 세계 보건 협력의 성공 사례

한국은 1949년에 WHO에 가입한 이후 1970년대 중반까지 WHO의 지원과 권고, 그리고 기술 자문을 통해 보건 행정 체계를 구축하였으며, WHO는 한국 정부와 협력하여 보건 인력 양성 후원 프로그램 운영, 전염병 예방 사업, 결핵 퇴치 사업, 한센병 예방 및 치료 사업, 말라리아 박멸 사업, 기생충 예방 사업, 보건 진료소 활성화 사업, 가족계획 및 모자 보건 사업 등을 진행하였다. 그 과정에서 한국 정부는 체계적인 보건 행정을 위한 장기 계획을 수립할 수 있었고, 공공 의료 체계의 기반을 구축했을 뿐만 아니라 보건 의료 인력을 양성하고 선진 보건 의료 기술을 도입하여 국내에 적용할 수 있었다.

한국에 대한 국제 사회의 보건 의료 분야 원조는 광복 이후 1970년대 중반까지 WHO 등의 다자 협력 기구와 미국 AID 등의 양자 원조 기관, 그리고 외국의 민간 원조 단체 등 다양한 주체에 의해 다양한 방식으로 전개되었다. 1947년부터 1975년까지 한국의 보건 의료 분야를 대상으로 다양한 공여 주체들에 의해 이루어진 무상 원조 규모는 그 금액이 약 5억7,510만 달러에 달하고 있다.[134] 공여 주체별 원조 금액을 살펴보면 다음의 <표 2>와 같다.

---

134 위의 자료, p. 107.

〈표 2〉 보건의료 분야 무상원조 현황

(단위 : 천 달러)

공여주체	1947~1965	1966~1970	1971~1975	계
UNDP	326.0	239.3	177.0	742.3
UNICEF	1,887.8	2,076.6	1,733.0	5,697.4
WHO	1,127.6	1,558.1	1,949.2	4,634.9
UNFPA	-	-	1,672.2	1,672.2
WFP	-	-	720.2	720.3
UNKRA	2,430.3	-	-	2,430.3
Colombo Plan*	74.7	64.7	177.4	216.8
IPPF	63.0	815.6	2,538.5	3,417.1
SM**	12,076.6	3,073.1	415.9	15,565.6
다자 소계	17,936.0	7,881.7	415.9	15,565.6
미국(USAID)	11,824.5	73,130.8	7,885.4	92,840.7
일본(JICA)	-	234.6	2,307.7	2,542.3
양자 소계	11,825.5	73,365.4	10,193.1	95,383.0
NGOs(KAVA)***	200,229.2	90,349.1	146,823.0	440,543.3
기타	170.1	54.8	104.7	329.6
합계	230,159.8	176,084.7	168,862.6	575,107.1

* 영연방 국가들을 중심으로 1951년에 스리랑카의 콜롬보에서 설립된 지역경제협력기구.

** Scandinavian Mission.(스웨덴, 덴마크, 노르웨이 3자 간 지원협의체)

*** Korean Association of Voluntary Agencies.(외국민간원조기관 한국연합회)

출처 : 위의 자료, p. 109.

<표 2>에서 보는 바와 같이 1947년부터 1975년까지 공여된 한국의 보건 의료 분야에 대한 무상 원조 사업에 있어서 가장 큰 비중을 차지하고 있는 것은 외국 민간 원조 단체들에 의한 사업이었다. 이 기간 중 외국 민간 원조 단체들에 의한 원조 규모는 약 4억 4,054만3,000달러로, 총 원조 금액의 76퍼센트를 차지하고 있다. 이 단체들의 상당수는 기독교 등의 종교 단체의 지원을 받거나 선교 활동을 전개하고 있는 단체들이었다.

이처럼 다양한 주체들에 의해 전개되었던 보건 의료 분야의 지원 중 WHO가 지원한 금액의 규모가 비교적 작을 수는 있다. 그러나 WHO를 제외한 다른 다자 및 양자 기구, 민간 원조 단체들이 현금과 의약품, 그리고 보건 의료 시설의 복구 및 신축, 장비 구입을 위주로 지원하였던 것과는 달리 WHO는 공공 의료 체계의 구축과 의학 교육, 전문

인력 양성 분야에 중점을 두었다. 이렇게 보면 WHO의 지원과 여타의 다자 및 양자 기구, 민간 원조 단체의 지원은 큰 틀에서 볼 때 상호 보완적이었던 것으로 판단된다.

WHO는 1948년에 창설된 이래 인류의 건강 증진을 위해 다양한 활동을 전개해왔다. 보건 의학에 관련된 규범과 규칙을 제정하고, 다양한 질병 정보를 수집 및 관리하며, 보건 의료 전문가 양성을 위한 교육과 훈련을 지원하고, 질병과 사망 원인을 분류해 분석하는 활동을 수행하고 있다. 또한 세계적 규모에서 전염병을 통제하고 예방하며, 저개발 국가들을 대상으로 의료 물자를 제공함은 물론 보건 전문가를 파견하여 보건 행정 체계를 개선하는 한편, 보건 의료 인력을 양성하는 등의 기술 협력 활동을 전개하고 있다.

인류를 위협하는 치명적인 질병들을 예방하고 통제하는 WHO의 헌신적인 노력은 세계적 규모에서 말라리아, 천연두, 결핵 등을 퇴치하거나 통제 및 예방하는 결과로 나타나고 있다. WHO의 또 하나의 중요한 업적은 저개발 국가들을 대상으로 기초 보건 의료 사업을 전개하여 이들 국가에서도 많은 사람들이 기초 의료 서비스의 혜택을 받게 되었다는 것이다.

물론 WHO는 광복과 한국 전쟁을 겪은 한국에게도 다양한 보건 의료 서비스를 제공해왔다. 1965년에 개소한 WHO 한국사무소를 중심으로 한국 정부와 협력하여 다양한 형태의 보건 관련 개발 지원 사업들을 전개했으며, 그 결과로 한국의 보건 환경은 획기적으로 개선되었다. WHO는 한국 정부의 기생충 박멸 사업, 결핵 퇴치 사업, 한센병 퇴치 사업에 많은 도움을 주었고, 천연두와 홍역 예방을 위한 백신 개발에 지원을 제공했다. 이러한 보건 환경의 개선을 통해 한국은 고도 경제 성장을 이루기 위한 건강한 노동력을 안정적으로 공급할 수 있게 되었다.

한국은 1960년부터 여러 차례 WHO 이사국으로 활동하였으며, 2003년에는 한국 출신의 이종욱 박사가 제6대 WHO 사무총장에 선출되어 한국인으로서는 최초로 유엔 산하 전문 기구의 수장이 되었다. 또한 한상태 박사는 1989년, 신영수 박사는 2013년부터 10년간 WHO 서태평양 지역사무소 사무처장에 선출되어 한국을 비롯한 중국, 일본, 호주, 뉴질랜드 등 30개 회원국과 18억 인구의 보건 의료 현안을 다루는 임무들을 성공적으로 수행하였다. 이렇듯 WHO의 최고 고위직에 한국인의 진출을 확대함으로써 한국은 WHO의 각종 사업에 대한 참여와 기술적 협력의 기회를 확대하는 등 WHO와의 협력 관계를 지속적으로 강화하고 있다.

1949년에 WHO에 가입한 이후 수원국으로서 세계 보건 협력의 혜택을 받아왔던 한국은 꾸준한 경제 성장으로 1996년 OECD에 가입하였고, 이를 계기로 1999년부터 WHO 내의 순수한 원조 공여국으로 전환하였다. 2018~2019년도 분담액은 WHO 194개 회원국 중 13위2.039%로 975만5,770달러와 971만7,747스위스프랑이며,[135] 이와 같은 WHO와 한국의 관계는 세계 보건 협력의 성공 사례로 회자되고 있다.

135 WHO, "Scale of assessments for 2018-2019," Seventies World Health Assembly, WHA70.9, Agenda item 20.4 (29 May 2017), WHO Institutional Repository for Information Sharing.

유엔과 한국

1945-1973: 건국, 평화, 경제 성장의 파트너십

Footprint of Partnership

UN and Korea, 1945-1973

Ⅵ.
경제 성장 초기 유엔과 세계은행의 기여

1. 유엔의 한국 근대화 지원 프로젝트 / 응우엔 티 하
2. 유엔의 경제 개발 견인 역할 / 이한희
3. 유엔의 원자력 기구 창설과 한국의 초기 핵정책 / 최홍석

01 유엔의 한국 근대화 지원 프로젝트

유엔개발계획United Nations Development Program,UNDP이 한국에서 공식적인 활동을 시작한 해는 1965년이지만, 해당 기구의 한국 지원 프로그램이 시작된 것은 그보다 2년여 앞선 1963년이었다. UNDP는 2009년까지 한국에서 다양한 분야에 걸쳐 270여 개의 사업을 추진하며 한국의 산업화와 선진화, 민주화에 크게 기여했다.[1] 이 글에서는 UNDP가 한국의 경제 발전 과정에 기여한 측면에 대해 집중 조명하기로 한다. 특히 UNDP의 자문과 전문적인 기술 제공, 경제 개발 프로그램에 대해 중점적으로 기술하고자 한다.

2차 세계 대전 이후 저개발 국가들을 상대로 경제 원조를 제공하는 역할은 국제기구나 단체들의 주된 관심사였다. 한국 전쟁 이후 경제와 사회에 대한 유엔의 지원은 UNDP를 주축으로 시행되었으며, 1965년 서울 사무소를 설치하면서 사업 규모가 확장되었다. UNDP가 창설되기 이전의 유엔의 개발 도상국 원조는 1950년에 시작된 '기술원조확대계획Extended Program of Technical Assistance,EPTA'과 1959년에 실시된 '유엔특별기금UN Special Fund, UNSF'을 통해 추진되었다. 그 후 두 프로그램이 통합되어 창설된 것이 바로 UNDP인 것이다.

1) UNDP의 창설 배경

(1) 유엔 기술원조확대계획(EPTA)

UNDP의 전신인 '유엔 기술원조확대계획EPTA'[2]는 1949년 11월 16일에 수립되었다. 이는 저개발국을 위한 기술 지원 프로그램으로서는 최초였으며, 유엔과 그 산하의 전문기구들에 의한 기술 원조가 시작되는 첫 신호탄이었다.

1 교육과학기술부, 『대한민국과 유엔개발계획(UNDP)』 (서울: 교육과학기술부, 2009), p. 18.
2 EPTA는 1970년 12월 31일에 활동을 종료하였다.

유엔의 출범을 기점으로 그 회원국들은 개발 도상국들에 대해 기술과 정보를 제공해야 할 필요성을 절감하게 되었다. 이런 인식은 당시 미국 트루먼 행정부의 입장과도 맞아떨어졌다.[3] 이 문제가 유엔에서 논의된 것은 1차 유엔 총회1946-1947에서의 일로, 그러한 사실은 경제 원조에 관한 첫 결의안에서 확인되고 있다.

> The General Assembly,
> Considering that the members of the United Nations are not yet all equally developed;
> Considering that some member nations may need expert advice in the various fields of economic, social and cultural development;
> Recognizing the importance of such development for the peace and prosperity of the world;
> Recognizing the responsibility of the specialized agencies in their respective fields;
> Decides to refer to the Economic and Social Council for study the question of providing effective ways and means for furnishing, in co-operation with the specialized agencies, expert advice in the economic, social and cultural fields to member nations who desires this assistance.[4]

해당 결의안에서는 유엔 회원국들이 경제 발전의 측면에서 대등하지 않다는 사실을 전제하고, 개발 도상국들이 우선적으로 경제와 사회 분야 발전을 꾀하려면 그들에게 전문적인 자문이 필요하다고 인정했다. 또한 그것이 세계 평화와 번영을 이루어 나가는 첩경이라고 강조하면서, 이런 임무를 유엔의 경제사회이사회가 주축이 되어 추진할 것을 권고했다.

3 김준석 외 공저, 『국제기구와 경제협력, 개발: UNDP, OECD, World Bank Group, WTO, IMF』 (서울: 오름, 2015), p. 20.
4 UN, "Provision of expert advice by the United Nations to Member States," General Assembly resolution 52, A/RES/52(I) (14 December 1946), https://undocs.org/en/A/RES/52(I).

그러나 개발 도상국들의 발전에 관한 결의는 2차 유엔 총회1947-1948에서는 이렇다 할 진전을 보지 못하다가 3차 총회1948-1949에서부터 비로소 주목을 끌게 된다. 여기에는 미국의 유럽 재건 프로그램Marshall Plan이 큰 영향을 미쳤다. 마샬 플랜의 원조 수혜 대상이 아닌 비유럽 저개발 국가들이 문제를 제기하고 나섰기 때문이다.[5] 따라서 결국 이 문제는 유엔 총회 결의안 198호와 200호가 채택됨으로써 본격적인 쟁점으로 부각되기에 이르렀다.

결의안 198호에서는 유엔 경제사회이사회와 기타 전문 기관Specialized Agencies들이 저개발국 문제의 심각성을 시급히 인식하고, <국제부흥개발은행IBRD>으로 하여금 즉각적으로 융자를 제공하도록 권고했다.

> Recommends that the Economic and Social Council and the specialized agencies give further and urgent consideration to the whole problem of the economic development of under-developed countries in all its aspects [···]
> [···] the Council expresses its hope that the International Bank for Reconstruction and Development will take immediate steps to adopt all reasonable measures to facilitate the early realization of development loans, particularly those in areas economically under-developed.[6]

여기서 더 나아가 결의안 200호는 보다 구체적이고 건설적인 내용을 언급하며, 최초로 저개발국들에 대한 유엔의 기술 지원 프로그램을 구축했다. 유엔 헌장에서 명시하였듯이 세계 각국의 경제 사회 발전을 촉진시키는 것은 유엔의 가장 핵심 목표 중 하나다. 전문 인력 및 기술 부족에 처해 있는 저개발 지역에서는 경제 발전의 문제가 더욱 두드러진다. 따라서 유엔 총회는 유엔 정책 기구를 결성하여 저개발 국가들이

5 Uner Kirdar, *The Structure of United Nations Economic-aid to Underdeveloped Countries*, (Springer, 1966), p. 11.
6 UN, "Economic development of under-developed countries," General Assembly resolution 198, A/RES/198(III) (4 December 1948), https://undocs.org/en/A/RES/198(III).

경제 발전 계획을 세우는 데에 있어 자문 역할을 하게 하였다. 또한 해외 연수를 통해 전문가를 양성하고, 전문가 현지 파견과 설비 지원 등을 통해 저개발국들의 경제 발전을 촉진하기 위한 계획을 공식화했다.

The General Assembly,

Considering that (a) the promotion of conditions of economic and social progress and development is one of the principal objectives of the Charter of the United Nations, (b) the lack of expert personnel and lack of technical organization are among the factors which impede the economic development of the under-developed areas,

Decides to appropriate the funds necessary to enable the Secretary-General to perform the following functions,

Arrange for the organization of international teams consisting of experts provided by or through the United Nations and the specialized agencies for the purpose of advising those Governments in connexion with their economic development programmes […];

Arrange for facilities for the training abroad of experts of under-developed countries through the provision of fellowships for study […];

Arrange for the training of local technicians within the under-developed countries themselves by promoting visits of experts in various aspects of economic development;

Provide facilities designed to assist Governments to obtain technical personnel, equipment and supplies, and to arrange for the organization of such other services as may be appropriate in the promotion of economic development […][7]

---

7 위의 자료.

그리고 이듬해인 1949년에 미국 대통령으로 당선된 트루먼은 1월 20일 취임 연설에서 네 번째 정책 사안으로 발표된 '포인트포 계획The Point Four Program'을 통해 저개발 국가 기술지원 프로그램을 도입했다. 트루먼은 세계 인구의 절반 이상이 불행에 처한 상황에서 미국의 발달된 과학과 공업 기술을 저개발국에 전수할 필요가 있다고 역설했다. 그는 미국을 비롯한 선진국들의 지식과 기술을 전수하여 저개발국의 불행과 고통을 덜어주기 위한 대담한 프로그램이 필요하다고 강조하였다.

> We must embark on a bold new program for making benefit of our scientific advances and industrial progress available for the improvement and growth of underdeveloped areas. More than half the people of the world are living in conditions approaching misery… For the first time in history, humanity possesses the knowledge and the skill to relieve the suffering of these people… I believe we should make available to peace loving peoples the benefits our store of technical knowledge in order to help them realize their aspirations for a better life… We invite other countries to pool their technological resources in this undertaking.[8]

이와 같은 인식의 연장선에서 미국은 EPTA의 출범을 적극적으로 지지하면서 EPTA 예산의 절반을 지원하기로 약속했다. 그리고 1949년 11월 16일, 미국의 이러한 지지를 등에 업은 유엔 경제사회이사회ECOSOC는 유엔 기술원조확대계획 수립에 관한 유엔 총회의 304호 결의안을 이끌어 냈다.

그 결과 1950년 미국 뉴욕에서 기술 지원에 관한 유엔의 첫 회의가 개최되었다. 이 회의는 EPTA의 집행에 참여하는 정부들의 기부금 총액을 확인하여 참가 기관들을 대상으로 할당 비율을 최종 결정하는 것이 목적이었다.

결과적으로 EPTA는 기술 원조 프로그램 중 가장 큰 규모였으며, 유엔과 국제노동기

---

8 U.S. Department of State, *The Department of State bulletin Volume 21* (Washington D.C.: Department of State, 1949), p. 125.

구ILO, 식량농업기구FAO, 유엔교육과학문화기구UNESCO, 국제민간항공기구ICAO, 세계보건기구WHO, 국제전기통신동맹ITU, 세계기상기구WMO, 국제원자력기구IAEA, 만국우편연합UPU 등 다수의 국제기구들이 공동으로 참여하는 대규모 원조 프로그램이었다.[9]

(2) 유엔특별기금(UNSF)

유엔 총회는 1958년 10월 14일, 특정 분야에서 EPTA의 범위를 확대하는 것을 목표로 삼아 특별 기금의 설립을 결의했다.[10] '유엔특별기금UNSF'은 인력, 산업 개발과 평가, 수공예품 산업, 농촌, 교통과 통신, 건축과 주거, 보건, 교육, 통계 및 행정 등을 포함해 다양한 대규모 프로젝트의 수행에 역점을 두었다. UNSF의 설립은 '경제 발전을 위한 유엔 특별 기금Special United Nations Fund for Economic Development, SUNFED'과 미국의 EPTA 확장 제안을 결합함으로써 이루어진 산물이었다.

애초 SUNFED는 아르헨티나, 인도 등 11개국의 제안으로 설립되었다.[11] IBRD의 재정적 지원과는 별도로 도로, 발전소, 학교, 병원, 주택 등 사회 기반 시설에 대한 지원이 필요하다는 건의에 따라 이루어진 것이다. 그런데 여기에는 찬반 논란이 뒤따랐다. 당시 SUNFED를 반대한 국가들의 논리는 다음과 같이 세 가지로 요약된다.[12]

첫째, 재정적 부담을 너무 무리하게 부과하는 경우에 지원금을 충당하기 어려운 문제가 발생하고, 결국 유엔에 대한 신뢰를 떨어뜨리게 된다.

둘째, 군비 지출 감소에 대한 국제적인 협약이 형성되지 않는 한, 기금의 설립은 인플레이션 압력만 증가시킬 수 있다.

셋째, 민간 국제 자본의 이동이 활발해지고 있으므로 유엔 기금 설립의 필요성에 의문이 제기된다.

---

9 Executive Office of the Secretary, U.S. Mission, "Cross Reference Sheet" (17 August 1950), File No. SG, UN-2459/90, UNESCO Archives.

10 UN, "Financing of economic development," General Assembly resolution 1219, A/RES/1219(XII) (14 December 1957), https://undocs.org/en/A/RES/1219(XII).

11 The Scheyven Committee의 SUNFED 설립 제안에 따라 아르헨티나, 스리랑카, 칠레, 이집트, 그리스, 인도, 인도네시아, 멕시코, 네덜란드, 베네수엘라, 유고슬라비아 등 11개 국가들이 공동으로 결의안 초안을 만들었다.

12 Uner Kirdar (1966: 198-199).

미국은 영국과 함께 SUNFED 설립에 대한 제안을 지지했지만, 유엔 회원국들이 충분한 규모의 기금을 제공할 준비가 되어 있지 않아 사실상 실효성이 없다고 판단했다. 그럼에도 SUNFED를 지지한 국가들은 보다 강력한 논리를 담은 결의안 초안을 12차 유엔 총회에 회부했지만, 그에 대한 반대 여론이 더 압도적이었다. 반대 측은 결의안 초안에 반대표를 던졌을 뿐 아니라 SUNFED 준비위원회의 활동에도 참가를 거부했다.

한편 미국은 EPTA 내에서 특별 사업 기금Special Projects Fund의 형식으로 기금 설립을 촉구하는 결의안 초안을 제출했다[13]. 기존 EPTA의 활동은 이 특별 사업 기금을 통해 범위를 확대하고 재정 지원도 늘릴 계획이었다. 거기에 맞춰 작성된 미국의 초안에는 자본 확대나 경제사회 인프라 확보보다는 수자원 조사, 광물 및 잠재적 자원 조사, 교육 훈련소 건립 등 핵심 분야의 지속적인 기술 지원에 더 역점을 두었다.

이러한 미국의 제안은 SUNFED와는 그 성격이 달랐기 때문에 서로 대체할 방안이 되지 못했다. 따라서 당시 미국의 의도에 대해 의문을 제기하는 국가들이 있었지만, 개발 도상국들의 입장에서는 별다른 선택의 여지가 없었다. 유엔 총회에서 미국의 제안을 거부하고 SUNFED 창설을 채택한다 하더라도, 미국으로부터 기부금을 이끌어내지 못한다면 기구 설립 자체가 유명무실해질 것이기 때문이었다. 따라서 저개발국들에게 남은 선택은 분명해졌다. 미국의 제안을 지지하고, UNSF의 설립에 동의하는 것이었다.

결국 미국의 제안은 유엔 총회 결의안 1219호를 통해 반영되었고, 1959년 1월 1일 '유엔특별기금The United Nations Special Fund'이 설립되었다. UNSF의 목적은 개발 도상국들의 생산과 생산성을 끌어올리기 위한 것으로, 이들의 경제 개발을 위한 실질적인 재정 확보에도 중점을 두었다. 과거 수많은 달러화가 개도국들에 투입되었지만, 이들 나라에 대한 충분한 사전 조사 없이 추진된 경제 원조는 결국 실패로 귀결되었다는 교훈에 주목한 것이다. 따라서 UNSF는 대규모 사전 조사 활동을 시행하는 등 투자의 전 단계 작업에 역점을 두었다. 구체적으로 UNSF는 사전 조사 및 타당성 조사, 응용 연구applied research, 인력 훈련 및 기술 교육 등 세 가지 분야의 임무에 초점을 맞추었다.

13 Ronald A. Manzer, "The United Nations Special Fund," *International Organization* 18-4 (Fall 1964), p. 766-768.

(3) UNDP의 창설

UNSF의 설립을 주도한 인물은 미국의 마셜 플랜 책임자였던 폴 호프먼Paul G. Hoffman 이었다. 호프먼은 UNSF의 설립 초기부터 이 기구와 EPTA를 통합하여 개발 도상국 지원을 확대하려는 구상을 가지고 있었다.

이러한 EPTA와 UNSF의 통합 논의는 1962년에 시작되었다. 유엔의 각 정책 기구들은 분권화decentralization에 대한 이해관계에 집착하며 통합에 반대했다. 구소련도 두 기구의 통합으로 미국의 지배권이 확대될 것을 우려해 반대편에 섰다. 그러나 이런 반대 여론에도 불구하고 1964년 우 탄트U-Thant 유엔 사무총장의 주도하에 유엔 경제사회이사회가 통합을 승인했다. 공식적으로는 1965년 11월에 EPTA와 UNSF의 통합을 승인하는 유엔 총회 결의안이 채택됨으로써 UNDP가 탄생했다. 당시 결의안에서는 이러한 통합이 조직적 배치와 절차를 단순화하고, 유엔 시스템 내에서 수행되는 여러 유형의 기술 협력 프로그램에 대한 전반적인 계획과 효율성을 확대시킬 것임을 명시하였다.

> Being convinced that such a consolidation would [⋯] simplify organizational arrangements and procedures, would facilitate over-all planning and needed coordination of the several types of technical cooperation programmes carried on within the United Nations system of organizations and would increase their effectiveness[14]

곧이어 UNDP의 초대 사무총장에는 당시 75세의 폴 호프먼이 임명되었다. EPTA와 UNDP의 운영 개념은 '상주 대표Resident Representative'라는 제도에 바탕을 두었는데, 이 제도는 데이비드 오웬David Owen이라는 이름의 영국 관료에 의해 고안된 것이었다. 그는 2차 세계 대전 당시 중동 지역의 경제 개발을 위해 영국 정부가 설립한 <중동공급센터Middle East Supply Center>에서 근무한 경험을 살려 기술 지원을 필요로 하는 국가에 상주 대

14 UN, "United Nations Development Programme," General Assembly resolution 2093, A/RES/2093(XX) (20 December 1965), https://undocs.org/en/A/RES/2093(XX).

표를 설치하는 방안을 제안했던 것이다. 이후 상주 대표제는 EPTA와 UNDP를 대표하는 제도가 되었다. EPTA의 상주 대표부는 이란과 파키스탄을 시작으로 1952년까지 15개 국가에 설치되었고, 1966년에는 설치 국가가 총 72개국으로까지 늘어났다.[15]

2) UNDP의 활동 내역

(1) EPTA의 조직과 편성

UNDP의 조직을 이해하기 위해서는 그 전신 기구였던 EPTA의 운영 실태를 먼저 살펴볼 필요가 있다. EPTA 조직에는 두 개의 특별 기관으로 <기술지원위원회Technical Assistance Committee,TAC>와 <기술지원이사회The Technical Assistance Board,TAB>가 있었다. TAC는 유엔 경제사회이사회의 상임 위원회로서 1961년을 기준으로 30명의 구성원을 두고 있었다. 그에 비해 TAB는 참가 단체의 대표들로 구성되어 있었으며, 그들은 국제원자력기구와 EPTA에 참여하는 전문 기관의 집행 책임자또는 대표자들이었다. TAB는 사무국장Executive Director이 이끌었고, 대부분의 수혜국에는 상주 대표를 임명하여 현장 사무소를 운영하도록 했다. 상주 대표는 EPTA 참여 기구와 수혜국 정부 간의 소통을 책임지는 임무를 수행했다.

또한 EPTA의 운영과 의사 결정에 있어서는 유엔 총회, 경제사회이사회ECOSOC, 행정조정위원회Administrative Committee on Co-ordination, ACC가 중요한 역할을 담당했다. EPTA 프로그램은 총회의 결의안에 의거해 마련되었을 뿐 아니라 총회가 해당 프로그램과 관련된 문제들을 논의, 권고하며 최종 결의안을 채택할 권리를 보유했다. 경제사회이사회ECOSOC는 EPTA가 실행한 활동과 그 성과를 검토하는 임무를 수행했다. TAC도 또한 ECOSOC의 권한 아래 있었으며, TAC의 결정들은 ECOSOC의 정책적 검토 대상이 되었다. ECOSOC에 의해 1947년 2월에 설립된 ACC는 유엔과 정책 기구들 사이에 체결된 협정을 이행하는 데 있어 가장 효과적인 방식의 채택과 활동 내역의 중복 방지 협력 등을 수행하는 기관이었다. ACC는 유엔 사무총장과 전문 기관의 대표들로 구성되며, 사실상

15 Craig N. Murphy, *The United Nations Development Programme: A Better Way?* (Cambridge: Cambridge University Press, 2006), p. 51.

TAC나 EPTA의 운영에 대해 실질적인 책임을 지고 있었다.

(2) 오늘날의 UNDP 조직도

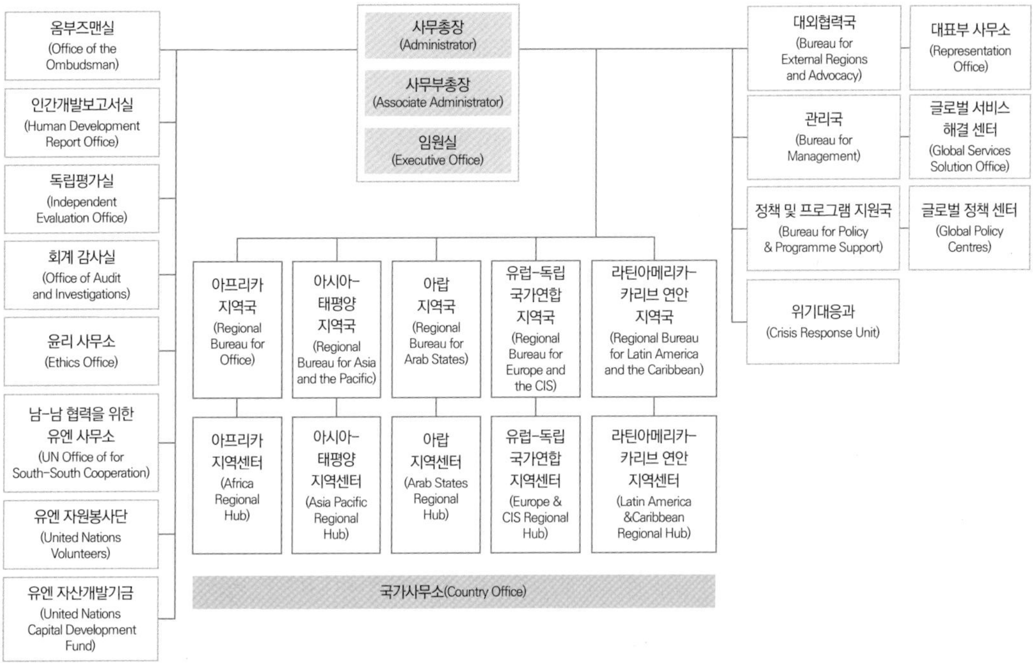

출처 : 김준석 외, 『국제기구와 경제협력·개발』 (서울: 도서출판 오름, 2015), p. 44.

현재도 UNDP는 유엔 총회와 유엔 경제사회이사회의 산하 기관으로 분류된다. UNDP의 조직은 크게 집행이사회Executive Board와 사무국Secretariat으로 나뉘는데, 우선 집행이사회의 주임무는 주요한 사업 계획을 검토·승인하고, UNDP의 활동을 감독하는 데 중점을 둔다. 이사국은 집행이사회에 참여하는 36개국을 5개 그룹으로 나누어 구성되며, 매년 12개국의 이사국이 새로 선출되고 임기는 3년이다.

사무국을 이끄는 UNDP의 사무총장Administrator은 유엔 내에서 유엔 사무총장, 부총장 다음으로 중요한 직책이다.[16] 사무국 밑에는 5개 지역국, 지역 센터, 국가 사무소Country Office가 설치되어 있다. 현재 전 세계 140여 개국에 국가 사무소가 설치되어 있는데,

16 위의 자료, p. 44.

UNDP는 1인당 국민 소득이 4,700달러 미만인 국가를 개발 협력 대상국으로 설정하고 있다.[17] 한국의 경우는 2009년에 개발 협력 대상국에서 졸업하면서 UNDP의 한국 사무소가 철수했다.

(3) 임무 및 활동

1958년 7월 19일 한국 정부는 EPTA의 조정기관coordinating organ인 기술지원위원회TAB와 협정을 체결했다. 본 협정의 체결은 한국에 대한 전후 지원의 흐름을 긴급 구호와 재건에서 기술 지원의 유입으로 바꾸는 계기가 되었고, 이후 그러한 기술 지원은 1960년대부터 1970년대 후반까지 전성기를 누렸다.[18] 기술 지원은 다른 유형의 지원에 비해 금전적 가치가 적지만, 국가 발전에 필요한 인적 자원과 조직 역량 강화에 큰 효과를 발휘했다.

또한 1961년 4월 21일에 한국은 UNSF와 『한국의 생활수준을 향상시키고 경제, 사회, 기술 개발을 진전시키기 위한 실질적 원조협정』을 체결했고,[19] 이어서 1963년에 EPTA 한국 사무소가 설립되었다. EPTA의 초대 한국 상주대표에는 뉴질랜드 출신 로이 루카스W. Roy Lucas가 보임되었다.[20] 그리고 뒤이어 1964년에는 UNSF의 한국 사무소가 서울에 설립되었다.

UNDP가 창설되면서 내건 임무는 "개발 도상국의 경제 개발에 수반되는 가장 중요한 문제의 해결을 위한 국가적 노력을 지지 및 보완하여 사회 발전과 생활 수준 향상을 촉진할 목적"이었다.[21] 한국 정부와 UNDP 간에 체결된 기본 협정Agreement Between the Government of The Republic of Korea and The United Nations Development Programme에 따르면 한국에 대한

---

17 위의 자료, p. 46.

18 Technical Assistance Committee, "T.A.B. recommended technical assistance for the Republic of Korea in the Category I Programme" (July 1958), E/TAC/L175, UNESCO Archives.

19 외무부, "대한민국 정부와 국제연합개발계획 간의 협정" (1961.4.21), UNDP와의 협정통합안, DA0619838, 국가기록원.

20 U.S. Department of State, "Arrival of William Roy Lucas, Special" (11 September 1962), RG 286 Records of the Agency for International Development, National Archives and Records Administration.

21 『대한민국 정부와 국제연합개발계획 간의 협정』 내용 중에서 발췌했다. 한국은 1964년 4월 유엔특별기금(United Nations Special Fund, UNSF)과 원조 협정을 체결했으며, 1978년 유엔개발계획(UNDP)과 이 협정을 대체하는 새로운 협정을 맺었다.

UNDP의 지원은 크게 다음과 같은 형태로 추진될 계획이었다.

① 자문 전문가 및 상담자의 용역

② 한국 정부가 지정하는 기관의 고용원으로서 운영 전문가의 용역

③ 국제연합 봉사단원의 용역

④ 한국 내에서 조달이 용이치 않는 기자재

⑤ 세미나, 훈련 계획, 시범 사업 및 전문가로 구성된 작업단 및 관련 활동

⑥ 정부의 추천으로 연구에 종사하거나 훈련을 받을 수 있는 장학금 또는 유사한 약정

⑦ 기타 지원 형태[22]

그리고 이 가운데 한국 정부가 지원을 요청하면, 국내에 주재하는 상주 대표를 경유하여 UNDP에 해당 요청서를 제출하는 방식이었다. 상주 대표는 정부와의 업무 수행상 의사 소통의 주요 경로가 되며, 계획 업무에 관한 지휘자이자 최종 책임자 역할을 수행한다.

1963년부터 2009년까지 UNDP는 한국에서 270개가 넘는 다양한 분야의 사업들을 시행했다. 지원 사업은 크게 국가협력사업 도입 이전pre-Country Programme, 1963-1971 시기와 국가협력사업Country Programme, 1972-2009 시기로 구분된다.[23]

국가협력사업 도입 이전 단계의 사업들은 대부분 UNDP가 주체적으로 결정했으며, 농림수산업과 경공업 분야에 집중되었다. 이 기간 중 UNDP에 의해 수행된 사업은 총 34개로 집계되었는데, 그 중 거의 절반을 차지한 분야는 바로 농업-농림수산업의 14개 사업이었다. 1960년대 당시 한국은 필요한 식량을 자체 공급하기 어려워 수입에 의존하였으므로, 정부의 외화 지출 부담이 과중한 상태였다. 따라서 식량 생산 증대가 UNDP의 우선 사업으로 떠올랐다. 당시 과학기술처 국제협력국의 1969년 5월 31일자 UNDP/SF사업 추진 현황을 보면 그러한 사실이 실제로 확인된다.

---

22 외무부 (1961).

23 교육과학기술부 (2009: 18).

〈표1〉 유엔특별기금 사업 현황 총괄표(1969년 5월 31일 기준)

Ⅰ. 완료된 사업	사업기간	주요 자금		집행기구	주관부
		UNDP/SF 할당금($)	정부부담금(₩)		
1. 간척적지 조사사업 Tidal Land Reclamation Survey	5년(62~66)	628,100	63,141,755	FAO	농림부
2. 개간적지 조사사업 Agricultural Survey & Demonstration in Selected Watersheds	6년(62~67)	683,200	87,749,356	FAO	농림부
3. 생산성향상 교도사업 Expansion & Further Operating of the Korea Productivity Center	5년(62~67)	875,192	147,241,000	ILD	상공부
4. 전기통신기술원 훈련소 Communication Training Center	5년(63~68)	1,296,945	207,380,915	ITU	체신부
5. 임야실태 조사사업 Forest Survey	4년(64~68)	641,900	71,145,000	FAO	산림청

Ⅱ. 수행 중인 사업	사업기간	주요 자금		집행기구	주관부
		UNDP/SF 할당금($)	정부부담금(₩)		
1. 토양비옥도 검정사업 Soil Fertility Survey	6년(63~69)	1,004,200	591,753,245	FAO	농촌진흥청
2. 토양조사사업 Soil Survey	5년(64~69)	806,700	233,089,380	FAO	농촌진흥청
3. 원양어업기술 훈련소 Deap-sea Fishing Training Center	5년(64~69)	1,296,400	487,541,750	FAO	수산청
4. 정밀기기 센터 Fine Instruments Center	5년(66~70)	7,054,500	217,154,250	UNESCO	상공부
5. 낙동강유역 조사사업 Pre-investment Survey of the Naktong River Basin	5년(66~70)	1,359,800	177,337,890	FAO	건설부
6. 중소도시 지도사업 Extension Services Department in the Medium Industry Bank	4년(67~71)	776,700	161,103,060	ILO	상공부
7. 경사지 개발 및 유역 관리사업 Uplands Development and Watershed Management	5년(67~72)	906,200	955,134,990	FAO	농림부
8. 중앙직업 훈련소 Central Vocational Training Center	5년(68~72)	1,129,300	889,667,800	ILO	노동청
9. 산림조사 및 개발사업 Forest Survey and Development	5년(68~72)	499,200	1,271,972,625	FAO	산림청
10. 연근해어업 기술 훈련소 Coastal Fishing Training Center	4년(68~72)	1,117,600	407,514,525	FAO	수산청
11. 수산전문가단 Fishery Advisory Services	1년(68~69)	121,100	11,184,525	FAO	수산청
12. 관정식 관개사업 Tubewell Irrigation	2.5년(68~70)	729,100	583,991,465	FAO	농림부

Ⅲ. 신청 중인 사업	사업기간	주요 자금		집행기구	주관부
		UNDP/SF 할당금($)	정부부담금(₩)		
1. 지역계획사업 Regional Physical Planning	2년(69~70)	621,000	132,210,000	UN	건설부
2. 식품연구소 Food Technology Institute	4년(69~73)	1,187,550	423,362,500	UN	농림부
3. 농작물병충해 방제사업 Plant Protection Research & Training Project	5년(69~73)	990,000	468,481,475	UN	농림부

출처 : 과학기술부 과학기술협력국, "UNDP/SF 단위사업 추진현황" (1969.5.31), BA0852057, 국가기록원.

앞선 자료에 따르면 1960년대에 한국 정부는 농업 생산량을 증가시키기 위해 유엔특별기금과 유엔 식량농업기구FAO, 그리고 기타 유엔 산하 기구들의 도움을 받아 토양

조사, 병충해, 적합한 작물 종류 조사, 토지 유형 조사, 관개 사업, 농지 개간 등의 사업을 전개했다. 1964년 UNDP는 토양의 지리적 분포에 대해 상세한 지도를 만들었는데, 이는 농부들에게 효율적인 토지 활용과 토양 유형에 적합한 작물 종류, 지역과 토양 환경에 맞는 비료 사용 등의 정보를 제공하기 위해서였다. 또한 양적인 측면에서뿐만 아니라 질적인 측면에도 역점을 두어, 체계적이고 지속적인 농업 생산량을 확보하기 위해 연구소를 설립하거나 전문가 양성 등의 사업도 병행했다.

3) 활동 사례

(1) 전기통신훈련소(Telecommunication Training Centre) 설치 사업

한국 전쟁으로 인해 80퍼센트 이상이 잿더미로 변한 한국의 전기 통신 시설은 휴전 이후 해외 원조에 힘입어 피해 복구에 박차를 가했다. 한국은 1950년 10월 10일에 국제전기통신연합International Telecommunication Union, ITU의 가입이 확정되었으나, 1952년 1월 31일에서야 정식으로 가입국이 되었다. ITU는 1950년대부터 국제적십자International Red Cross, 국제노동기구ILO, 국제통화기금IMF 등과 함께 유엔 안전보장이사회UNSC의 총괄하에 한국의 안정과 구호에 나섰던 기구다. 1959년 13차 유엔 총회의 활동보고서에는 한국의 재건 문제에 관한 보고와 기술 지원 사업들에 대한 토의 내용이 들어가 있는데, 거기에는 ITU가 주관하는 사업도 2건이 들어가 있었던 것으로 확인된다.[24]

한국은 1960년대로 접어들면서 일반 사회나 정부 일각에서 전기 통신의 중요성을 인식하기 시작했고, 1961년 말에 새로운 통신법의 제정으로 전기 통신의 발전이 세간의 관심을 끌게 되었다. 특히 경제 개발 5개년 계획에는 전국을 연결하는 전신Telex 네트워크 구축 계획이 포함되어 있었는데, 여기에 필요한 무선 전파와 무선 회로의 주파수 할당 관리 같은 다수의 분야에서는 국내의 실무 역량이 너무나 부족한 상황이었다. 따라서 한국 정부는 다양한 경로를 통해 유엔 산하 기구들에 관련 사업 계획서를 제출하거나 지원을 요청했고, EPTA에 요청한 기술 교육 지원도 그 중 하나였다. 이러한 내용

24 2건의 사업은 "Long Line Traffic Single Side Band Radio Systems" 및 "Frequency control and monitoring"이었다. UN, "유엔총회, 제13차(주요위원회 활동보고)" (1958), H-0001, 0985~1268, 외교부 외교사료관.

은 한국 정부가 EPTA에 요청한 1965-66년 프로그램 목록에서도 확인할 수 있다.[25]

> Under the 5-year plan of economic development nation-wide teleprinter exchange net-works are being planned. It is proposed to train one fellow in the various aspects of telex system planning. There is a shortage of personnel with practical training in the fields of radio propagation and the management of frequency allocations for radio circuits and so it is proposed to train one fellow in this field.[26]

이처럼 한국 정부가 UNDP의 기술 지원 펠로우십Technical Assistance Fellowship 프로그램을 통한 전문가 양성이 필요하다고 요청한 대목에서는 당시 한국의 실정이 그대로 드러난다. 이 분야에서 전문가가 거의 없거나 부족하다는 사실이 확인되기 때문이다. 특히 1962년 6월 29일 체신부에서 제1차 통신 사업 5개년 계획을 공포한 배경에도 통신 시설 개선과 시설 관리 및 서비스 제공을 위한 전문 인력이 절대적으로 부족했던 현실이 자리하고 있음을 추정해볼 수 있다.

한국 정부의 통신 분야 전문가 양성 요청에 대해 UNDP는 유엔 산하 교육 담당 기관인 유네스코의 해외훈련처 고등교육국을 통해서 두 명의 한국인에게 유네스코 펠로우십 프로그램을 제공하였다. 그 덕분에 이유한Yuhan Lee과 홍순복Soon Bok Hong이란 이름의 두 한국인은 각각 고체물리학 분야 2년 과정과 수학 분야 10개월 과정을 이수할 수 있었다. 이는 유네스코 해외훈련처 고등교육국이 당시 한국 외무부에 보내온 전문에서 그 내용을 확인할 수 있다.

> I have the honour to inform you, on behalf of the Director-General that Mr. Yuhan Lee has been awarded a Unesco fellowship, under the Organization's United

25 UNESCO Korea TA Programme for 1965-1966, "Annex II Programme Short-term Project Data Sheet" (1966), X07.21 (519.13) TA 65/66, UNESCO Archives.

26 UNESCO Korea TA Programme for 1965-1966, "Project title: Telecommunications" (1966), TA 65/66, UNESCO Archives.

Nations Development Programme (1965/66) Technical Assistance) for studies in the field of Solid State Physics.

The duration of this fellowship is two years […]

I have the honour to inform you, on behalf of the Director-General that Mr. Soon Bok Hong has been awarded a Unesco fellowship, under the Organization's United Nations Development Programme (1965/66) Technical Assistance) for studies in the field of Mathematics.

The duration of this fellowship is ten months […][27]

한국에 전기통신훈련소를 설치하는 사업은 1962년 5월 23일 유엔특별기금 8차 관리 이사회에서 만장일치로 최종 승인되었다.[28] 이 사업을 승인한 후 유엔특별기금 관리 이사회에서는 외무부 방교국장[29] 최운상에게 전문을 발송하여 그 사실을 통보했다.

WOIMUBU SEOUL

219 WOONSANG CHOI SPECFUND REQUEST WE INFORM YOU

TELECOMMUNICATIONS TRAINING CENTRE APPOVED BY GOVERNING COUNCIL.

CORRY[30] TECABOARD[31]

사업 승인이 떨어진 후, 국제전기통신연합의 기술협조부장인 선드람Venkat R. Sundram과 해당 기구의 사무국장이 8월 7일부터 15일까지 한국을 방문하여 체신부와 120만 달러

---

27 UNESCO Korea TA Programme for 1965-1966 (1966).

28 유엔특별기금 8차 관리 이사회에서 통과한 41건의 사업 중 한국의 전기통신 신청 사업은 아무런 반대 발언이나 조건부 의견없이 만장일치로 승인되었으며, 해당 기금 원조액의 규모로는 6위에 해당되었다. 외무부, "유엔 특별기금 제8차 관리 이사회," 착신 전보 NW-0546호 (1962.5.24), 국가기록원.

29 방교국은 외무부의 해외 공관을 지휘 감독하는 역할을 한다. 산하에 외무부 국제연합과·국제기구와 조약과를 두고 있다.

30 J. N. Corry는 TAB 지역 대표 및 유엔특별기금 극동지역 국장(Regional Representative of TAB and Director of Special Fund Programmes in the Far East)으로, 당시 사업 신청부터 진행까지 한국 정부가 극동 지역 사무실에 연락을 취해 제네바 사무국에 전달되는 방식이었다.

31 외무부 방교과, "유엔특별기금(UNSF) 자금지원에 의한 사업 1962" (1962), 국가기록원.

의 원조 시행 계획에 대한 협의를 진행했다. 이어서 1962년 10월 1일 한국 정부를 대표한 체신부 장관 배덕진과 유엔특별기금을 대표한 호프만Paul. G. Hoffman 사무총장, 그리고 국제전기통신연합을 대표한 그로스Gerald C. Gross 사무국장이 전기통신훈련소 운영 계획서에 서명함으로써 사업의 공식적인 시작을 알렸다.

본 사업은 1963년 3월부터 1968년 2월까지 5년에 걸쳐 진행된 사업이었으며, UNDP의 지원 사업 가운데 정보 통신 영역에서는 첫 사업이었다. 전기통신훈련소는 한번에 약 150명을 수용할 수 있는 규모로 서울에 설치되었고, 설비 개선, 전기 통신 기술자 양성, 전기 통신 기술자 재훈련 등의 사업을 핵심으로 신규 채용된 공무원 교육은 물론이거니와 추가적으로 체신부 현직 공무원에 대한 재교육 과정도 마련했다. 교육 과정은 11개의 각기 다른 과정으로 편성되었고, 교육 기간은 4개월부터 12개월이었으며, 각 과정에는 5~25명 내외의 훈련생들이 편성되었다.

한국 정부와 UNDP 사이에 체결된 협정에 따라 UNDP는 상담자와 운영 전문가, 국내에서 조달이 용이치 않은 기자재, 정부 추천 장학생 등의 용역 사업에 주력했다. 이 사업들에는 UNDP의 다른 지원 사업들과 같이 전문가 지원 용역이 제일 높은 비율을 차지했으며, 기자재 공급, 장학생 지원 등이 그 뒤를 이었다. 사업비의 출처에는 UNDP 측과 한국 정부 측의 비중이 거의 비슷한 것으로 나타났는데, 구체적인 자금 구성은 다음 표에서 확인할 수 있다.

〈표2〉 UNDP 자금

비목	전문가	장학생	기재	기타 운영비	실행기관예비비	계
금액(미화)	636.234	71.580	470,000	20.931	98.200	1,296.745
비율	49%	5.5%	36.2%	1.6%	7.5%	99.8%

〈표3〉 정부 자금

비목	인건비	자산	기타 운영비	현지불입금	계
금액(한화)	45,753,00	81,004,000	61,237,000	19,885,915	209,880.915
비율	22%	38.9%	29.5%	9.6%	

출처 : 외무부 국제기구조약국 국제기구과, "ITU의 전기 통신을 위한 UNDP 추가 원조 계획," 1969년, DA0095618, 국가기록원.

사업이 종료될 때까지 해당 훈련소를 거쳐간 연수생은 총 1,492명으로 집계되었다. 연수 프로그램은 기업 회계, 기술 관리, 자동, 회선 통제, 수동 호환, 마이크로웨이브, 무선 등 다양한 분야를 포괄했다.

〈표 4〉 사업 훈련 실적 (1969년 3월 31일 기준)

연수 분야	인원	연수 분야	인원
트라픽(traffic)	176	전송및반송(carrier&transmission)	67
기업회계(Revenue accounting)	154	회선통제(network control)	20
기술관리(Engineering management)	17	무선(Radio)	96
전신(Telegraphy)	151	선로((Outside plant)	136
자동(Auto strowger and EMD)	251	연공(Cable splicing)	57
전원(Power)	47	마이크로웨이브(Microwave)	256
수동호환((Manual Exchange)	64		

출처 : 외무부 국제기구조약국 국제기구과, "ITU의 전기 통신을 위한 UNDP 추가 원조 계획," 1969년, DA0095618, 국가기록원.

한편 사업 진행 과정에는 초기에 수립된 계획이 여러 차례에 걸쳐 수정되는 일도 있었다. 1962년에 한국 정부가 ITU-UNDP와 협정을 체결하고 나서 1964년 1월 28일에 1차 사업 수정이 있은 뒤로 1968년 12월까지 총 7차례의 수정이 이루어졌다. 구체적인 수정 사항들은 관련 문서들이 공개되지 않아 확인이 어렵지만, 초기의 사업 자금 배당과 관련해서는 수정이 거의 없었다.[32]

이 사업이 종료된 시점은 1968년 2월이었다. 전체적으로 볼 때 2009년까지 UNDP가 한국에서 실시한 275개 사업들 가운데 정보 통신 사업은 5건이 있었는데, 지원이 집중됐던 농림수산업, 공업, 과학기술, 일반 개발 사업[33]이 차지한 비중과 비교하면 정보 통신 사업은 중점 분야는 아니었다. 특히 전기 통신 사업에 대한 추가 원조 신청과 관련해서는 정부가 주저한 흔적도 엿보인다. 이러한 사실은 1969년 말부터 1970년 초 사이에 주제네바 한국 대표부의 이규창 대표가 비공식적으로 입수한 정보를 취합해 국내 관련 부서에 여러 차례 발송한 전문을 통해 확인할 수 있다. 예컨대 주제네바 대표부에

32 각주 31의 자료.

33 1963년부터 2009년까지 농림수산업 36개, 공업 49개, 과학기술 39개, 일반개발 48개의 사업이 진행되었다.

서 1969년 12월 1일자로 한국의 체신부 장관에게 발송한 "전기 통신을 위한 UNDP 추가원조 계획"이라는 제목의 전문에는 다음과 같은 내용이 등장한다.

> [···] ITU는 전기통신을 위한 추가원조 계획에 따라 태국, 말레이시아, 수단, 이라크, 베네주엘라 등 국가에 원조를 제공하고 있는 한편, 아프카니스탄, 터키, 말라가시공화국, 이란 등 국가에서 신청한 동 추가원조 계획을 심사하고 있다고 하는 바, 이에 대하여 ITU 사무국에 근무하고 있는 김성환 씨를 통해 수집한 자료를 별첨과 같이 송부하오니 관계부처에 이송하여 주시기 바랍니다.
> 이에 관련하여 한국은 작년 3월 동 기구 밀리Mohamed Mili 사무총장의 방한을 계기로 동 추가원조계획에 포함될 수 있는 가능성이 충분히 있었음에도 불구하고 한국정부의 미온적인 태도로 실기하고 있다는 정보가 있음으로 이를 참고로 보고합니다.[34]

상기 원문과 유사한 내용은 12월 11일자와 16일자 공문에서도 재차 발견되었다. 그리고 이듬해 1월 19일자로 주제네바 대표부가 보낸 공문에 따르면, ITU가 정보 통신에 관한 UNDP의 추가 원조 계획에 대해 한국 정부로부터 신청서를 접수받지 못하고 있다며 관계 부처에 문의해 알려 달라고 한 내용이 적혀 있었다.[35]

이후 확인된 바로는 1972~76년 사이에 정보 통신 사업 하나가 추가되었고, 1982년에 새로이 2개 사업, 그리고 1997~2004년 사이에 UNDP의 지원을 받는 전기 통신 사업 하나가 마지막으로 추진된 것으로 확인된다.[36]

그렇다면 당시 한국 정부는 왜 전기 통신 분야에 대한 추가 지원을 받는 데 소극적이

34 외무부 국제기구조약국 국제기구과, "ITU의 전기 통신을 위한 UNDP 추가 원조 계획," 1969년, DA0095618, 국가기록원.

35 외무부, "UNDP(UN 개발계획) 지원 ITU(국제전기통신연합) 사업 참여, 1969-1970" (1970), DA0095618, 국가기록원; 1970. 1. 19일자 주제네바대표부에서 체신부 장관에게 발송한 전문, "[···] UNDP 추가 원조 계획에 대하여 ITU로서는 현재까지 우리정부로부터 신청서를 접수치 못하고 있다고 하는 바, 동원조 계획추진사항 및 정부입장을 관계부처에 문의하여 당대표부에 통보하여 주시기 바랍니다."
1970. 3. 11일자 외무부에서 체신부 장관 앞으로 발송한 전문, "[···] ITU 전기통신을 위한 UNDP 원조를 과학 기술처에서 주관한다고 하므로 연호 공한으로 송부한 동원조 관계 자료를 과학 기술처에 이송하여 주시기 바랍니다."

36 교육과학기술부 (2009: 18).

었을까? 한국의 전기 통신의 역사를 되돌아보면, 1961년부터 1980년까지의 시기는 전기 통신 사업이 정부가 직접 운영한 사업들 가운데 유일하게 흑자를 기록하던 시기였다.[37] 관련 종사자들이 모두 공무원 신분이어서 인건비가 저렴한 데다 통신 시설의 감가상각 비용이나 원료비가 적게 들었던 게 그 이유였다. 그러나 인건비가 저렴하다는 것은 상대적으로 통신 인력의 질적인 보장이 어렵고, 기술력 있는 근로자의 유입을 막는 결과를 가져왔다. 그렇다고 고급 인력들을 양성하기도 어려웠다. 전기 통신의 중요성은 물론 인식하고 있었지만, 국가 발전 계획에서 전기 통신 분야가 우선 사업은 아니었기 때문이었다. 오히려 전기 통신에서 거둔 흑자를 그밖의 사업들에서의 적자를 보전하는 데 쓰느라 정작 전기 통신에 대한 투자는 제대로 이루어지지 않는 상황이었다.[38] 그런데 만약 정부가 UNDP로부터 전기 통신 분야의 지원을 추가로 받게 되면, 그와 거의 비슷한 비율의 대응 자금을 정부도 부담을 해야 했다. 즉 정부로서는 그렇지 않아도 전기 통신 사업에서 얻은 수익을 다른 우선 사업들로 돌리는 판국에, 굳이 지원을 받아서 정부 자금을 전기 통신 분야에 투입할 이유가 없었던 것이다.

이후로 전기통신훈련소는 1970년 2월에 체신공무원교육원[39]과 통합하여 체신공무원훈련소로 개편하면서 점차 공무원 교육에 중점을 두는 걸로 바뀌었다. 그러던 1972년 10월 18일에는 신상철 체신부 장관이 훈련소 운영규칙 폐지령에 서명함으로써 '전기통신훈련소'라는 명칭하에서의 공식 활동은 중지되었다.[40] 그리고 다시 1977년부터는 체신공무원훈련소가 '체신공무원교육원'이라는 명칭으로 변경되면서 체신 사업에 필요한 학술 이론과 응용 방법을 연구하고, 체신부 소속 공무원들의 재교육 등에 관한 사무를 관장하게 되었다.[41]

---

37 진년강, "한국전기통신의 100년," 『한국통신학회 학술대회』 (1985.1), p. 6.
38 위의 자료, p. 12.
39 1962년 1월에 설치된 체신공무원훈련소가 1964년 10월에 체신공무원교육원으로 명칭이 변경되었다.
40 체신부, "전기통신훈련소운영규칙폐지령(제482호)," 체신부병제 482호 (1972.10.18), 국가기록원.
41 국가기록원, 기록물 생산기관 변천정보 http://theme.archives.go.kr (검색일:2019.10.21).

02 유엔의 경제 개발 견인 역할

이 글은 한국이 전쟁의 상흔을 딛고 1960~70년대 산업화 시기에 놀라운 경제 성장을 이루는 데 있어 물적, 기술적 바탕을 제공함으로써 한국의 경제 도약의 선행 조건을 만들어준 세계은행The World Bank의 창설과 주요 활동에 대한 역사기술학적 저술이다. 본 저술을 위해 세계은행사료보관소World Bank Group Archives의 도움으로 해당 기관에 보관된 세계은행의 대對 한국 지원 활동에 대한 1차 사료들을 수집하여 해제 및 분석을 실시했다. 이를 바탕으로 1960~70년대의 관련된 활동 내용과 예산 집행 등을 파악하고, 특히 한국 정부가 경제 성장 정책을 추진하는 데 있어서 세계은행이 어떤 도움을 주었는지에 대해 확인하고자 했다.

1) 브레튼우즈 체제의 출범

(1) 세계은행의 창설 배경

유엔 체제가 출범한 배경과 같은 시대적 상황 속에서 2차 대전 이후 서방 국가들은 사회주의의 확산을 어떻게 해서든 막아야만 했다. 이런 가운데 전후 복구 지원을 위한 국제 은행을 설립해야 한다는 주장이 록펠러 재단Rockefeller Foundation의 엄청난 재정적 지원을 바탕으로 한 미국 뉴욕 소재의 싱크탱크인 외교협회Council on Foreign Relation에서 제기되었다. 또한 금본위제로 되돌아가자는 주장도 나오는 가운데 미국과 영국은 '브레튼우즈 체제Bretton Woods System'의 창설에 나섰다. 미국은 그간 자신들의 이익 추구에 가장 큰 장애가 되었던 국가 간의 폐쇄적이고 배타적인 블록 시장과 대공황과 같은 경제 환란을 되풀이하지 않기 위해 1944년 국가 간 화폐 관계를 정립하고, 국제 통화를 관리, 규제할 수 있는 '경제 금융 제도적 장치'로서 '브레튼우즈 체제'를 만들었다. 브레튼우즈 체제를 창설하게 된 배경에는 인간의 합리적 이성을 중시하는 '계몽주의Enlightenment' 사상과 자유 시장, 자유 무역, 분권화를 중시하는 '자유주의Liberalism' 사상이 있었다. 자유주의 사상은 개인의 인권과 권리, 법의 지배, 권력 분립, 자유로운 경제 활동과 이를 가능케 하는 시장 경제를 가장 중요한 가치로 여긴다. 과거 고전적 자유주의자들은 경제 활동에 대한 정부의 간섭을 배제하고, 기업가의 자유로운 경제 활동과 개인의 재산권을 강조하며, 경제 활동은 자유로운 시장 질서에 맡겨야 한다고 주장했다. 반면 사회적 자유주의자들은 공공 서비스, 대중 교육, 과세, 복지 혜택 제공 등을 통한 정부의 시장 개입을 주장했다. 경제적 자유주의는 고전적 자유주의와 일맥상통하며, 개인이 갖는 재산권과 계약의 자유를 강조한다. 특히 무역 장벽을 철폐하고, 정부의 보조금 지원과 시장 독점이 인정되지 않는 자유방임적 자본주의를 지지한다. 이는 정부가 개입할 경우 자중손실Dead Weight Loss이 발생한다는 믿음에서 비롯된 것이었다. 따라서 경제적 자유주의자들은 시장에 대한 정부의 규제를 기본적으로 반대하는 데 반해 독점과 카르텔에 대해서는 정부의 규제를 받아들여야 한다고 주장하며, 자유 경쟁의 결과로 인한 경제적 불평등을 인정해야 한다고 생각한다.[42] 미국은 이러한 믿음하에 자본주의와 자유 무역의 확대가 개별 국가의 부를 증대시키고, 상호 의존성을 높임으로써 전쟁 발발의 가능성도 낮춘다고 확신했다. 또한 그들은 이러한 믿음을 바탕으로 21세기까지 모든 세계 경제 질서를 재편해 가기 시작했다.

더불어 미국은 기존의 배타적 통화와 무역 블록, 고율의 관세, 수출 경쟁력 제고를 위한 통화 가치 조작 등으로 피해를 입은 국가들의 불만이 세계 대전 발발의 내재적 동인으로 상당 부분 작용했다고 판단해 이를 근본적으로 제거하기로 결심했다. 이러한 결심에는 앞서 밝힌 미국의 싱크탱크인 외교협회의 자문이 영향을 미친 것도 사실이다. 아무튼 그 결과 미국을 포함한 45개 동맹국들은 국제통화기금International Monetary Fund, IMF과 국제부흥개발은행International Bank for Reconstruction and Development, IBRD을 설립하고, 관세 및 무역에 관한 일반협정General Agreement on Tariff and Trade, GATT을 체결했다. IMF는 단기적인 국제수지 적자를 해소하기 위한 자금 조달의 목적으로 국제적 신용 기관을 설립하는 것이

42 이에 비해 신자유주의(Neo-liberalism)는 정부의 실패와 복지 국가가 갖는 큰 정부로서의 비효율성을 비판하며 정부 규제 최소화와 시장의 역할을 중시한다.

필요하다는 공감대가 형성되어 설립되었고, IBRD[43]는 전후 경제 재건을 지원할 목적으로 설립되었다. GATT[44]는 무역 분쟁의 해결과 무역 장벽의 축소를 위해 설립이 추진되었다.

그런데 시간이 흐르면서 브레튼우즈 기구들Bretton Woods Institutions, BWIs은 설립 당시 합의했던 것과는 다른 역할을 하기 시작했다.[45] 브레튼우즈 체제가 설립된 이념적 배경이었던 신자유주의 이데올로기는 경제를 제도적으로 제어하지 않고 자기 규제와 자유 시장에 맡기는 것이 가장 좋다고 주장했는데, 이제 해당 기구들이 세계 경제를 관리하려 들기 시작한 것이다. 그러자 이로 인해 브레튼우즈 체제에 대한 반발이 거세어졌다. 세계은행의 헌장에 따르면 지원을 받는 국가의 국내 정치 문제에 기구의 개입을 엄격히 금지하도록 되어 있다. 하지만 미국의 수도 워싱턴D.C.에 자리 잡고 있는 브레튼우즈 기구들은 미국이 분담금에 비례하는 기관 내 투표권지분을 가장 많이 보유하고 있고15.85%, 미국 내 금융기관과의 밀접한 관계 속에 운영되고 있기 때문에 미국의 정치경제적 입장에서 자유롭기 어려운 것이 현실이다.

(2) 세계은행의 주요 업무와 조직 구조, 지원 조건

IBRD가 공식 출범한 해는 1946년으로, 초대 총재직에는 유진 마이어Eugene Meyer가 임명됐다. 당시 뉴욕 월가의 가장 영향력 있는 금융인 중 하나이자 「워싱턴포스트」의 소유주였던 그의 임명에는 미국 정부의 입김이 크게 작용했다. 이후 국제금융공사Int'l Finance Corporation, IFC, 1956년 설립, 국제개발협회Int'l Development Association, IDA, 1960년 설립, 국제투자분쟁해결센터Int'l Center for Settlement of Investment Disputes, ICSID, 1966년 설립, 국제투자보증기구Multilateral Investment Guarantee Agency, MIGA, 1988년 설립 등이 차례로 신설되어 IBRD와 함께 명실공히 세계은행그룹World Bank Group, 이하 세계은행으로 확대 개편되었다. 그리고 각 기관의 구체적인 업무는 다음과 같다.

---

43 이후 World Bank로 확대 개편되었다.

44 1995년에 외국인 투자 규제 및 지적 소유권 등 여타 분야의 개방을 촉진하는 WTO로 확대되었다.

45 이러한 기조는 현재까지도 유지된다.

우선 IBRD는 회원국들 가운데 개발 도상국 정부들을 상대로 차관loan의 형태로 각종 개발 사업을 위한 금융 지원을 하며, 차관 보증 업무와 관련 자문 등을 병행한다. 또한 IBRD는 국제 금융 시장에서 기관 자체의 신용도를 바탕으로 저리로 돈을 빌려 일반 시중의 이자 수준으로 경제적 신용도가 있는 개도국에게 차관을 제공한다.

IDA는 일인당 국민 총생산GNP이 미화 1,025달러 이하인 저개발 국가들을 대상으로 IBRD와 유사한 형태의 지원을 한다. IBRD와의 차이점이라면, 신용도가 낮은 국가들을 상대로 차관을 제공한다는 점이다. IDA의 차관은 이자가 없으며, 약 0.75퍼센트의 수수료만 부과된다. 특히 상환 의무가 없는 양허성 자금grant도 제공한다. IDA의 재정은 회원국들로부터 거둬들인 분담금이 대부분이며, 이를 바탕으로 연간 미화 약 60억 달러를 집행한다.

IFC는 개발 도상국들의 민간 부문의 발전을 지원하는 기관이다. 특히 차관은 물론 주식 투자 등도 병행하며, 민간 금융 기관과도 협력하는 것을 가장 큰 특징으로 한다. MIGA는 개발 도상국들에 대한 투자 촉진을 위한 투자 리스크 보증 업무를 담당한다. ICSID는 해외 투자가와 국가들 간에 발생하는 투자 관련 분쟁의 중재 업무를 담당한다.

세계은행은 차관 제공은 물론 파생 금융 상품 등을 만들기도 했으며, 회원국들로부터 거둬들인 수십억 달러의 신탁 기금을 운용해오고 있다. IBRD는 세계은행 내의 기관들 가운데 가장 큰 기관으로 자금 운용을 통해 연 평균 미화 10억 달러 이상의 이윤을 창출하고 있으며, 이 돈 중 일부를 세계은행 내 자매 기관인 IDA에 공여하고 있다. 현재 IBRD는 189개, IDA는 173개 회원국으로 구성되어 있으며, 내부의 최고 의결 기구는 각 회원국의 대표들로 구성된 총회Board of Governors이다.

세계은행의 지원을 받기 위해서는 원칙적으로 회원국의 자격을 획득해야만 한다. 하지만 세계은행의 회원국이 아니더라도 국제적 여론이 조성되고 회원국들 간에 공감대가 형성될 경우에는 지원을 받을 수도 있다. 단, 미 국무부의 테러 지원국 리스트The List of State Sponsors on Int'l Terrorism에 포함된 국가의 경우는 미국의 해외원조법에 따른 지원 금지 조항으로 인해 회원국이 될 수 있는 자격이 원천봉쇄된다. 이는 세계은행이 미국의 정치적 영향력하에 있는 현실을 여실히 드러내 준다.

2) 세계은행의 대對한국 지원 활동

(1) 지원의 시초

1953년 한국과 미국 정부는 『경제재건 및 재정안정계획에 관한 합동경제위원회 협약The Agreement of the U.S.-Korean Joint Economic Committee Concerning Economic Reconstruction and Financial Stabilization』을 체결하였다.[46] 그리고 이를 바탕으로 정부의 관리 경제 지양, 자유로운 경제 활동을 위한 자유 기업주의와 해외 민간 투자 촉진, 농촌 경제의 활성화를 위한 자립적인 수단 개발, 일본을 포함한 외국과의 정상적인 상업 관계를 촉진하는 것에 합의했다. 그리고 미국은 1950년대 재건 시기와 1960~70년대 산업화 시기 동안에 엄청난 규모의 지원을 함으로써 한국이 전통적인 사회를 탈피하고 경제 도약을 하기 위한 선행 조건을 갖추는 데에 커다란 기여를 했다.

세계은행당시는 IBRD은 1952년 8월 4일 대對한국 지원과 관련된 최초의 사업이었던 '한국 경제 조사 사업'을 실시하였다. 당시 조사를 통해 세계은행은 한국 전쟁으로 인해 막대한 피해가 초래됐고, 이를 극복하기 위한 공공 사업과 민간 소유의 공장 및 설비를 위한 투자, 주택 건설 등의 사업을 위해서는 상당한 자금 수요가 발생할 것이라고 분석했다.[47] 이를 바탕으로 1954년 9월 28일에 세계은행은 자체 결의안 88호를 채택하고, 한국을 IBRD의 회원국으로 받아들였다.[48] 그리고 뒤이어 1955년에는 IMF, 1961년에는 IDA, 1964년에는 IFC의 회원국으로 한국을 차례로 받아들였다.[49]

세계은행은 1950년대 한국의 전후 재건 시기에는 지원 활동을 하지 않았고, 1962년

---

46 외교통상부, "대한민국과 미합중국간의 경제재건과 재정안정계획에 관한 합동경제위원회 협정," (1953.12.14), CA0000015, 국가기록원.

47 Kyriakos Varvaressos and Rena Zafiriou, *The Position of the World Economy on the Eve of the Outbreak of the Korean War and the Post-Korean Developments and Prospects* (Washington D.C.: World Bank, 1952).

48 World Bank, "Terms and Conditions on which the Republic of Korea shall be admitted to Membership in the Bank," International Bank for Reconstruction and Development (IBRD) Board of Governors resolution 88, Board Report 83491 (28 September 1954).

49 UN, *Yearbook of the United Nations 1961* (New York: United Nations, 1961).

부터 본격적으로 시작해서 1990년대까지 한국의 경제 개발을 위해 다양한 지원을 실시했다. 이후 2000년대 들어서는 OECD 국가로 탈바꿈한 한국과 원조 공여국의 입장에서 파트너십을 맺고, 전 세계 개발 도상국들을 상대로 개발 협력 사업을 함께 해왔다. 반면 IMF는 금융 위기가 발생했던 1990년대 말 이전인 1960~70년대 기간 중에는 한국에 대한 지원 사업을 하지 않았다.

(2) 사회 간접 자본의 건설에 집중된 세계은행의 지원

1960년대에 들어서 한국은 기존의 전통적인 농촌 사회에서 벗어나 급격한 경제 성장을 바탕으로 제조업 중심의 산업 경제로 변모하기 시작했다. 로스토우Walt W. Rostow 등이 주창한 '근대화 이론'에 따르면 농촌 사회가 산업 경제로 변모하기 위해서는 정치사회적 구조의 근본적인 변화와 함께 산업 인프라 등이 갖춰져야만 한다. 하지만 당시만 해도 인프라 건설 사업은 큰 돈이 되지 않아 민간이 주도하기는 어렵고, 정부의 주도적 역할이 필수적이라는 게 정설이었다. 세계은행은 이러한 시기에 국제적인 정부로서 돈과 노하우가 부족했던 한국 정부의 역할을 대신하는 역할을 했다. 당시 박정희 정부는 고도의 경제 성장을 비전으로 세우고, 이를 위해 교통 인프라의 확충, 교육의 질 향상, 농업 생산성 제고 등을 도모했다. 그에 발맞춰 세계은행은 농업, 교통, 재정, 교육 등 사회 전반의 인프라 확충을 위한 사업을 집중적으로 지원했다. 1962년 세계은행IDA은 '영동선 철로 확장 사업Expansion and Integration for Yeongdong Line Railway Project'을 실시함으로써 실질적인 지원 사업의 포문을 열었다. 해당 사업은 그 무렵 승객과 물자 수송을 위한 철도 수요가 급증함에 따라, 선로 확장은 물론 철도 운영의 효율성을 제고하기 위한 역량 강화를 목적으로 1962~66년 기간 동안 미화 총 1,400만 달러를 한국의 경제기획원에 지원하는 방식으로 진행되었다.[50] 이후 세계은행은 보다 더 다양한 사업을 추진했는데, 대표적인 사업으로는 진주-순천 간 철도 건설 사업1962~1967년, 고속도로 건설 조사 사업1968년, 평택-금강 간 개간 사업 및 교육 물자 지원 사업1969년, 한국개발금융공사 설립 사업

---

50 World Bank, "Development Credit Agreement (Railroad Project) Between Republic of Korea and International Development Association," Credit Number 25 KO (17 August 1962).

1969년 등이 있었다. 특히 1960년대 내내 한국 경제의 현황과 전망을 분석하는 보고서를 발간하여 한국 정부의 경제 성장 노력을 객관적인 시각에서 평가하는 데 도움을 주었다.

이 중 1968년에 세계은행이 실시했던 '고속도로 건설 조사 사업'의 경우에는 당시 한국 정부가 향후 경제 성장을 뒷받침하기 위해서는 인력과 물자의 빠르고 효율적인 수송이 절대적이며, 따라서 고속도로 건설이 필수적이라는 판단하에 세계은행IBRD에 지원을 부탁함으로써 이뤄진 것이었다. 이에 세계은행IBRD, IDA 공동은 미화 총 350만 달러를 들여서 한국에 합동 조사단을 파견해 1965년부터 이듬해까지 관련 실태 조사를 벌였다.[51] 이를 통해 세계은행은 당시 한국의 일인당 국민 총생산이 불과 미화 150달러 수준밖에 되지 않지만, 앞으로의 경제 성장을 위해서는 이를 뒷받침할 교통 체계의 전면적인 개선이 필요하다는 결론을 내렸다. 그러자 한국 정부는 이 조사를 바탕으로 1968년 2월 5일에 경제장관 회의를 개최하고, 유류세와 통행세를 인상한 데 이어 대일청구권 자금 27억 원까지 포함시킴으로써 총 331억 원의 재원을 확보하여 고속도로 건설에 착수하기로 결정했다. 그 결과로 탄생한 것이 바로 경부고속도로였는데[52], 세계은행은 경부고속도로의 조사 사업만 지원을 하고 실제 건설 사업은 지원하지 않았다.

한편 한국의 산업화 초기에 한국 기업들이 장기 융자를 받을 수 있던 곳은 1954년에 설립된 산업은행이 유일했다. 하지만 1960년대 초부터 한국 경제가 빠르게 성장하면서 기업의 자금 수요가 크게 늘어났고, 산업은행만으로는 이를 감당하기 어렵게 되었다. 설상가상으로 1950년대 후반부터 미국 정부가 기존의 무상 원조를 유상 차관으로 전환하는 정책을 실시하면서 외자 유치마저 쉽지 않은 상황이었다. 그러자 한국 정부는 1965년에 개최된 세계은행·IMF 연차 총회에 대표단을 파견하고, 그 자리에서 한국이 처한 현실을 타개할 민간 개발 금융 회사 설립의 필요성을 역설했다. 이에 화답한 세계은행IBRD, IFC 공동은 1968년에 미화 총 500만 달러를 지원하여 한국 최초의 민간 개발 금

51 World Bank, "Proposal for a Technical Assistance and Engineering Credit for Highways Republic of Korea," Staff Appraisal Report TO642 (31 July 1968), World Bank.

52 최광승, "박정희는 어떻게 경부고속도로를 건설하였는가," 『정신문화연구』 제33권 (4)호 (2010).

융 회사인 <한국개발금융회사Korea Development Finance Corporation>를 설립했다.[53] <한국개발금융회사>는 1960~70년대 금융 수요에 대한 한국 기업들의 갈증을 해소하는 핵심적인 역할을 했으며, 1969년 증권거래소 상장, 1971년 한국투자금융 창설, 1975년 한국개발리스 창설, 1979년 한국장기신용은행 등으로 사세도 크게 확장했다.

또한 1969년에 세계은행은 당시 외화 부족으로 어려움을 겪고 있던 한국이 2차 경제개발 5개년 계획에 따라 식량의 자급자족을 달성하고자 하는 목표를 세운 데 대해 공감을 나타내고, 미화 총 4,500만 달러를 지원하여 평택과 금강 유역의 관개 시설 건설 사업, 종자 개량 및 다품종화 사업, 관개 수로 건설 및 강 하구 용수 활용 사업 등을 실시했다.[54]

세계은행IDA은 그 전해인 1968년에는 한국의 교육 환경에 대한 전반적인 실태 조사도 벌였는데, 이를 바탕으로 이듬해 한국에 미화 총 1,480만 달러의 자금을 지원하기도 하였다. 그와 더불어 한국의 경제 성장을 선도하고 있는 산업 분야에 양질의 인력을 공급할 수 있도록 27개의 공업고등학교와 5개의 직업기술학교, 4개의 사범대학에 상업, 과학, 기술 교육과 관련된 물자를 지원하고, 해외 농업과 기술 연수를 위한 사업을 실시했다.[55]

1970년대 들어 경제가 지속적으로 성장하는 가운데 한국 정부는 세계적인 경쟁력을 갖춘 중화학 공업을 육성하겠다는 원대한 포부를 가지고 관련 연구개발R&D 및 고급 인력을 양성하는 목표를 세웠다. 세계은행은 같은 기간 10개의 분야별 보고서와 8개의 경제 분석 보고서를 내고 총 46개 사업에 미화 총 26억 달러의 지원을 했는데, 이 가운데 약 30퍼센트를 교통 분야에 투입하는 등 사회 간접 자본 건설에 집중적인 지원을 했

---

53 World Bank, "Report and Recommendation of the President to the Executive Directors of the Bank and to the Board of Directors of the Corporation on a Proposed Loan by the Bank to and an Investment by the Corporation in the Korea Development Finance Corporation," President's Report P538 (31 January 1968).

54 World Bank, "Report and Recommendation of the President to the Executive Directors on a Proposed Loan to the Union of Land Improvement Associations for an Irrigation Project with the Guarantee of the Republic of Korea," President's Report P688 (30 April 1969).

55 World Bank, "Report and Recommendation of the President to the Executive Directors on a Proposed Credit to the Republic of Korea for an Education Project," President's Report P699 (31 May 1969).

다.[56] 그 주요 사업들을 살펴보면, 우선 1972년 유엔개발계획UNDP은 미국의 Lyon Associates 社와 영국의 <경제정보연구소Economic Intelligence Unit>에 의뢰해 한국의 항만 개발 보고서를 발간했다. 해당 보고서를 바탕으로 1973년 한국 정부는 인천항 건설을 위해 아시아개발은행Asia Development Bank에 요청해서 미화 총 2,530만 달러를 지원받았고, 같은 해 미화 총 1억3,100만 달러의 규모로 부산항과 묵호항 개발에 착수했다. 그 뒤 세계은행IBRD으로부터 추가로 미화 8,000만 달러를 더 지원받아 진행된 해당 개발 사업은 부산항에 300미터 길이의 컨테이너 정박 시설 2개와 7만 톤 규모의 저장고를 포함한 270미터 길이의 곡물 정박 시설을 갖춘 부두 및 기타 제반 시설을 건설하는 사업과, 묵호항의 부두를 확충하고 컨베이어 시설을 개선하는 한편 기계식 적하기를 포함한 각종 신식 항만 시설을 도입하는 사업으로 구성되었다.[57]

이후 한국 정부는 1977년에 2차 항만 사업을 추진했다. 당시 세계은행IBRD은 미화 총 6,700만 달러를 지원해 한국의 4차 경제 개발 계획1977~81년에 따른 부산항 확충 공사를 실시했다. 이를 통해 총 700m, 335,000m^2 규모의 컨테이너 정박 시설 및 접안 도로 건설, 부두 재건, 크레인 도입, 335,000m^2 규모의 컨테이너 적체 시설 건설 등의 사업이 시행되었다.[58]

1970년대에는 다양한 철도 건설 사업도 실시되었다. 당시 세계은행이 추진했던 사업을 살펴보면, IBRD와 IDA가 공동으로 미화 총 5,500만 달러를 지원해 진주-순천 간 80km 연장의 선로를 건설하고, 서울-경기북부-강원도를 잇는 350km 구간을 전철화했으며, 1,000km 선로 개선, 160량의 디젤 기관차 수입, 650량의 객차와 7,200량의 화차, 1,700개의 컨테이너 구입 및 시설 개선 사업과 관련된 기술 지원을 제공했다.[59]

---

56 World Bank, *World Bank Group and Republic of Korea: 60 Years of Partnership* (Incheon: World Bank Group Korea Office, 2015).

57 World Bank, "Appraisal of a First Port Project Korea," Staff Appraisal Report 111 (31 May 1973).

58 World Bank, "Loan Agreement (Second Port Project) between Republic of Korea and International Bank for Reconstruction and Development," Loan 1401 (12 April 1977).

59 World Bank, "Report and Recommendation of the President To the Executive Directors on a Proposed Loan and Credit to the Republic of Korea for a third Railroad Project," Recommendation of the President P790 (30 April 1970).

1971년 세계은행IBRD은 미화 총 5,450만 달러를 지원해 서울-김천, 인천-수원, 대구-마산, 대구-원주 구간 등을 포함한 총 10개 구간 1,400km 연장의 고속도로 건설과 전주-부산 간 총 372km 연장의 고속도로 건설을 목표로 타당성 조사를 실시하고, 이를 통해 확정하게 될 총 900km 구간에 대한 엔지니어링과 원주-강릉 간 총 100km 연장의 고속도로 건설 사업을 추진했다.[60]

마지막으로 세계은행은 한국 정부가 추진하던 생산 시설의 확충과 물자 조달, 민간 기업에 대한 투자를 촉진하기 위해 한국의 중소기업은행을 대상으로 두 차례에 걸쳐 미화 3,000만 달러1975년와 6,000만 달러1979년의 금융 지원을 실시했다. 또한 한국산업은행을 대상으로는 세 차례에 걸쳐 6,000만 달러1975년와 8,250만 달러1976년, 1억1,000만 달러1978년의 금융 지원을 실시했다. 나아가 한국 정부가 추진하던 중화학공업 육성을 지원하기 위한 미화 7,500만 달러의 금융 지원1976년, 영산강 관개 사업1972년, 농촌 신용 지원 사업1972년, 경주 관광 산업 개발 사업1973년, 2차와 3차 교육 지원 사업1973년, 1975년 등도 실행에 옮겼다.[61]

---

60 World Bank, "Loan Agreement (Highway Project) Between Republic of Korea and International Bank for Reconstruction and Development," Loan 0769 (22 July 1971).

61 World Bank (2015).

03 유엔의 원자력 기구 창설과 한국의 초기 핵정책

인류 역사를 돌이켜보면 과학 기술의 발전이 인간 생활에 얼마나 큰 영향력을 끼쳤는지를 쉽게 알 수 있다. 근대 이후 급속도로 발달하기 시작한 과학 기술의 영향력은 이전에 비해 매우 큰 폭으로 확대되었고, 오늘날 첨단 과학 기술은 인간 생활의 거의 모든 영역에 걸쳐 지대한 영향력을 행사하고 있다.

과학 기술의 진보가 생산성을 향상시키고 대량 생산을 가능케 하는 생산 기술의 급속한 발전을 가져오면서 그 결과로 경제 성장과 산업 발전이 일어나 공업화 사회가 형성되고, 이 과정을 통해 인간 생활은 날로 향상되었다. 이렇듯 과학 기술의 영향력이 확대되어감에 따라 오늘날 많은 사람들이 동시대를 규정하는 결정적 요인으로 '과학 기술의 발전'을 꼽는 데 주저하지 않으며, 현대 사회를 과학 기술과 분리하여 이해하는 것은 불가능하게 되었다. 오늘날 과학 기술의 발전은 우리 사회의 문화를 형성하는 매우 중요한 틀이 되었고, 권력 및 다양한 사회 집단들과 밀접한 연관을 이루고 있다.

돌이켜 보면 한국의 경제 성장의 역사 또한 과학 기술의 역사였다고 해도 과언이 아니다. 전쟁의 폐허 속에서 아시아 최빈국이었던 한국이 반세기만에 유례없는 초고속 경제 성장을 통해 세계 10위권의 경제 대국이 된 것은 다름 아닌 과학 기술의 힘이었다. 좁은 국토에 부존자원도 빈약한 한국이 이 같은 성장을 이룬 것은 과학 기술이 있었기에 가능한 일이었던 것이다.

그러나 전쟁으로 인해 한국 사회는 다른 분야와 마찬가지로 과학 기술 분야도 큰 타격을 입은 게 사실이었다. 정부는 한국 전쟁 기간 동안에 전시 체제를 운영하였기에 과학 기술의 진흥을 추구하기 어려웠고, 정전 후에도 과학 기술의 발전보다는 경제 재건에 우선 순위를 두고서 정부 사업을 추진했다. 따라서 전후 복구 기간인 1950년대 중후반에는 과학 기술과 관련돼 주목할 만한 계획이나 사업이 거의 없었다고 볼 수 있다.

그러나 원자력 분야에서만큼은 의미 있는 변화가 일어났다. 정부는 원자력 사업에 착수하기 위해 1956년 문교부의 기술교육국 내에 원자력과를 설치하고, 원자력 시설과 기술을 도입하기에 앞서 전문 연구 요원을 양성하는 사업을 추진했다. 그와 더불어 한국은 1957년에 국제원자력기구International Atomic Energy Agency, IAEA의 창설 회원국으로 가입하여 일찌감치 비핵화 의지를 표명한 바 있으며, 1959년에 창설된 원자력연구소는 한국에서는 처음으로 IAEA를 비롯한 선진국의 원자력 관계 기관 및 연구소들과 국제 협력 사업을 진행했다.

또한 IAEA에 조기 가입한 덕분에 한국은 해당 기구를 통해 국내 과학자들이 원자력에 관한 교육과 훈련을 받을 수 있는 기회를 얻을 수 있었으며, 당시만 해도 구하기 힘든 실험 장비들을 지원받을 수 있었다. 1970년대에 한국이 처음 원자력 발전소를 도입할 때도 IAEA가 한국의 원전 건설 타당성 조사를 수행하였고, 부지 선정과 건설, 시운전 분야 등에 많은 전문가들을 파견하여 한국의 원자력 발전에 큰 기여를 하였다. 이렇듯 지속적인 기술 지원과 전문가 파견, 그리고 국내 과학자들의 해외 연수 및 유학 지원과 같은 IAEA의 원조가 밑거름이 되어 오늘날 한국은 1978년에 고리 1호기의 상업 운전을 개시한 이래로 설비 용량 면에서 세계 6위의 원자력 발전국으로 성장하였으며, 24기의 원자력 발전소에서 생산되는 발전량이 2018년 12월 31일 현재 국내 전체 발전량의 약 27퍼센트를 차지하게 되었다.[62]

또한 한국은 1957년 IAEA에 가입한 이래 2009년까지 IAEA에 의한 기술 협력의 수혜를 받아왔으며, 기술 협력 사업에의 참여를 통해 국내 원자력 인프라의 강화와 기술 및 인적 자원 능력의 강화에 큰 도움을 받았다. 그러던 2010년부터는 IAEA의 기술 협력 원조를 더이상 받지 않는 공여국으로 전환하여 개도국 개발의 파트너 및 기술 공여국으로서의 역할을 수행하고 있다. 2019년도 IAEA 예산을 기준으로 한국은 정규 예산 분담금의 납부 규모가 637만7,886유로+97만2,161달러로 13위를 기록하고 있으며, 기술 협력에 관한 자발적 기여금은 169만556유로를 부담하고 있다.[63]

---

62 한국원자력산업협회, "국내 원전 현황," http://www.kaif.or.kr (검색일: 2019.2.22). 2001년 이후 국내 원자력 발전량은 전체 발전량 대비 30~40%의 점유율을 차지하고 있었으나, 고리1호기 영구정비(2017.06.18.), 월성1호기 전기설비 폐지((2018.6.20.)로 인해 2018년 12월 31일 현재 약 27%의 점유율로 감소되었다.

63 외교부, "IAEA 개황," http://www.mofa.go.kr (검색일: 2019.1.22).

이상의 논의를 토대로 본고에서는 우선 IAEA의 창설 과정과 주요 활동을 개관하고, 한국이 IAEA에 가입한 과정, 전후 복구 및 경제 재건 시기와 경제 성장 시기에 IAEA로부터 받은 원조 내용, 그리고 이러한 원조가 한국의 경제 발전에 어떠한 영향을 미쳤는지를 논의할 것이며, 이어서 한국이 IAEA에 가입한 이후 펼친 핵 정책 노선도 살펴볼 예정이다.

1) IAEA의 창설과 활동

(1) IAEA의 창설

국제원자력기구IAEA의 설립은 1953년 12월 8일 미국 아이젠하워 대통령의 8차 유엔 총회 연설에서 최초로 제기되었다. 당시 연설에서 그는 "원자력의 평화적 이용Atoms for Peace"을 제창하면서, 핵물질을 국제적으로 관리하고 원자력의 평화적 이용을 증진할 국제적인 원자력 기구의 설립을 제안하였다. 주된 관계국, 즉 다시 말해 미국과 구소련이 "우라늄 및 분열성 핵물질을 국제원자력기구에 공동 기여하며... (유엔 산하에 설치될) 동 기구는 동 핵물질의 접수, 저장 및 보호와 아울러 이의 인류를 위한 평화적 이용 추구에 기여 방안을 강구"[64]한다는 것이었다. 아이젠하워 대통령의 제안 이후 미국의 주도로 협상이 진전되었고, 그 결과 1956년 10월에 IAEA 헌장 초안을 최종적으로 채택할 IAEA 헌장 회의Conference on the Statute of the IAEA의 개최와 IAEA의 발족을 준비하기 위한 한시적인 기구로서 준비위원회의 설립이 이루어졌다.[65]

18개국으로 구성된 준비위원회는 헌장 발효 후 의제 및 의사 규칙 준비 등 1차 총회의 개최를 주관하며, 초대 이사회의 이사국을 지명하고 이사회 개최를 준비하는 임무 등을 수행하였다. 헌장이 발효되기 위해서는 캐나다, 프랑스, 구소련, 영국, 미국 중 최

64 "...make joint contributions from their stockpiles of normal uranium and fissionable materials to an international atomic energy agency... The atomic agency could be made responsible for the impounding, storage and protection of the contributed fissionable and other materials.... would be allocated to serve the peaceful pursuit of mankind." Ira Chernus, *Eisenhower's Atoms for Peace* (Texas: A&M University Press, 2002), pp. 11-19.

65 Elisabeth Roehrlich, "The Cold War, the developing world, and the creation of the International Atomic Energy Agency (IAEA), 1953-1957," *Cold War History* 16-2 (2016), pp. 197-201.

소한 3개국을 포함하여 18개국이 헌장 비준서를 기탁해야 했다. 그래서 1957년 7월 16일까지 18개국이 비준서를 기탁하였으나, 위 5개국 가운데 구소련만이 비준서를 기탁하여 헌장이 발효되지 못하다가 같은 달 29일 상기 5개국이 모두 비준서를 기탁함으로써 26개국이 비준서를 기탁한 상태로 헌장이 발효되었다. 이에 따라 IAEA가 공식적으로 발족하게 되었으며, 이후 1957년 10월 1일부터 10월 3일까지 오스트리아 비엔나에서 1차 총회가 개최된 것과 더불어 초대 이사회 회의가 열리면서 IAEA는 제 모습을 갖추어 나가게 되었다.

IAEA 회원국은 지위에 있어 차이가 있는 것은 아니지만, 명목상으로 창설 회원국 initial members과 기타 회원국other members으로 구분된다. 창설 회원국과 기타 회원국은 모두 회원국으로서 동등한 권리를 가지며, 주어진 의무를 성실히 수행하여야 한다. 창설 회원국이란 유엔 회원국 또는 유엔 전문 기구 가입국으로서 IAEA 헌장이 서명을 위해 개방된 날1956.10.26로부터 90일 이내1957.1.24에 헌장에 서명하고, 이후 헌장 비준서를 기탁국 depository state, 미국 정부에 기탁한 국가를 말한다. 유엔이나 유엔 전문 기구 회원국으로서 1957년 1월 24일까지 헌장에 서명한 국가는 한국을 포함하여 모두 80개국이었으나, 이후 라오스가 비준서를 기탁하지 않아 창설 회원국은 모두 79개국이다. 그리고 2019년 5월 현재 IAEA 회원국은 171개국이다.[66]

IAEA의 회원국은 주권 평등의 원칙에 기초하여 회원국으로서의 권리와 의무를 확보하고 있다. 회원국은 총회에 대표단을 파견하여 자국의 원자력과 관련된 정치, 외교, 기술적 내용에 대한 의견을 제시할 수 있고, 의제의 제안 등 적극적인 활동을 전개할 수 있으며, 투표에 의한 정책 결정시 투표권을 행사할 수 있다. 또한 IAEA 이사회의 이사국으로 피선되어 IAEA의 정책을 수립하는 기능을 수행할 수 있다. 기술 협력 및 원조와 관련하여 각 회원국은 일정한 절차에 따라 전문 분야별로 전문가 파견을 요청하고, 훈련생을 위한 각종 프로그램에 참여하며, 필요한 장비를 IAEA의 재원으로 확보할 수 있다. 기술 협력 및 원조와 관련된 권리는 특히 개발 도상국들에게 중요한 권리라고 할 수 있다.

---

66 IIAEA, "List of Member States," https://www.iaea.org (검색일: 2019.1.22). 북한은 1974년에 가입하여 1994년에 탈퇴하였다.

〈표 1〉 IAEA의 기능

구분	내용
원자력의 평화적 이용 촉진	• 평화적 목적의 원자력 연구, 개발 및 활용을 장려하고 지원 • 회원국의 요청이 있을 경우, 한 회원국의 다른 회원국에 대한 서비스 제공 또는 물질, 장비 및 시설의 공급 보장에 대한 중개자 역할 수행 • 평화적 목적을 위한 원자력의 연구, 개발 및 실제적 활용에 유용한 작업이나 용역 수행 • 개발도상국의 평화적 목적을 위한 원자력의 연구, 개발 및 활용에 필요한 물질, 용역, 장비 및 시설 공급 • 원자력의 평화적 이용에 관한 과학 및 기술 정보교환 촉진
핵물질 및 시설에 대한 사찰 및 검증	• NPT(핵비확산조약)에 근거한 안전조치협정에 따라 회원국 내에서의 특수핵분열성 물질(우라늄과 플루토늄) 혹은 기타 물질(천연우라늄과 토륨 등), 장비, 시설에 대한 안전조치(safeguards) 활동을 통해 군사적 목적으로 전용되지 않도록 보장 • NPT 가입국이 아니더라도 당사국들의 요청이 있는 경우, 핵물질과 핵시설에 대한 사찰 및 검증 조치 실시
원자력 안전 및 핵안보 증진	• 개인의 건강을 보호하고 생명이나 재산에 대한 위험을 최소화하기 위한 안전기준(safety standards) 설정 및 개발 • IAEA 통제나 감독 하에서 공급된 물자, 용역 장비 시설 및 정보뿐만 아니라 IAEA가 수행하고 있는 활동에 안전기준을 적용
기타	• 기구의 직무 수행에 유용한 시설, 공장 및 장비가 해당 지역내에 없거나, 있다고 하더라도 적당하지 않거나 만족되지 않는 경우에는 시설, 공장 및 장비를 획득하거나 건설

출처 : IAEA, "The Statute of the IAEA," https://www.iaea.org (검색일: 2018.9.22).

IAEA의 창설 목적은 IAEA 헌장 2조에 명시되어 있는 바와 같이 세계 평화, 보건 및 번영에 있어 원자력의 기여를 촉진하고 확대하며, IAEA가 제공한 지원 혹은 IAEA의 요청이나 감독 및 통제하에서 제공된 지원이 군사적 목적으로 사용되지 않도록 보장하는 것이다. 또한 헌장 3조에서는 IAEA의 기능을 원자력의 평화적 이용 촉진, 핵물질 및 시설에 대한 사찰과 검증, 원자력 안전과 핵 안보 증진 등으로 명시하고 있다.

IAEA는 이러한 목적과 기능을 달성하기 위해 1957년 창설 이래 현재까지 다양한 활동을 전개해오고 있다. 특히 1968년에는 핵무기비확산조약Treaty on the Non-Proliferation of Nuclear Weapons, NPT을 채택하여 1970년 3월에 발효시킴에 따라 안전조치위원회가 설치되어 모든 가입국에 IAEA와의 전면 안전 조치 협정의 체결을 요구한 바 있는데, 이는 핵 안전 조치의 개선을 위한 책임과 활동 증대 논의의 계기가 되었다. 또한 1991년 7월에 IAEA는 이라크의 NPT 의무 위반 사항을 발견하여 같은 해 9월에 핵사찰을 실시하였다. 1992년 4월에는 북한에 대한 IAEA 안전 조치 협정이 발표되고 5월에 핵 사찰이 개시되자, 1994년 6월에 북한이 IAEA를 탈퇴하는 일도 있었다.

(2) IAEA의 주요 활동

IAEA는 원자력의 평화적 이용을 증진하는 동시에 원자력 활동이 군사적 목적으로 전용되지 않도록 보장하는 것을 목적으로 하며, 이를 위해 안전 조치 및 검증 활동, 핵 안보, 원자력 안전 관련 활동, 기술 협력 활동 등을 수행하고 있다. 이러한 활동들을 간략하게 살펴보면 다음과 같다.[67]

첫째, 안전 조치Safeguards는 원자력의 평화적 이용에 수반되는 핵물질, 장비, 시설 등이 핵무기나 기타 핵폭발 장치의 제조에 전용되지 못하도록 검증하는 일련의 활동을 의미한다. IAEA 안전 조치는 특정 국가가 원자력 프로그램을 비평화적 목적으로 사용하지 않는다는 공약을 지키고 있는지를 검증verify하기 위한 IAEA의 제반 활동으로, 중립적 국제기구인 IAEA가 특정 국가의 평화적인 원자력 활동에 대해 믿을만한 확증credible assurance을 제공하는 기능인 것이다. 이러한 IAEA 안전 조치 체제는 양·다자간 협정, 수출 통제 체제 등과 더불어 국제 핵 비확산 체제의 핵심적인 역할을 수행하고 있다.

IAEA 안전 조치는 모든 국가에 자동적으로 적용되는 것이 아니라 IAEA와의 안전 조치 협정이 체결된 국가에 대해서만 적용이 가능하다. 현재 190개국이 가입한 핵비확산조약NPT은 비핵보유국이 IAEA와 안전 조치 협정을 체결토록 하고 있으며, 이에 따라 IAEA가 핵무기 및 핵폭발 장치의 개발, 제조 및 획득 방지 의무의 이행을 검증하고 있다. IAEA에서는 1년간의 안전 조치 활동 상황을 정리한 연례 안전 조치 이행 보고서Safeguards Implementation Report, SIR를 매년 6월 이사회에서 발표하고 있다.

IAEA의 안전 조치 체제는 계량, 격납 및 감시, 사찰로 구성되어 있다. 계량Accountancy은 핵분열성 물질의 위치, 핵연료 및 사용후 핵연료의 축적량, 핵물질의 가공 및 재처

67 Matthew Fisher, "IAEA safeguards at uranium mines provide more complete picture of countries' nuclear activities," *IAEA Bulletin* (June 2018), pp. 14-15; IAEA, "Safeguards and verification," https://www.iaea.org (검색일: 2019.3.23).

리 등에 대한 대상국의 보고를 말한다. 격납Containment 및 감시Surveillance는 물질의 분실 유무를 파악할 수 있도록 하는 봉인seals, 시설에서 벌어지는 활동을 녹화하는 카메라 등의 감시 장치를 통한 활동을 의미한다. 사찰Inspection은 봉인 확인, 장부 검증, 재고 조사 등 사찰관들의 독립적인 측정 및 관찰을 통해 얻은 결과와 해당 국가가 제공한 정보를 비교하여 핵물질의 목적 외 전용을 탐지하는 활동이다. IAEA 안전 조치 의무의 불이행이 발생할 경우 IAEA 이사회는 결의 채택을 통해 불이행 여부를 결정하며, 불이행이 결정되면 유엔 안보리는 필요시 불이행 국가에 대한 결의를 통해 경제적, 외교적 및 군사적 방법을 통한 제재를 부과할 수 있다. 현재까지 IAEA 이사회가 의무 불이행을 결정한 국가는 이라크, 북한, 이란 등이며, IAEA가 자체적으로 취할 수 있는 제재 조치는 IAEA 회원 자격의 정지, IAEA의 모든 지원 중단, IAEA가 제공하거나 지원한 모든 물질과 장비의 반환 요구 등이 있다.

둘째, 핵 안보Security는 원자력 안전Safety 및 안전 조치Safeguards와 더불어 원자력의 평화적 이용 증진을 위해 필수불가결한 요소로 인식되고 있다.[68] 핵 안보는 비국가 행위자non-state actors들의 의도적인 핵무기, 핵물질 획득을 방지하는 것으로서, 주로 방사능 누출 사고 등 비의도적 행위에 의한 결과로부터 사람과 환경을 보호하는 원자력 안전이나 국가 차원의 핵물질의 군사적 전용을 적시에 탐지하는 안전 조치와도 구별된다. IAEA는 4년 단위의 핵 안보 계획Nuclear Security Plan을 수립하여 시행하고 있으며, 2017년에는 '2018~2021 핵 안보 계획'을 승인하였다.[69]

2) 한국의 IAEA 가입

한국이 원자력을 처음 접한 시기는 한국 전쟁이 끝난 뒤 그로 인한 참화를 극복하기 위해 총력을 집중할 때였다. 배고픔과 가난이 상식으로 통하던 일인당 국민 소득 80달러의 시대에 원자력은 일종의 돌파구가 아닐 수 없었다. 당장의 전력 부족 문제를 해결

---

68 IAEA에서 Nuclear Security는 물리적 방호(physical protection) 개념과 동일시되고 있으며, 과거에는 '물리적 방호'라는 용어를 많이 사용하였으나, 최근에 와서는 '핵 안보'라는 용어를 주로 사용한다.

69 IAEA Director General, "Nuclear Security Plan 2018-2021," IAEA General Conference, Sixty-first regular session, Provisional agenda item 16, GC(61)/2414 (September 2017).

할 수 있다는 사실은 만성적인 전력난으로 국민 대다수가 전기의 혜택을 받지 못하던 당시 상황을 감안했을 때 마치 기적과도 같은 일이었다.

1945년 해방 무렵 한국의 발전 설비 용량은 총 172만2,695kW였다. 이 가운데 수력이 158만6,195kW로 전체의 92퍼센트를 차지해 압도적인 비중이었고, 화력은 13만6,500kW로 전체의 8퍼센트밖에 되지 않았다. 발전 시설의 남북한 점유율은 북한이 152만3,913kW로 88.5퍼센트를 차지했고, 남한은 19만8,782kW로 11.5퍼센트에 불과하여 극심한 불균형을 이루고 있었다. 더구나 남한은 화력 발전 위주로, 1930년대 이후 북한 지역에 대규모 수력 발전이 들어서면서 대부분 운휴 상태에 있는 것들이었다.[70] 미군정은 남한 자체의 발전 출력이 2만4,715kW에 불과하여 수급 불안이 계속되자, 1948년 2월 부산에 발전함 자코나Jacona, 2만kW호를 들여온 데 이어 5월에는 인천에 발전함 일렉트라Electra, 6,900kW호를 들여와 남한 지역의 전력 수급에 활용했을 정도였다.

그런 와중에 전쟁으로 부산과 대구, 마산 일부를 제외한 전국의 전력 시설이 파괴를 당했고, 인천 부두에 있던 발전함 일렉트라호는 자폭했다. 1951년 8월에 집계된 발전 시설 피해는 수력 56퍼센트, 화력 52퍼센트, 송전 설비 20퍼센트, 배전 설비 60퍼센트 등으로, 전력 설비의 총 피해액은 당시 가격을 기준으로 계산할 때 2,730억6,000만 원에 달했다. 1951년 4월 이후 전선이 교착 상태에 들어가자, 정부는 긴급 조치로 미국으로부터 발전함을 도입했다. 먼저 들여온 마쉬, 와이즈맨, 호스, 화이트호스 등 네 척의 발전함 설비 용량은 각각 2,500kW였다. 뒤이어 3만kW의 임피던스 호와 사라낵 호가 도입돼 가동되면서 어렵게 전후의 위기를 넘길 수 있었는데, 1951년 당시 이들 발전함에 의한 발전량은 전체의 56.4퍼센트에 이르렀다. 다른 한편으로 정부는 전력 시설의 복구에 나섰으나, 자본이 부족하여 부득이 외국의 원조에 의지하게 되었다. 그 결과 1953년 5월 13일, 한국 정부와 유엔군사령부 사이에 UNKRA 원조에 의한 발전 시설 및 송배전선 부흥 계획에 관한 협정이 체결되어 360만 4,740달러의 원조를 받게 되었다.[71]

이러한 상황에서 1953년 미국 아이젠하워 대통령의 유엔 연설 이후 "원자력의 평화

70 한국전기산업진흥회, 『한국전기산업진흥회 20년사, 1989~2009』 (2009), p. 64.
71 위의 자료, p. 65.

적 이용" 기획이 진행되면서 한국에서도 이를 대비해야 한다는 움직임이 나타나기 시작했다. 이는 농업, 의학, 공업 등의 전 분야에 원자력을 활용하여 전 국토의 부흥을 일으키고, 전쟁의 상흔을 치유하겠다는 야심찬 계획이었다. 이에 따라 1955년 8월 스위스 제네바에서 '원자력의 평화적 이용에 관한 국제 회의'가 개최되자, 유엔의 공식 초청에 따라 박철재, 이기억, 윤동석 등 3명의 한국 대표단이 참석하여 한국의 전력 수급 전망과 우라늄, 토륨 같은 지하자원 실태에 관해 발표하였다.[72]

이렇게 원자력이 국가적인 관심사로 부상하게 된 데는 이승만 대통령의 영향이 컸다. 원자력 보급에 앞장서서 전문가 양성과 연구비 확보 등으로 초창기 원자력 사업을 추진하는 데 결정적 힘을 실어 주었기 때문이다. 그 발단으로 볼 수 있는 것은 제네바 국제 회의가 개최되기 한해 전인 1954년 11월 미국 정부로부터 미국 내 원자력연구소에 한국 과학자를 보내 달라는 요청서가 도착한 것이었다. 이것이 국가적으로 원자력에 대한 관심을 일으킨 직접적인 동기가 되었다.

한편 미국은 1954년 7월 『원자력의 비군사적 이용에 관한 한미간 협정』을 한국에 제의하였고, 한국 정부가 이를 수용함으로써 1955년 7월 1일에 『한미원자력협정』이 가조인되었다. 이는 한국에 연구용 원자로와 핵연료를 제공하며, 의학, 농학, 공업에 원자력을 이용하는 데 미국이 원조할 것을 규정하는 조약이었다. 해당 협정은 1956년 2월 국회의 동의 아래 비준 공표되었고, 이로써 한국은 미국과 원자력 기술 정보, 인력, 물자 등의 활발한 교류를 시작하게 된다.

이런 가운데 IAEA 결성을 위한 국제적 여론이 형성되고, 1956년 10월 유엔 총회에서 IAEA 헌장이 채택되자 국내에서도 IAEA에 가입해야 한다는 의견이 팽배해졌다. 한국 정부는 국제 사회에서 원자력 입지를 강화하기 위해서는 IAEA 이사국의 일원이 되어야 하고, 이를 위해서는 극동 지역의 다른 국가들보다 먼저 IAEA에 가입하는 것이 필수적이라 판단했다.[73] 이에 따라 1957년 6월에 열린 임시 국회에서 IAEA 가입에 관한

72 한국원자력연구소, 『원자력 50년의 전개과정 고찰』 (과학기술부, 2007), p. 9.

73 Kyung Mu Dai, "From the President to Ambassador Ben Limb" (1 November 1956), No.103, National Archives and Records Administration.

동의안이 만장일치로 통과되었고,[74] 한국은 1957년 8월 8일 IAEA에 정식으로 가입하여 같은 해 10월 5일 극동 지역의 이사국으로 선출되었다.

3) 전후 복구·재건 및 경제 성장 시기

한국 정부는 1956년 『한미원자력협정』의 체결과 1957년 IAEA 가입을 전후해 전쟁 복구 사업의 일환으로 전력 부족 문제를 해결할 목적에서 원자력에 적극적인 관심을 갖게 되었다.[75] 1958년 3월 원자력법이 공포되자, 문교부는 이를 토대로 1958년 10월에 대통령 직속 기관으로 원자력원을, 1959년 3월에는 그 산하 기관으로 원자력연구소를 설립했다. 이 연구소는 식민지 유산에 기반을 두지 않고, 정부가 독자적 의지로 신설한 최초의 연구소였다. 거대·복합 기술적인 성격이 있는 원자력 분야의 특성상 당시 원자력연구소의 연구 분야는 다소 포괄적인 영역을 다루고 있었다.[76] 원자력연구소는 원자력의 평화적 이용을 위한 연구를 한다는 본래의 목적과 함께 국내의 이공·의학·농학 분야에서 중견 연구자들을 발탁하는 구심점 역할을 하였다.[77]

원자력연구소는 한국에서는 처음으로 과학 기술과 관련된 국제 협력 사업도 진행했다. IAEA를 비롯한 선진국의 원자력 관계 기관 및 연구소들과 국제 협력을 맺고, 연구 교류를 활성화하는 역할을 수행한 것이다.[78] 정부는 원자력 발전과 방사선 및 방사성 동위 원소를 이용한 기초 과학 부문, 그리고 응용 과학 부문에 대한 연구를 위해 1955년부터 1964년까지 약 10년간 237명의 과학자를 선발하여 미국, 영국, 프랑스, 서독 등에 파견하였다. 이들 중 106명은 국비가 아닌 IAEA, 미 국제협력처ICA 등의 원조로 유학을

74 당시 임시 국회에서는 다음의 세 가지 조건을 전제로 동의안이 통과되었다. 이는 첫째, 원자력 이용에 있어서 문교부나 외무부 소속이 아닌 강력한 독립 기관을 설치할 것, 둘째, 원자력 사업을 추진하기 위한 충분한 예산을 마련할 것, 셋째, 원자력 이용과 관리를 담당하는 연구 기관의 경우 국민의 생명과 재산을 위협하지 않는 지역에 설치할 것 등이었다.

75 Kyu Nam Choi, "Request for aid under the program of participation in Member States' activities," Republic of Korea Ministry of Education (20 March 1957), X07.21 (519-13) AMS, UNESCO Archives.

76 Republic of Korea, "Request for Contingency Fund Aid under the 1961-1962 Technical Assistance Programme, Project Fundamental Research Division of the Atomic Energy Research Institute, Seoul" (15 December 1960), File Korea TA 66, UNESCO Archives.

77 과학기술정보통신부, 『과학기술 50년사 1편』 (2017), p. 7.

78 이 사실은 다음 자료에서도 참조 가능하다. Republic of Korea, "The Programme-Request Under the United Nations Expanded Programme of Technical Assistance for the Year of 1960" (1959), UNESCO Archives.

떠났다.[79] 특히 IAEA에는 1956년부터 1969년까지 공학, 물리학, 화학, 전기공학, 의학, 생물학, 농학, 보건물리학, 전기공학 분야 등에 135명의 연구 인력이 파견되어 선진 원자력 기술을 습득하였고, 이들은 귀국한 뒤 국내 원자력 기술의 발전에 크게 기여하였다.[80] 이와 같이 큰 규모로 국내 과학 인력들이 해외의 연구소와 대학에서 연구 및 교육의 경험을 쌓을 수 있었다는 점에서 원자력 유학 사업은 원자력 사업뿐 아니라 한국의 과학 기술 전반에 큰 도움이 되었으며, 원자력연구소는 1960년대 중반까지 한국의 대표적인 과학 기술 연구소의 역할을 담당했다.

〈표 2〉 IAEA 파견자 및 귀국자 수

연도	'56~'64	'65	'66	'67	'68	'69	계
파견	80	13	5	10	17	10	135
귀국	61	6	2	11	17	4	101

출처 : 한국원자력안전아카데미, 『우리나라 원자력초창기의 전개과정 고찰』 (한국원자력연구원, 2007), p. 5.

〈표 3〉 연도별/자금별 해외 파견자 및 귀국자 수(1955~1969)

연도	국비		IAEA		ICA		기타		계	
	파견	귀국	파견	귀국	파견	귀국	파견	귀국	파견	귀국
'56~'64	127	78	80	61	10	9	17	2	234	150
'65	-	-	13	6	-	-	3	1	16	7
'66	2	3	5	2	-	-	6	2	13	7
'67	-	-	10	11	-	-	5	2	15	13
'68	-	-	17	17	-	-	4	4	21	21
'69	-	-	10	4	-	-	1	2	11	6
계	129	81	135	101	10	9	36	13	310	204

출처 : 위의 자료.

또한 IAEA의 기술 협력 원조 사업을 통해 1959년부터 1969년까지 총 41건의 자문단연인원 60명이 방한하였으며, 1960년부터 1969년까지 총 20건연인원 20명의 전문가를 초청

79 한국원자력연구소, 『한국원자력 20년사』 (1979), pp.155-184.
80 한국원자력안전아카데미 (2007: 5).

하여 한국의 원자력 사업 발전을 위한 기반 조성에 지대한 역할을 수행하도록 하였다. IAEA와의 연구 계약도 1963년부터 1968년까지 총 16건건당 연구비 평균 4,000달러이 이루어져, 이 기간 동안 총 연구 계약액은 13만2,210달러로 집계되고 있다.[81]

마찬가지로 미국의 지원도 상당한 수준에 달했다. 미국은 1959년부터 공사가 시작되어 1962년에 완공된 TRIGA Mark-Ⅱ 연구용 원자로의 건설을 위해 35만 달러의 무상 원조를 제공하였다. 또한 서울대 의대 등 총 6개 기관에 방사성 동위 원소 실험실을 설치하기 위해 10만8,000달러의 무상 원조를 제공했다. Argonne 연구소는 1956년부터 1958년까지 국내 과학자 20명의 유학을 받아들였고, 1964년부터 1968년까지 3만9,000달러 상당의 연구 및 실험 기자재 무상 지원, 기술 자문단 10여명의 단기 방한 등이 이루어졌다.[82]

한국은 최초의 원자로인 TRIGA Mark-Ⅱ가 가동됨으로써 원자로의 특성 연구, 원자로에서 방출되는 중성자를 이용한 핵물리 및 중성자물리 연구, 방사성 동위 원소 및 방사선을 이용한 기초 연구 등을 수행할 수 있게 되었다. 원자력 분야의 진흥으로 1959년부터 1966년까지 매년 원자력 학술 회의가 개최되었는데, 이 회의는 당시 국내 과학 기술계의 주요 인사들이 참가하는 종합적인 학술 회의로 기능하면서 과학 기술자들의 교류와 결속을 촉진했다.

IAEA의 기술 협력 원조 사업과 미국의 지원에 힘입어 1969년 원자력연구소는 자체 기술로 TRIGA Mark-Ⅱ 연구용 원자로의 출력을 100MW에서 2.5배 더 증강했다. 또한 미국의 TRIGA Mark-Ⅲ 연구용 원자로를 도입·설계해 1972년 3월에 가동을 시작했다.

한편 정부는 수력 발전의 한계와 향후 석탄의 고갈이 예상되는 상황 속에서 대체 에너지 개발을 위해 1956년 상공부에 원자력 발전 위원회를 설치하였고, 원자력 발전소 건설에 대한 타당성을 검토받기 위해 1963년에 IAEA 기술 조사단을 초청하였다. 이들은 열흘 간의 기초 조사를 마친 후 "한국은 1970년대 초반에 15만kW 용량의 원자력 발전소를 도입하는 것이 타당하다"는 검토 보고서를 제출하였다. 이를 토대로 1964년부

81 위의 자료, p. 17.
82 위의 자료, p. 18.

터 발전소 건설 부지를 선정하기 위한 예비 조사가 시작되었으며, 1965년 4월과 6월 2회에 걸쳐 IAEA 기술 조사단이 추가 방한하여 경남 고리 일원이 발전소 부지로 적합하다는 보고서를 제출하였다. 이에 따라 1971년 3월 고리에서 미 웨스팅하우스사의 58만kW급 원자력 1호기가 착공되었고, 1978년 7월 준공되어 한국은 아시아에서 2번째, 세계에서 21번째 원자력 발전국이 되었다.[83]

4) 한국의 핵 정책

핵에너지는 국가 안보와 경제 발전이라는 두 가지 측면에서 모두 사용되고 있다. 그러나 핵 정책Nuclear Policy이라는 용어는 이 두 가지 측면 중 국가 안보와 연결되는 핵에너지의 군사적 이용만을 포함하고 있다. 기존에 사용되고 있는 핵 정책에 대한 정의가 모두 통일되어 있는 것은 아니지만, 대부분의 연구자가 동의하고 있는 핵 정책이라는 용어는 다른 말로 핵무기 정책Nuclear Weapon Policy이라 표현할 수 있으며, 이는 핵무기 보유국과 핵무기 비보유국의 이분법적 구분을 전제하는 개념이다.

핵 정책 또는 핵무기 정책과 구분되는 개념으로 원자력 정책Nuclear Energy Policy이라는 용어도 사용되고 있다. 대량 살상 무기, 특히 핵무기의 반확산·비확산이 국제 사회의 주요 이슈로 등장한 이후, NPT의 기준에 의해 핵무기 비보유 국가로 구분된 국가들은 핵 정책이라는 용어 대신 원자력 정책이라는 용어를 선호하고 있다.

이렇게 보면 핵 정책이라는 용어는 광의의 개념으로 볼 때는 핵에너지 이용에 관련된 전반적인 정책이고, 협의의 개념으로는 핵에너지의 군사적 이용에 관한 것으로 볼 수 있다. 그러나 핵 정책을 협의의 개념으로 이해하게 되면 핵에너지의 이중 용도적인 특성을 제대로 반영할 수 없게 된다. 핵에너지의 이중 용도적인 특성 때문에 각국의 핵에너지 이용 목적이 군사적인 것인지 경제적인 것인지를 구분하는 것은 거의 불가능하다. 따라서 본고에서는 핵 정책이라는 용어를 광의의 개념으로 정의하고 논의를 전개하

83 고리 원자력 발전소 1호기 건설에는 외자(차관) 1억7,390만 달러, 내자 717억4,200만 원 등 총 1,560억7,300만 원이 소요되었으며, 당시로서는 한국 역사상 최대 규모의 단위 사업이었다. 일본이 1960년에 원자력 발전소 1호기 공사를 시작한 것을 감안하면, 한국은 일본보다 11년 늦은 셈이다. 그러나 당시 일본이 가동한 최초의 원자력 발전이 40만kW 규모인 것을 감안하면, 한국의 최초 상업 원전이 58만kW라는 것은 상당히 대담한 첫걸음이었다.

기로 한다.

한국이 IAEA에 가입한 이후로 현재까지 추진한 핵 정책을 광의의 개념인 핵에너지 이용과 관련된 전반적인 정책으로 볼 때, 그간의 핵 정책은 경제 발전 측면에서의 핵에너지의 이용에 있어서는 성공적이었던 반면에 국가 안보 측면에서의 핵연료 확보를 통한 군사적 이용에 있어서는 실패한 것으로 판단된다. 한국의 핵 정책이 군사적 이용 측면에서 실패한 이유를 핵 정책에 관련된 제도와 핵 시설을 중심으로 간략하게 살펴보면 다음과 같다.

핵 정책에 관련된 제도 측면에서 보면, 한국의 핵 정책에 영향을 미친 제도는 NPT와 IAEA의 안전 조치 체제를 우선 언급할 수 있다. 1970년에 발효된 NPT는 1995년에 무기한 연장된 국제 제도로서 국제적으로 핵무기의 생산에 대한 일부 국가의 과점을 인정한 다자 조약이다. 그리고 1957년에 결성된 IAEA는 원자력의 군사적 전용을 방지하기 위해 안전 조치 체제를 운영하고 있다. IAEA의 안전 조치 체제는 부분 안전 조치 협정, 전면 안전 조치 협정을 거쳐 1997년 안전 조치 강화 체제의 이행을 위한 추가 모델 의정서의 형태로 변화되었다.

한국은 1957년 8월 IAEA에 가입하여 부분 안전 조치 체제의 적용을 받게 되었고, 1968년 1월 미국의 안전 조치 권한을 IAEA에 이관하는 『한·IAEA·미 안전 조치 협정』을 체결하였다. 이후 한국은 1975년 4월 NPT를 비준함에 따라 1975년 11월에 IAEA와 전면 안전 조치 협정을 체결하였으며, 이에 따라 국내의 모든 원자력 활동에 대해서 전면 안전 조치를 적용하고 있다. 이러한 측면에서 한국은 국제적 핵무기 비확산 체제인 NPT 체제 하에서 모범적인 사례로 국제 사회에서 인식되고 있다. 또한 한국은 2004년 2월 IAEA와 안전 조치 추가 의정서를 발효하였다. 한편 1956년에 한국과 미국이 양자 간 제도로 맺은 『원자력의 비군사적 이용에 관한 한미 간 협정』, 그리고 1972년 11월에 맺은 『원자력의 민간 이용에 관한 한미 정부 간의 협력을 위한 협정』도 한국이 핵에너지의 경제적 이용에 주력했다는 사실을 뒷받침한다.

5공화국으로 접어들어 미국의 신임과 협력을 조속히 확보하기 위한 대미 정책 속에서 핵무기 개발 의지는 해체되고, 국가 에너지 확보를 위한 프로그램으로 바뀌어 대대적인 핵 기술 자립화 정책이 추진되었다. 즉 핵의 군사적·전략적 가치를 중시해 핵 기술 발전을 추진하던 것에서 탈피해 상업적 이용에 기반을 두게 된 것이다. 이후 들어선 6공화국의 핵 정책도 5공화국과 크게 다르지 않아 정부는 1991년 11월 8일 '한반도의 비핵화와 평화 구축을 위한 선언'을 발표하고, 같은 해 12월 31일 북한과 공동으로 '한반도 비핵화 공동 선언'에 서명하면서 어떠한 재처리 능력도 보유하고자 하는 의도가 없음을 천명했다. 그 뒤 2014년 9월에는 '핵의 평화적 이용 4원칙'도 선언했는데, 여기에는 첫째, 핵무기 개발과 보유 의사가 없고, 둘째, 핵 투명성 유지와 국제 협력을 강화하고, 셋째, 핵 비확산에 관한 국제 규범의 준수 등을 통해 투명성을 확보하고, 마지막으로 핵의 평화적 이용 범위를 확대한다는 내용이 포함되어 있다. 이를 통해 한국은 앞으로 국제 사회의 신뢰를 회복함으로써 일본이나 캐나다와 같은 모범적인 핵 이용 국가로 나아가겠다는 의지를 밝혔다.

핵 시설 측면에서 보면, 한국은 1970년대 초반부터 핵무기 개발 계획을 추진하기 시작했다. 한국이 핵에너지를 군사적으로 이용하려는 계획을 추구했던 계기는 1970년 6월에 미국으로부터 전달된 주한미군 철수 계획 통보였다. 그러자 한국은 북한의 군사력에 대응할 수 있는 방안 중 하나로 핵무기 개발을 검토하기 시작했으며, 직접적인 핵무기 보유보다는 일본이나 유럽 국가들처럼 핵무기를 만들 수 있는 기술과 능력을 갖춰야 한다는 데 의견을 모은 것으로 알려지고 있다.[84] 한국 정부의 이러한 입장은 NPT 체제와 원자력법 제정 등 일련의 조치를 통해 핵 기술 확산을 반대하던 미국의 압력에 직면하게 된다. 이에 한국은 연구용 핵 재처리 시설 도입과 기술 협조를 위해 프랑스 생고방SGN사를 도입선으로 결정하고 1973년에 개념 설계의 용역 계약을 맺었으며, 1974년 3월에는 한국에서 핵폭탄용 플루토늄을 생산하는 데 가장 유용한 시설로 간주되는 NRX 실험용 원자로를 도입하기 위해 캐나다와 프랑스를 방문한 뒤,[85] 1975년 4월에는 생고방SGN사와 시설 건설을 위한 기술 용역 및 공급 계약을 체결했다. 또한 핵연료 성형가공 시험 시설의 도입은 프랑스 세르카CERCA사로 결정하고, 1975년 1월에 공급 계약을

84 오원철, "박정희 카터 혈투와 핵개발 강행," 「신동아」 11월호 (1994), pp. 422-447.
85 한국원자력연구소, 『한국원자력연구소 40년사』, (2000), p. 24.

체결했다. 혼합 핵연료 가공 시험 시설은 벨기에의 BN사와 교섭하여 1975년 11월에 개념 설계 용역 계약을 체결했다. 캐나다와는 1975년 1월에 월성 1호기의 도입 계약을 체결했다.

그러나 1974년 5월 인도가 핵 실험에 성공하자 미국은 핵 확산에 경계심을 갖기 시작했고, 이로 인해 미국은 핵 확산 설비 및 기술을 동결하게 된다. 그들은 먼저 민수용 원자력 발전소의 건설을 위해 한국에 지원하기로 한 금융 지원을 동결시킬 것이라고 압박했다. 더불어 고리 원자력 발전소 2호기에 대한 2억9,200만 달러 규모의 금융 지원도 보류했다. 그와 동시에 미국은 한국의 핵무장 프로그램 동결을 전제로 원자력 프로그램에 대한 재정 지원 및 기술 지원을 증대하겠다고 제안했으며, 한국이 핵무장 행동을 중단하지 않을 경우 안보 공약을 철회할 것이라고 경고했다.[86] 또한 캐나다와 프랑스를 설득해서 재처리 관련 기술과 장비가 한국에 이전되지 못하도록 개입하기도 했다. 이러한 결정적 장애 요인들로 인해 결국 한국은 핵무장 능력을 포기할 수밖에 없었다.[87]

이후 한국은 간접적인 경로를 통해 핵무기 기술을 도입하고자 노력했다. 1976년 12월에는 한국핵연료개발연구소를 설립하여 민수용 원자로 연료의 개발 기술을 포함한 재처리 기술을 도입하고자 하였다. 또한 캐나다 NRX식 원자로를 대체하기 위한 조치로 순수 국산 원자로 개발을 추진하기로 결정하고, 1979년에 세부 설계를 완료했다. 그러나 열 유동 실험 설비Thermal Flux Testing Facility, TFTF로 명명된 한국산 원자로 개발은 미국의 압력에 부딪히면서, 그리고 박정희 대통령의 사망으로 인해 끝내 실현되지 못했다.[88] 이후 한국의 전반적인 핵 기술은 1990년대에 비약적인 발전을 이루었음에도 불구하고 독자적인 핵연료 주기 확보에는 성공하지 못한 상태이다.[89]

---

86 조철호, "1970년대 박정희의 독자적 핵무기 개발과 한미관계," 『평화연구』 제9호 (2000), pp. 189-207; 국가기록원, 『1970년대 한미관계 (상)』 (서울: 국가기록원, 2008), pp. 38-41.

87 자크 하이만스, 김승영, 헤닝 리이키, "핵무장을 강행할 것인가 말 것인가," 『계간 사상』 (여름, 2000), pp. 199-207.

88 조철호, "이중적 핵력개발정책과 한미 핵갈등", 『아세아연구』 110호 (2002), pp. 293-299.

89 핵연료 주기 시설은 핵에너지의 이중 용도가 명확하게 드러나는 시설이다. 선행 핵연료 주기의 농축 과정에서 U-235의 농축도를 2~4%로 하면 핵연료에 적합하지만, 90% 이상으로 높이면 핵무기의 원료가 될 수 있다. 또한 후행 핵연료 주기의 재처리 과정에서 Pu-239를 추출하여 새로운 핵연료를 만들 수도 있지만, Pu-239를 90% 이상 농축한다면 이 역시

5) 에너지 안보 강화를 통한 경제 발전

한국은 1957년 IAEA의 창설 멤버로 가입하여 국제적으로 원자력 기술을 도입할 수 있는 협력 창구를 마련하였으며, IAEA의 기술 협력 원조 사업을 통해 1996년까지 1,315만 달러 상당의 기술 지원을 받아 전문가 초청·활용 및 훈련생 파견 등을 통해 원자력 기술의 자립 기반을 조성하는 계기로 활용하였다.[90] 그리고 1962년 연구용 원자로 운전에 성공하면서 원자력 시대를 열었고, 이후 연구용 원자로를 이용해서 원자력 에너지의 생성 및 이용과 관련된 기본적인 과학 기술 활동을 수행했다.

1970년대에 한국이 처음으로 원자력 발전소를 건설할 때 IAEA는 타당성 조사, 부지 선정 및 건설, 시운전 분야 등에 많은 전문가들을 파견하여 한국의 원자력 발전에 큰 기여를 하였다. IAEA에 의한 지속적인 기술 지원과 전문가 파견, 국내 과학자들의 해외 연수 및 유학 지원 등의 원조는 2009년까지 이어졌으며, 이는 국내 원자력 인프라 강화와 기술 및 인적 자원 능력의 강화로 나타났다. 1978년에는 상용 원자력 발전소인 고리 1호기가 첫 가동을 시작했고, 이후 원자력 발전이 지속적으로 확대됨에 따라 원자력은 국가의 에너지 안보를 강화하고 값싼 전기의 대량 공급을 가능케함으로써 경제와 사회 발전에 크게 기여했다.

1980년대 후반부터는 원자력 발전을 통해 에너지의 수입 의존도를 82퍼센트까지 낮추는 등 전기의 안정적인 공급이 가능해졌다.[91] 특히 원자력을 통해 매우 낮은 가격으로 전기를 공급하게 됨으로써 국가 경제의 인플레이션이 억제되었고, 국내 제품의 수출 경쟁력이 향상되었다. 또한 2009년에는 UAE와 요르단에 원자력 발전소와 연구용 원자로를 수출함으로써 원자력 과학 기술은 명실상부하게 국가의 지속 가능한 성장 동력으로 자리매김하게 되었다. 나아가 2012년에는 세계 최초로 일체형 원자로 설계를 승

핵무기의 연료로 사용할 수 있다. 한국은 선행 핵연료 주기 중 성형 가공 부분만 한국원전연료주식회사를 통해 국내에서 처리하고 있다. 가압 경수로의 핵연료 주기를 기준으로 성형 가공을 제외한 나머지 핵연료 주기, 즉 채광·정련·변환·농축 과정은 모두 해외에 의존하고 있다. 그리고 한국의 후행 핵연료 주기는 사용후 핵연료의 저장으로 되어 있다. 이는 한국이 사용후 핵연료를 국내에서뿐만 아니라 해외에서도 재처리하지 않고 있다는 것을 의미한다. 과학기술부, 『2004 원자력백서』 (2005), pp. 30-31.

90 과학기술처, "과학기술연감 1996:과학기술혁신기반 마련의 해," 1997년 3월 31일, C11M01491, 국가기록원.

91 과학기술정보통신부, 『과학기술 50년사 3편』, (2017), p. 265.

인받았고, 2014년에는 사우디아라비아에 설계 기술을 수출하여 세계적으로 원자력 기술 혁신을 선도하는 나라가 되었다.

유엔과 한국

1945-1973: 건국, 평화, 경제 성장의 파트너십

Footprint of Partnership

UN and Korea, 1945-1973

Ⅶ.
나가며

1. 연구의 의미 / 최동주
2. 추가적인 연구 과제 / 최동주

01 연구의 의미

한국은 "유엔의, 유엔에 의한, 유엔을 위한" 국가라 해도 과언이 아닐 만큼 유엔과 깊은 유대를 형성해왔다. 1945년 해방 시기부터 UNCURK가 해체되는 1973년까지의 약 30년은 한국이 "유엔의, 유엔에 의한" 국가의 기틀을 마련한 기간이었다. 그 이후 한국은 자립의 기반을 다지고, "유엔을 위한" 국가로 도약해 오늘에 이르렀다.

한국이 오늘날 글로벌 자유 민주주의 국가로 발전하게 된 저력은 태생적으로 형성된 유엔과의 공동 운명체에서 생성되었다고 풀이할 수 있다. 해방 후 한반도의 정치적 운명이 우여곡절을 거쳐 유엔으로 귀속된 것도 그렇고, 한국 전쟁으로 인한 절멸 위기에서 한국을 구한 게 유엔이었다는 사실을 봐도 그렇다. 전후 복구 시기에는 유엔 산하 기관들이 동원되어 한국의 재건과 경제 부흥을 지원했다.

그리고 불과 30년 만에 한국은 유엔 수혜국에서 유엔 공여국으로 탈바꿈했다. 이것은 두 주체 사이에 형성된 가치와 비전의 공유 없이는 불가능한 일이었다. 유엔으로부터 지원을 받는 동안에 한국 정부와 국민은 유엔의 이념과 가치를 긍정적으로 내재화시켰고, 경제 도약을 이룬 후에는 유엔이 표방하는 노선을 선도하는 데 앞장섰다. 이런 과정을 거쳐 한국은 민주화에도 성공을 거두고, 글로벌 선두 국가의 위치에 올라섰다. 한마디로 유엔과의 협력을 통해 발전의 원동력을 얻었으며, 그 기반은 다음과 같은 근거에서 생성된 것이었다.

우선 자유 민주주의 전도사로서의 유엔의 역할을 주목할 필요가 있다. 한국 정부가 수립되고 국제 사회에서 주권 국가로 공식 승인되기까지, 유엔은 UNTCOK, UNCOK, UNCURK 등의 특별 기구를 설치하여 자유 민주주의 체제가 정착되도록 지원했다. 한반도 전체를 자유 민주주의 이념에 기초한 통일 국가로 완성한다는 목표에는 이르지 못했지만, 유엔이 한국의 정치를 후원하는 과정에서 한국은 자유와 인권의 중요성을 인지하고 일찍부터 정치적 어젠다로 부각시켰다. 또한 유엔은 설립 이후 최초로 한반도에서 글로벌 파트너십을 시현하였다. 유엔은 전쟁의 위기에 처한 한국을 구하기 위해 '글로벌 파트너십', 또는 '글로벌 연대'의 방식을 적용했다. 전쟁 기간 중에 한국을 돕기 위해 나선 국가들은 파병 16개국, 구호물자와 의료 지원에 나선 45개국을 합쳐 총 60여 개국에 달했다. 유엔 산하 기구 9개 단체와 미국, 영국 등에 소재한 수많은 NGO들도 지원에 앞장섰다. 그야말로 '글로벌 연대'가 형성된 것이며, 이를 주도한 것이 유엔이었다. 이들 국가와 국제단체들은 한국의 전후 복구 사업에도 동참했으며, 특히 한국의 외교를 배후에서 지원해주었다. 한국이 전후 재건을 발판으로 급속도의 경제 성장을 이룬 것도 이러한 후원이 없었다면 불가능했을 것이다. 그리고 역설적이지만, 한국민들은 전쟁이라는 위기를 통해 세계 여러 나라들 및 국제단체들과 마주하며 글로벌 마인드와 국제화의 가치를 축적시킬 수 있었다. 특히 유엔군 예하의 유엔한국민사지원사령부UNCACK와 유엔한국재건단UNKRA 등과 같이 민간인 구제와 구호 활동을 전개하던 기관들은 현지에서 한국인을 고용하고, 한국 정부와의 협력 체제를 구축하는 과정에서 다양한 기술과 노하우를 전파하는 통로 역할을 담당했다.

또한 유엔은 인구 구제와 교육 재건을 통해 인간 안보에 관한 대응 능력을 성공적으로 입증했다. 한국 전쟁 시기에 유엔은 특히 전염병 예방과 보건 위생에서 신속하게 한국민들을 구제했다. 유엔군이 남긴 자료에 의하면, 1951년 9월 무렵까지 유엔군 예하의 UNCACK에서는 발진 티푸스, 장티푸스, 천연두, 콜레라 등 4개의 전염병원에 대해 한국인 70퍼센트 이상을 대상으로 예방 접종을 시행하고, DDT 방역을 75퍼센트 정도 시행했다고 한다.[1] 이를 위해 UNCACK는 세계보건기구WHO로부터 대규모의 지원을 이끌어냈다. 만약 전쟁이 아니었더라면 이처럼 신속하고도 전면적인 예방 활동이 이루어지는 건 불가능했을 것이다. 뿐만 아니라 전후 재건과 경제 성장 시기에 한국이 비약적인 도약을 이루어낸 데는 한국인의 질 높은 교육 수준과 풍부한 인적 자원에 힘입은 바 크

1 Albert E. Cowdrey, *The Medics' War: United States Army in the Korean War* (Washington D.C.: U.S. Army, 1987), pp. 327-329.

다는 연구 결과들이 많다. 그와 관련해 UNICEF, UNESCO 등의 유엔 산하 기구들이 한국의 교육 재건에 적극 나서고, 심지어는 유엔군 민사 부대였던 UNCACK에서도 교육 지원에 나섰다는 활동 기록이 남아 있다. 바로 이러한 저력이 한국을 선진국으로 도약시켰음은 두말할 나위 없는 사실이다.

그리고 신생국이면서 전쟁으로 피폐화된 '실패 국가' 한국이 유엔을 향해 적극적인 참여를 모색한 사실도 주목해야 한다. 정부 수립에 이어 전쟁을 거치는 동안 한국은 숙명적으로 유엔과 인연을 맺었고, 그 덕분에 주권 국가로서의 위상을 지켜낼 수 있었다. 이런 이유 때문에 한국은 유엔은 물론 그 산하 기관들이 결성되자마자 적극적으로 그 회원국에 가입했으며, 원조를 포함한 기술 지원을 이끌어내기 위해 노력했다. 그리고 유엔의 공식 회원국이 아니라서 정회원으로 가입이 어려운 곳에는 준회원 자격으로 가입하거나, 협정을 체결하는 방식으로 국제기구들과의 협력을 적극 주선했다. 오늘날 유엔 산하 기관들은 경제, 사회, 문화, 인도주의 등 다양한 방면에 걸쳐 폭넓게 설립되어 있다. 한국이 일찍부터 이들 기관과의 협력 관계를 구축하여 유엔의 가치와 규범을 수용하고 한국 사회에 정착시킨 것은 한국이 글로벌 국가로 성장, 발전하는 데 밑거름이 되었다. 오늘날 한국의 기업인과 문화 예술인들이 글로벌 국제 사회에서 두각을 나타내게 된 데도 이런 잠재력에 힘입은 바 크다.

휴전 국가의 평화를 지키기 위한 유엔의 노력도 한반도에서만큼이나 성공적인 사례를 찾기는 어렵다. 오늘날 한국이 유엔의 가치에 앞장서며 국제 평화 유지 활동에 적극 나서게 된 데는 한국민들의 정서에 각인된 유엔의 이미지가 큰 요인으로 작용한다. 아직도 한반도에서는 유엔 깃발 아래 한국의 군사 안보가 유지되고 있는 가운데, 한국은 유엔이 주관하는 평화유지활동PKO 임무에 적극 참여하고 있다. 오늘날의 대한민국 헌법 전문에서는 "안으로는 국민 생활의 균등한 향상을 기하고, 밖으로는 항구적인 세계 평화와 인류 공영에 이바지함으로써"라고 천명하고 있다. 이런 취지는 유엔 헌장 전문 2조의 "인간의 평등권 및 자결의 원칙의 존중에 입각하여 국가 간의 우호 관계를 발전시키며, 세계 평화를 강화하기 위한 기타 적절한 조치를 취한다"라는 선언과 맥을 같이 한다. 이런 맥락에서 볼 때 유엔이 주도하는 국제 평화 유지 및 조성, 건설 프로그램에 한국이 적극 참여해 온 것은 한국민의 시선에서 온당한 노선으로 간주되는 것이다.

물론 한반도에서의 유엔의 역할은 여기에만 그치지 않을 것이다. 그 언젠가 한국민들의 숙원인 한반도 통일이 이루어지고, 통일 국가가 안정적으로 구축되는 과정에서 유엔이 선도적 역할을 담당할 것이라는 사실은 누구도 부인하기 어렵다. 남북한 모두가 유엔 회원국이 된 이상, 통일 과정에서 유엔의 참여를 거부하기 힘들 것이기 때문이다. 이런 맥락에서 과거 유엔이 한반도에서 수행한 역할을 되짚어 보고, 이를 토대로 한반도의 미래 비전을 탐색하는 과업이 앞으로 더 크게 부각될 것으로 보인다.

02 추가적인 연구 과제

1945년부터 1948년까지, 즉 해방 이후 한국의 국가 성립 시점까지 유엔의 역할은 UNTCOK를 중심으로 펼쳐졌으며, 주로 정치 문제 해결에 그 방점이 찍혀 있었다. 이 시기 유엔의 역할과 관련하여 규명되어야 할 미시적이고 구체적인 연구 과제들을 정리하면 다음과 같다.

우선 유엔 창설 직후 불거진 주요 회원국들 간의 갈등이 한반도 문제를 둘러싸고 구조화된 부분이다. 미국과 구소련의 갈등은 국제 정치는 물론이거니와 한반도 문제 해결에서도 유엔의 역할을 제한하는 결정적 변수였다. 특히 유엔 총회에서의 의결 과정에서 두 강대국이 견지한 입장 차이를 분석하면 냉전 체제가 발현하는 초기의 맥락을 감지할 수 있을 것이다. 더불어 UNTCOK 대표단 내부의 갈등도 추가적 연구가 필요하다. 대표단을 구성한 8개국 사이에 형성된 마찰과 갈등은 한반도 문제의 해결을 지연시키고, 유엔의 역할을 제한한 또 다른 변수였다. 갈등의 원인이 거시적 수준에서 파생된 것인지, 아니면 한국 내부에서의 정치적 갈등이 투영된 것인지는 분석이 필요하다.

한편 유엔에 대한 한반도 내부 세력 간의 갈등의 문제는 별도로 유의 깊게 연구할 필요가 있다. 우선 남한의 정치 세력 사이에서의 마찰과 대립, 유엔에 대한 한국민들의 정서 등을 분석함으로써 당시 유엔의 정치적 역할의 한계와 가능성 등을 짚어볼 수 있다. 이를 위해 유엔이 주도한 한반도 총선거 시행을 둘러싼 남북한 정치 세력 간의 대립을 분석하면 UNTCOK의 임무가 한계에 봉착한 이유를 파악할 수 있을 것이다. 특히 UNTCOK가 도착한 1948년 1월부터 남한 단독 선거가 시행된 5월까지의 시기에 북한 쪽에서 개진한 입장, 그리고 남북한 사이에서 전개된 통일 운동 과정을 추적하는 일은 중요한 연구 테마다. 더불어 UNTCOK의 남한 단독 선거 감시 과정에 대한 연구도 한국 정치사 연구의 중요한 주제이다. 유엔 감시하의 남한 지역 선거 과정에서 어떤 문제점과 특이성이 나타났는지를 규명해야 할 것이며, 이 과정에서 드러난 유엔의 이미지와 역할에 대한 평가에도 관심을 기울일 필요가 있다.

다음으로 1948년부터 1950년까지 정부 수립 이후 한국 전쟁이 발발하기 전까지 한국과 유엔 간의 관계에서 규명되어야 할 사항들을 정리한 결과는 다음과 같다.

첫째, 정부 수립 이후 UNCOK의 구체적 역할에 대한 사료의 재분석이다. 이와 관련해서는 UNCOK 대표 국가의 교체의 배경을 주목할 필요가 있다. 애초엔 UNTCOK의 대표 국가 구성원들을 그대로 유지하는 개념이었으나, 중간에 캐나다가 제외되고, 시리아 대신 터키로의 교체가 단행됐다. 이러한 멤버 교체 과정에서 어떤 배경과 이유가 있었는지에 대한 설명이 필요하다. 제외된 국가들의 자의에 의한 결정이었는지, 아니면 미국과의 갈등이 그 배경이었는지를 규명해볼 필요가 있다. 또한 UNCOK의 38선 군사 위협 보고서에 대한 추가적인 정황 분석이 중요하다. UNCOK의 임무와 역할 중에서는 당시 38선 인근에서 벌어진 군사적 갈등을 조사하고 유엔에 보고하는 것이 가장 핵심이었다. 불과 1년 남짓 역할을 수행한 UNCOK는 유엔 총회의 지시에 따라 38선 인근에서의 군사적 대치를 독자적인 시각으로 분석해 보고했으며, 이 보고의 내용은 당시의 정황을 판별할 가늠자가 된다. UNCOK를 대상으로 이 같은 임무를 지시한 유엔 총회의 결정 과정도 추가적으로 연구할 가치가 있다.

둘째, 유엔의 대한민국 국가 승인을 둘러싼 외교에 대한 연구이다. 유엔은 1948년 12월 7일부터 12일 사이에 파리에서 개최된 3차 유엔 총회에서 채택된 결의안 195호를 통해 한국 정부를 공식 승인했다. 이 표결에서 반대표를 던진 6개국과 기권한 1개국의 논리를 설명하고, 한국 정부 대표단이 펼친 외교 활동을 추적해 볼 수 있다. 또한 한국이 유엔에서의 입지를 굳히고 유엔의 지원을 이끌어낼 수 있었던 계기와 더불어 한국의 유엔 회원국 가입 외교 활동에도 주목할 필요가 있다.

셋째, 전쟁 복구와 경제 성장 및 사회 간접 자본 창출을 위해 한국이 유엔 산하 기관들에의 가입을 적극적으로 시도했던 역사에 대한 연구도 필요하다. 예를 들어 한국이 최초로 가입한 유엔 산하 기관이 WHO였다는 사실은 그 자체만으로도 큰 의미를 담고 있다. 위생, 보건과 관련된 국제기구에 가입함으로써 한국은 정부 차원에서 유엔의 지원을 이끌어내는 계기를 마련했기 때문이다. 당시 한국 정부 내부에서 이루어진 가입 결정의 배경, WHO를 상대로 펼친 외교 활동, WHO의 최종 결정 과정 등이 분석 대상으로 지목된다. 그리고 가입 초기부터 어떤 지원을 받았는지도 관심사다. 유엔 본부 산하 기관인 ECOSOC는 비군사적 영역에서 유엔의 정책을 결정하는 중추 기관이다. 1949년에 한국이 이 기관의 준회원으로 가입한 것은 당시에도 이 기관의 영향력을 인식하고 있었기 때문이다. 이 기관에 가입하기로 결정한 정부의 정책 방향과 가입 후의 활동 및 지원 수혜 현황도 검토 대상이다. 또한 기아 퇴치와 식량 증산을 목표로 하는 유엔 산하 기관인 FAO에 한국이 가입하게 된 배경, FAO의 권고에도 불구하고 <FAO 국가 위원회> 설치가 지연된 배경, FAO 가입으로 인한 한국의 농업 발전 효과 등에 주목해볼 수 있다. 한편 한국 정부는 어린이 구제를 목표로 하는 UNICEF에도 관심을 기울인 결과로 1950년 3월에 양자 간의 기본 협정을 체결하게 되었고, 이로 인해 한국 전쟁 기간에 많은 지원을 유도할 수 있었다. 기본 협정의 체결을 결정한 한국 정부의 정책, 한국 전쟁 이전과 전쟁 기간 동안에 UNICEF가 지원한 내역 등이 관심을 끈다. 마지막으로 한국은 한국 전쟁 발발 직전에 UNESCO에 가입하여 특히 교육 지원의 수혜를 받았다. 이 수혜는 전쟁 기간에 집중되었으며, 교재 출판을 돕기 위한 인쇄소 설립에 기여했다. UNESCO의 지원금이 투입된 분야와 교육 지원 내역 등을 살펴보고, 초창기 한국의 교육 체계 수립에 기여한 대목을 추적, 발굴하는 연구가 필요하다.

다음으로 한국 전쟁 기간(1950-1953)에는 전쟁 수행이 급선무였음에도 유엔이 당시 총력을 다해 한국을 구제하는 데 앞장섰던 사실을 앞서 간략히 기술한 바 있다. 이 시기를 대상으로 추가적인 연구가 필요한 사항을 요약하면 다음과 같다.

첫째, UNC 창설을 결의한 안보리 결정의 배경에 대한 분석이다. 유엔군 창설을 결의한 안보리 결의안 84호에 의거하여 미국이 UNC를 지휘하도록 허용된 바 있는데, 이 과정 자체가 당시 구소련의 강력한 반대에 봉착했을 뿐 아니라 UNC의 법적 정당성에 의문을 제기하는 근거가 되어 왔다. 따라서 안보리 결의안 84호에 대한 법적 해석 문제,

이를 시행에 옮긴 미국의 판단 등이 연구 대상으로 간주되어 왔으며, 이와 관련해서는 그동안 많은 연구 결과물들이 축적되어 왔다. 다만 군사적 측면에서의 UNC 창설과 여기에 참여한 16개 파병 국가들이 동참하게 된 과정에 대한 문서의 세밀한 분석이 필요하다. 이와 더불어 UNC 군사 조직의 편성에 대한 재해석도 필요하다. UNC는 사령관으로 임명된 맥아더 장군의 일반 명령 1호에 의해 편성되었다. 이에 앞서 트루먼 대통령은 1950년 7월 8일자로 맥아더 장군을 사령관으로 임명했고, 7월 24일 맥아더 장군의 명령이 발표되면서 일본 도쿄에서 유엔기 게양과 함께 UNC가 창설되었다. 이 과정에서 당시 연합군최고사령부SCAP에 참여한 국가들과 어떤 합의 과정을 거쳐 부대를 편성하게 되었는지가 관심의 대상이다. 연합군 내부에서 마찰과 갈등이 유발되었는지의 여부는 다시금 추적해볼 만하다. UNC를 어떻게 편성할 것인지에 대한 미국의 합동 참모부와 육군성의 개념 계획 또한 연구할 가치가 있다.

둘째, 전쟁 중 유엔의 민간인 구제와 관련된 활동에 대한 추가적인 자료 분석이 요구된다. 한국 전쟁 중에 민간인 구제 및 구호 활동을 수행한 중추 조직은 UNCACK였다. 그런데 1950년 후반에 유엔에 의한 임무 수행 기관으로 UNCURK와 UNKRA, 두 기관이 설치되었다. 유엔이 파견한 두 기관은 사실상 휴전 이후부터 실질적인 임무 수행에 들어갔지만, 전쟁 중에도 조직과 인원, 예산은 투입되고 있던 상황이었다. UNC 차원에서 이런 임무의 중복 상황을 해소하기 위해 UNCACK에 의한 통합을 실행에 옮겼으나, 현실적으로 유엔 산하 기관들과의 마찰과 갈등은 불가피했을 것으로 보이기에 이 부분에 대한 보다 심층적인 연구가 필요하다. 결과적으로 큰 마찰은 없었지만, 군대 조직과 민간 조직, 현지의 한국 정부, 유엔 등 국제기구 사이에서의 갈등과 대립이 어떻게 해소될 수 있었는지 살펴볼 필요가 있다.

셋째, UNCACK의 조직 편성과 임무 수행 방식에 대한 연구의 필요성이다. UNCACK는 유엔의 이름으로 조직된 최초의 상비군 조직이었다. 이들이 민간인 구제와 구호 활동을 전개하는 과정에서 어떤 개념으로 조직을 편성했으며, 임무 수행을 위해 인력을 어떻게 편성하고 보충했는지 살펴볼 만하다. 특히 이는 군사 참모 조직에서 이 분야의 업무를 원활하게 수행하기 위해 어떤 방식으로 체계를 구성할 것인지에 대한 해답을 구하기 위해서도 필요하다. 또한 오늘날 유엔의 이름으로 세계 분쟁 지역에 파견되는 평화유지활동PKO과의 연관성에도 관심을 가질 만하다.

넷째, 정전 체제의 실효성에 대한 추가적 연구도 필요하다. 한국 전쟁이 휴전 상태로 종결된 것은 1953년 7월 27일에 체결된 정전 협정이 근간이었다. 당시 이를 관리하기 위한 기관으로서 UNCMAC와 NNSC, 두 조직이 만들어졌다. 하지만 처음부터 NNSC의 역할과 임무 수행이 한계에 봉착함에 따라 그 실효성 문제가 제기되었다. 이런 맥락에서 UNCMAC의 특성을 고찰하고 제도적 측면에서의 한계점을 파악하는 작업과 NNSC의 실효성을 약화시킨 요인을 추적, 분석하는 문제가 중요하다.

다섯째, 한국 전쟁 와중에 설립된 UNCURK는 유엔에 의한 한반도 통일을 추진하는 기관이었다. 이와 관련해 기존의 UNCOK 조직을 재편성하여 UNCURK를 설립하게 된 배경과 이유를 추적해볼 필요가 있다. 당시의 정황에 미루어 북한군이 패퇴하고 한반도 통일이 실현될 수 있다는 자신감을 바탕으로 미국이 이를 주도했다고 추정된다. 정확한 해답을 구하려면 UNCURK의 구성 국가들을 지정한 과정, 유엔 총회에서의 표결 과정 등을 추적해야 한다. 이에 덧붙여 UNCURK가 실제로 한국에서 임무를 수행하는 과정에서 드러난 현실적 문제와 한계점 역시 규명되어야 한다.

여섯째, UNKRA와 UNCACK 간의 협력과 갈등도 재해석이 필요하다. 한국의 재건과 민간인 구호 및 구제 활동을 전개했다는 측면에서 두 기관은 서로 중첩되는 임무를 수행했다. UNC에서 이 문제를 해소하기 위한 조치를 취했지만, 현장에서는 수행원들 사이에 마찰과 갈등이 빚어졌는데 이 과정에 대한 분석과 설명이 필요하다. 결과적으로 큰 위기 상황으로 이어지지는 않았으나, 현장에서 발생하는 대립과 마찰을 조율하며 협력 관계를 구축한 과정에 대한 연구가 필요하다. 각자 유엔의 이름과 기치를 내세우며 활동한 두 기관 사이에서 전개된 마찰과 협력은 민-군 협력 관계나 유엔 산하 기관의 현장 임무 수행 방식과 특성을 관찰하는 데 있어 긴요한 주제가 된다.

일곱째, 국제기구의 한국 지원 내역에 대한 보다 정교한 데이터의 수집이 필요하다. 전쟁 당시와 이후 유엔 산하 기관을 포함하여 수많은 국제단체들이 한국 지원에 동참했다. 16개 파병 국가를 비롯해 구호물자를 지원한 나라들도 30개국에 이른다. 이들 국제단체에는 미국과 영국 등 주로 서유럽 국가들에 소재한 단체들이 기부에 동참했다. 이들 국제단체의 기부 활동과 유엔이 지향하는 가치와의 연계성, 그리고 실제 지원 내역에서의 연관성 등을 파악해볼 필요가 있다. 특히 전쟁으로 인해 고통을 받는 민간인 구제 활동이 한국 전쟁 기간에 크게 부각된 측면에 대해 설명이 필요하다고 본다.

한편 한국 전쟁의 휴전 이후 1961년에 군사 정부가 수립되는 시점까지 한국과 유엔 간의 관계와 관련해 관심을 기울일 만한 연구는 매우 드물었던 게 사실이다.

우선 휴전 이후 한반도 안보는 정전 체제 유지 및 관리 여하에 달려 있었다. 휴전 직후부터 북한의 도발이 이어지고, 특히 NNSC의 역할이 제대로 수행되지 않는 등의 위기가 발생했다. 이와 관련해서는 북한의 도발 사태에 대해 UNC가 어떤 입장을 취했는지, 그리고 NNSC의 역할을 북한 측이 거부하는 사태에 대해 UNC가 어떻게 대응했는지 살펴볼 필요가 있다. 이 문제는 한반도 정전 체제를 기저에서부터 위협하는 요인이 되어 왔고, 그로 인해 훗날 북한 측이 정전 체제의 무력화에 나서게 된 동기를 부여한 셈이 되었기 때문이다. 또한 유엔군 측에서 지정한 중립국 감독 국가였던 스위스와 스웨덴이 유엔에 보고하는 과정과 이에 대한 유엔의 반응 등도 사료를 통해 분석되어야 한다.

둘째로 유엔 가입을 위한 한국의 외교적 노력의 과정이 재조명되어야 한다. 휴전 이후 한국 정부의 유엔 외교는 회원국 가입을 목표로 추진되었다. 그래서 유엔 총회에서 단독 가입 결의안이 채택되었지만, 안보리 표결에서는 구소련의 거부권 행사로 좌절되고 말았다. 이 시기에 한국 정부가 이 목표를 실현하기 위해 어떤 외교 전략으로 임했는지 살펴볼 필요가 있다. 특히 미국 정부와 UNCURK, 그리고 유엔을 상대로 추진한 외교 활동이 주목의 대상이다. 더불어 안보리 표결 과정에서 구소련이 거부권을 행사한 이유와 명분에 대한 사료 분석도 중요하다.

셋째는 UNKRA의 한국 재건 계획과 활동에 대한 추가적 연구이다. 휴전 후 한국의 재건을 지원한 유엔의 중추 기관은 UNKRA였다. 해당 기구는 한국과의 협약을 체결하면서부터 본격적인 활동에 돌입했으며, 특히 유엔의 5개년 지원 계획에 입각하여 목표

달성에 주력했다. 이 대목에서 유엔이 회원국들로 하여금 지원금을 갹출한 배경과 과정, 그리고 5개년 계획 수립의 배경, 실제 지원 활동 과정에서 직면했던 문제점과 성과 등을 평가할 필요가 있다.

넷째는 UNCURK의 한국 재건 지원에 대한 성격을 재조명하는 것이다. UNCURK는 한반도 통일을 진척시키기 위한 정치 활동을 주요 임무로 하는 기구였다. 이 기구는 매년 연례 보고서를 작성하여 유엔 사무총장에게 보고할 의무를 지니고 있었다. 이들 보고서를 분석하면 UNCURK의 활동 내역을 추적해볼 수 있을 것이다. 특히 남북한 간의 대치 상황을 어떤 인식으로 바라봤는지, 활동 범위를 어떤 수준으로 제한했는지, 한국의 재건을 위해 어떤 임무를 수행했는지 등을 파악할 수 있다. 또한 UNCURK와 UNKRA, 두 기관 사이의 갈등과 협력 관계도 연구해볼 만한 사안이다.

다섯째로는 다양한 유엔 전문 기구들의 활동에 대한 정리가 필요하다. 예를 들어 UNICEF는 유엔 산하 기구들 가운데서 가장 먼저 한국민 구제 활동에 나선 기관이었다. 주로 어린이와 여성을 구제하는 데 앞장섰고, 특히 피난민 지역에서의 구제 활동이 두드러졌다는 평가이다. 이런 맥락에서 한국 전쟁과 전후 복구 시기의 지원 활동과 내역을 조사해볼 가치가 있다. UNICEF의 한국 지원 활동이 시작된 게 기구 창설 직후였기에 한국에 대한 지원 활동을 계기로 개발 도상국들에 대한 지원 범위와 방식을 담은 프레임이 구축되었을 것으로 추정된다. 이를 파악하기 위해서는 1950년 3월 한국과 UNICEF 사이에 체결된 기본 협정을 조사할 필요가 있다. 또한 UNESCO의 한국 지원도 한국 전쟁과 전후 복구 시기에 활발하게 전개되었다. 특히 그 활동은 한국의 교육 재건에 주로 집중되었다. 이 시기의 활동 내역을 조사하기 위해서는 1957년 5월에 발간된 『유네스코 한국총람』이 중요한 자료가 된다. 총람에는 분야별로 활동 내역이 정리되어 있으므로, 특히 전후 복구 시기의 UNESCO의 활동 내역이 세부적으로 파악될 것으로 보인다. FAO의 지원 내역도 농업 사회였던 당시의 상황을 고려하면 매우 중요한 연구 영역이다. 1953년 한국과 FAO 사이에 기술 협정이 체결되면서 FAO의 한국 지원이 시작되었고, 1957년에는 <FAO 한국협회>가 설립되면서 지원 프로그램이 확대되었다. 이렇듯 한국이 FAO로부터 기술 지원을 받기 시작한 것은 한국 전쟁 이후부터의 일로,

1960년까지 초창기의 FAO 지원 활동이 무슨 분야에서 어떤 방식으로 추진되었는지 파악할 필요가 있다. 특히 한국의 농업 생산량 증대를 위해 어떤 지원 프로그램을 적용했는지 면밀한 검토가 필요하며, 한국에 <FAO 협회>가 설립됨에 따라 이 단체의 활동 내역을 추적하는 작업도 중요한 검토 대상이다. 마지막으로 1957년 한국이 IAEA에 가입할 당시의 핵 정책 노선이 무엇이었는지 파악해 볼 만하다. 당시는 원자력 발전소 건설이 시작되기 이전이었다. 따라서 한국 정부가 IAEA에 가입하기 이전에 이미 핵 정책에 대한 입장이 정리되어 있었을 것으로 추정된다. 그리고 IAEA 가입이 한국 정부의 자율적 판단에 의한 것인지, 동맹국 미국과의 협의가 있었던 것인지도 추적해 볼 만하다. IAEA가 결성되는 과정에서도 한국이 특정한 목표를 설정하고 외교 활동을 펼쳤을 것이라 여겨지므로, 어떤 목표와 전략으로 IAEA 가입을 추진했는지 살펴볼 필요가 있다.

그 다음으로 1961년부터 1973년까지의 기간은 냉전 구도의 심화와 초기 경제 성장이 성공적으로 추진되던 시기라는 관점에서 유엔의 역할과 기여를 조명해볼 필요가 있다.

첫째, UNKURK는 한국의 독립과 한반도 통일 문제를 주관하는 유엔 직속 기관이었다. 그리고 그 역할은 1968년을 기점으로 축소되기 시작했다. 여기에는 유엔 총회에서 비동맹 국가들의 급속한 증가, 한반도 내부에서 형성된 남북한 화해 움직임이 요인으로 작동했다. 이와 관련하여 유엔 총회에서 UNCURK의 입지가 약화되는 과정, 한국 정부와 UNCURK 사이의 입장 조율 문제, UNCURK 자체 내에서의 한반도 문제에 관한 인식 변화 등이 탐구해볼 만한 주제로 떠오른다. 특히 당시의 한국 정부가 비동맹 국가들의 정치적 움직임에 대해 어떻게 인식하고 반응했는지도 중요한 연구 테마다.

둘째, 1968년은 한반도에서 일촉즉발의 전운이 감돌던 시기였다. 미국은 푸에블로호 납북 사건을 해결하기 위해 판문점에서 군사정전위원회를 개최했다. 이 과정에서 한국과 미국 사이에는 갈등이 증폭됐고, 한국 내에서 미국의 유화적 대북 정책에 대한 비난이 일었다. 이 회담과 관련해서 미국이 유엔 사무총장과 어떤 협의가 있었는지, 한국을 의도적으로 배제한 이유가 무엇이었는지, 북한에 대해 유화적 자세를 취한 이유가 무엇이었는지 등과 같이 규명되어야 할 문제가 많다. 미국 정부의 자료 개방으로 연구를 통해 해답을 얻은 부분도 있지만, 판문점에서의 미-북 협상 내용에 대한 검토가 더 이루어질 필요가 있다.

셋째, 한국은 저소득 국가에 대한 경제 지원 임무를 수행하는 IDA가 창설된 직후 그 대상국에 포함되어 지원을 받았다. 1974년까지 이 기구로부터 지원받은 원조 예산이 어떤 과정과 조건으로 들어왔으며, 어느 분야에 투입되었는지, 그리고 IDA가 기획한 지원 대상 국가 지정과 지원 방식도 구체적인 설명이 필요하다. 또한 한국은 1963년 UNDP의 전신 조직이었던 UNTAB에 가입한 뒤부터 2009년 UNDP 서울 사무소가 문을 닫기까지 그와 총 1억 달러에 달하는 합작 사업을 추진한 바 있다. 이 사업 내역들을 조사하여 어떤 개념과 목표를 견지했는지를 파악해봐야 한다. 1993년을 기점으로 한국은 UNDP로부터 받는 수혜 금액보다 지원 금액이 더 많은 공여 국가가 되었다. 특히 한국이 수혜국에서 공여국으로 전환되는 과정에서 어떤 정책 노선을 수립했는지를 파악하면, 한국의 글로벌 전략의 면모를 엿볼 수 있을 것이다.

마지막으로 새로운 국제 경제 질서의 구축에 대한 신생 개도국들의 요구가 집단화하는 시점에서 탄생한 UNCTAD에서의 한국의 역할에 대한 재조명이 필요하다. 후진국의 무역 확대를 지원하고 선-후진국 간 무역 갈등을 해소하는 역할을 수행하는 UNCTAD에서 한국이 취했던 태도를 추적하는 작업은 흥미를 자아내기에 충분하다. 한국은 비약적인 경제 성장을 이룩한 이후 국제 사회에서 '준주변semi-periphery 국가'로 불리면서 이중적인 스탠스를 취해야 했다. 특히 1988년부터 특혜관세GSP 수혜국에서 졸업한 나라가 되었기 때문에 1988년 이전과 이후의 한국의 국제 무역에 대한 입장은 확연히 달랐을 것으로 추정된다. 이와 함께 UNCTAD에 참여하면서 한국이 받은 수혜의 효과가 무엇이었으며, 어느 정도였는지를 파악하는 작업도 필요하다.

참고 문헌

Ⅰ장 들어가며

국가기록원. "한국과 유엔: 전쟁복구와 경제원조." http://theme.archives.go.kr (검색일: 2018.12.16).

국가기록원. "한국과 유엔: 한눈으로 보는 한국과 유엔." http://theme.archives.go.kr (검색일: 2018.12.16.).

국사편찬위원회. "유엔한국통일부흥위원단 설치에 관한 1950년 10월 7일 유엔총회 결의안 376(V)." http://db.history.go.kr (검색일: 2018. 12. 16).

우정열. "UNDP 한국서 임무 끝났다 … 서울사무소 철수." 「동아일보」 2009.12.29.

주 유네스코 대한민국 대표부. "문재인 대통령 유네스코 사무총장 오드레 아줄레 면담." http://overseas.mofa.go.kr/unesco-ko (검색일: 2018. 12. 28).

황정우. "반기문, 나도 한때 피란민…한국전쟁때 유엔은 희망의 상징." 「연합뉴스」 2016.2.06.

BBC. "1950: UN condemns North Korean invasion." http://news.bbc.co.uk (검색일: 2018. 12.12.).

Hart-Landsberg, Martin. Korea: *Division, Reunification, and U.S. Foreign Policy.* New York: Monthly Review Press, 1998.

UN. "Complaint of aggression upon the Republic of Korea." Security Council resolution 84, S/RES/84(1950) (7 July 1950). https://undocs.org/S/RES/84(1950).

UN. "Complaint of aggression upon the Republic of Korea." Security Council resolution 85, S/RES/85(1950) (31 July 1950). https://undocs.org/S/RES/85(1950).

UN. "Relief and rehabilitation of Korea." General Assembly resolution 410, A/RES/410(V) (1 December 1950). https://undocs.org/en/A/RES/410(V).

UN. "The Korean question." General Assembly resolution 2466, A/RES/2466(XXIII) (20 December 1968). https://undocs.org/en/A/RES/2466(XXIII).

UN. "The problem of the independence of Korea." General Assembly resolution 195, A/RES/195(III) (12 December 1948). https://undocs.org/en/A/RES/195(III).

UN. "The problem of the independence of Korea." General Assembly resolution 293, A/RES/293(IV) (21 October 1949). https://undocs.org/en/A/RES/293(IV).

UN. "The problem of the independence of Korea." General Assembly resolution 376, A/RES/376(V) (7 October 1950). https://undocs.org/en/A/RES/376(V).

UN. *Yearbook of the United Nations 1947-1948.* New York: United Nations, 1949.

Ⅱ장 대한민국 정부 수립 과정에서의 유엔의 역할

국제신문사출판부(편). 『UN朝鮮委員團 報告書』 서울: 국제신문사출판부, 1949.

국회도서관 입법조사국. 『1948년도 국제연합 한국임시위원단 보고서』 서울: 국회도서관 입법조사국, 1965.

국회도서관 입법조사국. 『국제연합 한국위원단 보고서: 1949, 1950』 서울: 국회도서관, 1965.

김보람. "1948~1950년 유엔신한국위원단의 성립과 활동." 이화여자대학교 대학원 사학과 석사 학위 논문 (2015).

신승욱. "1·2차 유엔한국위원단의 평화통일 중재 활동과 그 귀결(1948~1950년)." 서울대학교 대학원 국사학과 석사 학위 논문 (2013. 2).

외교통상부. 『한국외교 60년 1948-2008』 서울: 외교통상부, 2009.

외무부 정무국. 『국제연합 한국관계 결의문집』 서울: 외무부, 1954.

중앙정보부. 『한국문제에 관한 UN 결의집: 1947 - 1975』 서울: 중앙정보부, 1977.

하용운. "UN 한국임시위원단(UNTCOK) 연구: 5.10 선거기의 역할과 성격을 중심으로." 『한성사학』 7권 (1994).

UN. "The problem of the independence of Korea." General Assembly resolution 195, A/RES/195(III) (12 December 1948). https://undocs.org/en/A/RES/195(III).

UN. "The problem of the independence of Korea." General Assembly resolution 293, A/RES/293(IV) (21 October 1949). https://undocs.org/en/A/RES/293(IV).

III장 한국 전쟁과 유엔의 개입

"다큐멘터리 한국전쟁 3년: 가장 길었던 3일(10)." 「중앙일보」 1970.4.22.

대한민국 국방부. "유엔사 현황." http://www.mnd.go.kr (검색일: 2018.11.6.).

이승만. "The Korean President Syngman Rhee to the American Embassy (14 July 1950)". 국방부 군사편찬위원회(편). 『국방조약집』 서울: 국방부, 1981.

이시우. 『UNC 유엔군사령부』 서울: 들녘, 2013.

정철호. "전시 작통권 전환 이후 유엔군사령부의 위상과 역할." 『세종정책연구』 제6권(2)호 (2010).

한석표. "한미 군사지휘체계의 변동, 1971-1978: 유엔군사령부 유지와 한미연합군사령부 창설." 서울대학교 박사 학위 논문 (2013.1).

Creamer, Shawn P. "The United Nations Command and the Sending States." *International Journal of Korean Studies* 21-2 (2017).

Dingman, Roger. "Atomic Diplomacy during the Korean War." *International Security* 13-Winter (1988-1989).

Gu, Pak Chol. "Replacement of the Korean Armistice Agreement: Prerequisite to a lasting peace in the Korean Peninsula." http://oldsite.nautilus.org (검색일: 2018.11.6.).

Hoare, James E. *Historical Dictionary of the Republic of Korea.* London: Rowan and Littlefield,

2015.

Hyunkwon, Joe. "United Nations Command Armistice Roles on the Korean Peninsula: Is December 2015 the End?" Master's thesis, U.S. Army Command and General Staff College (2013).

Reinhardt, G. C. *Nuclear Weapons and Limited Warfare: A Sketchbook History.* Santa Monica: Rand Corporation, 1964.

Truman, Harry S. *Public Papers of the President of the United States: Containing the Public Messages, Speeches, and Statements of the President January 1 to December 31, 1950.* Washington D.C.: U. S. Government Printing Office, 1965.

UN, "Complaint of aggression upon the Republic of Korea." Security Council resolution 85, S/RES/85(1950) (31 July 1950). https://undocs.org/S/RES/85(1950).

UN. "Uniting for peace." General Assembly resolution 377, A/RES/377(V) (3 November 1950). https://undocs.org/en/A/RES/377(V).

United States Forces Korea. "The United Nations Command (Rear) Change of Command." http://www.usfk.mil (검색일: 2018.11.5.).

Ⅳ장 한국 전쟁 기간 유엔의 민간 구제 활동

"구호의 손길 19년." 「동아일보」 1966.4.1.

김슬기. "문화적 타자의 공동구성 과정으로서 난민인정절차." 서울대학교 석사 학위 논문 (2012).

장복희. "UN 난민고등판무관(UNHCR)." 『국제인권법』 제2권 (1998).

장복희. 『난민 관련 국제조약집(한국어판)』 서울: 국제연합 난민고등판무관 사무소, 1997.

최원근. "유엔난민고등판무관(UNHCR)의 역할과 성격의 변화에 관한 연구." 『한국국제정치학회 학술대회 발표논문집』 (2008.8).

"한국민사원조처 표창." 「대한뉴스」 제38호 1954.4.1.

UNHCR 한국대표부. "UNHCR 한국대표부 활동." https://www.unhcr.or.kr (검색일: 2019.4.5.).

Cowdrey, Albert E. *The medics' war: United States Army in the Korean War*. Washington D.C.: U.S. Army, 1987.

Ekbladh, David. *The Great American Mission: Modernization and the Construction of an American World Order*. Princeton, NJ: Prinston University Press, 2010.

Hogan, Michael J. *The Marshall Plan: America, Britain, and the reconstruction of Western Europe*. 1947-1952 Camgridge: Cambriadge University Press, 1987.

Holborn, Louise W. *The International Refugee Organization: A Specialized Agency of the United Nations: Its History and Work 1946-1952*. London: Oxford University Press, 1956.

Paterson, Thomas G. "Foreign Aid under Wraps: The Point Four Program," *The Wisconsin Magazine of History* 56-2 (Winter, 1972-1973).

The George Marshall Foundation. "The Economic Cooperation Authority." https://www.marshallfoundation.org (검색일: 2018.6.5.).

UN. "Complaint of aggression upon the Republic of Korea." Security Council resolution 85, S/RES/85(1950) (31 July 1950). https://undocs.org/S/RES/85(1950).

UN. "Convention Relating to the Status of Refugee." General Assembly convemtion (28 July 1951). https://digitallibrary.un.org/record/696101.

UN. "Refugees and stateless persons." General Assembly resolution 319(Ⅳ), A/RES/319(IV) (3 December 1949). https://undocs.org/en/A/RES/319(IV).

UN. *Yearbook of the United Nations 1960*. New York: United Nations, 1961.

UNHCR. "Background on the Executive Committee." (검색일: 2018. 4. 21).

UNHCR. *Handbook on Procedure and Criteria for Determining Refugee Status under the 1951 Convention and the 1967 Protocol relating to the Status of Refugees*. Geneva: UNHCR, 2019.

UNHCR. "Refugees and Stateless Persons and Problems of Assistance to Refugees: Report of the United Nations High Commissioner for Refugees, 1951." General Assembly Official Records: Sixth Session Supplement No. 19 (A/2011) (1 January 1952). https://digitallibrary.un.org/record/704494.

UNHCR. "Report of the United Nations High Commissioner for Refugees and Addendum, 1952." General Assembly Official Records: Seventh Session Supplement No. 16 (A/2126 and Addendum) (1 January 1953). https://digitallibrary.un.org/record/708599.

UNHCR. "Report of the United Nations High Commissioner for Refugees." General Assembly Official Records: Eighth Session Supplement No.11 (A/2394) (1 January 1954). https://digitallibrary.un.org/record/703561.

UNHCR. "Report of the United Nations High Commissioner for Refugees." General Assembly Official Records: Tenth Session Supplement No.11 (A/2902 and Add.1) (1 January 1956). https://digitallibrary.un.org/record/712869.

UNHCR. "Report of the United Nations High Commissioner for Refugees." General Assembly Official Records: Eleventh Session Supplement No.11 (A/3123/Rev.1) (1 January 1957). https://digitallibrary.un.org/record/710945.

UNHCR. *UNHCR Golbal Appeal 2015 Update*. Geneva: UNHCR, 2015.

UNHCR. *UNHCR Global Report 2017*. Geneva: UNHCR, 2017.

Walker, Kristen. "Defending the 1951 Convention Defining of Refugee." *Georgetown Immigration Law Journal* 17-4 (2003).

V장 전쟁 폐허의 재건과 유엔

국회도서관 입법조사국. "국제연합 통일부흥위원단 보고서: 1951, 1952, 1953." 『입법참고자료』 제34호 (1965).

김승만. "언커크 해체건의와 그 업적." 『국민회의보』 제3호 (1973).

김희근. "연합국구제부흥기구(UNRRA) 남북한 긴급 원조(Korea Mission, 1944-1949)에 대한 연구." 연세대학교 행정대학원 석사 학위 논문 (2018).

남정옥. 『이승만 대통령과 6.25전쟁』 서울: 이담 북스, 2010.

보건복지부. 『보건복지 70년사』 서울: 보건복지부, 2015.

보건사회부. 『건국10주년 보건사회행정 개관』 서울: 보건사회부, 1958.

"언커크, 해체키로 결정." 「중앙일보」 1973.8.31.

여인석. "세브란스를 중심으로 본 CMB의 한국의학 재건사업." 『연세의사학』 제18권(1)호 (2015).

유네스코한국위원회. 『교과서 한권의 기적: 유네스코는 대한민국을 어떻게 바꿨나』 서울: 유네스코한국위원회, 2015.

유네스코한국위원회. 『대한민국 발전의 초석에서 지구촌 나눔의 주역으로: 유네스코한국위원회 60년사, 1954-2014』 서울: 유네스코한국위원회, 2014.

유네스코한국위원회, 『유네스코한국위원회 30년사』 서울: 유네스코한국위원회, 1984.

유네스코한국위원회, 『한국 유네스코 활동사 1954~1975』 서울: 유네스코한국위원회, 1976.

유니세프한국위원회. "한국에서의 유니세프 사업 4 Steps." https://www.unicef.or.kr (검색일: 2019. 1.14.).

이광호. "UNCURK, 그 4 반세기의 역사." 『정경논총』 제8호 (건국대학교, 1973).

이선호. "한국의 세계보건기구 가입과정과 1950년대의 사업성과." 『의사학』 제23권 (1)호 (2014).

조한승, 김도희, 조영태, 김동식. 『국제기구와 보건·인구·여성·아동』 서울: 오름, 2015.

한국교육과정평가원. 『한국교육 60년: 성취와 과제』 서울: 한국교육과정평가원, 2009.

한국국제협력단. 『한국에 대한 개발원조와 협력: 우리나라의 수원 규모와 분야, 효과사례 등에 관한 조사연구』 서울: 한국국제협력단, 2004.

한국은행조사부. 『경제통계연보 4293』 서울: 한국은행, 1960.

Eichengreen, Barry and Douglas A. Irving. "Trade Blocs, Currency Blocs and the Disintegration of World Trade in the 1930s." *Journal of International Economics* 38 (1995).

Charnow, John J. *Establishment of an International Children's Emergency Fund.* Washington D.C.: U.S. Department of State, 1947.

Churchill, Winston. *The Second World War: The Grand Alliance.* New York, NY: Houghton Mifflin, 1986.

Eckes, Alfred E. *A Search for Solvency: Bretton Woods and the International Monetary System,* 1941~1971 (Austin, TX: University of Texas Press, 1975), pp. 28-47.

Harrison, Mark. *The Economics of World War II: Six Great Powers in International Comparison*. Cambridge, UK: Cambridge University Press, 2000.

ILO. "ILO Activities in the Post-war World (Part 1: 1946-1959)." https://www.ilo.org (검색일: 2019.05.20.).

Kim, Ock-Joo and Sang-Ik Hwang. "The Minnesota Project : The Influence of American Medicine on the Development of Medical Education and Medical Research in Post-War Korea." 『의사학』 제9권(1)호 (2000).

Robert R. Nathan Associates. *An Economic Programme for Korean Reconstruction*. Washington D.C.: UNKRA, 1953.

Simons, Savilla M. "UN Organizes in the Social Field: The Social Commision." *Social Security Bulletin* 9-8 (1946).

UN. "Complaint of aggression upon the Republic of Korea." Security Council resolution 83, S/RES/83(1950) (27 June 1950). https://undocs.org/S/RES/83(1950).

UN. "Establishment of an International Children's Emergency Fund." General Assembly resolution 57, A/RES/57(I) (11 December, 1946). https://undocs.org/en/A/RES/57(I).

UN. "United Nations Korean Reconstruction Agency: final financial report and accounts and report of the Board of Auditors.8 General Assembly resolution 1547, A/RES/1547(XV) (18 Devember 1960). https://undocs.org/en/A/RES/1547(XV).

UN. *Yearbook of the United Nations 1950*. New York: United Nations, 1950.

UNESCO. *Educational Conditions in the Republic of Korea: A Preliminary and Factual Report of the UNESCO/UNKRA Education Mission to Korea*. Paris: UNESCO, 1952.

UNESCO. *Educational Conditions in the Republic of Korea: Rebuilding Education in the Republic of Korea: Report of the UNESCO-UNKRA Educational Planning Mission to Korea. Paris:* UNESCO, 1954.

UNESCO. "UNESCO Responds to United Nations Request for Korean Action." Courier. Paris, France: UNESCO, October 1950.

UNESCO. "UNESCO Constitution." http://portal.unesco.org (검색일: 2019.8.20.).

UNICEF. "At a glance: Republic of Korea- UNICEF in the Republic of Korea." https://www.unicef.org (검색일: 2019.10.25.).

Wong, Wah. *UNICEF in Asia*: A Historical Perspective. UNICEF, 1988.

WHO Regional Committee for the Western Pacific. *Fifty Years of the World Health Organization in the Western Pacific Region*. Manila: WHO Regional Office for the Western Pacific, 1998.

WHO Regional Office for the Western Pacific. *70 Years Working Together for Health: The World Health Organization and the Republic of Korea*. Manila: WHO Regional Office for the Western Pacific, 2016.

WHO. "Constitution." https://www.who.int (검색일: 2019.5.25.).

WHO. "History of WHO." https://www.who.int (검색일: 2019.6.20.).

WHO. "Regional offices." https://www.who.int (검색일: 2018.10.20).

VI장 경제 성장 초기 유엔과 세계은행의 기여

교육과학기술부. 『대한민국과 유엔개발계획(UNDP)』 서울: 교육과학기술부, 2009.

국가기록원. 『1970년대 한미관계 (상)』 서울: 국가기록원, 2008.

국가기록원. 기록물 생산기관 변천정보 http://theme.archives.go.kr (검색일:2019.10.21.).

김준석, 김치욱, 조동준, 문 돈, 이왕휘. 『국제기구와 경제협력·개발』 서울: 도서출판 오름, 2015.

오원철. "박정희 카터 혈투와 핵개발 강행." 「신동아」 11월호 (1994).

외교부. "IAEA 개황." http://www.mofa.go.kr (검색일: 2019.1.22.).

자크 하이만스, 김승영, 헤닝 리이키. "핵무장을 강행할 것인가 말 것인가." 『계간 사상』 (여름, 2000).

조철호. "1970년대 박정희의 독자적 핵무기 개발과 한미관계." 『평화연구』 제9호 (2000).

조철호. "이중적 핵력개발정책과 한미 핵갈등." 『아세아연구』 110호 (2002).

진녕강. “한국전기통신의 100년.” 『한국통신학회 학술대회』 (1985.1).

최광승. “박정희는 어떻게 경부고속도로를 건설하였는가.” 『정신문화연구』 제33권 (4)호 (2010).

한국원자력산업협회. “국내 원전 현황.” http://www.kaif.or.kr (검색일: 2019.2.22.).

한국원자력안전아카데미. 『우리나라 원자력초창기의 전개과정 고찰』 한국원자력연구원, 2007.

한국전기산업진흥회. 『한국전기산업진흥회 20년사, 1989~2009』 한국전기산업진흥회, 2009.

Chernus, Ira. *Eisenhower's Atoms for Peace.* Texas: A&M University Press, 2002.

Fisher, Matthew “IAEA safeguards at uranium mines provide more complete picture of countries' nuclear activities.” *IAEA Bulletin* (June 2018).

IAEA. “Safeguards and verification.” https://www.iaea.org (검색일: 2019.3.23.).

IAEA. “List of Member States.” https://www.iaea.org (검색일: 2019.1.22.).

IAEA. “The Statute of the IAEA.” https://www.iaea.org (검색일: 2018.9.22.).

Kirdar, Uner. *The Structure of United Nations Economic-aid to Underdeveloped Countries.* Springer, 1966.

Kyriakos Varvaressos and Rena Zafiriou. *The Position of the World Economy on the Eve of the Outbreak of the Korean War and the Post-Korean Developments and Prospects.* Washington D.C.: World Bank, 1952.

Manzer, Ronald A. “The United Nations Special Fund.” *International Organization* 18-4 (Fall 1964).

Murphy, Craig N. *The United Nations Development Programme: A Better Way?* Cambridge: Cambridge University Press, 2006.

Roehrlich, Elisabeth. “The Cold War, the developing world, and the creation of the International Atomic Energy Agency (IAEA), 1953-1957.” *Cold War History* 16-2 (2016).

U.S. Department of State. *The Department of State bulletin Volume 21.* Washington D.C.: Department of State, 1949.

UN. “Economic development of under-developed countries.” General Assembly resolution 198, A/RES/198(III) (4 December 1948). https://undocs.org/en/A/RES/198(III).

UN. "Financing of economic development." General Assembly resolution 1219, A/RES/1219(XII) (14 December 1957). https://undocs.org/en/A/RES/1219(XII).

UN. "Provision of expert advice by the United Nations to Member States." General Assembly resolution 52, A/RES/52(I) (14 December 1946). https://undocs.org/en/A/RES/52(I).

UN. "United Nations Development Programme." General Assembly resolution 2093, A/RES/2093(XX) (20 December 1965). https://undocs.org/en/A/RES/2093(XX).

UN. *Yearbook of the United Nations 1961*. New York: United Nations, 1961.

World Bank. *World Bank Group and Republic of Korea: 60 Years of Partnership*. Incheon: World Bank Group Korea Office, 2015.

Ⅶ장 나가며

Cowdrey, Albert E. *The Medics' War: United States Army in the Korean War*. Washington D.C.: U.S. Army, 1987.

유엔과 한국, 1945-1973:
건국, 평화, 경제 성장의 파트너십
UN and Korea, Footprint of Partnership from 1945 to 1973

초판 1쇄 인쇄 | 2020년 6월 25일
초판 1쇄 발행 | 2020년 7월 13일

편저자 | 최동주

펴낸이 | 최재훈 **책임편집** | 한수진
기 획 | 이민룡, 이한희
디자인 | 디자인파인 02-324-8207

펴낸곳 | 도서출판 경계
출판등록 | 2011년 1월 19일, 제2012-000279호
주소 | 서울시 마포구 동교로 129, 형진빌딩 301-B
전화 | 02-3144-1313 **팩스** | 02-3144-0852
이메일 | gyeonggyebooks@gmail.com

값 | 27,000원
ISBN | 978-89-969403-8-8(93340)

이 도서의 국립중앙도서관 출판예정도서목록(CIP)은
서지정보유통지원시스템 홈페이지(http://seoji.nl.go.kr)와
국가자료공동목록시스템(http://www.nl.go.kr/kolisnet)에서 이용하실 수 있습니다.
(CIP 제어번호 : CIP2020026769)